深圳改革开放研究丛书

深圳证券市场的发展、规范与创新研究

曹龙骐 郭茂佳 李辛白 周伍阳 编著

人民出版社

总　序

王京生

　　从广义上讲,在人类历史长河中,改革开放是社会发展和历史前进的一种基本方式,是人类文明演进的一种基本逻辑,也是一个国家和民族兴旺发达的决定性因素。一方面,古今中外,国运的兴衰、地域的起落,莫不与改革开放息息相关。另一方面,从历史上看,各国的改革开放在实际推进中却不是一帆风顺的,力量的博弈、利益的冲突、思想的碰撞往往伴随着改革开放的始终,流血斗争在各国历史上也并不罕见。改革开放的实际成效并不会实现理想的"帕累托最优"或"帕累托改进"。就当事者而言,对改革开放的正误判断并不像后人在历史分析中提出的因果关系那样确定无疑。因此,透过复杂的枝蔓,洞察必然的主流,坚定必胜的信念,对改革开放来说就显得至关重要和难能可贵。

　　改革开放是深圳的生命动力,是深圳成长和发展的常态,是深圳迎接挑战、突破困局、实现飞跃的基本途径。改革开放铸造、发展了深圳特区,形成了深圳特区的品格秉性、价值内涵和运动程式,培育了深圳的城市机能和整体结构,展示了深圳的品牌形象、素质能力、体制机制、活动方式和环境风尚,推动深圳特区跨越了一个个历史屏障。特区初建时缺乏建设资金,就通过改革开放引来了大量外资;发展中遇到瓶颈压力,就向改革开放要空间、要资源、要动力。深圳的每一步发展都源于改革开放的推动,深圳30年的发展奇迹是深圳30年改革开放的结果。同时,改革开放又是深圳矢志不渝、坚定不移的命运抉择。改革开放作为当代中国的一场新的伟大革命,不可能一帆风顺,也不可能一蹴而就。深圳作为改革开放的探索者、先行者,向前迈出的每一步都面临着一个十字路口的选择。从特区酝酿时的"建"与"不建",到特区快速发展中的姓"社"姓"资",从特区跨越中的"存"与"废",到新世纪初的"特"与"不特",每一次挑战都考验着深圳改革开放的成败进退,每一次挑战都把深圳改革开放的"招牌"擦得更亮。30年来,深圳正是凭着坚持改革开放的赤胆忠心,在汹涌澎湃的历史潮头上劈波斩浪、勇往向前,经受住了各种风浪的袭扰和摔打,闯过了一个个关口,成为锲而不舍的改革开放"闯将"。

深圳的改革开放是没有止境的。随着经济社会的迅猛转型,深圳已进入综合配套改革和全方位开放的历史新阶段。在这个阶段,改革开放更加迫切地需要突出以人为本,展现全面、协调、可持续性,大幅降低经济社会发展失衡的成本和风险,鼓舞全国人民建设中国特色社会主义的信心和决心。当前,全国各地群雄并起、千帆竞发,形势逼人,时不我待,改革开放的质量、水平和力度已远远超出了以前的套路、标准和要求,只有以"杀出一条血路"的精神开拓进取,拿出深圳改革开放的精品和力作,才能"走出一条新路",在全国的改革开放中发挥示范推动作用。

改革开放是深圳的永恒话题,而当下探讨深圳的改革开放,却有着特殊的意义。在全市上下隆重迎接深圳经济特区建立 30 周年这个历史节点上，回顾深圳改革开放历程，总结深圳改革开放的历史经验，研究深圳改革开放的未来走向，无疑是为深圳的改革开放增添新力量的最好契机。为此，深圳社科理论界着力推出了《深圳改革开放研究丛书》，包括综合、经济、社会、文化四类，既有宏观总揽，也有个案分析，既有理论阐述，也有实践探求，是总结深圳 30 年改革开放历史经验、探索深圳未来发展的研究成果，也是了解和探讨特区改革发展的重要工具书。

　　书的文字是静止的，但精神是跃动的。如果通过这套丛书，能够使读者达到"天变不足畏，祖宗不足法，人言不足恤"的境界，那无疑是所有编撰者的最大心愿。

（作者为深圳市委常委、宣传部部长）

目　　录

第二篇　发展中重规范的深圳证券市场

——萌发初创期(1978 年 12 月—1995 年 10 月)

第三篇　规范中求发展的深圳证券市场
——发展调整期(1995年10月—2000年8月)

前　言

　　在改革开放以前,要在我国建立社会主义的证券市场,是一个不可想象的事情。但深圳经济特区经过 30 年的艰难曲折探索,突破了体制、理念、地域上的局限,终于实现了这一目标。特别是 1990 年 12 月 1 日深圳证券交易所的诞生,激扬的开市钟声敲响了中国企业产权变革的前奏。如今,以深圳证券市场和上海证券市场为代表的我国证券市场已经成为亚洲主要证券市场之一,也是全球最具有活力和潜力的证券市场之一。历史证明,在中国建立和开拓证券市场,它既要有极大的勇气突破传统观念和理论禁区,也需要有依据中国特色的实事求是基础上的创新精神。

　　伴随着深圳经济特区的改革开放历程,深圳证券市场在发展和规范过程中不断成长壮大,取得了举世瞩目的业绩。截至 2009 年 12 月 31 日,在深圳交易所上市公司共 830 家,市价总值 5.93 万亿元,会员达到 114 家;投资者队伍超过 8576 万人;市场交易额由 1991 年的 36 亿元增加到 18.94 万亿元;上市公司在深圳市场累计筹集资金超过 7500 亿元。2009 年创业板市场在深圳开业。目前,总部设在深圳的证券公司有 17 家,总资产约 4800 亿元,占全国近 30%;全国 60 家证券投资基金管理公司中有 17 家在深圳注册设立。一大批在深圳主板、中小板和创业板上市的上市公司,它们既是获得快速发展、资产质量优异、居行业前沿地位的"领头羊",也是现代企业制度的"先行者"。

　　回顾往事,今天的成就实在来之不易。就深圳证券市场而言,在 30 年前地处广东沿海的一个边陲小镇、没有什么经济基础、金融业十分薄弱、通信条件非常落后、各方人才特别是金融人才非常匮乏的状况下,在特区人敢闯、敢干的精神激励下,直面诸多障碍和严峻挑战,破土而出,并在快速发展中重规范,在规范中求发展,在规范和发展中不断得以完善和深化。回顾发展历程,深圳证券市场之所以有今天的成就，离不开党和政府对证券市场发展和规范的领导和支持；离不开各类投资者和经营者的理性思维和协调配合；离不开一支在证券市场发展和规范过程中不断锤炼和造就的高素质、有战斗力的管理团队；离不开特区人敢闯、敢干、敢于面对困难曲折和勇于开拓创新的精神。正是来自方方面面的不懈努力奋斗，凝结了人们探索中国证券市场的智慧和心血，克服了一个个困难，取得了令人震惊的业绩。特区人深深体会到，归根到底，这得益于邓小平理论、"三个代表"重要思想和科学发展观的指引。不然，就不可能有深圳证券市场的存在，也就根本谈不上深圳证券市场的发展、规范、创新和深化。

资本市场特别是证券市场作为人类社会经济发展中的创新成果，它体现了对文明社会的巨大贡献。资本市场具有筹集社会资金和转换企业经营机制，通过信息披露获取价格发现的独特功能，它对经济社会体制的转换、提高社会资本的使用效率、现代企业制度的建立都具有巨大的推动作用。然而，在我国社会主义建设的很长一段时间里，由于我国客观上存在的僵化的体制和呆板的理念，这一人类在长期实践中创造的文明成果没有得到利用，甚至还被视为资本主义社会的附属物和社会风险的根源所在。邓小平同志从全球视野，立志高远地提出了关于股票市场要"坚决地试"的指示，促使人们驱散思想迷雾，对创立和开拓证券市场充满信心。

然而，发展的道路并不平坦。就深圳证券市场来说，1992 年发生的"8·10"风波和原野事件，一度引起人们对证券市场的疑惑；1994 年和 1995 年两年，深圳证券市场因持续低迷而几乎滑到了崩溃的边缘，引起了人们的困惑；2000 年以后创业板筹建近十年迟迟未出台，新股暂停发行，又是一场严峻的考验。但事实是，深圳证券市场发展过程中虽困难重重，跌宕起伏，但特区人勇于面对，在困难中坚持；设法应对，善于在曲折中奋起。正是将多次的曲折作为磨炼和提升的最好机遇，为深圳证券市场的发展不断注入了创新的动力，才迎来了一个又一个新的发展机遇。正如时任深圳证券交易所总经理、现任上海证券交易所总经理的张育军先生所说："深圳证券市场能够取得现在的成就，前后凝聚了一批批有志之士为之奋斗的心血。透过字里行间，我们依稀看到他们筚路蓝缕、以启山林的身影，看到他们布满血丝与智慧的眼睛。值得他们欣慰的是，经过他们持之以恒的努力和耕耘,深圳证券市场正日积月累、一步步地走上更高的台阶。"

如今,历史的发展也已证明,很多人也已理解:我们已经进入了一个资本市场时代。这一全新的时代,是一个财富通过证券化变成资本的时代;是一个资本充分融通获取最佳效益的时代;是一个全民投资意识和风险意识得以极大提高的时代;是一个通过投资融资和资产的证券化促使市场机制重塑的时代。总之,通过这一市场,资本的意志得以充分体现;资本的力量得以充分放大;资本的潜能得以充分释放;资本运作机制得以充分发挥。有专家预计,到2020年,沪深两地股票市值将会达到100万亿,届时,我国将在"十四五"到来之际成为世界金融中心,并使中国由经济大国变为名副其实的世界金融大国。

为纪念深圳经济特区创建30周年,我们历时数年,就深圳特区证券市场这一重大课题进行调查、收集资料和切磋研讨。有人说:"写一部书难,写好一部研究型的史书更难",但出于我们对深圳经济特区的敬仰和爱慕之心,出于我们的专业积累和工作责任,虽自感心有余而力不足,但我们思虑再三,还是鼓起勇气在各种困难的条件下着力去完成这一意愿。

本书由长期从事金融理论和实务研究四十多年的金融学博士生导师曹龙骐承担全书框架设计和写作主线定位。我们在收集和分析繁多资料中发现,深圳证券市场的建立和开拓是有其深刻的形成背景的,在此基础上,我们紧紧围绕"发展、规范和创新"这一条主线展开研究。从1978年12月党的十一届三中全会算起,至1995年10月萌发初创期的17年中,总体上看,以发展为主,但在发展中注重规范;从1995年10月至2000年8月的发展调整期共5年,以规范为主,但在规范中力求发展;近十年即从2000年至今,属于在发展和规范的交替互动中不断深化的探索创新期,并已初步形成多层次资本市场的格局。

关于发展和规范的关系,我们的观点是:(1)发展和规范是两个既对立又统一的不可分割的两个方面,并不矛盾,相辅相成。其统一体现在:没有发展,就谈不上规范;没有发展,规范也就失去其意义。而不规范不是真正的发展,甚至造成发展的障碍。其对立体现在:脱离实际的陈规戒律不是真正的规范,它会抑制证券市场的发展;而发展超越了市场规律的客观要求,也会引起发展的变形和扭曲,使规范无法实施。(2)规范和发展虽没有先后之分,但它作为一个相对动态平衡的过程,在相互的交替和作用中,依据客观情况则可以有所侧重。一般而言,在证券市场发展初期,发展的需求要大于规范;但不能忽视在证券市场失衡时,应注重于规范;而在证券市场相对成熟时,则往往又偏重于发展。(3)实践证明,只要证券市场真正在发展,这个市场也就是在规范中发展的市场;而证券市场屡屡碰到障碍和阻力,这个市场往往是既不规范又难以发展的市场。(4)规范的对象是整个市场,不能就市场发展中的个别问题断定这个市场不规范。同样,发展是数量和质量的统一,不能就发展中的一时进展或一点问题而断定市场是否规范。(5)规范是一个渐进、长期、繁难的过程,规范要从体制、法制抓起。任何规则的制定和法制的推行,甚至是政府的干预,其关键要看能否为市场营造有利于证券市场发展和稳定的环境。(6)从长远看,发展和规范的证券市场是政府最少干预的市场。从深圳证券市场发展和规范的历程分析,在处理和把握发展和规范的关系上是有成效的,具体体现在"重"和"求"两个字以及"探索创新"上,即"在发展中重规范,在规范中求发展",且"是一个在探索中不断创新的过程"。

依据深圳证券市场"发展规范"、"探索创新"这条主线,本书分四大篇共十四章。第一篇为"深圳证券市场的形成背景",对其可细分为历史背景、实践背景和理论背景三大块。历史背景可从党的十一届三中全会为证券市场创建和发展指引方向、社会主义初级阶段理论是证券市场形成的基石和创建经济特区是深圳证券市场的强大推动力三个方面论述。实践背景可从转换企业经营机制、提高货币资金使用效率的现实要求和建立在证券市场基础上的股份制经济已成为历史发展的必然两个方面论述。理论背景可从社会主义市场经济体制是我国证券市场形成的重要依托以及邓小平理论、"三个代表"重要思想和科学发展观是我国证券市场建立和发展的指导思想两个方面论述。之所以将形成背景作为深圳证券市场创建和发展研究的一个不可缺少部分,其重要性在于,这些背景是深圳证券市场产生和发展的必要条件,尽管其作用好像只是在证券市场发展前期体现得较为明显,但实际上是贯穿于证券市场发展全过程(包括今后发展的趋势和方向)的。尽管深圳成立初期也有证券市场初发的萌芽,但这还是"自然王国",或说是自发的、稚嫩的。实践证明,只有在特定的历史背景、实践背景和理论背景下形成的深圳证券市场,才是"必然王国",具有真正的抗险性和生命力。第一篇由曹龙骐教授编写。

第二篇为萌发初创期(1978 年 12 月—1995 年 10 月),这一时期从总体上看,以发展为主,但在发展中注重规范深圳证券市场。其又可细分为萌发和初创两个时间段。萌发期可追溯到党的十一届三中全会召开,主要是因为这次会议如阳光普照、春风化雨,为我国证券市场的创建和发展打开通道。萌发初创期之所以到 1995 年 10 月为止,是因为此时集中统一的深圳证券市场监管体系正式形成。由此,这一时期的内容主要包括股市和债市的形成,股价波动因素交杂繁多,债券期货市场风雨飘摇,监管机构从分散的地方性到集中统一的全国性转换。这一时期的主要启示:一是在实践中认识到公开、公平、公正是证券市场的核心;二是建立集中统一的全国性证券监督管理机构的紧迫性;三是处理市场和政府干预关系的重要性;四是优秀上市公司是证券市场健康发展的基石。该篇由李辛白硕士编写。

第三篇为调整发展期(1995 年 11 月—2000 年 8 月),这一时期从总体上看以规范为主,在规范中力求发展。调整发展期之所以到 2000 年 8 月为止,因为此时从上到下的监管体系更成熟更有组织性,在此基础上深圳证券市场逐渐走上在发展和规范的交替互动中不断探索创新之路,为建立多层次资本市场创造条件并有所建树,形成所谓"规范中求发展的深圳证券市场"。由此,这一时期的主要内容包括不断健全的监管体系,不断发展的深圳股市、债市和基金市场,不断趋好的上市公司,不断壮大的投资者队伍,不断完善的中介机构,不断升级的市场交易技术,不断优化的市场服务等方面加以论述。这一时期的主要启示:一是规范的证券市场运行体制是防范风险的根本所在;二是制度创新是证券市场发展规范的基础所在;三是制定和完善证券法是深圳证券市场发展规范的牢固基石所在。该篇由周伍阳博士生编写。

第四篇探索创新期(2000 年 9 月至今),这一时期从总体上看处于"在发展和规范中不断深化的深圳证券市场",其内容重点围绕着特区建立多层次资本市场的必要性和重要性、探索路径、面临的挑战以及构建策略等诸方面加以论述,特别是对如何改革主板市场、完善创业板市场、激活三板市场和整合产权交易市场等方面提出合理有效的建议。这一时期的主要启示：一是认清深圳腾飞的引擎非多层次资本市场莫属；二是如何从理念上厘清深圳建立多层次资本市场的思路；三是如何探寻分层次完善深圳资本市场体系的策略。另附有"深圳证券市场大事记"，由郭茂佳教授编写。

以上四个部分初稿写成后，由曹龙骐教授负责第二、四篇，郭茂佳教授负责第三篇的内容组合和修订补充。最后，由曹龙骐教授撰写前言和总纂定稿。

本书的主要创新点表现在：(1)思路明确，主线清晰。依据深圳证券市场发展全过程，将全书内容分为既紧密联系、又层层递进的4篇14章42节，全书遵循邓小平理论、"三个代表"重要思想、科学发展观为指导思想，坚持以社会主义市场经济理论、社会主义初级阶段理论、现代企业制度理论为论述基础，紧紧围绕"发展中重规范、规范中求发展、坚持探索创新"这一主线展开。(2)史实和研究相结合。在反映历史、尊重历史的前提下，对每个时期深圳证券市场的发展和运作进行较为深入的评论，包括总结、启示、思考等，并提出一些建议性观点和应对策略，以增强本书的研究性和应用性，提升其理论和实践价值。(3)立足特区、辐射国内外。全书内容立足深圳经济特区证券市场的创建和发展，从一个重要侧面反映中国特区模式在由计划经济向市场经济转型中的路径依赖和制度设计，总结在这一转型期的历史经验和展示预期的科学发展。但不就深圳论深圳，就特区论特区，也注重联系国内(特别是上海、香港)和全球(特别是全球金融危机)的实际，揭示其在发展创新过程过的客观需要，以扩大本书的视野和深化本书的内容。(4)内容完整，重点突出。全书内容较完整，就证券市场而言，不仅是介绍股市、债市及其走势，还包括证券机构、市场监管、投资主体等方面的论述，并列有"大事记"和"参考书目"。但为了简明扼要，行文中也注重突出重点，以更好把握问题实质和解决问题的路径选择。

有专家评论：从1996年至2006年，这是中国资本市场的"第一个黄金成长期"，从2007年到2016年，中国将从"金融僻壤"到"金融资本强国"。从当代发达国家金融产业的发展现状及其演变趋势看，一个发达国家的金融体系应当是银行、证券和保险(指狭义保险)三大金融子产业形成均衡结构和合理布局，三者的比例大致应当为1：1：1，而证券市场上证券市值总额一般要占到GDP的

100％至200％。可见，高度发达的证券市场，是优化社会资源配置和提高国家综合竞争力的重要渠道之一。中国要成为世界上真正的强经济体，拥有以现代资本市场为核心的高度发达的成熟的现代金融业，是一个关键因素。还有专家估算，如果中国资本市场到2016年证券市值达到74万亿元—90万亿元的话，则目前每年需要增长6.5万亿元至8万亿元的股票市值，届时我们才有可能达到"会当凌绝顶，一览众山小"的境界。

　　总之，尽管中国资本市场发展过程中存在有诱惑、困惑和迷惑，也碰到许多障碍性因素，甚至经历过超级大熊市、投资者的巨大损失和全球金融海啸的冲击，但正如一位伟人说过："每一次历史的倒退都会以一次更大的进步为补偿"。近几年来，资本市场实施的一系列体制性变革就是得到"历史性补偿"的见证，如股权分置改革的实施、上市公司质量的提升、市场信心得到恢复、产品创新的涌现、市场基础的夯实、多层次资本市场的推进等。这一系列变革也表明有力的印证，只要我们把握"改革开放"和"科学发展"的整体方略，坚持"实事求是"、"与时俱进"的思想路线，自觉地把思想认识从那些不合时宜的观念、做法和体制的束缚中解放出来，客观评价取得的成效，积极妥善处理出现的问题，勇于应对各式各样的严峻挑战，那么可以肯定，未来中国的资本市场一定是一个富有创新、充满活力的市场，其前景将一定是非常美好的。

编著者

2009 年 12 月 31 日

第一篇

深圳证券市场的形成背景

从解放初期直至 1978 年 12 月召开中共十一届三中全会期间,我国的经济体制基本上是仿照苏联,执行的是全面的计划经济体制。在"文革"期间,这一体制的僵化程度达到了登峰造极的地步。

当时根本就谈不上什么要建立"证券市场",就信贷领域而言,要求全国各级银行部门的人、财、物均由总行统一管理、统一预算;取消多种金融机构,主张建立"大一统"的人民银行,人民银行既是发行银行,又是商业银行;取消商业信用,实行信用集中于银行的垄断性做法;社会资金的供应以财政拨款为主,银行贷款为辅,即全国固定资产投资及企业定额流动资金基本上由财政拨款供应,银行贷款只是用于临时性周转的超定额流动资金需求。这种在"大一统"银行体制下"存款全部上交,贷款层层下指标"的国有大银行垄断的做法在我国运行了 30 多年。

由于长期受"左"的思想倾向的影响,我国在十年"文革"后的较长一段时间,连"资本"、"资本市场"这些词都慎用,还沿用苏联教科书"资金"、"资金市场"这些概念,直到 1985 年《"七五"计划建议》中还沿用这些名词。到 1986 年 4 月六届人大通过的"七五"计划中改为"金融市场",直至中共十四届三中全会通过的《中共中央关于建立社会主义市场经济体制若干问题的决定》中才第一次提出"资本市场"这一概念,并明确指出:"发展和完善以银行融资为主的金融市场。资本市场要积极稳妥地发展债券、股票融资。"追根溯源,这也是在中共十三届三中全会确立"以经济建设为中心"后的重大理论突破。此后,中国的资本市场,特别以股票为主的证券市场冲破藩篱,破土而出。我国资本市场在 20 多年的发展和规范中,虽几经曲折,跌宕起伏,困难和问题甚多,但经历一轮又一轮的应对挑战和把握机遇,至今已在发展和规范的交替和互动中呈现出美好的前景。

本篇就深圳证券市场形成的背景进行阐述,具体分三章,分别就深圳证券市场形成的历史背景、实践背景和理论背景加以分析,以求阐明我国资本市场形成过程中的指导思想、理论基础、理念更新、体制建设和科学管理的重要意义。

第一章

深圳证券市场形成的
历史背景

第一节　党的十一届三中全会为我国证券
市场的创建和发展指引了方向

一、党的十一届三中全会精神如阳光普照、春风化雨

　　1978 年 12 月召开的中国共产党十一届三中全会,是一次极其重要的会议,是一个伟大的转折点和里程碑。在此次全会前召开的中央工作会议上,邓小平同志所作的《解放思想,实事求是,团结一致向前看》的著名讲话,打破了人们思想上的坚冰,确立起全党全国今后工作的重心,即从"以阶级斗争为纲"转移到"以经济建设为中心"的轨道上来。"以经济建设为中心"这是一个具有伟大历史意义的战略决策,为今后在理论上开拓创新、在实践中勇于探索的改革开放的伟大实践奠定了具有划时代意义的思想基础。党的十一届三中全会的精神,如阳光普照,春风化雨,一时间,经济理论界的思想空前活跃,思想解放和理论创新使原来苍白无力、缺乏生气的传统政治经济学理论摆脱"左"的束缚,呈现出蓬勃发展的景象。各种理论与观点百花齐放、推陈出新,极大丰富了中国社会主义的经济理论。这些理论思想与观点,一部分是为了解决现实问题而提出来的,另一部分是借鉴西方经济学的合理理论内核并结合中国的实际而产生的,它们在

推进改革开放和社会主义现代化建设中发挥了重要的作用,影响深远。

二、党的十一届三中全会为我国证券市场的创建和发展打开了通道

1. 明确了新时期党的主要任务

党的十一届三中全会明确提出,党在新时期的主要任务是"以社会主义现代化建设为中心",这一极其重要的战略决策既具有深远意义又符合中国实际。我国是一个发展中的社会主义国家,人口多、底子薄、经济落后,集中精力搞好经济建设有特别重要的意义。可以设想,在当今世界,如果一国的经济实力搞不上去,缺乏与世界发达资本主义国家竞争的实力,那么国家的安全、人民的和谐幸福、综合国力的提高、社会主义优越性的发挥、祖国统一的宏伟大业等所有一切,均无法实现。在"以经济建设为中心"思想的指导下,党的工作重点得到转移,才能以极大的热情和精力去思考并实践长期以来没有得到解决的各种经济问题,例如被遗忘和排斥的资本市场特别是证券市场的发展和开拓必然会被提上议事日程,作为新时期经济工作中的一项重大决策得以实施。所以,明确新时期"以经济建设为中心"这一伟大纲领,既符合我国国情,也是我国发展繁荣的必经之路,更是我国由一个经济大国成为世界强国的前途所在。

2. 明确了新时期党的思想路线

党的十一届三中全会,从根本上冲破了长期以来"左"倾错误的严重束缚,提出"解放思想,实事求是,团结一致向前看"的指导方针。实事求是,既是无产阶级世界观的基础,也是马克思主义的思想基础。全会批判了"两个凡是"的错误方针,高度评价了关于真理标准问题的讨论。全会还指出:一个党、一个国家、一个民族,如果一切从本本出发,思想僵化,就不能前进,没有生机,必然走向亡党亡国。十一届三中全会的这一思想路线,为在实践中鼓励积极探索和勇于创新、在理论与实践的结合上分析研究建立股份制等各种新的企业制度提供了政治上和思想上的有力保证,为以后我国证券市场的建立和开拓提供了正确的理论依据并打开了通道。

3. 提出了经济体制改革的战略主张

党的十一届三中全会指出:"实现四个现代化,要求大幅度地提高生产力,

也就必然要求多方面地改变同生产力发展不适应的生产关系和上层建筑,改变一切不适应的管理方式、活动方式和思想方式。"全会认为:现在我国经济管理体制的一个严重缺点是权力过于集中;应该让地方和企业拥有更多的经营管理自主权,应按经济规律办事,重视价值规律的作用;应该认真解决政企不分、以党代政、以政代企的现象等。全会还提出:我国社会主义经济是公有制基础上的有计划商品经济,这一认识突破了把计划经济同商品经济对立起来的传统观念,为全面经济体制改革提出了新的理论指导。之后,随着认识的不断深化,中共十三大提出社会主义有计划商品经济的体制应该是计划与市场内在统一的体制;中共十三届四中全会后提出建立适应有计划商品经济发展的计划经济与市场调节相结合的经济体制和运行机制。这样,以市场取向为我国经济体制改革目标得以逐步明确,由此加快了资本、信用、要素市场、股票、证券、期货等经济范畴引入到经济建设实践中的步伐。

4. 首次提出了对外开放的方针

十一届三中全会首次提出了"对外开放"这一方针,强调要在自力更生的基础上积极发展同世界各国平等互利的经济合作,要彻底改变那种不与资本主义国家进行经济合作和技术交流的闭关自守状态,要积极地引进国外先进的技术设备和资金。与此同时,强调也要大胆地进入国际市场。这一方针为建立社会主义市场经济体制,将体制改革和对外开放有机结合起来;为实现通过资本市场的运作,发挥社会资源的最大范围(不仅是国内,而且是全球)的优化配置功能起到了重大的指导作用。

5. 提出了发展经济特区的思想

在社会主义中国兴办经济特区,这是史无前例的伟大创举,是我国改革开放的产物,其本身就是一个创新之举。党的十一届三中全会确立了改革开放的方针,之后不久,广东省首先提出要在广东创办特区的设想,邓小平同志听了汇报后当即指出:"可以划出一块地方,叫做特区,陕甘宁就是特区嘛。中央没有钱,要你们自己搞,杀出一条血路来。"经过认真调研和周密考虑,中央1979年7月15日发文批准,正式同意先在广东的深圳、珠海、汕头和福建的厦门四市试办特区。特区的兴办,它体现了解放思想、实事求是的思想路线,贯穿了解放生产力发展经济这一主线,闪耀着"两点论"这一唯物辩证法的思想光辉。事实证明,特区的创办成绩巨大,经济发展喜人,可谓举世瞩目。与此同时,人民生活水平大大提高,外向型经济格局逐步形成,特区作为"窗口"和"试验场"的作用得以充分发挥,市场经济的新体制日趋成形。这些为特区证券市场的建立和发展奠定了坚实的思想基础和经济基础,也为在特区率先建立股份制,率先成立证券交易所,率先进行股市、债市的交易创造了有利条件和环境优势。

第二节　社会主义初级阶段理论是
我国证券市场形成的基石

一、社会主义初级阶段理论是对社会主义和中国国情的再认识

党的十一届三中全会确定"以经济建设为中心"的宏伟战略目标后,在十一届六中全会通过的《关于建国以来党的若干历史问题的决议》中,首次提出了"我国社会主义制度还是处在初级阶段"的论断,党的十二大报告进而宣告:"我们的社会主义社会还处在初级发展阶段",并指出:这个阶段的根本特征是"物质文明还不发达"。党的十三大全面完整地提出社会主义初级阶段理论,这一理论分析了一方面中国已经是社会主义社会,经济实力有了巨大增长,教育科学文化事业有了相当发展;但另一方面又是一个不完善、不成熟的社会主义社会,特别表现在我国人口多、底子薄的实际情况、生产力状况、经济发展不平衡、普遍地科学文化水平、生产社会化和商品经济发展的程度低,以及意识形态领域中旧思想和旧习惯的客观存在,这些,说明了"今天仍然没有超出社会主义初级阶段"。

根据中国正处于社会主义初级阶段的理论判断,中共十三大制定的社会主义初级阶段的长远指导方针是:必须集中力量进行现代化建设;必须坚持全面改革;必须坚持对外开放;必须以公有制为主体,大力发展有计划的商品经济;必须以安定团结为前提,努力建设民主政治;必须以马克思主义为指导,努力建设社

会主义精神文明。

党的十三大提出的社会主义初级阶段理论,实际上是党的十一届三中全会之后,在九年来中国社会主义建设实践基础上,对社会主义和中国国情进行再认识的成果和总结。

二、社会主义初级阶段理论为创建和开拓中国证券市场奠定了基础

社会主义初级阶段理论的提出对深圳经济特区证券市场的创建和开拓具有重大的指导意义,其具体表现在:

1. 有利于深刻认识我国的基本国情,坚定集中力量搞现代化建设的信心

社会主义初级阶段理论使我们进一步明确了我国所处的历史阶段,建设有中国特色的社会主义国家是这一阶段的首要任务,也是我们制定和执行正确的路线和政策的根本依据。从我国社会的性质来说,是以生产资料公有制为基础,它已经是社会主义社会,但还处在初级阶段,这就客观要求国家发展的战略决策应从这一实际出发,而不能超越这个阶段。因为我国脱胎于半殖民地半封建社会,生产力水平人均国民生产总值还远远落后于发达的资本主义国家。如何把握我国社会主义初级阶段理论的精神实质,对建立和开拓符合中国国情和具有中国特色的证券市场显然起着基石作用。

2. 牢固树立起充分发展商品经济的思想

我国还处于社会主义初级阶段的现状是当前我国社会经济发展所不可逾越的,是今后实现生产社会化、现代化必经的路径。这一时期,在所有制形式和分配体制上,不要追求纯而又纯,绝对平均。在这一阶段,尤其要注重在以公有制为主体的前提下发展多种经济成分,在以按劳分配为主体的前提下实行多种分配方式,在共同富裕的目标下鼓励一部分人通过诚实劳动和合法经营先富起来。可以想象:没有在正确思想路线指引下社会主义商品经济的大力发展,我国资本市场的建立和开拓就没有牢固的基础;没有以公有制为主体前提下的多种经济成分和多种分配方式,资本市场上有效的资本运行就无法实现。

3. 坚持全面改革、对外开放的总方针

在我国社会主义初级阶段,首要的问题是要通过改革、坚持创新。具体说,就是要勇于冲破束缚生产力发展的过于强调集中的僵化体制。这些旧体制,从"左"的方面看,往往将许多在社会主义条件下有利于生产力发展和商品化、市场化、现代化的东西,当做"资本主义复辟"加以反对;从右倾角度看,往往将许多束缚生产力发展的并不具有社会主义本质属性的东西,或者只适合于某种特殊历史条件的东西,当做"社会主义原则"加以固守。可见,在"左"右倾思想的干扰下,不可能使经济活跃起来,也谈不上充分发挥在新体制下的开拓创新精神,要实现中国证券市场的建立和发展也只能是纸上谈兵。

事实证明,只有深化改革才能按照所有权和经营权分离的原则,搞活全民所有制企业,促进横向经济联合的进一步发展;才能加快建立和培育社会主义的市场体系;才能实施在以公有制为主体的前提下继续发展多种所有制经济;才能实行以按劳分配为主的多种分配方式和分配政策;才能由实现间接融资向直接融资的转变。以上这些,与我国建立和开拓证券市场都是息息相关的。

事实还证明:在不断推进改革的同时,还要坚持对外开放的决策。当今世界是一个开放的世界,全球化的浪潮风起云涌,国际间的关系越来越密切,各国和地区间的合作和交流已是历史的必然。历史证明,任何一个国家固守僵化体制和闭关自守都是没有出路的。发达国家的证券市场已日趋成熟,我国证券市场刚刚起步,我们应通过对外开放,加强与合作和交流,取其精华,为我所用,这对在发展和规范中推进和深化我国证券市场的构建显然是大有好处的。

总之,只有在改革开放政策指引下,才能突破旧体制构建新体制,深圳经济特区在率先建立社会主义市场经济体制、大力发展外向型经济、走出国门参与经济全球化、推进高新技术产业的崛起、营建多层次资本市场体系、实施可持续发展战略等方面才能取得举世瞩目的成效。这是因为,无论是物流、人流、信息流的互动,都离不开货币资金流的运转,也只有在改革开放这一总方针指引下,才能为货币资金流发挥其潜能活力和创新力,为建立完善的证券市场创造重要条件和良好的环境。

第三节　创建经济特区的思路是开拓和发展深圳证券市场的强大推动力

创办和建设经济特区,是邓小平建设有中国特色社会主义理论的重要组成部分,是党中央国务院实施对外开放战略的伟大创举。从功能上说,特区是我国改革开放和现代化建设的窗口;从特征上看,特区是我国采取特殊政策和灵活措施吸收外部资金进行开发建设的特殊区域。特区的创办,不仅其自身取得了举世瞩目的辉煌成就,而且对全国的改革开放和现代化建设发挥了巨大的辐射、示范和带动作用。有人比喻特区改革开放的成功,犹如特区当初的"一枝独秀"发展到全国的"繁花似锦"。历史证明:创建经济特区的思路是开拓和发展深圳证券市场的强大推动力。

一、经济特区建立市场经济体制模式对深圳证券市场的推动

经济特区的建立,一开始就定性为与市场经济体制接轨。市场经济作为优化配置社会资源的最佳模式,它一方面促使国内企业,特别是一批国有企业,努力摆脱长期统治我们的计划经济体制的束缚,促使其增强活力、动力和创新力。在改革的推动下,在按照现代企业制度的要求转换企业经营机制方面;在培育和发展市场体系,发展金融市场、房地产市场、技术和信息市场、劳动力市场和建立主要由市场形成价格的机制方面;在转变政府职能、改革政府机构和管理体制,建立健全宏观调控体系方面;在按照效率优先、兼顾公平的原则,建立合理的个人收入分配制度,坚持一部分人通过诚实劳动先富起来,最后达到共同富裕的政策方面;在建立和完善多层次、全方位的社会保障体系方面;等等,都达到了前所未有的效果。

另一方面,特区率先实施社会主义市场经济模式,为国外和境外投资者所认同,有利于大力引进国外资金以及来自港澳台地区的资金,与从全国各地引进的

资金一起,构成了特区开发建设资金的主要来源。可见,特区建立社会主义市场体制从机制转换上和资金筹措上为开拓和发展证券市场奠定了扎实的基础。

二、经济特区的开放性、外向性战略对深圳证券市场的推动

对外开放政策既是历史伟人邓小平对中国长期以来实行故步自封、闭关自守政策造成停滞不前历史教训的深刻反思,也是他对当代世界经济科技发展趋势得出科学判断的结论。小平同志说过:"现在任何国家要发达起来,闭关自守都是不可能。我们吃过这个苦头,我们的老祖宗吃过这个苦头。"他还说:"要实现四个现代化,就要善于学习,大量取得国际上的帮助,要引进国际上的先进技术,先进装备,作为我们发展的起点。"建立经济特区是实施全国对外开放的启动点、突破口和战略步骤,邓小平指出:"特区是个窗口,是技术的窗口,知识的窗口,也是对外政策的窗口。"

在邓小平对外开放思想指引下,从特区创办开始,就揭开了我国从未有过的大规模吸收利用外资的序幕。深圳经济特区充分发挥毗邻港澳的地理优势,运用中央给予的优惠政策,率先通过中外合资、外商独资、"三来一补"等形式,吸收了大量外资。根据深圳市统计局的资料,深圳从 1980 年到 1999 年,累计实际利用外资 200.45 亿美元,涉及 67 个国家和地区,外商投资企业 1 万多家,引入大型跨国公司近 200 家,世界 500 强企业有 76 家进入深圳,内地驻深企业、机构近 9000 家;进出口总额从 0.175 亿美元增长到 504.3 亿美元,年均递增 52.1%,出口总额从 0.112 亿美元增长到 282.11 亿美元,年增长 50.0%。至 1999 年累计进出口总额超过 3500 亿美元,其中出口额累计超过 1912 亿美元,已连续多年进出口总额居全国大中城市首位,占全国的七分之一。深圳已形成海陆空全方位开放的口岸,口岸出入境人员和车辆分别占全国的 50% 和 80%。可以说,深圳目前已成为我国经济外向型和开放度程度最高的城市。深圳特区在吸收外资的同时,也注意引进国外的各种先进设备、技术和管理经验,大大提高了自己的发展能力,已成为我国发展高新技术产业的重要基地。同时,它还注重充分发挥了特区的"窗口"作用,把各种资金、技术、信息、管理、知识、政策向内地转移、传递和推广,对内地起到了示范、辐射和带动作用,促进了内地经济的发展,为确定

我国对外开放的格局和实施沿海地区发展外向型经济的战略,作出了积极的贡献。

可见,开放型经济要求生产要素的全球化、科技和信息的全球化和市场的全球化,这对在更大领域和范围内优化配置社会资源也是一个不可逆转的时代潮流。同时,开放性战略有利于积极利用外资和发展"三资"企业,有利于借鉴和吸收西方发达国家的一切反映现代社会化生产规律的先进经营方式和管理方法。正如江泽民总书记在党的十四大报告中指出的:"兴办经济特区,是对外开放的重大步骤,是利用国外资金、技术、管理经济来发展社会主义经济的崭新试验,取得了很大成就"。与此同时,对外开放不仅要"引进来"更要"走出去","走出去"可以在更大范围和更高层次上参与国际分工与竞争,有利于打破贸易保护主义、熟悉国际市场、生产适销对路产品以及更好地学习国外先进技术和管理。

总之,由于特区的改革开发政策和开放性、外向性战略的实施,一方面使特区得以体制创新和快速发展,另一方面促使"面向世界、面向未来"成了现实,这给深圳证券市场注入了无限的生命力和创新力。

三、经济特区在改革开放中发挥"试验"、"探路"作用对深圳证券市场的推动

深圳经济特区创办以来,就勇于探索,敢于创新,率先进行以市场为取向的经济体制改革和试验,从而率先建立起社会主义市场体制的基本框架。正是因为特区人始终抓住经济建设这个中心不放,紧紧坚持改革开放不动摇,正因为特区人敢于触犯不合时宜的政策法规的"禁区",敢于闯前人未曾涉足的"盲区",敢于闯矛盾错综复杂令人望而却步的"难区",始终坚持在"试验"和"探索"中敢闯敢干的精神,所以特区一次次闯出了持续发展的新路子,获取举世瞩目的新成就。

要说深圳经济特区改革的试验和实践给我们的经验和启示:一是解放思想、大胆实践、敢闯敢干是特区成功经验的根本点。特区每一个重大步骤和成功经验,无不是大胆地试、大胆地闯的结果。二是特区坚持市场化取向的改革,敢于

突破传统计划经济模式。特区的客观条件逼迫经济特区一开始就要"杀出一条血路",在筹集资金、物资供应、产品交易等方面走市场化之路。三是解放思想是用足、用好、用活政策的关键所在。在特区的发展过程中,努力克服长期以来"没有政策等政策、有了政策不会用政策、甚至截留政策"的弊病,在运用政策上解放思想、放开手脚、抓住时机。四是改革开放要从实践出发,重在实践。经济特区是靠干出来的,不是靠争论出来的。五是要允许试验,允许犯错误。搞改革开放,办特区都是试验,都是对中国特色道路的探索,要激励成功,宽容失败,因为无论是成功和失败,都是一种财富。

综上所述,深圳经济特区正是得益于社会主义市场经济体制的确立和实施对外开放政策,在较短的时间内取得了举世瞩目的成绩,同时也使特区拥有了巨大的吸引力、感召力和凝聚力。另外,深圳的地域环境也十分有利:一是深圳毗邻香港,两地相邻、人相近、习相通,两地的联结架起了内地和世界之间的天然"桥梁",成了经贸、物流、资讯、交通、人才以及文化教育等方面的"枢纽",而这些又都离不开货币资金的互动和以金融市场为依托。二是珠三角经济圈是深圳证券市场稳定发展的有力依托。广东省是中国率先实行改革开放的省份之一,经济实力在全国举足轻重,国内总产值占全国前列,外贸出口、外资引进、体制创新等方面均走在全国的前面。深圳这块改革开放的热土,它处在包括港澳在内的大珠三角经济圈内,可谓是"得天独厚",种种有利因素的决定了证券市场特别是股票市场的优先发展和证券交易所的率先创办非深圳莫属。

第二章

深圳证券市场形成的
实践背景

第一节　转换企业经营机制、提高货币资金使用
效率是我国证券市场形成的现实要求

一、资本增值是资本运动本身的强烈要求

对于"资本"这个词,传统的观点是指只在资本主义社会存在的、与资本家天然地联系在一起的概念,所谓"资本就是资本家的化身"。我国改革开放前一段很长时期,对"资本市场"概念的表述,通常只能提"资金市场"或"金融市场"这两个词,直至党的十四大三中全会文件中才首次正式提出"资本市场"这一概念。显然,"资本"和"资金"从含义上说没有什么本质差别,目前两者普遍的通用已是司空见惯。

当然,就资金和货币而言,两者既有联系也有区别。它们之间的相异主要表现在:货币是一般等价物,但资金是在再生产过程中不断循环周转的有专门用途的能够增值的一定的价值量。可见,货币和资金两者在表现形态和需要量上均有所不同。货币只是货币形态,而作为资金,可能是货币形态的资金,也可能是实物形态的用货币表示的一定价值量(如生产资金、商品资金等)。

货币和资金两者之间的相同主要表现在:无论是货币或资金它们都表现为

一定的价值量,也就是说都可以用货币来表示。假如你问一位企业家有多少资金,他回答说两个亿,实际上他是指企业所拥有的货币(现金+存款+金融资产)和大量的实物(机器、厂房、原燃料等)形态用货币标价的总和。

作为货币资金,从本性上说有一个强烈增值的要求,当然,这种增值的实现,要靠活劳动和物化劳动的优化组合来推动。正因为如此,企业家特别注重货币资金的周转和运用,以提高它的赢利水平。作为中介机构的银行,极力组织大量的社会闲置资金,形成巨大的力量,贷给那些急需要资金的企业或个人,在资金的不断循环周转中实现增值的愿望。反之,资金不流动就不可能实现其增值的要求,也等于没有资金。

按照马克思的论述:资金的增值,可能在简单再生产情况下实现。但资金的这种增值冲动并不限于此,而是要求在资本利润的不断积累基础上实现扩大再生产,即在更宽广的领域以更快的周转速度实现其增值。当今世界,已跨入虚拟经济时代,在金融创新的背景下,货币资金的价值在多种信用工具特别是衍生金融工具的运用和演变中不断膨胀,资金的增值性已扩张到一个主要依靠资本运营来全面推动的境界,其主要表现为在资产证券化状况下依靠证券市场的运作来实现。

由此可以看出,资本作为一种生产要素,它具有增值的强烈要求,而这一要求又是依靠"简单的生产运行——扩大的生产运行——资本运营"这样一个由低级到高级的演进运行过程来实现。当然,这一过程的顺利进行,还得靠制度演变和技术进步双方在互动中不断向前推进,以达到一个预期的境界。

二、改革开放条件下金融资产迅速集聚和融资渠道单一的矛盾凸显

在我国传统的计划经济体制下,财政实施统收统支的集中型资金管理方式,企业的资金来源以财政无偿拨款为主,以银行有偿贷款为辅,企业的资金来源和赢利分配绝大部分由财政部门一手包办。据 1979 年年末国家统计局的统计数据表明,在全民所有制企业中,固定资产投资几乎全部是财政拨款,流动资金中财政拨款也占40%,两者相加总共占财政拨款的70%。20 世纪 80 年代初以来,两次"利改税"和承包制使企业留利额显著增加,地方和企业自有资金逐年增

加,企业拥有了较多的、可供自己自由支配的资金。从 1978 年到 1988 年,我国国有企业留利额从 27.5 亿元大幅增加到 700.6 亿元。另外,改革开放以来,国家适当调整了积累与消费的比例关系,增加职工的收入水平。与此同时,农村实行承包责任制后农民收入也有所增加。随着社会各阶层收入的增加,人们的储蓄存款量以及手持现金量也有一定幅度的增加,社会闲散资金逐步增多。1978 年全国居民储蓄存款为 210.6 亿元,占 GDP 的 5.81%;到 1985 年,全国居民储蓄存款达 1622 亿元,占 GDP 的 22.36%;1990 年全国居民储蓄存款已达 7119.8 亿元,占 GDP 的 38.9%。由此,我国储蓄主体由政府逐步转为企业和居民。1978 年我国储蓄结构中居民仅占 14.9%,企业占 11.8%,政府占 73.3%;到 1985 年,居民占 40.1%,企业占 38.9%,政府部门大幅下降为 21.0%。企业留利增加和居民收入的增长为股份制成长提供了一定的物质基础,因为企业和居民手中财富的增加为企业采用股份制形式集资扩大再生产提供了可能,这也使 20 世纪 80 年代初股份制进入萌芽期且初步发展起来。在 1984 年到 1986 年这 3 年间,我国社会集资每年约有 100 亿元,集资的主要形式有:股份制、合伙经营、集资联营和以资代劳等。

　　从 1979 年至 1983 年,中国农业银行、中国银行、中国人民银行和中国工商银行相继成立,在我国投资主体和储蓄主体日益分离的情况下,承担了吸收社会储蓄并向外贷款的金融中介业务。这样,以"拨改贷"为标志的企业融资结构,实现了从以财政无偿补贴为主向以银行有偿信贷为主的金融支持变迁,这是我国投融资制度的一项重大变革。但我国银行融资制度发展于我国经济市场化不成熟、理论认识也相对肤浅的 20 世纪 80 年代前期,其象征意义大于实际含义,并且诸多问题很快暴露。如在新的制度安排下,银行部门仍然受制于政府意志,给予某些特定的经济主体和经济领域以各种形式的利益补贴;在一段时间内,银行仍然代理财政向国企划拨基本建设和技术改造等各项资金;银行的贷款计划和利率水平继续受政府的严格控制,在财政和银行的关系上,财政应支未支、应拨未拨、应补未补而转嫁给银行的情况时有存在等,这些显然与财政直接拨款并没有多大的区别,而受到严格监管的单一融资渠道严重地扭曲了社会资源的优化配置效应。20 世纪 80 年代后期银行贷款息差很大,民间借贷利率高达 40%,

而信贷规模又受到控制,大量居民储蓄资金不能有效转化为投资。更为严重的是,带有沉重计划经济烙印的银行融资体制的主要融资对象是国有企业,较多效率低下的国有企业逼迫银行不断增加对它的融资,形成"国有企业资金陷阱",国有银行在累积起庞大坏账和债务的同时也累积起金融风险。在这种形势下,开辟新的融资渠道势在必行。

1988 年、1989 年两年我国经济出现较大的波动,突出表现在物价上涨率过高和企业经营困难。据国家统计局披露的数据,1988 年我国物价总水平上涨18.5%,1989 年上涨 17.8%。过高的物价上涨引发了一定程度的社会问题。1989 年开始,我国实行治理整顿的宏观经济政策,经济增长速度有所回落,GNP增长率由 1987 年、1988 年的平均 11%下降到 1989 年、1990 年的平均 4.5%。到1991 年,经过 3 年治理整顿,形势有所好转。1990 年我国物价上涨率下降为2.1%,1991 年维持在 2.9%的低水平。经济增长率在经历了一段时间的低谷运行和不均衡地缓慢回升之后,1991 年已恢复到 6.7%。

虽然经济形势向进一步好转的方向发展,但经济生活中的一些深层次问题并没有根本解决。当时最主要的矛盾是:经济增长的推动力发生了变化,而经济体制和经济结构不能适应这种变化。经过多年的高速增长,我国经济当时正面临从量的扩张式经济增长向质的提高型经济增长转变,居民消费也出现了多样化的趋势,促使社会需求者对产品的质量和结构都提出了新的要求,已经开始用挑剔的眼光对待供给了,传统的供给结构不再能满足日益变化的居民消费需要。另外,社会经济受消费的驱动越来越大,居民消费心理对市场冷热变化的影响凸显。总之,市场变化开始主导经济发展的方向和程度,但传统的经济运行机制和经济管理模式不能顺应这些变化,制度变迁累积着越来越大的需求。

当时,还有两个重要问题是传统体制无法解决的:一是作为经济发展主力的国营企业后劲严重不足。有很大一部分企业,特别是一些国营大中型企业,面对变化迅速的市场环境,受体制束缚,应变能力严重不足,不少企业只能维持"病态运行"。企业发展也主要靠负债进行,靠银行贷款支撑,企业自有资金严重不足。二是居民金融资产的迅速集聚和融资渠道的单一给国民经济发展带来了新的课题。根据《中国统计年鉴(1991)》的统计数据,治理整顿前的 1988 年,我国城乡居民储蓄存款为 3801.6 亿元,到 1991 年迅速上升为 9110.3 亿元,在短时间内翻了一番有余,这是经济发展的必然结果,也是人民生活迈向小康的重要标志。但是,如何引导这些宝贵资源有效地发挥作用仍成为一个中心问题。当时主要通过间接融资手段,由银行将储蓄贷出去进入生产领域,但低效率的银行体系不仅加大了企业使用居民金融资产的成本,也成为引发供给波动的巨大压力。

　　总之,我国计划经济条件下传统的资金供给体制,随着社会主义市场经济目标的确立和改革开放政策的实施,促使大量原由政府掌管的资金分散到企业拥有,与此同时矛盾自然凸显,集聚在银行的资金不断增加,单靠间接融资的银行融资渠道已难以为继,多渠道融资体系的建立既是客观要求也是大势所趋,特别是建立在直接融资基础上的证券市场融资必然是重要选择。

　　就深圳证券市场分析,它的创建有一定的基础。从证券发行市场看,早在 1982 年至 1984 年期间,深圳就先后出现了宝安投资(联合)总公司、深圳银湖旅游中心及宝安县一些集体企业公开发行股票筹集资金、走企业股份制道路的事例。当然,当时的股票不是真正意义上的股票,企业也不是真正意义上的股份公司。1987 年 3 月,深圳发展银行率先进行股份制改革,成为中国首家拥有个人股份的银行。随后,金田、万科、安达、原野等公司也相继发行股票。

　　从证券交易市场看,1988 年 4 月,全国第一家专业性证券公司——深圳经济特区证券公司开张经营股票柜台交易。随后其规模逐步扩大,1990 年全国股票总成交额达 18 亿元,而深圳就占 17.65 亿元,证券商也从年初 3 家 4 个点发展到 12 家 15 个点。① 随着 1990 年 12 月 1 日深圳交易所的诞生,促使深圳的证券市场迅速实现由分散的柜台交易走向集中交易,由原先的现金交易走向非现金交易,由实物股票交易走向无纸交割清算,由手工操作走向电脑自动撮合,由市场内申报走向远程自动报盘,最终由一个区域性的证券市场迅速发展成辐射海内外的全国性证券市场。

---

　　① 王喜义著:《深圳股市的崛起与运作》,中国金融出版社 1992 年版。

三、横向经济联合为货币资金的横向融通提出了要求和创造了条件

20 世纪 80 年代初,我国出现的横向经济联合,是指国民经济各部门、企业、单位之间,打破地区封锁和条块界限,实行多层次、多形式、多方位和多渠道的经济活动联合方式。这种联合方式既有紧密型,也有松散型;既有单项性的协作,也有综合性的配套;既有实体性的公司,也有服务性组织。这种联合形成了城乡一体、互为依托、你中有我、我中有你的经济格局。

横向经济联合实际上是高层次的经济联系。所谓横向经济联系,指的是在社会分工和商品交换条件下形成的一般的社会经济联系。在我国,进入 20 世纪 80 年代,多渠道、多层次、多形式的横向经济联系已在逐步形成。决定这种经济联系的主要有两个因素:一是商品经济发展水平。可想而知,在简单商品经济条件下,横向经济联系是很少的。随着商品经济的发展,客观上要求生产的组织形式向复杂的、高级的协作阶段过渡,由此形成紧密程度不同的各种社会经济联系。二是经济体制的状况。回顾我国在高度集中型的僵化的经济体制模式下,人为地搞条块分割,地区封锁,显然不可能有横向经济联系的发展。

而横向经济联合,正是在商品经济充分发展的要求下,从本企业的实际出发,"扬长避短",采取"形式多样"的方法,达到"互利互惠、共同发展"的目的。这是对长期以来旧的经济体制的冲击,对条块分割的挑战。可见,这种横向的经济联合,不单是一般意义上的商品交换和协作关系,而是突破了地区、部门和所有制的界限,打破了企业"大而全"、"小而全"的组织结构,逐步形成的一种新的企业群体和企业集团。其优越性体现在:一是有利于企业实现生产要素的优化组合,充分挖掘现有企业的潜力;二是推动了企业技术进步,加速产品升级换代,在提高产品质量中增强企业的竞争能力;三是促进了企业组织结构的合理化,为企业由长期的封闭型转变为开放型开辟了一条新途径;四是促进商品、资金、技术、人才和信息的合理流动,加速社会主义统一市场体系的形成,市场调节和引导作用日趋加强;五是促进了政府管理经济职能的转变,增加了城市经济的辐射功能。总而言之,横向经济联合能够带来企业经济效益和社会经济效益的普遍提高。

横向经济联合之所以形成并发展,根本原因在于商品经济运动规律的客观要求。因为,商品经济的发展必须借助于市场机制,与此相联系,企业之间的联系只有通过市场直接发生,所以,整个社会经济的运行机制应该是一种横向的运行机制。一句话,横向经济联合是商品经济的基本特征。

横向经济联合的大趋势必然要求资金的横向融通。因为由横向经济联合所引起的物资、技术、劳务等生产要素的横向流动,必然要求以资金的横向融通为前提。可以设想,资金作为物资的货币表现,作为物资运动的"集结点"和"推动力",如果不能依据横向经济发展的需要自由流动,就会使联合出现断裂或阻塞,影响联合的向前推进。可下这样的结论:横向经济联合是横向资金融通的基础,而横向资金融通又是横向经济联合的前提条件。

但是,当时的横向经济联合仍然受到体制性因素的障碍,具体说:一是产品经济的"纵向调节型"运行方式还没有转轨到的"横向调节型"运行方式上来。二是条块分割和狭隘的地区、部门利益,限制了企业联合的要求和资金、物资的相互流动。三是资金分配上的大锅饭,从根本上损害了银行与企业进行资金横向融通的动力和压力。四是各专业银行自成体系,一统到底,"纵向调拨"的资金管理体制限制了横向资金融通。五是还谈不上资本市场特别是证券市场的建立和拓展。

由此,虽然当时的经济联合体大多采用企业股份制的方式,但离成熟的股份制企业还有很大距离。它们主要是在计划体制下商品市场不十分发达、流通渠道不通畅的状况下生产企业与流通企业的联合,大量涌现的是工商企业、农工商企业之间的联合,带有一定程度的盲目性和不规范性。

为适应横向经济联合,搞好横向资金融通,当时的措施一是突破现行纵向调节资金的管理体制,改资金纵向管理为纵横交织融通;二是努力塑造促使横向资金融通的有利环境;三是建立和完善社会主义的市场机制,有步骤地开拓和建立资本市场,特别是以股份制为基础的证券市场。

改革开放以来,随着企业自主权的逐步扩大,一些企业在自身发展的基础上,萌动了向外拓展的愿望。这些企业冲破地区、部门、行业和所有制的界限,按照经济发展的要求,集合各方面的优势,组建了一些经济联合体。后来,这些经济联合体进一步发展,由单纯的生产协作发展到以生产要素互相投资入股,形成相互融资的发展态势,企业的组织形式也随之发生了很大变化。1986年,国务院颁布了《关于进一步推动横向经济联合体若干问题的规定》之后,横向经济联合体在全国蓬勃发展起来,已会聚成一股潮流,势不可当,并日益显示其优越性和生命力。

今天看来,"有计划的商品经济模式——计划和市场相结合模式——以市场为主计划为辅的模式——横向经济联合模式——社会主义市场经济模式",这就是在改革开放条件下中国经济体制发展的路径描述。在社会主义市场经济模式下,要求社会货币资金运行由间接融资向直接融资转变,建立和开拓具有社会主义特色的证券市场也是必由之路。

第二节　建立在证券市场基础上的股份制经济已成为历史发展的必然

一、我国早期股份制经济及其发展

股份制作为人类发展迄今为止一种有效的企业组织形式,它是适应经济发展和社会化大生产的。股份制产生的基本动因在于筹资,但其实质性意义不仅限于此,而是希望通过股份制实现企业运行机制的转换。回顾改革开放以来中国出现的股份制,它不仅仅是随社会化大生产发展突破单个资本限制的客观要求,也是经济体制改革这一特定因素给经济生活带来种种变化所产生的要求,更是通过股份制转换企业经营机制以提高效率的要求。

股份制虽然发端于资本主义社会,但从产生和发展的过程看,股份制主要是植根于商品经济,植根于社会化大生产,是商品经济发展到一定阶段的产物。在商品经济不发达时,企业作为独立的生产单位,生产规模较小,资本需求量较少,可以通过自我积累或在小范围内合资的形式来组织和经营。当商品经济发展到一定阶段时,由于个别企业原有的资本满足不了生产发展的需要,就必须广泛向社会筹集资金,其中的形式之一就是通过发行股票或债券筹资,从而产生了股份有限公司这种企业组织形式,由此也为证券市场的出现创造了基本条件和依附载体。

商品经济要求利益主体和产权归属明确,各微观单位不单只是市场主体,还应当是产权主体。没有财产所有权的明确,就没有市场主体,也就没有市场竞争,商品经济的存在和发展会就此停滞。历史证明,我国计划经济时期国有企业的组织制度、资产组成和治理结构已经完全不适应形势的发展,短暂实行的承包制由于在产权制度上没有突破而面临困境。而股份制企业的重要特点是所有权和经营权的分离以及财产权的独立,个人和公司产权相互分开,公司能以独立法人的身份从事经营企业的活动并享有权利和承担义务。应该说,这种经济模式符合国有企业经营机制的转换和发展的需要,也有利于促进商品经济社会化的快速发展。

20 世纪 70 年代末我国开始实施改革开放之后,实行"有计划的商品经济",从而商品经济得以迅速发展。在农业方面,由过去自给自足的小生产逐步向较大规模商品化生产转化,由单一经营向多元经营转换。然而,农村缺乏银行资金来源,经营方式相对落后,人才素质要求差距较大,而采取股份合作方式是改变经营机制和组织优化生产的最佳选择。在工业方面,体制改革后各种不同所有制的企业已经是独立的或相对独立的商品生产者,微观主体的利益动机逐渐趋于强烈,但我国当时处于资金紧缺状态,企业的自有资金和内部积累难以满足企业发展生产和提高技术水平的需要,它们必须通过向外筹资增大其可供支配的资金规模,增强自我发展的能力。同时,通过有限公司形式,在公司治理结构上也有一个根本性转变。可见,为解决以上问题,走股份制道路既是筹集社会资金,也是转换经营机制和通过资本运营获取最佳效益的理想选择。

根据郑振龙所编著《中国证券发展简史》第三章第三节的论述(经济科学出版社 2000 年版),从全国看,从 1978 年至 1990 年股份制企业的发展大致经历了以下四个阶段。

1. 萌芽阶段(1978—1984 年)

我国现代股份制发端于农村股份合作制,是家庭联产承包责任制的产物,出现在20世纪70年代末,到80年代初开始较为普遍。它主要起源于浙江、山东、广东等沿海地区的农村,带有自发性的特点。最初是几家农户或个体户在自愿的前提下,通过以资带劳或以劳带资等形式,各投入一定资金合伙办企业。这时的股份合作经济无论是数量还是规模都很小,基本上处于萌芽状态。

农村股份制的思路在该阶段也蔓延到城市中。1983年,广东、福建、江苏、上海等地开始出现农村股份制企业到城市发展的趋势。1984年4月,国家体改委在常州召开城市经济体制改革试点工作会议,提出对城市集体企业和国营小企业"允许职工投资入股,年终分红"。于是,城市中开始出现一些集体企业、街道小厂和国营小企业的股份制试点。

股票的发行也出现了实验性质的案例。1980年,中国人民银行抚顺支行代理企业发行了不到11万元股票;1983年深圳宝安县联合投资公司在深圳公开招股,当时的股票具有债券的性质。

2. 初步试点阶段(1984—1986年)

1984年10月中共中央发布了《关于经济体制改革的决定》,经济体制改革的重点由农村转向城市,股份制开始在国有大中型企业中进行初步的试点。1984—1986年期间,北京、广州、上海等城市选择了少数国有企业进行股份制试点。

1984年7月,北京天桥百货公司向社会公开发行定期3年的股票,本市和其他省市的企事业单位和个人均可认购该店及其分店的资产折股。改制后,由天桥商场资产形成的国家股占50.97%,银行占25.89%,企业参股19.69%,职工个人入股占3.46%。1984年上海飞乐音响公司组建成上海第一家股份制试点企业,并于11月向社会公开发行(不偿还)股票,首期50万元,每股面值为50元。1985年,上海延中实业股份公司向社会公开发行股票。这时期所成立的各种股份公司向职工发行的股票十分不规范,如允许职工入股自愿、退股自由、保本保息、赢利分红等,多数更多的具有债券性质。

1985年第四季度,从探讨所有权和经营权分离、改革企业经营方式、促进横向经济联合的动机出发,在广州市三家中小型企业进行了股份制试点。沈阳市先从集体所有制企业开始试点,在积累了一定的经验后再在小型国营企业中试点。其他一些地方也先后出现了全民所有制企业和集体所有制企业联合投资形式的股份制企业。到1986年,在股份制试点最早的两个城市,广州试行股份制的全民工业企业有12家,占全市工业企业总数的0.29%,占全民所有制企业总数的1%;沈阳市试行股份制的工业企业70家,占全市工业企业总数的0.57%。

3. 初步发展阶段(1987—1989年)

这一阶段的特点是在全民所有制的大型企业中开始实行股份制试点。20世纪80年代中期开始,股份制作为一种企业制度获得了理论界和国务院领导的重视。1986年8月,著名经济学家童大林在《人民日报》发表《股份制是社会主义企业的一个新基点》,将股份制提到了相当的高度。1986年12月,国务院《关于深化企业改革、增强企业活力的若干规定》中第一次允许各地可以选择少数有条件的全民所有制大中型企业进行股份制试点。1987年1月,上海真空电子器件公司向社会公开发行4000多万元股票;1987年5月,深圳发展银行联合了6家城市信用社改组为区域性股份制银行,向社会公开发行股票39.65万股;1988年5月,沈旧金杯汽车股份有限公司成立,它是第一家面向全国发行股票和当时最大的一家股份公司。这一阶段从股份公司的建立到股票的发行都有了很大的进步。

这一阶段出现了股票的柜台交易。1986年9月26日起中国工商银行上海市静安信托公司证券业务部开始"飞乐"和"延中"两种股票的交易。1988年4月22日深圳发展银行的股票开始在深圳经济特区证券公司的柜台进行交易。

4. 调整阶段(1989—1990年)

1989年下半年,一方面由于政治原因,另一方面国家开始对过热的经济进行严厉的治理整顿,股份制发展面临着严峻考验。除了深圳、上海两地继续试点、总结经验外,其他地区的股份制试点工作基本停止。1990年年初,随着整个社会政治经济生活逐渐稳定,在深圳发展银行业绩突出、投资回报明显的带动下,从三、四月份开始,股市逐步升温,股份制改革的调整阶段结束,股份制企业改革再一次谨慎地开展起来。到1990年,我国共有4750家企业发行了各种形式的股票,共筹集资金24.62亿元,其中公开发行股票筹集资金17.39亿元,占41.39%。

在我国股份制经济发展的早期,由于人们对股份制这种现代企业制度的认识不够成熟,思想上仍然受到一些教条理论的束缚,实践中又多是仅从筹资的角度出发建立股份制企业,以致在股份制试点和推广过程中留下不少隐患,成为当时我国证券市市场发展的一些障碍性因素。

二、深圳股份制经济的发展

深圳股份制经济的起步大致在 1978 年至 1986 年。1982 年,胡耀邦同志来到中国对外开放的窗口深圳视察,恰逢宝安恢复县级市,新县城建设仅征地一项急需 600 万—700 万元,而当时县政府手中握有的全部资金不到 1000 万元。县政府把这个困难向胡耀邦同志提了出来。经调查了解,胡耀邦同志指出:"现在国家财力有限,而经过几年经济改革,群众手中的钱多起来了,我看可以发动人们集资办事业,一方面你们办事业缺乏资金,另一方面老百姓手里头有钱了,两者结合不好吗? 怎样集资呢? 一河之隔的香港地区给了人们启示。香港股份制公司那么多,那么大,那么多人投资买股票,为什么中国就不行呢? 引进西方通行并且富有成效的经营管理和运作方法,这对社会主义经济是有利的。"之后,为解决经济建设中的资金紧张问题,通过借鉴香港的经验,筹建股份制经济的思路也提了出来。1983 年 7 月,宝安县联合投资公司(目前为深圳证券交易所上市公司、中国宝安集团股份有限公司)以县财政为担保对外发行股票集资、首期集资 1300 万元,其中国家股 200 万元,法人股 160 万元,个人股 940 万元。发行股票时在《深圳特区报》刊登了《招股公告》,股东遍及全国加多个省市及港澳地区。这次招股因为其公开性而被视为中国股市发展的起点,参照境外股份制企业的运作方式,宝安联合投资公司建立了董事会和股东大会制度,每年根据经营情况分红派息。虽然从其性质上看,深圳宝安县联合投资公司仍然是一个农村股份合作性质的企业,但它无疑是股份制企业的萌芽。1983 年至 1985 年两年期间,深圳银湖旅游中心和宝安县的一些集体企业也公开发行股票筹集资金,走上企业股份化之路。

从 1985 年下半年到 1986 年上半年在我国部分城市中首次出现了股份制热。当时出现股份制热的主要原因是国家采取了紧缩政策,收紧银根,很多企业流动资金匮乏,从而将发行股票作为一种筹集资金的手段,并没有将企业经营机制的转换作为企业组织形式变化的主要目的,因而问题不断出现,如企业滥发股息红利、将集资收益任意扩大职工福利基金等。为了加强管理,深圳市于1986年10月制定了《深圳经济特区国营企业股份制试点的暂行规定》。这个地方法规比较系统明确地界定了股票、股份有限公司、股东等规范股份制企业的基本概念,并对股票的发行、股份有限公司的组织结构、股份有限公司的劳动人事制度、税收和分配以及国营企业股份制改造的程序等作了详细的说明和规定。例如,该《暂行规定》规定,国营企业股份制"系指将国营企业的净资产折股作为国有股权,向其他企业和个人出让一部分国有股权或吸收国家、其他企业和个人加入新股,把原企业改造成由国家、其他企业和个人参股的股份有限公司";"股份有限公司股票的持有人为公司股东。股东是公司的所有者,享有领取应得的股息、参与公司管理和监督、分配公司剩余资产等权利"等。这个地方法规推动了深圳股份制经济的规范发展,奠定了中央后来选择深圳作为全国两个股份制试点城市的基础。

深圳股份制经济整体发展大致在1987至1990年。1987年3月,深圳市政府决定在原有农村信用合作社的基础上筹建一家股份制商业银行;同年5月10日深圳发展银行以自由认购的形式向社会公开发行每股面值20元人民币的普通股票,计划发行79.5万股,实际发行39.65万股,实收股金793万元。1987年12月28日,深圳发展银行正式成立后,公开发行股票标志着深圳股份制规范化发展阶段的到来。深圳发展银行所发行的规范化股票与早期发行的股票相比,不能保证支付股息,也不能退股或还本付息。但由于当时人们的认识局限,它的发行并非很成功,尽管有市领导本着对新生事物的支持而带头认购,实际发行数量也仅是计划发行量的49.9%。

应该说,在1990年以前,深圳的股份制发展在全国并不突出。到1988年年底,深圳共公开发行股票5642万元,规模比内地许多省市都小,但相对而言比较规范。1986年,深圳市政府选定了10家国营企业进行了股份制试点,按照规范化要求:试点企业必须组建董事会、监事会;由投资管理公司委派董事长;坚持总经理负责制;企业必须自主经营、自负盈亏等。

1990 年 5 月,国务院批转国家体改委关于《在治理整顿中深化企业改革的意见》,其中提出向社会公开发行股票的股份制只在上海和深圳两地进行配套改革的试点。这个意见加速了深圳股份制经济发展的进程,据统计,截至 1990 年年底,深圳公开发行股票 2.74 亿元,次于上海的 8.69 亿元;非公开发行股票 3022 万元;累计发行股票 3.04 亿元,在全国仅次于上海和四川(四川不规范的非公开发行量很大)。到 1990 年 9 月,以股票形式出现的股份有限公司共有 83 家,其中 13 家属企业股份制改造,70 家属新建股份公司;83 家中注册资本在 1000 万元以上的 6 家,300 万元以上的 21 家,300 万元以下的 62 家;基本以中小企业为主。从所有制结构看,国有资产参股 41 家,纯私营参股 4 家,其他为混合参股。到 1991 年年底深圳股份制经济进一步发展,共有规范的股份有限公司 136 家,其中企业股份制改组的有 45 家,新建公司 91 家。①

深圳实际上从 20 世纪 80 年代初就开始出现股票,但当时股票的发行量很小,且不规范。1987 年 5 月,深圳发展银行首次以自由认购的形式,向社会公开发售人民币普通股,后又增发三次。继后,在 1988 年至 1990 年期间,深圳万科企业股份有限公司、金田实业股份有限公司、蛇口安达运输股份有限公司、原野实业股份有限公司四家企业相继向社会公开发行了股票。早期深圳买股票的人少,主要原因是市场未形成、整体规模小、没能引人注意。到 1990 年春天,深圳开始出现股票热,其原因一是深圳毗邻香港,当地人了解股市、信息传递较快;二是有些银行如深圳发展银行送股较多分红较高。种种因素促使股市一下热起来,本地、内地、境外人一哄而上,有些人一夜暴富,身价几十万、上百万,引起社会上不少人的困惑和疑惑。

深圳经济特区自 1980 年创办到 20 世纪 80 年代末,已经取得令人瞩目的成就。1989 年与 1979 年相比,国内生产总值由 1.9 亿元增加到 93 亿元,增长 46.4 倍,年递增 47%。这一成就的取得与特区各项改革起步较早、涉及领域不断拓展、不少方面在全国先行一步不无关系。②

---

① 王喜义著:《深圳股市的崛起与运作》,中国金融出版社 1992 年版。
② 王喜义著:《深圳股市的崛起与运作》,中国金融出版社 1992 年版。

到 20 世纪 90 年代初,深圳已初步形成开放、灵活和以市场调节为主的经济管理体制,率先在全国建立了计划指导下市场调节为主的经济运行机制,97.4%的商品价格由市场调节,并建立了劳务市场、房地产市场、生产资料市场、技术市场、信息市场和资金市场,基本形成了商品经济市场体系。

进入 21 世纪,深圳经济特区在计划体制、流通体制、外贸体制、外汇体制、金融体制、价格体系、劳动制度、住房制度和政府管理体制等方面都进行了改革,在所有制结构、企业经营机制、市场体系等方面进行了积极探索和创新。特别在所有制方面,深圳坚持允许多种经济成分并存,深圳原有的国营企业很少,这使它一开始就把股份制作为最主要的企业改革方向,有计划、有重点地对国营企业实行股份制改造,把国有资产搞活、鼓励发展国家控股下的多种经济主体和多种资金相融合的股份制企业。

三、深圳股份制经济发展的必然性和特殊性

回顾深圳股份制在深圳的优先发展,其必然性表现为:

第一,建设经济特区的第一条就是不能依靠国家财政支持,主要靠自主能力向特区内外筹集资金。1980 年到 1989 年的 10 年间,深圳建设资金来源中,国家在深圳的直接投资不到 2%,直接利用外资占 20.95%,国内贷款占 19.31%,中央和各省市内联投资占 11.23%,深圳地方财政和企业自己积累起来的资金占 51.19%,其中外资和内联外引投资起了重要作用。特别是内资,它不仅是深圳特区经济发展的启动器和加速器,更对外资起了示范和带动作用。

第二,特区投资主体多元化,而股份制能够较好地组织、协调各种投资主体的利益需要。深圳原有的国营企业基础薄弱,在它们的发展过程中必须广泛参与同内地企业的横向联合。在深圳企业的投资主体中,既有国家各部委、各地区投资,也有国外金融集团、企业集团投资;既有法人股东,也有私人入股。由于投资主体多元化,为更好体现不同投资者的权益,在企业组织形式上,当时普遍采取有限责任公司的形式。在投资主体较早已呈现多元化的情况下,将有限责任公司改造成股份制公司相对比较容易。特区国有资产管理部门在全国率先改造成市投资管理公司,作为国有资产所有者的代表对国有企业进行投资,已具备所

有者和经营者分离的股份制企业股东的性质,在这种机制基础上,国有企业股份制改造更容易顺利实现。

第三,特区紧邻香港、澳门,与股份制公司接触较多,容易接受股份制这种在港澳普遍存在的企业组织形式。

1990 年年底率先在深交所上市的有 5 家股份有限公司(俗称"老五股")是深圳发展银行、万科企业有限公司、深圳市金田实业股份有限公司、深圳蛇口安达运输股份有限公司和深圳原野实业股份有限公司。上述 5 家股份有限公司经政府有关部门批准后首先在场内柜台上市交易,是深圳证券市场最早上市的 5 家公司,它们的发展主要有以下特点:

第一,先按照较规范的做法进行内部改制,然后用发行股票形式吸收社会闲散资金,集资扩大生产规模或补充企业流动资金。它们都是由国营企业作为发起人创办的新企业,全部资产来源明确,产权关系较为清晰,企业经营自主权比较充分,根据公司章程,法人治理结构相对而言较为合理。

第二,这些公司都是混合所有制的股份有限公司。通常的做法是先将国有资产存量部分折算成一定资本金,再折算成一定股份,随后再向本企业集体或职工和社会公开发行股票,所筹集的资金作为资产增量部分,最终形成以公有制为主体的股份制企业。

第三,部分企业采取类似现在的"分拆上市"的做法,把原来行政性公司下属的企业分割出来组成一个股份有限公司。

第四,当时发展股份制的目的不是十分明确。企业发行股票基本被当做企业筹资和融资的一种手段,没有将股份制放在建立现代企业制度的角度去理解。

第五,具有明显的不规范性。深发展用股份制形式吸收外资入股,深原野以自然人作为企业发起人(实际情况如此),这些都具有明显的不规范性。当然,这些当时看来好似大胆的创新实际上产生了失误。后来,主管机关调查表明,"原野"在股份制改造的过程中存在有重大问题。

四、在发展中不断规范的股份制经济是证券市场发展的重要载体

针对当时股份制经济发展的现状,党中央及时把握时机,运筹帷幄,采取立

意高远的战略决策,中央十四届三中全会通过《关于建立社会主义市场经济体制的若干问题的决定》(以下简称《决定》),进一步勾画了建立和发展社会主义市场经济体制的基本框架,其中进一步明确了国有企业通过股份合作制的道路建立现代企业制度这一具有制度创新意义的改革思路。

建立现代企业制度,发展以股份制为主要形式的混合所有制企业,这都是社会主义市场经济体制的必然要求。完善社会主义市场经济体制,要求建立政企分开、产权独立、能承担独立法律责任的社会经济活动基本元素——企业,而只有以公司制为基础的现代企业组织能够满足这种需要。

现代企业制度改革方向的确立,破除了过去许多混乱认识,将股份制改革从停留在试点和理论争论阶段一举推向更广泛的实践领域。特别是邓小平同志1992年在视察南方后,极大激发了全国各地进行股份制改革的热情。据统计,仅在1992年1—7月,全国批准的股份制企业就有360家,上市公开发行股票的34家,集资92亿元。1992年年初全国有各类股份制企业3700多家,之后不久又新增加1000多家。1993年年初起,我国股票发行试点由深沪两地向全国推进,股份制试点向纵深发展。股份制改革不再仅限于中小企业和集体企业,国有大中型企业也开始实行股份制改制。到1993年年底,我国大中型国有企业中约三分之一进行了股份制改造。

与此同时,股份制改革在党中央主导下进入规范化、法制化建设时期。1992年年底召开的十四大明确要求尽快颁布关于股份制的法规,促使股份制按规范化要求加速成长。国务院有关部门从1992年5月起就陆续颁布了有关股份制企业组建、试点等方面的政策法规,形成由15个文件构成的一整套政策体系。1992年5月15日,财政部和国家体改委、国家计委、财政部、中国人民银行、国务院生产办联合发布了《股份制企业试点办法》,该办法对股份制企业试点的目的和原则、股份制企业的组织形式、股权的设置、企业内部职工持股、股份制企业试点的范围、股份制企业的组建及审批程序和政府对股份制企业的管理等方面作了明确的规定。同日,国家体改委还下发了《股份有限公司规范意见》和《有限责任公司规范意见》,对股份公司的设立,股份的划分和股票发行,股东和股东会、董事会、经理、监事会各自的权利和责任义务,股份公司会计和审计制度,章程的修改,公司的合并与分立、终止和清算等问题都作了较为详细的规定。这两个《意见》下发不久,国家国有资产管理局又下发了《股份制试点企业国有资产管理暂行规定》,该规定对股份制试点企业设立时国有股的管理、国有股股权和股权代表的管理、国有股权的收入、转让和清算等问题作出了详细规定。1992年5月23日,财政部和国家体改委联合下发了《股份制试点企业会计制度》、《股份制试点企业财务管理若干问题的暂行规定》;6月12日,国家税务局和体改委下发了《股份制试点企业有关税收问题的暂行规定》等文件和法规。

1993年12月,全国人大常委会颁布了《中华人民共和国公司法》,由此,我国的股份制法规达到了比较完备的程度,为股份制向规范化方向发展提供了现实和法律依据。

至今,股份制经济已成了我国企业体制改革的重要选择,也是我国公有经济中的主要形式。一大批国有企业(包括金融业)由过去长期以来计划经济条件下的"一大二公"转换成股份合作制的形式,并在改革开放中不断涌现。股份制企业已如雨后春笋,破土而出,发展股份制经济既是建立现代企业制度的理想选择,也是建立社会主义市场经济的重要内容。事实证明,建立在证券市场基础上的股份制经济已是历史发展的必然,股份制经济的创建,既是证券市场发展的重要载体,同时也离不开证券市场发展和完善的推动。

第三章

深圳证券市场形成的
理论背景

第一节 社会主义市场经济体制是我国
证券市场形成的重要依托

一、我国社会主义市场经济体制的确立

我国社会主义市场经济体制目标模式的确定,既是以十一届三中全会以后十多年经济体制改革实践发展为基础,也是以对马克思主义经济学的理论创新为前提,邓小平同志以开辟社会主义建设新道路的政治勇气和开拓马克思主义新境界的理论勇气,在这一理论创新中作出了重大贡献。早在改革开放之初的1979 年11 月,邓小平同志就已论及社会主义也可以搞市场经济。

20 世纪80 年代末,在苏联为首的一些社会主义国家改革出现问题的同时,我国的经济体制改革也面临着一系列困难,主要表现为经济过热、通货膨胀和结构失调等问题。1988 年以来三年治理整顿稳定了一度失控的经济,但经济生活中一些深层次矛盾也暴露出来。苏联与东欧政局剧变,而"四小龙"经济发展屡创奇迹,这使人们的思想发生了强烈的分歧,中国的改革开放处于十字路口。理论界也开始出现计划与市场之争,股份制"姓社"和"姓资"之争。在这场争论中,许多改革措施不能出台,许多重大决策不能实施。例如,1987 年10 月中共

十三大提出了"国家调节市场,市场引导企业"的观点,这是经济体制改革沿着市场化取向的有益发展。但是,1989 年以后,又提出了"计划经济与市场调节相结合"的提法,这实际上是认识上的一次反复。在这种环境下,1990 年 12 月,有人甚至发表文章,将实施股份制的探索直接斥为搞资本主义。

20 世纪 90 年代初,我国十余年的改革开放政策的实施所取得的伟大成果使我国逐步走出了社会主义建设的困境。然而,中国的综合经济实力仍然弱小,人民生活仅仅处于温饱阶段。邓小平同志居安思危:从亚洲"四小龙"经济发展奇迹和周边国家的悄然崛起中看到了我国面临的巨大压力;从历史高度和全球视角,深刻意识到中华民族面临的巨大挑战。历史的经验说明,迅速发展经济,提高我国的综合经济实力,是实现中华民族伟大复兴的基础。而推进经济体制改革,解放生产力是实现经济高速增长的唯一前提。

1992 年 1 月 19 日至 2 月 21 日,邓小平同志对深圳、珠海和上海等地进行了考察。在考察过程中他提出了"计划经济不等于社会主义,资本主义也有计划;市场经济不等于资本主义,社会主义也有市场";"计划和市场都是经济手段。计划多一点还是市场多一点,不是社会主义与资本主义的基本区别"的重要理论观点。这一论断从根本上解决了对市场经济、股份制等基本经济问题"姓社"、"姓资"的无谓争论,启发人们思考将社会主义市场经济体制作为经济体制改革的总目标。1992 年 5 月 22 日,邓小平同志在视察首钢时更进一步明确指出:"我们应该建立社会主义市场经济。"

1992 年 6 月 9 日,中共中央总书记江泽民遵照邓小平同志的指示,在中央党校作了一次重要讲话,他指出:历史已经证明,过去长期实行的高度集中的计划经济体制排斥商品经济、排斥市场,非改不可。他还明确提出:要建立社会主义市场经济体制,以利于进一步解放思想和发展生产力。这个讲话为随后不久举行的中共十四大确定了基调。

1992 年 10 月 14 日,十易其稿,共修改 620 多处的中共十四大报告获得通过。报告指出:"我国经济改革确定什么样的目标模式,是关系整个社会主义现代化建设全局的一个重大问题。这个问题的核心是正确认识和处理计划与市场的关系。建立在竞争性的、由市场机制来决定资源配置和生产要素流向的市场经济基础上的结合,比建立在以行政管理为主要手段的计划经济基础上的结合更有效。"党的十四大报告还明确指出:"我们要建立社会主义市场经济体制,就是要使市场在社会主义国家宏观调控下对资源配置起基础性作用。"同时又指出:"市场有其自身的弱点和消极作用,必须加强和改善国家对经济的宏观调控。"

实际上,从社会主义市场经济体制同社会主义基本制度的关系来看,两者是紧密结合在一起的。具体说:在所有制结构上,以公有制(包括全民所有制和集体所有制)为主体,个体经济、私营经济、外资经济为补充,多种经济成分共同发展;在分配制度上,以按劳分配为主体,其他分配方式为补充,兼顾效率与公平;在宏观调控上,重点是合理确定国民经济和社会发展的战略目标,搞好经济发展预测,总量控制和经济结构调整,集中财力物力进行重点建设,综合运用经济杠杆,促进经济更好更快地发展。

事实证明:党的十四大明确提出了我国经济体制改革的目标模式是建立社会主义市场经济,这是由我国经济体制改革实践所作出的抉择。社会主义市场经济体制的确立,作为我国建设有中国特色社会主义理论的重要组成部分,对于我国现代化建设具有重大而深远的意义,它是我国进行金融体制改革,大力发展证券市场的理论基础。

市场经济是一种经济运行机制,也是一种社会经济活动的组织方式,它主要借助市场交易活动来达到人类进行经济活动的目的,获取社会资源的优化配置。市场经济体系一般包括三个要素:独立的行为主体(个人或企业);实现自由交易的市场;建立在平等基础上的法律体系。资本市场是现代市场经济体系的基本要素,对社会资源配置起着关键的作用。可见,发展资本市场和构建市场经济体系是两个密切相关的经济范畴。

党的十四大还明确指出:"建立和完善社会主义市场经济体制,是一个长期发展的过程,是一项艰巨复杂的社会系统工程。"为此,要抓好几个相互联系的重要环节:一是转换国有企业特别是大中型企业的经营机制,把企业推向市场,增强它们的活力,提高它们的素质;二是加快市场体系的培育;三是深化分配制度和社会保障制度的改革;四是加快政府职能的转变。可见,社会主义市场经济理论所提出的企业要理顺产权关系，实行政企分开，落实企业自主权，成为真正的法人实体和市场竞争的主体等，对股份制企业的推广，对培育债券和股票等有价证券市场，对发展技术、劳务、信息和房地产等市场均有重大的现实意义和指导作用。

二、社会主义市场经济体制是特区证券市场形成的重要依托

社会主义市场经济理论，为深圳经济特区的思想解放、观念更新和创新实践提供了强大的精神动力。与此同时，特区在改革开放的实践中不断印证和丰富邓小平同志提出的这一理论，其主要体现在：

从认识上看，如在经济特区姓"社"姓"资"这一问题上，在对外开放中勇于吸收和借鉴一切优秀文明成果为我所用；在坚持"以市场为取向"的改革目标上，创造性地把社会主义基本制度与市场经济有机结合起来。

从实践中看：在建立现代市场体系方面，深圳一开始就将市场竞争因素大胆引入到基建体制、实行招标制和择优承包制度；在计划、物资、流通、工资、劳动、土地、财税、金融等管理体制上进行全面改革，积极培育商品市场和生产要素市场；深圳最早打破单一的所有制结构，为多种所有制经济的共同发展创造公平竞争的良好环境；特区勇于打破计划经济体制下的政府管理模式，形成了以市场为基础的、以间接调控为主的经济管理新体制；深圳较早探索按劳分配和按生产要素结合的分配模式；在发展高新技术产业中坚持以企业为主体、以市场需求为导向、面向市场进行科技开发和成果交易；特区也最早推行企业产权转让、有偿转让国有土地使用权、建立外汇调剂中心、发行股票债券并开放证券市场等。

回顾深圳发展的光辉历程，它所取得的辉煌成就无不与它的体制创新紧密相连。深圳最早实行市场取向改革，在特区成立之初，遵照中央关于特区要"跳出现行体制的要求，大胆冲破传统的计划经济体制的束缚"，确定了"在国家宏观调控下以市场调节为主"的经济改革模式。20世纪80年代中期开始，深圳又在全国率先进行国有企业股份制改革试点，特别是在党的十四大正式确立以建立社会主义市场经济体制为我国改革开放目标的方针指引下，深圳更是自觉地以构建社会主义市场经济体制为基本目标，在企业制度改革、市场体系发展、政

府职能转变、分配制度改革、社会保障制度建设等几个主要方面进行综合配套改革,成绩显著。

深圳特区发展的实践证明:要开拓和发展证券市场,必须以市场经济为依托,两者紧密相连,不可分割。因为证券市场的运作机制的完善、目标的确定、创新的效用、交易的方式、工具的设置等,无不体现着市场化的要求。反过来,证券市场的发展和开拓,又为市场经济增添无限的活力、潜力和生命力。所以,市场经济作为一种优化社会资源配置的最佳经济运行模式,必然是证券市场形成的重要依托和载体。

第二节　邓小平理论、"三个代表"重要思想和科学发展观是我国证券市场建立和发展的指导思想

一、邓小平理论与我国的证券市场

作为毛泽东思想的继承和发展的邓小平理论是当代中国的马克思主义,是马克思主义在中国发展的新阶段。邓小平同志既是中国改革开放和现代化建设的总设计师,也是中国金融体制改革的引路人。我国金融体制改革特别是证券市场的建立和发展,是邓小平理论的一个重要部分。

随着我国社会主义市场经济体制的确立,金融改革也必须步步紧跟。早在1979 年 10 月 4 日召开的中共省、直辖市、自治区委员会第一书记会议上,邓小平早就明确指出:"银行应该抓经济,现在仅仅是算账当会计,没有真正起到银行的作用。要把银行真正办成银行。"在 1992 年小平同志视察南方讲话中又进一步指出:"金融很重要,是现代经济的核心。金融搞好了一着棋活,全盘皆活"。这是他对金融改革的意义的最深刻最精辟的论述。

1979 年 11 月 26 日,小平同志指出:"说市场经济只存在于资本主义社会,只有资本主义的市场经济,这肯定是不正确的。社会主义为什么不可以搞市场经济,这个不能说是资本主义。"1992 年小平同志在视察南方的讲话中指出:"计

划经济不等于社会主义,资本主义也有计划;市场经济不等于资本主义,社会主义也有市场。"由此,我党在十四大文件中明确提出要确立社会主义市场经济体制的改革方向。

可见,社会主义市场经济既是我国的改革方向,也是金融改革的基础。作为金融改革的一个重要分支的中国证券市场的建立和发展,也必须遵循这一发展战略的要求。

现实状况是,在中国长期的计划经济体制向市场经济体制转型期着手建立和开拓证券市场,非常艰难和复杂。这是因为证券市场敏感性强、风险大、操作复杂,同时又缺乏这方面的经验。由此,客观上只能将它放在扩大银行信贷范围、改善和完善银行体系、建立中央银行制度之后,具体到1986年以后才考虑这一问题。

作为资本市场主体的股票市场,既是市场经济高度发展的结果,也是人类经济学领域的一大发明。但长期以来,它在我国被误认为是资本主义社会所固有的东西,这一理论禁区统治了我国近三十年。其实,邓小平同志早就关注着我国股票市场这一重大改革的发展之路。1986年,在中国人民银行和美国证券界人士联合召开的一次国际会议上,邓小平同志亲自接见了会议代表,并将一张上海飞乐音响股票赠送给出席此会议的美国纽约证券交易所主席约翰·凡尔林。这并不是一个简单的赠送,它表示着一位伟人对中国证券市场发展的信心和决心。

对股票和股份制的试行,小平同志强调并主张不要去争论,先实践,该做的先去做,不要先争论再去做。1992年小平同志到南方视察时明确指出:"证券、股市,这些东西究竟好不好,有没有危险,是不是资本主义独有的东西,社会主义能不能用? 允许看,但要坚决地试。看对了,搞一两年,对了,放开;错了,纠正,关了就是了。关也可以快关,也可以慢关,也可以留一点尾巴。怕什么,坚持这种态度就不要紧,就不会犯大错误。"

邓小平同志对发展证券市场的表述,其重大意义在于,不仅在对证券市场发展争论最大、运作最困难时提出要"坚决地试",以此来鼓舞人民群众的信心和勇气。更重要的,明确指出中国要走社会主义市场经济之路,因为金融是现代经济的核心,而资本市场又是金融的核心,中国的改革开放必定要走构建资本市场之路。由此看出,邓小平是将"市场经济——资本市场——证券市场"连成一体的,作为一个系统工程来设计社会主义经济体制改革这一宏大蓝图的。

二、"三个代表"重要思想与我国的证券市场

遵循邓小平理论关于开拓发展和不断完善资本市场的论述,早在江泽民同志任上海市委书记时,就对此十分关注,亲自主持对股份制试点企业的调查研究,并与理论界和从事实际工作的同志进行多次研讨。在上海市人民政府 1991 年 1 月 31 日关于《上海股份制试点工作汇报材料》中写道:江泽民同志"通过调查认为社会主义经济采纳股份制这一形式,只要坚持公有制的主导地位,就不存在是否会导致资本主义问题;由于目前市场发育程度还很不够,整个宏观环境还不能配套,股份制试点的做法存在一些问题是难免的;要积极稳妥地扩大试点规模"。江泽民同志还指出:"可以选择一些国营大中型企业继续进行试点,使试点企业扩大到二十家左右。"①

1990 年春,深圳股市出现热潮,一些人一夜暴富,引起社会上不同的议论和反应。也有人提出要关闭股票市场,很多同志也表示担忧。正是在中国股票市场在风雨中飘摇之际,1990 年 11 月 26 日,江泽民同志在参加深圳和珠海特区 10 周年大庆的途中,十分关心深圳证券市场的情况,深入调研,听取一些不同意见。在到珠海时,还约当年中国早期资本市场上的一位重要人物——著名金融专家刘鸿儒在回北京的途中专门谈股票的事。回途中江泽民同志很认真也很谦虚地问了许多问题,对刘鸿儒的回答也一一做了记录,最后江泽民同志表示:可以把上海、深圳这两个试验点保留下来。继续试验不能撤,但是暂不扩大,谨慎进行,摸索经验。之后,江泽民同志回京又作进一步研究,还请他过去的老上级周建南同志专门进行过调查研究。江泽民同志终于保住了初生的股票市场。当时是在 1990 年秋,有不少人认为搞股份公司就是搞私有化,搞市场化就是搞资产阶级的自由化,形势是很严峻的。江泽民同志定下来股票市场继续搞试点后,

---

① 刘鸿儒著:《突破——中国资本市场发展之路》(上卷),中国金融出版社 2008 年版,第 16 页。

上海、深圳两个交易所也成立了,股票市场有了进一步发展。①

1992年邓小平同志在南方讲话中明确指出:股份制和股票市场并不只是姓"资",也可以姓"社",可以做试验,但要谨慎。以江泽民同志为核心的党中央,遵循邓小平理论,在党的十五大报告中正式明确了公有制的多种形式。十五大报告指出:"股份制是现代企业的一种资本组织形式,有利于所有权和经营权的分离,有利于提高企业和资本的运作效率,资本主义可以用,社会主义也可以用"。报告还提出:"以资本为纽带,通过市场经济形成具有较强竞争力的跨地区、跨行业、跨所有制和跨国经营的大企业集团。采取改组、联合、兼并、租赁、承包经营和股份合作制、出售等形式,加快放开搞活国有小型企业的步伐。"十五大报告终于冲破了在中国股票市场发展中的意识形态的障碍,为加快推进国有企业改革,坚持建立现代企业制度的方向,充分发挥市场对资源配置的基础性作用指明了方向和创造坚实的条件,这对当时中国证券市场的发展提供了巨大的推动力。

三、科学发展观与我国的证券市场

科学发展观是以胡锦涛同志为总书记的党中央对党的三代中央领导集体关于发展重要思想的继承和发展,是马克思主义关于发展的世界观和方法论的集中体现,是我国经济社会发展的重要指导方针,是发展中国特色社会主义必须坚持和贯彻的重大战略思想。

科学发展观是立足社会主义初级阶段基本国情,总结我国发展实践,借鉴国外发展经验,适应新的要求而提出来的。科学发展观的第一要义是发展,核心是以人为本,基本要求是全面协调可持续,根本方法是统筹兼顾。

遵循科学发展观的要求,在以下方面,对开拓和发展我国的证券市场具有极重要的指导作用:一是加快经济发展方式,推动产业结构升级;二是推动区域协调发展,走中国特色城镇化道路,培育新的经济增长极;三是深化国有企业公司

---

① 刘鸿儒著:《突破——中国资本市场发展之路》(上卷),中国金融出版社2008年版,第18—19页。

制股份制改革,健全现代企业制度;四是推进金融体制改革,发展多层次金融市场;五是形成多种所有制和多种经营形式、结构合理、功能完善、高效安全的现代金融体系;六是提高银行业、证券业和保险业竞争力,优化资本市场结构,多渠道提高直接融资比重;七是加强和改进金融监管,防范和化解金融风险;八是综合运用财政政策和货币政策,提高宏观调控水平;九是拓展对外开放的广度和深度,把"引进来"和"走出去"更好结合起来,提高开放型经济水平等。这些,都对发展和完善我国资证券市场具有极其重要的现实意义和指导意义。

依据科学发展观的要求,以胡锦涛同志为总书记的党中央审时度势、积极推进。中央领导关注股票市场的发展,更关注股票市场的健康发展,目标是要建立一个成熟的资本市场。并明确指出,建立一个成熟的资本市场,这就需要:首先,提高上市公司的质量;其次,建立一个公开、公正、透明的市场体系;再次,加强资本市场的监管,特别是完善法制;最后,要加强股市信息的及时披露,使股民增强防范风险的意识。

在党中央的直接领导和关怀支持下,在中国证监会的具体部署下,制定了一系列有关证券市场的法规制度和运作方略,实施了一大批国有企业(包括国有银行)的股份制改革,有步骤地推进国有股减持工作,适时推出了中小企业板和创业板,建立并完善多层次资本市场等,这一切,标志着我国资本市场在发展和规范中不断探索创新,已发展到一个崭新的阶段。

第二篇

发展中重规范的深圳证券市场

——萌发初创期(1978 年 12 月—1995 年 10 月)

1978年12月至1990年12月,从中国共产党十一届三中全会胜利召开到深圳证券交易所成立的这一时期,深圳证券市场在邓小平理论的指引下冲破重重阻碍和干扰,从无到有,进入了萌发期。

1990年12月至1995年10月,以深圳证券交易所成立为标志,作为深圳金融市场乃至中国金融市场重要组成部分的深圳证券市场进入了初创期。经过不断地探索和实践,深圳证券市场完成了从地方性市场向全国性市场的转变,在集中化、规范化和市场化的发展中作了许多有益的尝试,取得了明显突破,为中国证券市场的发展、成熟奠定了坚实的基础,创造了条件。

1990年12月30日,中共十三届七中全会通过了《中共中央关于制定国民经济和社会发展十年规划和"八五"计划的建议》,证券市场的发展已列入国民经济发展计划中,从而肯定了证券市场应有的地位。同时,该《建议》强调要"逐步扩大债券和股票的发行,并严格加强管理。发展金融市场,鼓励资金融通,在有条件的大城市建立和完善证券交易所,并形成规范的交易制度"。这表明作为深化金融体制改革的重要环节,发展中国金融市场,尤其是发展证券发行和交易市场是完全必要的;但同时要从中国的实际出发,采取积极而慎重的态度,有计划、有步骤地发展和完善证券市场,并形成规范的交易制度。这是切合当时的实际情况的。在市场经济不发达的前提下,证券市场难以有较大的发展;经济体制改革和金融体制改革也刚刚开始,计划经济体制在经济管理中仍发挥着重要作用。在企业管理体制、企业融资体系没有发生根本性转变之前,证券市场不可能单兵突起。在全国范围内大力发展证券市场的条件还很不成熟,因此还很难发挥证券市场资源配置的功能。这决定了中国证券市场的政策指导上是稳健和渐进的。但是,"蓄之既久,其发必速"。发展中国证券市场的政策闸门一开,改革洪流即喷涌而出,中国证券市场进入了快速发展的阶段。1991年7月3日,经国务院批准,深圳证券交易所正式宣告成立。

1991年年末至1992年年初,党和国家领导人视察上海证券交易所和深圳证券交易所。当时主要面临的主要问题是证券市场的社会属性问题,这实际上也关系到证券市场特别是股票市场在中国的发展前途问题。国家高层领导人频频到证券交易所视察,从一个侧面反映了证券市场受关注的程度,显示了党中央国务院对新兴的中国证券市场的关心。

1992年1月22日,在深圳视察的邓小平同志发表了对股票市场发展至关重要的谈话。邓小平说"证券、股市,这些东西究竟好不好,有没有危险,是不是资本主义独有的东西,社会主义能不能用,允许看,但要坚决地试。看对了,搞一两年,对了,放开;错了,纠正,关了就是了。关也可以快关,也可以慢关,也可以留一点尾巴。怕什么,坚持这种态度就不要紧,就不会犯大错误。"

1992年3月9—10日,中共中央政治局认真学习了邓小平同志南方视察的讲话,讨论了中国改革和发展的若干重大问题,"加快改革开放的步伐"、"计划和市场,都是经济手段"是本次会议的重要结论。邓小平同志的讲话和中共中央政治局会议精神为改革开放的进一步深化统一了思想,实现了姓"社"姓"资"问题上的思想解放,为中国证券市场特别是股票市场的发展创造了良好的舆论环境和政治气候。

1992年8月10日,深圳证券市场发生了"8·10"事件,即深圳市发售1992年新股抽签表方案出现了偏差,结果引发大量人群排队抢购,进而造成政治问题和社会安定问题的事件。这一事件的深刻教训是,在证券市场上,如果技术问题处理不好,会引起社会性问题或政治性问题。

1992年10月12日,国务院办公厅下发了《国务院办公厅关于成立国务院证券委员会的通知》,同时国务院决定成立中国证券监督管理委员会(以下简称"证监会")。至此,中国证券市场建立了统一的监管机构。

1992年10月14日,中共十四大报告明确提出,要"积极培育包括债券市场、股票等有价证券的金融市场"。证券市场作为国民经济的重要组成部分已在政治高度得到了认可。证券市场在中国的成长和发展已成不可逆转之势。

1992年12月,国务院发布了《国务院关于进一步加强证券市场宏观管理的通知》。通知指出了证券市场的建立和发展对于筹集资金、优化资源配置、调整产业结构、转换企业经营机制、促进社会主义市场经济发展具有积极的作用,同时也指出了一些当时存在的问题,明确提出要抓紧证券市场法制建设,健全法规是证券市场健康发展的法律保障,并决定将股票发行的试点由上海、深圳等少数地方推广到全国。此后,新股发行工作陆续地向全国铺开。

1993年4月22日,国务院第112号令正式颁布了《股票发行交易与管理暂行条例》。该条例使我国证券市场有了统一的全国性法规。条例对当时证券市场最为重要、最为紧迫的监管体制问题、发行制度问题、证监会职权问题等作了明确规定,意义十分重大。

1993年12月11日,中国共产党十四届三中全会通过了《中共中央关于建立社会主义市场经济体制若干问题的决定》,决定指出"资本市场要积极稳妥地发展债券、股票融资","要规范股票的发行和上市,并逐步扩大规模"。中央这一方针为股票市场的发展定下了积极稳妥的主基调。

1993年12月29日,《中华人民共和国公司法》正式颁布,并于1994年7月1日起正式实施。这是我国法制体系建设中的又一个里程碑,它对确定公司这一市场主体的法律地位、规范公司的组织和行为、建立现代企业制度、促进证券市场和社会主义市场经济的发展具有十分重要的意义。

1994年7月30日,针对当时股票市场特别是上海股票市场从1400点跌到360多点,投资者损失巨大,社会反应强烈,影响市场稳定的现实情况,各大媒体特别是《人民日报》均刊登新华社通稿——《中国证监会与国务院有关部门就稳定和发展股市作出决策》。决策明确了"今年内暂停股票发行和上市;严格控制上市公司配股规模;采取措施扩大入市资金范围"。8月4日,《上海证券报》又刊发记者文章进一步阐述了上述第三条的含义:"在扩大入市资金方面要研究采取的一系列措施中,第一条即发展我国的投资共同基金,培育机构投资者;第二条即试办中外合资的基金管理公司,逐步地吸引外国基金投入国内A股市场;第三条即有选择地对资信和管理好的证券机构进行融资,中国证监会已着手邀请有关方面人士探讨、研究向券商融资的具体办法。"在这三大政策利好的刺激下,8月10日,股指跃升,创下1992年5月21日股价放开后的日升幅之最,其中上海股市升幅33.46%,深圳股市升幅达31.29%。

1995年1月1日,根据国务院证券委员会第四次会议精神,我国A股及基金的交易由"T+0"即时的回转交易方式改为"T+1"(当日买进的证券,要到下一个交易日卖出)的交易方式,且"T+1"交收方式一直沿用至今。其实就两种证券交收方式比较而言,"T+0"可以增加投资者买卖证券的次数,有利于刺激市场的交易;"T+1"则可以抑制投机气氛,有利于市场的稳定发展,有利于市场交易行为更加规范。

1995年2月23日,上海证券交易所发生了"3·27"国债期货事件,这次事件是我国国债期货市场发展的一个转折点,它直接导致了1995年5月17日起的国债期货交易试点的暂停。

本篇就深圳证券市场形成的背景进行阐述,具体分三章,分别就深圳证券市场形成的历史背景、实践背景和理论背景加以分析,以求阐明我国资本市场形成过程中的指导思想、理论基础、理念更新、体制建设和科学管理的重要意义。

第四章

萌发期的深圳证券市场

第一节　萌发期的深圳股票发行市场

一、股票发行市场

股票发行市场是股份有限公司向社会销售股票、筹集资金的市场。它为股票发行公司提供了筹资的场所,为投资者提供了投资股票的渠道,为社会资金从储蓄转化为投资提供了便利。股票发行市场是股票市场的基础环节。一级市场发行股票又可分为初次发行和再发行或增发。萌发期规范的股票增发并没有出现,但从深圳发展银行发行股票的过程看,其于 1988 年、1989 年公开发行外汇优先股具有增发的性质。

萌发期的深圳股票发行市场,大致经历了四个阶段:

1. 启蒙阶段

1982 年至 1984 年,深圳宝安县(联合)投资总公司、深圳银湖旅游中心以及宝安县一些集体企业先后公开发行股票筹集资金,走上了企业股份化的道路。宝安县联合投资总公司虽公开发行了改革开放以来全国第一只股票,但当时对股票和股份制的认识还很肤浅,广大居民对真正意义上的股票也没有认识,股票仍停留在保本保息这种股票债券化的阶段。当时也缺乏政府规章对股份制企业进行规范,尚未制定相应的法规和管理条例。由于极不规范,它们只能算是股票的雏形。与全国其他地方一样,企业发行股票时其资产通常不经过严格的评估,没有划分成相等的股份;股票的发行范围也只局限于企业内部职工和一些自愿的企业法人,只有很少能像宝安投资那样公开发行。由此,这时所发行的股票,与其说是股票,不如说是号称"股票"的债券,发行股票的公司也不是真正意义上的股份公司。

2. 政府发动和单位分派阶段

1986 年 3 月,国务院领导在一次全国城市经济改革工作会议上提出,中国的一部分企业很有可能实行一种全新的股份制。根据这一精神,1986 年 10 月,深圳市政府制定了《深圳经济特区国营企业股份制试点暂行规定》,开始了相对规范的企业股份制改革。

1987 年 5 月,深圳发展银行率先面向社会公开发行股票,成为中国改革开放后首家允许个人入股和发行外币优先股的金融机构。当时尽管深发展及政府有关部门通过新闻媒体作了广泛宣传,但广大居民的反应十分冷淡,认购股票的柜台始终门庭冷落。为支持这项改革试验,有关部门不得不动员政府机关干部带头认购,以激励市民的信心并保证发行工作能够圆满完成,其中包括市委、市政府的领导同志。最后,发展银行甚至组织人力登门推销。尽管如此,全部发行计划也只完成了不到 50%,其余部分则由政府出面动员几家国营单位分摊,有些单位则实施将认购任务层层分派下去的做法。

3. 初步尝试和逐步规范阶段

1988 年 11 月,深圳万科企业股份有限公司成立。当年 12 月,经中国人民银行批准,万科企业股份有限公司向社会公开发行股票 2800 万元,每股面值 1 元。当时已成立了深圳经济特区证券公司等证券经营机构,因而万科股票由三家证券经营机构及万科公司人员共同发行,但同样无法按时完成发行计划。

1989 年 2 月,深圳金田股份公司发行股票,成为深圳首家由国营企业改组为股份制企业并探索设置企业法人股的股份有限公司。由于该公司 1988 年度红利可观,发行时间又恰逢柜台交易市场行情上升时期,因此在社会公开招募时开始出现供不应求的局面。同年 12 月,深圳蛇口安达运输股份有限公司招股成功,因为购买踊跃,提前完成了发行任务。1990 年 3 月,深圳原野股

份有限公司向社会公开发行股票，成为全国首家可以交易转让的中外合资股份
公司。

这一时期大部分发行股票的企业发行范围仅局限于企业内部职工和部分企
业法人,只有少部分企业向社会公开发行股票,这与当时中央的政策不无关系。
1987 年 3 月 28 日,国务院发出的《关于加强股票债券管理的通知》中指出:"全
民所有制企业不得向社会发行股票"。促使股票规范化提上议事日程,强调了
股票不同于债券和永久性投资不能退出的特点。同时,由于柜台交易市场的建
立和形成,股票作为融资和投资工具的价值渐渐地被人们所理解和接受。此时,
股票发行的逐步规范化表现为:(1)公司的股份制改制较为规范,有公司章程、
验资报告、业绩报告等。(2)股票设计规范,票面精美,股票没有偿还期,基本能
够做到同股同利和等股分红。(3)1990 年 3 月,深发展配售首次采用了国际通
行的溢价方式。(4)在股票销售上,出现了金融机构承销的通行方式。

4. 企业推动和逐步扩大阶段

1990 年 3 月以后,深圳特区股份制改革进入了新的阶段,许多企业向政府
要求进行股份化改组。1991 年深圳股份制改造取得较大进展,11 家公众股份制
公司和 8 家内部股份制公司完成了改组。

经过几年的孕育,深圳股票发行市场逐渐扩大。1987 年上柜交易股票只有
1 只,股票总发行量为 793 万股,股票发行金额 793 万元,到 1990 上柜交易股票
5 只,股票总发行量 2.13 亿股,股票发行金额达 2.88 亿元(具体见表 4 -1)。

表 4 - 1 1987 年至 1990 年深圳股票发行市场情况统计表

年份 \\ 项目	上市公司合计	上市股票合计	股票发行量（万股）	股票发行金额（万元）
1987	1	1	793	793
1988	2	2	5433	5433
1989	4	4	9210	10560
1990	5	5	21337	28783

资料来源:王喜义:《深圳股市的崛起与运作》,中国金融出版社 1992 年版。

二、股票交易市场

股票交易市场是指对已发行在外的股票进行买卖和转让以实现流动性的市场。在国外成熟的资本市场体系中,股票交易市场有场外交易市场、柜台交易市场和有组织的交易所,后者又包括全国性证券交易所和地区性证券交易所。交易所和场外交易市场属于连续性市场,在整个交易日中证券交易连续进行,价格不断变化。在大部分国家,证券交易市场中的股票交易和债券交易具有同等的重要性。在一般情况下,股票交易市场价格的波动反映了公司经营状况的变化,而公司经营状况又与国家宏观经济环境密切相关,因此,股票交易市场是一国国民经济动向的晴雨表。

萌发期的深圳股票交易市场基本处于柜台交易阶段。1990 年 5 月 28 日前实行场外自由议价和柜台协议定价的交易方式,允许场外自由议价成交,由证券公司办理过户手续。1990 年 5 月 28 日,鉴于当时市场的混乱情况,深圳市政府发出公告,规定一切交易活动必须通过证券中介机构进行。萌发期的深圳股市交易大致可分以下四个时期:

1. 柜台交易启动期

1985 年 9 月 27 日,经中国人民银行总行批准,中国人民银行深圳经济特区分行试办深圳经济特区证券公司。1987 年 9 月 19 日,经中国人民银行批准,深圳经济特区证券公司由深圳人行独资改为由 10 家金融机构出资合办的股份制企业。9 月 29 日,经中国人民银行批准经营金融业务,公司正式注册营业,成为改革开放后新中国第一家证券公司。1988 年 4 月 1 日,刚发行股票不久的深圳发展银行股票在这家公司的柜台进行交易。4 月 7 日,"深发展"股票在深圳特区证券公司营业部挂牌交易,当日卖出价 21 元,买入价 20.6 元,全部按卖出价成交,略高于面值。此后深圳股票的柜台交易寥寥无几,基本处于有价无市的状态。为此,深圳经济特区证券公司只得通过自营买卖刺激证券交易,催唤市场人气。

2. 柜台交易发展期

在股价大致稳定条件下,股市交易虽不够兴旺,但深圳的股份制发展并没有

停步。在积极宣传引导的同时,深圳又先后于 1988 年 12 月和 1989 年 2 月批准
了万科、金田两只股票的发行和上柜交易。1989 年 3 月,深发展实施了高额分
红派息兼送红股的分红计划,其投资回报远远超过了人们的预期。在此带动下,
深圳的柜台交易开始活跃;公众投资意识增强,投资主体开始多元化。后因政治
原因,深圳股市急转为空头市场,股价下跌、成交缩减,到年底状况才稍有改观。
从整体看,深圳股票市场基本扭转了被动局面,1989 年全年基本有行有市,交投
活跃。

3. 柜台交易高潮期

1989 年年底和 1990 年年初分别有深安达和深原野股票发行并上柜交易。
自此深圳股票交易市场有 5 只股票挂牌交易。1990 年是深圳证券市场大发展
的一年,这为 1990 年年底深圳证券交易所的成立奠定了坚实的基础。1990 年,
全国股票成交总额 18 亿元,深圳为 17.65 亿元,占全国市场的 98%;居民投资意
识增强,股票投资者迅速增加;1990 年年底股民总户数为 8 万多户,且外地(包
括港澳台)来深圳炒股的资金和人数也大幅度增加。1990 年,深圳股票市场全
年成交 84742 笔,年末股票总市值为 71.2 亿元(见表 4-2)。同时,证券经营机
构也从 3 家 4 个营业部发展为 12 家 15 个营业部。1990 年 7 月 1 日,深圳市政
府对股权转让和股票利息征税,规定股息分红超过 1 年期银行存款利率部分要
缴纳 10% 的个人收入调节税,卖出股票缴纳 6‰ 的印花税。11 月 20 日,深圳市
证券市场领导小组决定对购买股票方也开征 6‰ 的印花税。1990 年全年深圳市
政府从股票交易中所得印花税为 1101 万元。

表 4-2　1888—1890 年深圳股票柜台交易情况统计表

项目 年份	上柜公司数 (家)	上柜总股份 (万股)	成交总金额 (万元)	成交量 (股)	总市值 (万元)
1988	1	419	400	—	5628
1989	3	56334680	2300	—	14000
1990	5	113436700	176084.61	85190409	620000

资料来源:同表 4-1。

4. 场外交易的出现

1990年,深圳曾出现交易量较大的柜台外交易市场,又称黑市。1990年年初开始,深圳股市行情逐步上涨,到5月、6月间更进入一个失去理性的狂热阶段。在巨大的"赚钱效应"甚至"发财效应"的推动下,社会各阶层越来越多的人投入股市。当时中国证券市场尚处于孕育时期,规范发行的股票数量很少,而公开交易的股票更是凤毛麟角,供求严重失衡。1990年,深圳储蓄总额约为50亿,而上柜交易的五种股票面值仅2.7亿元;此外,深圳刚被国务院列为向社会公开发行股票的"试点城市",内地资金不断流入深圳市场,更加剧了股票的供求矛盾。促成1990年上半年深圳股市出现过热现象。这样,由于交易品种少,交易手段落后、交易网点有限等原因,柜台市场出现价格不统一、成交迟缓而不能满足日益增长的交易需求的现象,为场外交易的活跃提供了空间。

为了有效平抑股价,深圳市政府于1990年5月底出台了几个重要措施,包括规定所有交易必须进入柜台进行和连续三次推出股票交易限价政策等。

限价政策导致一方面合法场内柜台交易变得异常清淡,当时的五种股票经常没有成交;另一方面,自发存在的非法的场外市场交易更为频繁。据估计,在1990年3月至5月,深圳柜台外交易高达约5000万元,超过柜台正当交易量的2倍;柜台外市场股票价格不断上涨,是柜台交易价格的1.36—2倍甚至更高。柜台外交易市场的自发产生和交易规模的不断扩大暴露了当时柜台交易存在的诸多问题,直接推进了深圳证券交易所的产生。同时,柜台外交易市场暴露出的股票交易中面临的许多其他问题,为以后证券交易体系的完善提供了有益的参考,如柜台外交易市场经常出现的假股票现象就推动了证券登记制度的建立。

三、股票市场行情走势

1. 朦胧阶段(1988年4月至12月)

1988年4月,"深发展"股票开始上柜交易和公开转让。同年12月,"深万科"也随后上柜交易。当时多数投资者仍属于尝试性买卖,整个交投不够活跃,市场多数时候处于有行无市的状态。在1988年共8个月的交易期内,总成交额400多万元,月均仅50多万元。深圳股票市场上股价基本稳定,股票价格一直与发行价格保持一致,到7、8月行情才略见好转,也只是徘徊在20—22元之间,市盈率仅为0.2—0.3倍。

2. 温和攀升阶段(1989年1月至1990年4月)

这一阶段又可大致分为两个时期:

一是初步活跃、温和上涨期(1989年年初至1990年2月)。

由于"深发展"1988年全年的利润就为其创建时的3倍,其高额的分红派息加送红股的回报已远远高于银行利息和远远超过了人们的预期回报,由此公众投资意识开始增强,深圳股票交易市场随之活跃。"深发展"股票作为龙头,其股价稳步上升,成交量不断扩大。1989年中因政治因素,市场再次出现交投清淡的局面,股价也有所回落。1990年年初,深圳发展银行股票"拆股",将原来20元面值的股票拆细成每股1元,平均每股股价下降,投资成本降低。市场从低迷状态中开始逐步复苏。到1990年2月,"深发展"平均成交价为123.35元,市盈率为3.61倍;成交量由过去5万元、10万元上升至1990年2月的646.5万元。在"深发展"的带动下,一部分公众也开始投资其他上柜公司股票。1990年2月,"深万科"平均成交价为1.07元,"深金田"为21.78元,成交量分别为95.2万元和177.9万元。深圳股票市场股票市盈率也由过去的0.2—0.3倍升至1—2倍。1989年市场全年成交量3253万元;1990年1、2月成交金额就分别达到495万元和920万元。

二是交投活跃、加速攀升期(1990年3月至4月)。

1990年3月10日,"深发展"公布了1989年度财务报告,税前利润由上年的6748万元增加到10129万元,增长50.1%。与此同时,深圳发展银行进行高比例送股和配售。在此消息刺激下,公众的投资热情被激发。3月,原野实业股份有限公司的股票向社会公开发行,认购比例大大超乎人们预料。与此同时,深圳股市开始出现加速攀升的现象。

1990年4月,上柜各种股票平均成交价格为:"深发展"10.73元(相当于拆股前的214.6元),"深万科"1.31元,"深金田"18.96元,"深安达"1.19元;其中"深发展"比2月上涨73.98%,"深万科"上涨22.4%,新上柜的"深原野"上涨12.1%。1月至4月,前四种股票的平均市盈率分别为3.61倍、3.65倍、4.26

倍和 4.81 倍。总的来看,这一期间股市比较平稳,股价有涨有跌,波幅不大。3 月起总成交金额有大幅增长,3、4 月成交金额依次为 2187.9 万元和 2581.4 万元,分别比 2 月增长 1.38 倍和 1.81 倍。"深发展"股票的成交金额在总成交额中占比达到 58%—77%。

1990 年 1—4 月上柜 5 种股票的总成交笔数为 7980 笔,平均每天成交 78 笔,交易比较清淡。当时在股市上交易的股票只是人们手里持有的股票总数的很小一部分,大部分股票未进入市场交易。

3. 加速上涨和治理整顿阶段(1990 年 5 月至 11 月)

1990 年 5 月中旬,国家体改委、中国人民银行总行、国家外汇管理局组成联合调查组,对深圳市企业股份制与证券市场进行了全面深入的调查。调查总结了深圳市企业股份制与证券市场发展的基本情况,对于深圳市企业股份制试点在提高企业经营透明度、增强自我发展能力、吸纳社会闲散资金、开辟吸引外资新渠道等方面的积极作用作了肯定,对坚持公有制为主体、股票发行和交易市场、通过股票市场利用外资以及证券市场的组织和管理等儿方面存在的问题进行深入调研。

1990 年 5 月中下旬,市场传开了即将整顿深圳股市和暂缓新股上市的消息,持币待购者纷纷把对新股的潜在需求转变为购买老股的现实需求,由此引发了深圳股价的第一轮暴涨。6 月中旬,国务院批转的国家体改委有关"向社会公开发行股票的股份制改革"、"不再铺设新点"的文件见报后,人们预期深圳股票的短缺性与垄断性会更加严重,随即掀起一轮股市狂热以及股价暴涨。

(1)1990 年 5—6 月间深圳股市一反当年 1—4 月间有涨有跌、小幅波动的格局,5 种股票价格一起大幅上扬。"深发展"股价 5 月、6 月平均价为 11.99 元和 18.18 元,分别比上月上涨 11.7% 和 51.6%;5 月、6 月深圳股市 5 种股票的平均市盈率为 8.36 倍和 16.99 倍。5 月、6 月的成交总额首次突破亿元大关,分别达到 1.1 亿元和 2.6 亿元。1990 年 5 月深圳股市的成交量已达 1.1 亿元,是 1988 年、1989 两年总成交额的 5 倍,6 月成交量进一步上升为接近 2 亿元,5 月、6 月两个月的总成交额达 3.77 亿元。①

---

① 曹龙骐、李辛白编著:《深圳证券市场十二年》,中国金融出版社 2003 年版。

投资者的投资选择呈扩大之势。尽管深发展的成交额仍在总成交额中占最大的比例,但其他股票在总成交额中的比例均大幅提高。由于股价大幅上扬,吸引更多的人入市,供求关系更加失衡,形成价格上涨与供求失衡循环推进的形势。1990 年 5—6 月的总成交笔数为 2.5 万笔,平均每天成交 500 多笔。同期各种股票在市场上的流通量占其总股数的比例大幅提高,比前四个月的平均数均高出 5 倍以上。①

(2)严格限价、治理整顿期(1990 年 7—11 月)。1990 年 5 月、6 月间深圳股市掀起热潮后,求大于供的矛盾已十分突出。为抑制过热的市场,深圳市政府出台了严格限制股票价格涨跌幅的制度,6 月 26 日,实行不对称涨跌幅限制:涨幅不超过前一营业日的 1%,跌幅不超过前一营业日的 5%。

自 7 月起,5 种股票价格在每一交易日几乎都以 1% 的速度顶格上涨,只是在 8 月下旬的一段短时间,万科、金田和原野三种股票价格回落过几天。从 7 月 1 日至 11 月 20 日,5 种股票挂牌价的上涨幅度分别为:"深发展"2.13 倍,"深万科"1.8 倍,"深金田"2.06 倍,"深安达"1.91 倍,"深原野"2.16 倍。到 11 月,深发展的平均成交价格为 74.12 元,深万科 19.76 元,深金田 254.36 元,深安达 24.42 元,深原野 171.48 元。7 月至 11 月,五种股票的平均市盈率分别为 20.27 倍,28.83 倍,35.40 倍,45.35 倍和 56.58 倍。

从 7 月至 11 月中旬,深圳股市大多数日子成交清淡,有价无市。7 月 1 日—13 日,日均成交额为 746 万元;8 月下旬由于谣言传闻的冲击引起了股市的波动,成交有所增加,8 月 9 日—31 日,日均成交金额为 1417 万元,21 日成交金额 2131 万元,创下深圳开股市以来的最高纪录。剔除这两段时间,7 月至 11 月中旬余下的 96 天里,日均成交额 362 万元,仅为 5—6 月日均成交额的二分之一强。

关于柜台外交易情况,据调查,1990 年 5 月以前,场外(黑市)价并不比场内价高,有时还低。6—7 月间,黑市价一般高于挂牌价 20%—40%。可是到了 11 月上中旬,黑市价比挂牌价高出 30%—100%。

---

① 曹龙骐、李辛白编著:《深圳证券市场十二年》,中国金融出版社 2003 年版。

7月以后新股不准上市,老股迟迟不许增扩,公股不让吐出平抑市场,造成供求矛盾日益加剧。这时,1%的升幅限制的负效应逐渐显示出来。日升1%成为股民的强烈的心理定势,他们惜售股票,造成二级市场供给逐渐减少,有价无市,有行无市。由于需求远大于供给,而供给增加的前景不明,场内价格受到严格限制。需求与供给的缺口很难通过市场自发涨落机制得到弥合。于是,黑市交易就产生并蔓延开了。

1990年5月至11月这一时段,不仅场内挂牌买卖活跃,场外(黑市)交易更是惊人。5月底,在特区证券公司门前从事黑市交易的人数少则几百,多则数千。黑市成交股票金额一般要超过场内挂牌交易金额的2—3倍,交易价格一般比公开挂牌价高出40%—70%。据有关资料,此期间深发展的黑市中间价为111.5元,比挂牌价高52%;"深万科"29元,高43%;"深金田"307.5元,高21%;"深安达"41.5元,高69%;"深原野"222.5元,高30%。①

这次股价的历史性暴涨,究其原因:一是以"深发展"为首,当时几家上柜公司给予投资者的投资回报确实很高,唤醒了居民的投资意识。二是市场交易品种太少,新股上市又因为种种原因而拖延,市场供求的严重失衡是这次价格狂升的基本原因。三是从客观形势看,1990年我国正处于治理整顿的第二年,企业经营困难,投资机会很少,资金易于涌入证券市场。四是当时上海虽然也有股票交易,但由于严格的限价及流量控制等行政措施的干预,基本上是个"死市",造成全国资金大量流入深圳的局面。五是场内交易透明度较差,投资者很难从证券机构及时准确地获取成交量、成交价等市场信息,股东和投资者的利益难以得到保障。六是一些公司或企业也擅自发行所谓"股票"、集资券或收据。个别公司甚至无视法纪,未经人民银行深圳分行批准,私自招股集资,印制、换发所谓"股票",自办收费过户,欺骗众多投资者。有的证券从业人员假公济私,进行内幕交易,中饱私囊。总之,所有这些暴露出萌发期深圳市场规模小、市场组织管理不成熟和股民风险意识差的特点。

不正常的股票市场引起了深圳市委、市政府的高度重视。1990年5月23

① 曹龙骐、李辛白编著:《深圳证券市场十二年》,中国金融出版社2003年版。

日,深圳市委领导李灏对深圳市企业股份制改革作出批示:"把此项工作搞得稳妥一点,不宜搞得过快、过急,面铺得太大会造成失控,重要的国营企业必须国家控股,对证券交易工作要健全法规。"随后,深圳市政府多次召开会议,研究管理和操作中的问题,有针对性地采取了一系列以行政手段为主的措施,在市场管理工作中进行了种种尝试。包括:采取涨跌停板制度、开征印花税和入息税、打击非法场外交易、加强宣传教育和舆论引导等。

各种综合措施,对深圳股票市场的稳定和市场秩序的好转起了一定的积极作用,市场过热现象得到了缓解。但是,严格的涨跌停板制度并不能解决由供求矛盾所引发的问题。此时,股票市场要生存和发展迫切需要规范,人们盼望着公开、公平、公正的交易。为此,政府除了十分重现股市动态,从理论和法制上对投资者加以宣传引导外,更重要的是,为根治股市弊端,积极稳妥地发展特区股市,加紧筹建深圳证券交易所、深圳证券登记公司等规范的场内集中交易机构、加紧立法和制定证券交易规则等,以根治股市弊端,积极稳妥发展特区股票市场。

4. 下跌阶段(1990 年 11 月下旬至 12 月)

(1)股市行情与交易情况

1990 年 11 月中旬以后,深圳股票市场各类股票价格已陆续进入相当高的价位。深圳股票的平均市盈率由 1990 年 1 月的 3.61 倍上升到 12 月的 58.65 倍,一年之内上涨 16.24 倍,称之为"狂涨"是恰如其分的。一些明智的投资者已感到了压力,开始对投资策略进行调整。

11 月中旬,深圳市证券市场领导小组确定了对股票市场按照"整顿、管理、发展相结合的原则"进行治理的方针,相继采取了一系列更为严格的管制措施:一是坚决查处非法发行"股票"的行为,对违反者绳之以法。二是再次强调取缔场外非法交易和一些人内外勾结"包过户"的行为,从严查处违纪的证券从业人员。三是再度调整涨跌停牌制度,从 11 月 20 日起将股价每日涨幅调整为0.5%,跌幅仍维持 5% 不变。至此,投资股票的盈亏风险系数之比达到 1:10,市场投机性被有效抑制。四是再度调高印花税,从 11 月 20 日开始对买方也征收 6‰印花税,加上手续费,两笔成交税费成本达 2.2% 。五是 11 月 16 日再次明令党政机关干部、证券管理及从业人员不得买卖股票,包括已上市的老股票,而且一些机关单位内部也发布文件,要求领导干部带头对所持有的股票进行登记,并限期卖出。

政策调整本身难免引起一部分人的恐慌,使市场产生波动。期间市场上传言不断,包括中央关于股票市场的政策要变了,股票会改变为债券等。另外,各地理论界对有关股票市场问题的争论也多起来,并逐渐引起投资者的关注。党政机关干部、证券管理及从业人员纷纷抛股,在市场上掀起了一阵不小的冲击波。

此后,各种股价分别开始下跌,如以平均收市价计价,"深金田"股价率先下跌(11月26日),"深万科"股价随后下跌(12月6日),"深安达"股票跟着下跌(12月7日),"深发展"股价再后下跌(12月11日),"深原野"股份最后下跌(12月22日)。12月4日至14日,深圳股市下跌幅度较大,5种上市交易股票有4种分别下跌6.49%—19.23%。12月中旬后,由于股价普遍下跌,股票总市值从71.2亿元降到60.8亿元,平均市盈率也从65倍下降到50倍。到1990年年末的12月29日,各种股票的下跌幅度分别为:"深安达"36%,"深万科"28%,"深金田"27%,"深发展"18%,"深原野"5%,平均下跌23%。

从11月21日至12月29日,深圳市场总成交额为7.2亿元,占1990年深圳股票成交总额17.65亿元的40%。其中,"深发展"的成交额为3.2亿元,占总成交额的45%。在11月21日至12月29日期间,日均成交金额2118万元,是5—6月间的2.8倍;但由于股价较高的原因,此时的成交股数却比5—6月间少得多。

到1991年1月12日,深圳市场5种股票的跌幅进一步扩大到9.84%—38.16%;成交额也从1990年12月初日成交2000多万元大幅度萎缩至1991年1月12日的32万元。深圳股市由牛市变为熊市。这一波空头市场一直持续到1991年9月,以后来深圳证券交易所编制的综合指数计,下跌65%(见表4-3)。

表 4 - 3　1990 年 12 月至 1991 年 1 月深圳证券市场 5 种股票下跌情况

股票价格 股票类别	1990 年 12 月股票价格		1991 年 1 月股票价格		涨跌幅 （%）
	日期	价格（元）	日期	价格	
深发展	1990. 12. 10	79. 63	1991. 1. 12	64. 78	−18. 65
深万科	1990. 12. 5	21. 39	1991. 1. 1	15. 15	−29. 00
深金田	1990. 12. 3	253. 05	1991. 1. 5	187. 59	−25. 89
深安达	1990. 12. 6	26. 23	1991. 1. 10	16. 22	−38. 16
深原野	1990. 12. 2	19. 30	1991. 1. 11	17. 40	−9. 84

资料来源：马昌时：《香港股票与深圳股市》，中国经济出版社 1991 年版，第 108 页。

（2）股市下跌的影响

1990 年 12 月，深圳证券市场股价下跌，是在深圳特区经济前景看好、5 家上市公司经济效益良好、上市公司红利分配丰厚、市场上股票供应量基本上无增加的情况下发生的。行内人士基本一致认为，这样的暴跌是不正常的，它表明投资者投资心态尚未成熟，深圳股票市场尚未步入健康运作的轨道所致。

从另一个角度看，这次市场下跌打破了长期以来股市流传的"买股票就能赚钱"的神话，极大地增强了投资者的风险意识。所谓"专家不如炒家，炒家不如藏家"的观念有所改变，一批投资者逐渐成长起来。在整个市场调整过程中，没有发生企业因投资股票破产或个人因炒作股票亏损而"跳楼"的现象；社会经济生活的稳定没有因此而受到很大冲击；这表明深圳投资者具备相当承受力，表明了广大投资者对股份制改革和证券市场发展前景还是有信心的。它也使深圳市政府和市证券管理机关充分地去反思股票市场发展战略、调控股票市场的政策手段和法制建设的不足。尤其值得一提的是，在深圳股票市场这一下跌时段，深圳市政府审时度势，在各上市公司分红派息和增资扩股之后，利用有利时机逐渐放开了股价，也出台了《深圳市股票发行与交易管理暂行办法》等法规，为未来股票市场的依法管理和运作，为今后证券市场的健康发展打下了良好的基础。

第二节　萌发期的深圳债券市场

自 1979 年深圳建立特区以来,深圳债券市场一直是萌发期的深圳证券市场的一支主力军,其规模不断扩大,交易日趋活跃,在全国债券市场中也占有举足轻重的地位。

一、国债市场

1981 年我国恢复发行国债以后,随着债券发行市场的迅速发展,特别是国债发行量的逐年增长,我国以国债交易为主的证券转让市场开始出现。1986 年8 月 5 日,经中国人民银行沈阳市分行批准,沈阳市信托投资公司首先开办了有价证券的柜台转让业务。至 1987 年年底,我国已有 41 个城市的证券公司、信托投资公司和城市信用社开办了以国债为主的有价证券转让业务,最初只允许1985 年和 1986 年发行的国库券上市转让,交易金额超过 1 亿元,其中自营买卖占 90%,代理业务占 10%。1988 年 4 月,为了促进国库券的销售,经国务院批准,我国开始进行开放国库券转让市场的试点;试点工作分两批,深圳属于第一批的 7 个试点城市之一。国库券也一跃成为证券转让市场的最大品种。

1988 年,深圳债券市场国债的交易量为 4000 万元,占当年全国 23.8 亿元国库券交易额的 1.68%;1989 年,深圳国库券交易量为 5000 万元,占当年全国20.94 亿元国库券交易额的 2.39%;1990 年,由于我国国债转让市场全面开放,深圳在全国交易额中的比重明显下降,当年深圳国债成交 1.3 亿元,占当年全国116 亿元国债交易额的 1.12%。

早期在股票市场仍然较小的情况下,国债的转让和交易业务是证券公司的主要业务。深圳债券市场的发展带动了深圳债券经营机构的改组和发展,1988年深圳国债转让业务的试点工作直接导致了深圳特区证券公司的成立;同样,国债交易市场的发展也是此后银行国债部和信托投资公司等证券经营机构迅速发展的主要推动力。尽管这些机构比较弱小,但它们的成立和发展为其后国债的承销和包销,为进一步改革国债发行机制打下了良好的基础。实际上,这些证券经营机构中的很大部分后来成为中国证券市场的中坚力量,为中国证券市场的发展作出了重要贡献。

二、企业债券市场

在萌发期,深圳也有多家企业发行和获准发行各种品种的企业债券,如1990年作为重点项目之一的深圳国际机场发行了总额1亿元的地方企业债券。深圳企业债券的发行对急需资金的特区经济建设起着重要的支持作用,有助于深圳完成大规模市政工程和弥补建设项目的资金不足。通过发行债券为企业融入资金是发达国家常见的一种融资方式,应当说,我国在这方面进展并不是很大。直到2002年,不仅是深圳,我国整个企业债券市场的规模都还不大,发行和交易的债券品种不多,交易量也十分小。当然,深圳企业债券的发行毕竟使深圳企业的融资结构从单一的银行间接融资向兼具直接融资的多渠道融资方式迈出了可喜一步。1982—1990年深圳债券市场的发展情况参见表4-4。

表4-4 1982—1990年深圳债券市场发展情况统计表

单位:万元

项目\年份	各类债券发行总额	国库券发行额	企业债券发行额	各类债券交易总额	国库券交易量	企业债券交易量
1982	326	326				
1983	317	317				
1984	345	345				
1985	554	554				
1986	592	592				
1987	1049	649	400			
1988	3673	1359	2314	4000	4000	
1989	865	865		5000	5000	
1990	17946	816	17130	1297	1277	20

资料来源:马昌时:《香港股票与深圳股市》,中国经济出版社1991年版,第108页。

第三节　萌发期的深圳证券机构

证券市场由市场的组织者、市场的参与者和市场的监管者所构成。一个高效的市场依赖于这三者行为的高度统一与协调,其中市场的参与者是市场发展的基本推动力量,所以市场参与者主要是证券经营机构和广大投资者。在中国证券市场的发展历程中,他们是推动证券市场制度建设的主要成员和力量。交易所作为市场的组织者一般不以营利为目的,它的主要职能是组织证券交易和进行一线监管。

一般而言,证券经营机构的基本职能是交易中介,它们既媒介"一级市场的资金需求者——企业和资金供给者——投资者"之间的需求,也媒介二级市场中投资者对股票的买卖需求。除了这些基本功能外,证券经营机构还从中衍生出其他多种服务性业务,主要包括以下几类:证券交易、证券登记及结算、证券经纪、投资银行和证券投资咨询等。与之相对应的,证券市场上主要有四类机构:证券交易所、证券登记结算公司、证券公司和证券投资咨询公司。在萌发期,一级市场上中介人的作用还不明显,投资银行业务在证券公司业务总量中还十分微小。在国外成熟的证券市场上,二级市场证券中介服务通常由两类机构提供:一类是证券经纪商;另一类是证券交易商。经纪商是专门代理客户进行交易、收取佣金的一类中介人;交易商是自己投入资金并拥有一定量不同品种的证券的交易中介人。交易商必须随时准备应客户的需要买入或卖出它所持有的证券,为客户充当买主或卖主。我国萌发期的证券市场一直处于供不应求的状态,市场流动性很强,换手率高,交易商的作用在我国不明显,因此我国证券市场并没有出现专门维持交易的交易商。

总之,在萌发期,根据各自所提供服务的性质不同,深圳证券市场的运作机构可以划分为三类:证券经营机构、证券交易所以及证券登记和结算公司。

一、深圳证券经营机构的设立及其运作

证券经营机构的诞生在早期是我国国债规模不断扩大的结果。早期的深圳证券市场也是以债券交易为主的。1985 年,经过多年的积累,各单位及个人手中持有的国库券数额已比较庞大,且早期发行的国库券有些陆续到期,此时迫切需要建立规范化的证券机构,以方便国库券的转让、买卖和到期国库券的兑付。这便是 1985 年深圳特区证券公司筹建并于 1987 年 9 月正式开业的主要背景。1985 年,深圳特区证券公司由人民银行深圳分行牵头,与特区内另 9 家金融机构合资创办;1987 年 9 月经中国人民银行总行批准成立,成为全国第一家专门从事证券经纪业务的公司,成立时股本 550 万元,后来经过增资扩股、吸收新股东(中国人民银行深圳分行由于政策因素,后来退出),注册资本增至 1130 万元。截至 1989 年年底,深圳特区证券公司累计成交国库券 9000 万元。可见深圳特区证券公司的成立适应了特区债券市场发展的需要,同时也为建立股票交易市场打下了良好的基础。

1986 年 10 月,深圳市政府制定了《深圳经济特区国营企业股份制试点的暂行规定》以后,特区股份制企业迅速发展,股份制改制也较规范。另外,股票不同于债券,投资者只能通过转让和出售实现流动性以获取投资回报,缺乏股票交易市场的股份制显然是难以为继的。1984 年 11 月 14 日,上海飞乐音响股票首次公开发行后不久就有持有人提出转让要求,并进行了一些自发的实际转让。当时在上海对股票交易的限制诱发了股票掮客的产生,这对股票持有人不利。

当 1987 年深圳发展银行发行股票后,客观上随即要求由相应的证券机构配合股票的发行并提供交易平台,也就是由专业性的证券机构承销、包销股票和提供股票交易的场所。为此,成立不久的深圳特区证券公司又尝试开展了股票领域的经纪业务。

1988 年 4 月 11 日,深圳特区证券公司在协助深圳发展银行发行股票的同时,与该行达成协议,将"深发展"股票在公司的柜台上挂牌买卖,这也成为深圳股票柜台交易市场的先驱。

1990 年 8 月,深圳特区证券公司为规范柜台交易行为,制定了《深圳特区证

券公司代理买卖柜台交易业务规则》,该规则在买入委托、卖出委托、成交和交割等方面作了较详细的规定,是后来交易所交易规则的基础和雏形。在买入委托方面,由于市场供不应求,客户必须在指定的时间和地点排队领号,然后在营业厅等候叫号依次办理委托;委托买入价格是由客户自己决定一个买入价上限,委托有效期为 3 个营业日;委托买入数量在特殊的市场情况下被限制,如"深发展"限量买入 1000 股等。卖出委托的有效期同样为 3 个营业日,客户必须签订卖出合同,成交程序采用"买卖双方复式竞价法",每天举行三场统一排序撮合成交,第一场委托截止时间上午 10:00,第二场委托截止时间上午 11:30,第三场委托截止时间下午 3:00,每场成交撮合采取"价格优先,时间优先"的原则进行排序后配对成交,每个交易日进行两次成交价格的揭示。交割采取 T+1 的方式,在成交日的第二个交易日交割。到 1990 年,深圳经济特区证券公司的业务涉及面已经十分广泛,当年代理股票买卖 6.4 亿元,自营股票买卖 3723.18 万元,代理发行股票 4323.20 万元,代理发行债券 2578.15 亿元,代理分红派息 1608.20 万元。

1988 年 11 月"深发展"股票上柜交易。同年和 1989 年又分别有三家经过规范化改制的股份有限公司向社会公开发行股票并上柜交易。到 1989 年年底,深圳经济特区公开发行并上柜交易的股票已达 6184 万元,市场参与者的人数也与日俱增至接近 4000 人,市场交易逐步活跃,年交易量由 1988 年的 400 万元增加到 1989 年的 2000 多万元,增幅达 4 倍。在这种情况下,原有的一些证券公司已经不敷需要,营业网点的稀少严重影响了市场效率,在一定程度上促成了场外交易市场(黑市)的形成。现实迫切要求证券经营机构在机构数量、人员数量和设备上有一个较大的飞跃。

鉴于此,1989 年下半年,中国人民银行深圳分行相继批准了两家信托投资公司设立证券营业部从事证券经营业务,包括:(1)中国银行深圳国际信托咨询公司证券业务部,它于 1986 年开始经营证券业务,是深圳市最早开办证券业务的机构之一。1989 年 7 月 18 日,正式设立证券业务部,其业务范围为:有价证券的代理买卖和自营买卖;办理股票转让、买卖、过户登记业务以及经中国人民银行批准的其他有关证券业务。该证券业务部成立后两个月内即成功代理发行深圳万科公司股票、深圳发展银行优先股和深圳安达公司股票,1990 年,成功以抽签方式组织承销了深圳原野股份有限公司 1650 万股股票,同时还承担了"深发展"优先股、"深安达"股票和"深原野"股票的登记过户工作。1990 年,全年共代理股票买卖近 2 亿元人民币,3000 余万元港币。(2)深圳国际信托投资总公司证券业务部,它经中国人民银行深圳分行批准于 1989 年 9 月 28 日正式开业,业务范围为:有价证券承销;有价证券代理买卖及自营买卖;有价证券登记过户、代理还本付息;证券咨询业务等。1989 年 12 月,该证券部承担了深圳安达股份有限公司股票发行工作,1990 年 3 月,又承担了深圳原野公司股票的发行工作。1990 年股票交易金额 2.19 亿元,自营股票买卖 31.3 万元,1990 年证券部实现利润 383 万元,总资产 1316.92 万元。

　　1990 年上半年开始,深圳股票市场逐步升温,5 月、6 月间更是掀起狂潮,股票成交金额达到 3.77 亿元。三家证券经营机构网点人流熙熙攘攘,柜台业务繁忙,证券从业人员超负荷工作,但仍然无法满足投资者的需求。为疏通渠道和加强市场管理,1990 年 8 月至 11 月,中国人民银行深圳分行又相继批准设立了一批新的证券经营机构。包括:(1)交通银行深圳分行证券业务部。经中国人民银行深圳分行批准,它于 1990 年 7 月 20 日正式开始营业,业务范围为:代理发行有价证券;代理买卖人民币有价证券;证券的咨询、保管和代理还本付息;自营和代理国库券业务等。到 1990 年年底该证券部共代理买卖股票 1.02 亿元,代理发行企业债券 1500 万元,从异地自营购入国库券 52.02 万元。(2)中国有色金属深圳财务有限公司证券业务部。该证券业务部 1990 年 6 月 26 日经中国人民银行深圳分行批准成立,1990 年 7 月 23 日正式开业,业务范围与上述各证券经营机构基本相同,此外它还能够代理买卖有色外汇商业票据(港币和美元两种)。到 1990 年年底该证券部共代理买卖股票 1.30 亿元。(3)广东国际信托投资公司深圳分公司证券营业部。该证券营业部于 1990 年 8 月 11 日正式对外营业,到 1990 年年底代理和自营股票买卖交易 1.41 亿元。(4)中国农业银行深圳信托投资公司证券营业部。该证券营业部于 1990 年 8 月 8 日正式对外营业,到 1990 年年底代理和自营股票买卖交易 1.39 亿元。(5)中国工商银行深圳信托投资公司证券营业部。该证券营业部于 1990 年 8 月 13 日正式对外营业,到

1990 年年底代理和自营股票买卖交易 2.07 亿元,是当时深圳市较大的证券经营机构。(6)深圳经济特区发展财务公司证券营业部。该证券营业部于 1990 年 6 月 25 日批准成立,1990 年 8 月 28 日正式对外营业。到 1990 年年底代理和自营股票买卖交易 7382 万元。(7)深圳国际信托投资公司国际证券投资基金部。它于 1990 年 11 月 30 日批准开业,系非国营银行金融机构,业务经营受深业投资发展有限公司领导。到 1990 年年底,共代理普通股票买卖 4270 万元,深发展优先股买卖 48.51 万美元,包销深圳机场债券 3000 万元。

此外,一批证券经营机构如证券公司等还新增了服务网点。到 1990 年年底,深圳证券经营机构达到 11 家 14 个网点,交易渠道不畅的问题有所缓解。深圳发展银行还于 1990 年 8 月成立了专门从事证券业务的深圳发展银行证券部。深圳证券经营机构设立的具体情况见表 4-5。

表 4-5　1987—1990 年深圳证券市场证券经营机构统计表

开业时间	证券经营机构名称
1987 年 9 月	深圳特区证券公司
1989 年 7 月 18 日	中国银行深圳国际信托咨询公司证券业务部
1989 年 9 月 28 日	深圳国际信托投资总公司证券业务部
1990 年 7 月 20 日	交通银行深圳分行证券业务部
1990 年 7 月 23 日	中国有色金属深圳财务有限公司证券业务部
1990 年 8 月 1 日	广东国际信托投资公司深圳分公司证券营业部
1990 年 8 月 8 日	中国农业银行深圳信托投资公司证券营业部
1990 年 8 月 13 日	中国工商银行深圳信托投资公司证券营业部
1990 年 8 月 28 日	深圳经济特区发展财务公司证券营业部
1990 年 11 月 30 日	深圳国际信托投资公司国际证券投资基金部

二、深圳证券登记公司的设立及其运作

1. 深圳证券登记公司的诞生

一般股票交割(即卖方把证券所有权交给买方的行为)并不是由买卖双方

自己进行的,而是通过双方委托的证券经纪商进行背书过户,并由证券登记公司进行鉴证和集中管理。

早期深圳证券市场股份由发行股票的公司自行登记,1988年4月后改由证券经营机构代理登记,交易过户也由各证券经营网点分散进行。当时股票采用"一户一票"的非标准式样。对每一股票持有人或认购人,无论其认购股数大小,都发给一张股票,股票正面打上持有人的姓名。卖出后原股票即作废,并由证券经营机构定期给新的持股人印制新股票。在这种制度下,证券经营机构要分散代管股票实物并在进行股票实物交收时逐一进行清点及背书过户,任务繁重,效率低下,每天接受顾客委托笔数大受限制。投资者携带实物股票买卖,既不方便,也不安全。这种原始的转让过户方式间隔时间长,有时达两个多月之久,股票流动性极差,人为地增加了投资的风险。

为克服这一困难并对证券登记和过户管理进行规范,1990年7月,深圳开始证券登记公司的筹建。8月15日,深圳市人民政府办公厅发文同意成立深圳证券登记有限公司,规定其是深圳市记名证券集中登记过户的唯一合法机构,我国改革开放后第一家专业证券登记机构正式成立。1990年11月26日,深圳证券登记公司试营业。1991年1月24日,中国人民银行发文同意成立深圳证券登记公司。

深圳证券登记公司是采取有限责任股份公司组织形式的独立企业法人,注册资本为人民币200万元。公司股份仅限于经人民银行批准经营证券业务的金融机构认购,首批股东由9家组成,分别是中国工商银行深圳信托投资公司、中国农业银行深圳信托投资公司、中国银行深圳信托投资公司、交通银行深圳分行、广东省国际信托投资公司深圳分公司、深圳国际信托投资公司、深圳特区证券公司、深圳特区发展财务公司、有色金属深圳财务有限公司。每家股东首批认购30万元股份,并规定今后增资扩股由上述机构等额认购。

深圳证券登记公司的宗旨是:为证券市场的健康发展提供准确、高效的服务,为政府和主管机关提供管理服务,保障国家和投资者的合法权益。经人民银行批准,深圳证券登记公司可从事下列业务:(1)经批准公开发行及非公开发行的证券登记。(2)上市及未上市记名证券的转让登记,代理有价证券的保管。

（3）代理有价证券的还本付息或分红派息。（4）与证券有关的咨询业务。（5）与上述业务有关的附带业务。（6）经中国人民银行批准的其他业务。

深圳证券登记有限公司的成立，对深圳证券市场的发展发挥了重要的作用，对推动证券交收过户方式向完全电脑化、无纸化转化也有着至关重要的意义。具体说：（1）配合证券交易所逐渐完善交收过户制度，大大加快了证券的流通性，扩大了市场交易量，提高了市场运作效率。（2）股票转让过户和红利、股息派发以划账的形式在登记公司集中管理下进行，使私下股票交易逐渐消失。（3）统一印制和保管股票及其他有价证券，避免了假证券的出现，维护了证券的安全。（4）提供准确、完整和迅速查找核对的股份登记体系，为政府决策及市场监管，在股份登记上为政府部门考核企业股份的构成、保护国有股份的安全、防止个人大户操纵市场等创造了良好的条件。（5）完善了证券市场运作体系，扩大了深圳证券市场在海内外的影响，增强了海内外投资者进入深圳证券市场的信心。

2. 深圳证券登记公司的内部组织架构

深圳证券登记公司实行董事会领导下的总经理负责制。董事会是公司的最高权力机构，设有董事长 1 名，常务董事 1 名，董事若干名。董事长由董事会选举产生并报主管机关批准，任期三年，可连选连任。常务董事由董事长提名，董事会确认；董事由各股东单位、登记公司及主管机关各委派一名代表组成，其任职期限由委派单位决定。董事会会议实行一人一票的表决权，作出有效决议的法定人数不少于全体董事人数的三分之二。董事会例会每季度召开一次，临时会议由董事长决定召开。

董事会行使以下职权：（1）审定和修改公司重要章程。（2）审定公司的经营方针如发展规划。（3）审定公司的年度预决算及盈利分配方案。（4）审定公司提出的议案报告。（5）聘任总经理，并根据总经理提名聘任副总经理。（6）公司章程规定的其他职权。

董事长是公司的法定代表，行使下列职权：（1）召集和主持董事会。（2）检查董事会决议的实施情况，并向董事会提出报告。（3）签署公司的重大合同及其他重要文件。（4）在董事会闭会期间，对公司的重要业务给予指导。

总经理由董事长提名,董事会确认,并报主管机关批准。总经理行使以下职权:(1)组织实施董事会决议,并将实施情况向董事会报告。(2)负责公司的日常经营管理。(3)拟定公司的发展规划和年度财务预决算方案。(4)内部经营管理机构的设置及各项管理制度的拟定。(5)对部门经理及职员的选聘与解聘,拟定职工的工资方案并报董事会批准执行。(6)董事长授权处理的其他事宜。

总经理室下设办公室、业务部、登记部三个职能部门,分别负责有关各项业务。

三、深圳证券交易所的设立及其运作

1. 建立深圳证券集中交易场所的条件

首先,深圳紧邻香港,香港作为国际金融中心,证券市场发达,金融活动活跃,资金充沛,经验丰富,深圳可以直接取经,这为深圳在股份制改革和证券市场发展方面走在全国的前列提供了条件。深圳作为经济特区,享有进行改革创新的政策优势。深圳经济结构中传统计划经济的包袱少,人们旧观念的束缚少,敢闯敢干,深圳人一贯秉承实干精神,在深圳发展证券市场的过程中无谓的争议少,容易轻装上阵。

其次,经过多年探索与实践,到1990年,深圳证券市场建设取得了一些实质性进展。包括:(1)发行市场已有一定规模。至1990年9月,深圳经济特区各类证券发行总额已达4亿至5亿元。(2)证券转让日益活跃。1989年仅国库券和金融债券买卖累计成交8117亿元。1990年股票上市量和交易量逐步增加,最高日交易额曾达3000余万元。(3)以股票形式进行集资的规范化股份有限公司共有83家,上市资源丰富。(4)5家上柜公司股票总市值近50个亿,另有不少企业已在申请公开发行、上柜交易其股票。(5)已成立证券经营机构11家,建设柜台交易网点14个。(6)形成了以证券市场领导小组、中国人民银行深圳分行为主体的一套相应的管理架构。(7)金融投资意识在市民中得到普及,投资人数日益增多。

再次,建立深圳证券集中交易场所具有迫切性。1990年在市场逐步升温的

过程中,深圳证券柜台交易市场分散交易的矛盾日益暴露并显得十分突出,严重地阻碍着证券市场的发展。这突出地表现为交易迟缓、交割严重滞后、各分散的网点存在价差,并由此衍生出场外交易、黑市交易、内幕交易和证券诈骗等现象。

总之,分散的柜台交易市场极不便于管理,身兼三职(接受委托、进行交易、办理过户登记)、"小而全"的证券经营机构根本无法从外部加以制约。分散进行的柜台交易已到了非改革不可的地步。

2. 深圳证券交易所的筹建过程

早在1988年5月,当时的深圳市委书记、市长李灏同志率团赴英、法、意三国进行考察时,在伦敦举行了一次有金融界人士参加的座谈会,主题是吸引外资投资问题。其间有基金经理介绍,欧美国家各种基金的数额很大,愿意向中国特别是深圳等沿海城市投资。但基金的投资方式主要是股票和债券等有价证券,一般不投资于实业。他们建议中国应尽早建立规范的证券交易机构,为他们提供进入中国市场的切入点。从利用外资的角度看,建立起证券交易机构,可以在证券市场上源源不断地筹集建设资金;从深圳特区的实际出发,通过创建规范的资本市场,可以使企业获得更多的资金、转换运行机制,有利于调整特区产业结构,提高经济效益。

从欧洲回到香港,李灏会见了香港新鸿基证券公司的董事长冯永祥先生,谈到利用政策优势创建按国际惯例运作的证券市场的想法。冯永祥先生向李灏介绍了香港证券市场的基本架构,指出搞股份制,实行商品经济,少不了按国际规范运作的证券交易所。李灏向冯永祥先生提出三个请求:一是聘请他为深圳金融证券业顾问;二是请新鸿基公司协助起草发展深圳证券市场的总体规划;三是帮助深圳培训金融证券方面的专业干部。从1988年6月到9月,新鸿基公司帮助深圳市政府连续举办了四期资本市场基本理论培训班。1988年11月,深圳市政府成立资本市场领导小组,主持证券交易所的筹备。在领导小组的指导下,有关人员开始系统地翻译香港证券市场的法规和技术文件,研究证券市场的组织和建设问题。从1988年11月到1989年11月,经过领导小组下属专家小组的禹国刚、周道志和当时在北京"证券交易所研究设计联合办公室"(简称"联办")工作的高西庆的努力,一整套为建立证券交易所而起草的法规、规则也准备完毕,包括《深圳特区证券市场管理暂行规定》《深圳特区股票发行暂行办法》《深圳特区债券发行暂行办法》《深圳证券交易所有限公司章程》《深圳市股票发行与交易管理办法》等。①

经过比较,1989 年中,深圳市政府决定参照国际惯例,于 1990 年建立一个在主管机关领导下,证券交易所、证券经营机构、证券登记公司三位一体、相互配合、相互制约的运作机制。一要建立证券交易所,为股票市场提供集中交易和管理的场所;二要建立证券登记公司,集中办理证券保管、过户等业务;三要转变证券公司(或业务部)的职能,成为专职的证券承销商或经纪人,即作为交易所的会员、代理顾客买卖股票,未经批准不得进行股票的自营买卖。1989 年 9 月 8日,由禹国刚和周道志起草的《关于筹建深圳证券交易所的请示》经深圳市资本市场领导小组同意后报市政府审批。深圳市政府审批后再报送中国人民银行总行。11 月 15 日,该报告得到中国人民银行总行批准,同时深圳市政府下达了《关于同意成立深圳证券交易所的批复》。该《批复》指出:"深圳证券交易所的宗旨是发展和完善深圳金融市场,为深化企业体制改革创造市场条件,引导社会资金流向,优化经济结构,保障投资者合法权益,维护社会公共利益,促进深圳经济发展";明确深圳证券交易所是在深圳合法注册的股份有限公司,采取会员制组织形式,不以营利为目的;规定"深圳证券交易所是深圳有价证券集中交易买卖的唯一合法场所,只限于买卖有价证券的现货和期货以及其他各种证券交易"。

《批复》下达以后,1990 年 1 月,深圳市政府领导下的深圳证券交易所筹备组正式挂牌。小组成员包括王健和禹国刚。筹备小组的主要工作是:完善相关法规和规则、为交易所选址、安装调试设备和培训工作人员等。筹备小组将办公地选在深圳国贸大厦 3 楼,交易大厅则在国投大厦 15 楼。1990 年 3 月,深圳证券交易所筹备组向深圳市政府提交了《深圳证券交易所可行性分析报告》,认为建立交易所可以在促进经济体制改革、筹集经济建设所需资金、优化产业结构等方面起到积极的作用。1990 年 4 月深圳证券交易所 1000 万元的注册资本筹集

---

① 参见禹国刚:《深市物语》,海天出版社 2000 年版。

完毕。同时,在1—5月间,筹备小组有关成员对前期形成的证券法规草案进行了讨论和反复论证,在吸收各方面意见和建议的基础上形成新的草案,使其既符合国际惯例又符合深圳的实际情况。1990年7月26日,深圳证券交易所(当时称"深圳证券交易中心")第一期出市代表培训班结业。8月22日,深圳市政府任命王健和禹国刚为深圳证券交易所副总经理,由王健主持工作。10月,深圳证券交易所各项准备工作基本就绪。包括:(1)确定了交易所成立的基本原则。决定借鉴香港及国外有关做法,结合深圳特区的实际情况,实行会员制,不吸收个人会员入所;交易所是非营利的事业法人;交易所以债券和股票交易并重,以利于国家和企业更好地筹集资金;只从事现货交易,禁止抛空行为;交易所立足深圳特区,先吸收本地十几家证券经营机构为会员,然后视发展情况,吸收外地会员;辐射珠江三角洲、中国南部乃至全国。(2)草拟了有关的法规文件,包括《深圳市股票发行与交易管理暂行规定》、《深圳证券交易所章程》、《有价证券上市规则》、《证券经营机构受托买卖有价证券准则》以及交易所集中市场口头唱报作业程序、集中市场上板作业程序、营业细则等40多个与证券交易有关的规章。(3)选址、装修及定购、安装反映交易行情的大屏幕显示器、电脑及电讯网络系统等,进行必要的硬件和软件建设。(4)抓紧人员的培训工作。除1990年7月外,又于当年10月举行了一期培训班;对深圳各证券经营机构进入交易所从事集中交易的出市代表和清算人员进行培训。

1990年5月、6月间深圳和上海柜台交易的混乱情况已经引起中央的关注。改革势在必行。如何改革?当时的意见分歧是明显的,核心是要不要建立证券交易所,用集中交易模式取代分散经营的方式。一些人认为在中国建立证券交易所条件尚不成熟,甚至连建立小规模的股票市场也无此必要。也有人从理论上论证说,分散的柜台交易是中国股票市场的"特色",证券交易所是资本主义国家经济制度的产物,成立交易所会助长"投机"和"赌博"心理,股市中一夜暴富的例子也使内地反应强烈。但是,更多的人从关心股份制改革和股票市场试点这一大事业的成败出发,主张借鉴国外有益的经验,对旧的模式进行大刀阔斧的改革。领导层对此意见也不一,有主张继续加强管理的,也有主张取消试点的,中国证券市场面临着生死关口。

　　1990 年 5 月,深圳证券交易所筹备小组负责人赴京,向中国人民银行总行汇报有关情况;5 月中旬,中央联合调查组进驻深圳就股份制改革和证券市场发展展开调研。8 月、9 月间中央政策逐步明朗:继续进行股份制改革试点和推进证券市场发展。8 月,时任国务院总理李鹏签发了第 64 号国务院令《国务院国营鼓励华侨和香港澳门同胞投资的决定》,明确规定可以购买企业的股票和债券。同时,建立集中交易、集中保管、集中登记和清算的交易体系,摆脱分散经营的困境,以维护"三公"原则的市场形象,提高交易效率的思路也逐步清晰。

　　在这个历史性时刻,中共中央总书记江泽民同志 1990 年 11 月趁在深圳参加特区 10 周年庆典之机,对股份制改革和证券市场进行了调研,并约时任中国人民银行副行长的刘鸿儒等同志谈怎样看当时的股市。刘鸿儒同志坦率地陈述:"我认为改革不能夭折,否则在国内外影响太大。因为没有经验,可能会走弯路,但不能稍有问题就上纲上线。"这次谈话之后,江总书记回北京又作了进一步调研,还专门请周建南同志到深圳再作调研,可谓慎之又慎。江泽民同志始终是高瞻远瞩,最后拍板,股市继续试点,暂限于深沪两市。12 月,党的十三届七中全会通过的《中共中央关于制定国民经济和社会发展十年规划和"八五"计划建议》指出:"在有条件的大城市建立和完善证券交易所",为深沪交易所的先后成立奠定了政策基础,中国的证券市场从此走向规范化的蓬勃发展之路。

　　1990 年 11 月 22 日,李灏等深圳市领导到国投大厦 15 楼,视察交易所筹备工作,并举行现场办公,在当场统一了认识,决定 1990 年 12 月 1 日深圳证券交易所开始集中交易。同时,李灏进京向中央有关部门说明情况,争取中央有关部门批准深交所早日开业。1990 年 12 月 1 日,深圳证券交易所各项准备工作基本完成,经中国人民银行深圳分行批准,新中国改革开放后第一家规范运作的证券交易所——深圳证券交易所终于诞生。自此,深圳证券市场三位一体的运作架构正式形成。

　　3. 深圳证券交易所的组织架构

　　深圳证券交易所作为非营利性的事业法人,在主管机关及深圳市政府有关部门的领导下实行董事会领导下的总经理负责制。具体的组织架构是:会员大会为最高权力机构;理事会为日常运作的最高决策机构;监事会监管交易所财务和业务工作;总经理及其下设的 4 个业务部门负责日常运作,具体如图 4－1 所示。

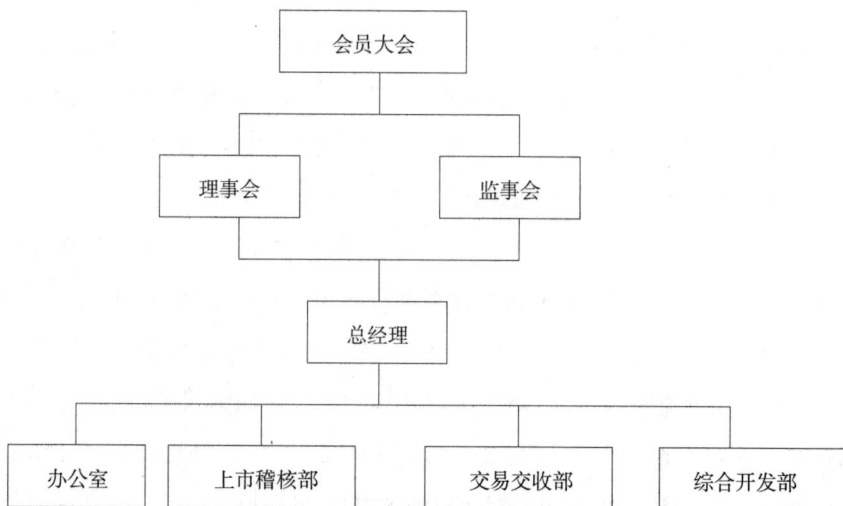

```
                    ┌──────────┐
                    │  会员大会  │
                    └──────────┘
                          │
            ┌─────────────┴─────────────┐
      ┌──────────┐               ┌──────────┐
      │  理事会   │               │  监事会   │
      └──────────┘               └──────────┘
                          │
                    ┌──────────┐
                    │  总经理   │
                    └──────────┘
                          │
    ┌──────────┬──────────┼──────────┬──────────┐
┌────────┐ ┌──────────┐ ┌──────────┐ ┌──────────┐
│ 办公室 │ │ 上市稽核部 │ │ 交易交收部 │ │ 综合开发部 │
└────────┘ └──────────┘ └──────────┘ └──────────┘
```

图 4－1　深圳证券交易所的组织架构

(1)会员大会

一是会员条件:按照证券交易所章程规定,同时具备下列条件的法人,向交易所提出申请,经交易所批准并报中国人民银行深圳分行核批后,方可成为会员:经中国人民银行一级分行批准设立,可经营证券业务的金融机构;资本金或证券业务营运资金在 500 万元人民币以上;组织机构和业务人员符合主管机关规定的条件;承认交易所章程,交纳不低于 100 万元人民币的会员席位费。

二是会员权利:交易所会员具有平等的权利,有权参加会员大会;有交易所理事和监事的选举权与被选举权;有交易所事务的提议与表决权;有权参加交易所的场内交易,享受交易所提供的服务;有权对交易所事务和其他会员的活动进行监督;有权退让席位。

三是会员义务:遵守交易所章程,自觉执行交易所决议和各项规章制度;维护交易所利益,共同促进交易市场的稳定与繁荣;按规章交纳各种经费和提供有关信息;接受交易所对上市证券集中交易业务有关的日常管理和监督。对不履行义务的会员,经主管机关核准,证券交易所将视情节给予处分,包括罚款、书面通报、暂停参加场内交易、直至开除会籍。

（2）理事会

理事会为会员大会日常事务决策机构,向会员大会负责。理事会成员不少于9人,任期4年;其中三分之二可由会员大会从会员法定代表人或出席会员大会的代表中选举产生。非会员理事由主管机关和市政府委派的人士及登记公司代表组成,设理事长1人,副理事长2人。

理事会的主要职责是:执行会员大会决议;根据理事长提名,批准新会员加入交易所的申请;审定总经理制订的业务规章和工作计划;审定总经理提出的财务预算、决算方案;审定对会员开除会籍以下的处分;会员大会授予的其他职权。

（3）监事会

监事会负责监管交易所业务、财务工作,向会员大会负责。设监事7人,其中会员监事4人,由会员大会从会员法定代表人或出席会员大会的代表中选举产生;非会员监事3人,2名分别由市财政局和国有资产管理部门提名,1名由主管机关提名,经会员大会选举后产生,设监事长1人,副监事长2人。

（4）总经理

交易所设总经理1人,副总经理不超过3人,由理事长提名,理事会通过,报主管机关批准。总经理、副总经理为当然理事。

总经理履行下列职责:组织实施会员大会和理事会决议,并向其报告工作;主持交易所日常业务和行政工作;聘任交易所部门负责人;在理事会授权范围内代表交易所对外处理有关事务。

（5）内部机构

交易所根据业务需要,设立若干职能部门,由总经理提议并报理事会通过。当时深圳证券交易所内部设有四个部门:一是交易交收部。负责维护交易所正常运转,使证券交易按规定的方向和步骤进行。二是上市稽核部。负责上市公司的资格审查,并按照有关规定对证券经营机构的业务、财务进行稽核。三是综合开发部。负责有关资料的统计、整理及"深圳股价指数"编制与发布,负责编辑发行《深圳证券市场导报》等。四是办公室。负责秘书、人事、总务及交易所电脑的开发、运用等工作。

4. 深圳证券交易所的运作

(1)深交所的宗旨与职能

深圳市政府下达的《关于同意成立深圳证券交易所的批复》明确了深圳证券交易所作为非营利性的事业法人,其宗旨是发展和完善深圳金融市场,为企业改制创造市场条件,引导社会资金流向,保护投资者合法权益,促进深圳经济发展。交易所的主要职能是:提供有价证券集中交易的场所和设施;在主管机关授权的范围内管理证券经营机构、上市公司、登记公司;从事与有价证券买卖有关的附带业务;主持对进场证券特许从业人员资格的审查考核;主管机关批准的其他职能。

基于以上职能,深圳证券交易所主要办理以下业务:提供证券集中交易的场所;管理上市证券的买卖;办理上市证券的清算交割;提供上市证券的过户和集中保管服务;提供证券市场的信息服务;经证券主管部门许可或委托的其他业务。

从以上业务内容可以看出,深圳证券交易所的业务范围广泛。这既是从我国证券市场的现实条件出发,促进市场协调稳定发展的明智选择,也在一定程度上反映了深圳证券交易所的鲜明特点。

(2)上市证券的审查与对上市公司的稽核

所谓证券上市是指该种证券经过一定的审核过程被允许在交易所公开挂牌、集中交易。萌发期深圳证券交易所上市公司的上市审查权力在深圳证券交易所和深圳市政府。具体程序为:首先由意欲上市的公司向深圳证券交易所提出申请,深交所接到报告后,由上市稽核部调查研究该公司是否完全符合各项规定的上市条件,随后报总经理初审,交理事会二审,最后呈报中国人民银行深圳分行和深圳市证券领导小组最终审批。

证券上市后,深圳证券交易所根据上市规则和有关规定,对上市公司进行稽核。在一定条件下,交易所对上市证券应当报请主管机关核准限制或变更原有交易方式,或予以停牌或退市。

（3）交易方式与竞价原则

在孕育时期，深交所设有有价证券的集中交易大堂，采用口头唱报和白板竞价相结合的手工竞价方式。各证券公司或营业部可派出数名出市代表到交易大堂进行代客买卖证券或自营。出市代表在接到经热线电话从场外营业部报来的委托指令后，立即登记在买卖申报记录簿上，并在集中市场按价格优先、时间优先和委托顺序优先的原则进行竞价交易。当时在交易大堂设置"竞价告示板"，买卖价位和交易状况显示在告示板上。交易原则和成交价格的确定都有严格的规则。成交后立即写出成交单，并在打卡机上打上成交的时、分、秒和成交资料。

当时交易所原本借助深圳市工商银行的 IBM4381 大型计算机一举推出电脑自动撮合成交，软件开发和测试等都已经准备就绪，非常理想。但因大家对是否使用电脑自动交易系统看法不一，主要原因是受当时香港联合交易所的手工操作影响，才采取了上板竞价的手工作业方式。1991 年 3 月 20 日，推出电脑辅助交易系统；1992 年 2 月 25 日采用电脑自动撮合系统，完全取代上述手工操作方式。

（4）清算、交割与过户登记

参加深交所集中交易的证券商必须依据一定的标准向交易所缴纳保证金和清算资金。当时标准为 250 万元，如日成交金额超过该数额时，超出部分按 10% 比例补缴。交易所集中市场有价证券的买卖，初期仅做普通交割买卖，于成交日后的第一个营业日结束前办理交割。交易所集中市场买卖成交的证券，均由交易所清算部门与有关证券商办理一级结算与交割手续，全部采用余额交割。

深交所场内集中买卖的股票均是以手为单位的"标准股票"。当时股票没有实现"无纸化"，在"标准股票"的背面印有若干转让栏，在交易所成交的股票均须经手买卖的证券经营机构及出让人在转让栏签章、登记公司签证。深圳最初的股票是"一户一票"或"一卡一票"，股东卡与股票一一对应，后来逐步换成"一手一票"的"标准股票"。

第四节　萌发期的深圳证券市场主体

一、快速起步的上市公司

1990 年 12 月至 1992 年 12 月这一时期,深圳证券市场的参与主体——上市公司与投资者伴随深圳证券市场的发展均处于快速起步之中。

上市公司是指依法公开发行股票、并经管理部门审查批准后、其股票在证券交易所上市交易的股份有限公司。作为证券市场中的发行人和筹资人,上市公司是证券市场的基础,其质量高低和经营业绩好坏将直接关系到证券市场的稳定及功能的发挥。

1. 上市公司概况

1991 年,经中国人民银行深圳分行批准,深圳股票发行市场重新启动,一批企业开始陆续公开地向社会发行股票。初创时期,深圳证券所除已挂牌的 5 家(原 6 家上市公司中的"深原野"股票被深圳证券交易所停牌)上市公司外,还新添了"深南玻 A、B"、"深物业 A、B"等 14 家本地上市公司和"武汉商场 A"、"琼能源 A"等 5 家异地上市公司(见表 4 - 6)。

表 4 - 6　1987—1992 年深圳股票市场上市公司情况一览表

时间	公开发行	上市
1987 年 5 月	发展	
1988 年 4 月		发展
1988 年 12 月	万科	万科
1989 年 2 月	金田	金田
1989 年 12 月	安达	安达
1990 年 3 月	原野	原野
1991 年 6 月	宝安	宝安

续表

时间	公开发行	上市
1991 年 12 月	南玻 A、B, 物业 A, 康佳 A、B, 石化 A, 中华 A、B, 华源 A, 中厨 A	
1992 年 1 月	华发 A、B, 物业 B, 中冠 A, 深宝 A	
1992 年 2 月	石化 B	南玻 A、B
1992 年 3 月	中冠 B, 中华 B 定向配售 350 万股	物业 A、B, 中华 A、B, 康佳 A、B
1992 年 4 月	中厨 B, 达声 A, 振业 A	振业 A, 达声 A, 华发 A、B
1992 年 5 月	锦兴 A	石化 A、B, 锦兴 A
1992 年 6 月		中冠 A, 中厨 A
1992 年 7 月		原野 A 停牌
1992 年 8 月	深宝 B	
1992 年 10 月		深宝 A、B
1992 年 11 月	武汉商场 A, 琼能源 A, 琼化纤 A, 宝安认股权证	武汉商场 A, 琼能源 A, 琼化纤 A, 宝安认股权证
1992 年 12 月	琼港澳 A, 珠江实业 A	琼港澳 A, 珠江实业 A

资料来源:《深圳证券交易所统计年鉴》(1996)。

2. 公有股的流通问题

在我国,股票按产权主体划分为国家股、法人股、个人股和外资股,其中不可流通的国家股和法人股又统称为公有股。

1992 年年底,深圳 24 家上市公司上市总股本达 30 多亿元,其中 42% 为不可有效流通的公有股,约 10 亿多元。

二、上市公司运作中的几个问题

1. 国家对上市公司公有股流通严加控制

国家对上市公司公有股的流通严加控制,其初衷是为了保证公有股的主导地位,但由此却引发了一系列问题。

(1)无法真正实现公有资产的优化配置,经济利益损失巨大,股份制及股市试点成效大打折扣。

私人股及外资股有以下三方面的现实好处:一是通过持股获得股息和红利;

二是通过低买高卖,赚取市场差价,以求资金增值;三是在适当时机,可以将原有股票变现,收回比原投入高几倍甚至几十倍的现金额,便于投资者进行其他投资选择。

由于公有股尤其是国有股不能流通,只能获得股息和红利,形成与私人股、外资股在竞争起点上的不公。其结果是国家控股上市公司无法通过股票变现,在证券资产和实物资产之间进行优化配置,提高经营灵活性与效益性;无法根据不同上市公司经营业绩及前景的好坏,调整国有股权在不同上市公司之间的比例,实现国有资产的优化配置,调整产业结构。这样,股份制改选和股市试点的功能也就大打折扣。

(2)影响国家控股上市公司持有公有股和扩大公有股规模的积极性,公有股比例逐渐下降,主导地位难以为继。

公有股不能流通,用现金买公有股,等于把活钱变死钱,这是一些国有企业和单位不愿持有或购买公有股的重要原因。这一状况在上市公司分红、扩股时最为明显。由于上市公司正处于成长期,公司年终红利多以红股形式派送而不是分发现金。这样,如果这部分红股按规定不能售出,其反映在持股企业账面上的只有"利润"的会计增量而无实际现金增量。不仅如此,上市公司为扩充股本,经主管机关批准,可以以低于市价、高于面值的价格,以持股比例向老股东配售新股。这种对老股东的优惠配售颇受私人股东及外资股东的欢迎,但对国有股东而言却是一个沉重的经济负担。这是因为国有股东原有股份无法变现,为应付配股又要投入为数甚巨的资金,而且这部分资金一旦投入又要变成死钱。这样一来,国有大股东自然就缺少再筹资购股的动力。结果,上市公司每配股一次,国有股比例就下降一次。如经过几次扩股,"深发展"国有股比例就由上市时的25.18%下降到1992年上半年的19.76%;金田公司国有股比例由20.56%下降到8.88%;万科、安达公司虽配股次数少一些,但其国有股比例也分别由19.2%和60%下降到17%和51.58%。与之相对应,在国有股比例下降的同时,国家控股上市公司的法人股、外资股及个人股比重相继上升,尤其是外资股和个人股,因其运作比较灵活自如,增值往往更快,比例提高更多。

由于公有股不能流通,持股企业无法获得市场增值收益,对上市公司的关心和监督自然不会像个人股东及外资股东那么密切。结果,国有股东虽持股占有相对较高比例,但对上市公司的监控力度相对较弱。长此以往,上市公司将会对国有股东产生离心倾向,公有股的主导地位将会受到影响。

(3)国家控股上市公司减少交易筹码和缩小市场规模,股票市场的不稳定性将增强,政府运用经济手段调控市场的能力将下降。

股市规模小,容易被大户操纵,股票价格必然频繁巨幅波动。尤其是在股票供求严重失衡、价格狂升猛跌时,公有股东虽有雄厚实力,但却无法有效地发挥其在交易市场上的调控功能。

此外,国家对公有股流通限制过死,实际上是缚住了自己的手脚。在股票价格非正常波动时,国家就无法通过操纵公有股来调控股份,而只能直接求助于行政手段对股价进行干预。

2. 上市公司公有股流通的初步尝试

鉴于公有股不能流通带来的一系列问题,深圳证券市场对公有股流通进行了初步尝试。

(1)让"公有股"动起来。解决公有股流通问题,不等于简单地卖掉公有股,市场流动总是有卖有买,可卖可买,在高价位卖掉的公有股,在低价位时重新买回来,既可赚取更大的市场利益,又可使国有资产增值更快。

(2)在保持公有股主导地位的前提下,建立有利于公有股、私有股、外资股平等竞争、相互转换的流通机制。其核心是:一是原则上凡公开上市的公司股票,皆可以自由流通。国家控股上市公司可以将股票变现以及转让或进行股票的重新组合,但是在这种变现、转让或重组的过程中,必须保证流通股持有者的利益和国有资产的增值。二是对关系国计民生的企业,国家实行绝对控股。政府有关部门视上市公司的行业性质,确定国家控股的最低比例,并视之为"警戒线"。三是对一般企业的公有股比重,政府只实行指导,分行业灵活掌握。四是关系国计民生的企业和一般企业的公有股比例可以在动态中有所变化。

3. 首家摘牌上市公司——深圳原野实业股份有限公司

1992 年 7 月 7 日,《深圳特区报》发出原野股票暂时停牌的公告。深圳原野公司这一中国股票市场上首只被查明的"劣质产品",其摘牌在中国证券市场引起轰动。

深圳原野公司前身为深圳市原野纺织股份有限公司,1988 年转为中外股份制企业,1990 年改名为深圳原野实业股份有限公司,同年年底发行股票并上市。

深圳原野公司的股权结构情况如下:1987 年 6 月,深圳市原野纺织股份有限公司成立,注册资金为 150 万元,其中两家国营企业占股 60%,港资占股 20%,彭建东和另一个人各出 15 万元,各占股份 10%。1989 年 3 月,经过 6 次授权转换的原野公司只剩下两个股东,一个是原隶属于深圳市工业办公室的新业服装公司,占股份 5%,另一个就是香港润涛公司,占股份 95%,而彭建东在此之前已升任香港润涛公司董事长。同年 8 月,新业公司也退出了深圳原野公司。1990 年 2 月,深圳原野公司上市。但其大股东彭建东作为一个上市公司董事长和法人代表,名字却没有出现在招股说明书中的董事长及主要股东一栏内。

1990 年 5 月 21 日到 28 日,深圳原野公司的股票节节攀升,股份从 14 元猛升至 28 元。在此期间,深圳原野公司与证券管理层的矛盾开始激化。1991 年,证券管理层开始对原野公司进行审查。1992 年 4 月 18 日,深圳原野公司起诉人民银行和工商银行,请求法院保护其合法权益。6 月 20 日,人民银行深圳分行公布了对深圳原野公司的财务检查结果:香港润涛公司将深圳原野公司折合 1 亿多元人民币的外汇资金转至本公司及其海外关联公司,且原野公司有折合 2 亿多元人民币银行贷款逾期未还。同一天,工商银行起诉深圳原野公司拖欠 2000 万元人民币及 300 万美元逾期贷款。前台打着官司,幕后彭建东却将原野大股东香港润涛公司的股份转让给一家驻港中资机构——香港中国投资有限公司。由此,1992 年 7 月 7 日,"深原野"被停牌。

1993 年,"原野事件"得到了最终解决。1993 年 1 月 9 日,深圳原野公司召开临时股东大会,通过了有关组织重整小组、重整小组成员人选以及小组成员进驻公司代行董事会职权的议案。3 月 17 日,原控股股东香港润涛公司对深圳市政府重整深圳原野公司的决定提出异议,并向广东省高级人民法院提出上诉。5 月 8 日,广东省高级人民法院对"原野案"作出终审判决,深圳原野公司须清偿银行贷款,香港润涛公司负责担保抵押的连带清偿责任。9 月,香港润涛公司在《人民日报》刊登启事称:在香港法院判决前,禁止任何人出售香港润涛公司持有的"深原野"股权,并声称由此对深圳原野公司广大股民造成的任何不良影响,由"重整小组"负责。9月6日,"原野"正式易名为"世纪星源",重整结束,并经临时股东大会选出新董事会成员和通过3送1、1扩1及扩股价3元的送配股方案。

1994年1月3日,"深原野"股票(即世纪星源)复牌,由香港中国投资有限公司承担香港润涛公司及其关联公司对深圳原野公司债务的清还责任。至此,"原野事件"得到了妥善解决。

"原野事件"是发人深省的。深圳原野公司转制到上市的全过程,就是该公司内部一些握有重权的人利用境外势力将国有资本化公为私的过程。除了彭建东和香港润涛公司内外勾结,肆无忌惮地侵吞国有资产外,深圳市一些权力部门在原野公司质变的过程中起到了催化的作用。原野公司原来的一些国有股东在香港润涛公司和彭建东鲸吞国有资产的时候,不仅没有据理力争,反而将自己所拥有的股权拱手相让,其间亦充满了权与钱的交易。

深圳原野公司从"零资本"起步,通过和政府部门有关人员及国有企业掌权人、社会中介机构"密切合作",成功地将国有资产转移到了私人的腰包,转移到了境外。它深刻地反映了在我国股份制改革初期,某些人和集团借"股份制"之名,行侵占国有资产之实的勾当。

从"原野事件"中,我们也看到了深圳股份制改革和深圳证券市场管理方面存在的不少问题,如法规不健全、审批不严格、监管不及时、注册会计师事务所贪利枉法等,由此,必须充分关注。

三、迅速壮大的证券投资者

1. 证券投资者结构分析

证券投资者是证券市场重要的参与力量。一方面,证券投资者通过购买证券成为证券市场的资金供给者,是上市公司在资本市场进行直接融资的资金来源。另一方面,投资者通过买卖证券为市场提供流动性。投资者依据自己对证券的投资价值和风险程度的判断决定买卖行为,也决定了证券市场的运行态势。

追本溯源,我国证券市场的第一批投资者应该是进行股份制改制的各企业内部职工。我国最早的国库券的发行基本上采用了行政摊派的方式,持有国库券的人分布广泛。1987年深圳发展银行对外发行股票,计划筹资1000万元作为企业周转资金,由于人们认识不足,无人认购,结果工作只能先从内部进行,动员全体员工认购股票;另外还包括作为原信用社的老股东的村民以及部分具有投资知识的市民。1987年12月6日深圳发展银行召开第一届股东大会,参加者有300多人,大部分是建设特区前的当地村民。所选举的10名股东中有3名分别为南山、蛇口和盐田的村支书,代表村集体股东,这种情况在1989年开始改善。到1990年年初"深原野"发行股票时已经出现供不应求,需要抽签认购。此后,深圳证券市场上证券投资者日益增多,交易量也越来越大。1990年年初深圳证券市场的个人投资者仅数万人,至12月1日深交所开业时,个人投资者已发展到20余万人。

起初深圳证券市场上的投资者大体可以分为三类①:(1)普通城乡居民。他们为数众多,来自社会的基层,地域遍及全国各地,部分由内部职工转为股东和投资者。他们是典型的小投资者,他们的参与是证券市场得以发展的基础。证券市场的出现以及部分先入市者迅速致富的"赚钱效应",使他们看到了一条改变现实生活处境的快捷道路,暴发出了极高的参与热情。证券市场也因为他们而拥有了广泛的群众基础,使证券市场逐渐成为社会的焦点,不仅为新闻媒体所关注和广泛报道,并成为政府部门认真考虑和对待的社会现象。例如,最初主动购买深发展股票的是"根本连一些股票常识都不懂的农民"②。(2)所谓股市大户。他们人数不多,来源有一定的神秘性,或是以前的证券掮客、或是一朝发迹的早期投资者、或是从其他行业转移而来的有钱人。以资金实力为背景,他们很早就具有了一定程度的呼风唤雨、左右市场的能力。这类投资者以其发达"事迹"诱使普通居民参与股市,又以其行动的超前性、诡秘性和影响力,使股市平添了一份传奇色彩和浪漫基调,极大地增强了股市的吸引力,并推动股市交易的活跃和繁荣。当然,从市场规范的角度看,他们无疑具有操纵市场的嫌疑。

① 在见胡继之:《中国股市的演进和制度变迁》,经济科学出版社1999年版,第79页。
② 参见禹国刚:《深市物语》,海天出版社2000年版,第57页。

（3）早期所谓下海人士。他们一般受过良好教育,大多数任职于政府部门或国有企事业单位。在20世纪80年代的中国,知识和教育并非致富的前提,先富裕起来的人主要是农民、个体商贩、建筑包工头和私营业主,一般文化水平不高。股市的出现,为这类下海人士将自己的智力优势和致富愿望相结合提供了最有效的方式,成为他们下海的首要选择。这类参与者的知识分子特性,使他们不仅是市场的参与者,更是证券市场知识的普及者。他们具备很大的活动能量,一方面,能够到处游说,建议和协调政府加强市场规范建设,推动市场发展;另一方面,有通过出版刊物和写作文章传播证券市场的基础知识,起着市场启蒙的作用。

在萌发期,证券市场存在诸多不规范之处,市场网络和市场体系也不健全,给一些人提供了从事民间经纪活动的机会,市场上因而出现一类特殊群体——证券掮客。所谓"证券掮客"是民间自发的经纪人。在证券市场上他们的目的不是投资赢取投资回报,而是利用信息、资金和社会关系优势,从事股票的倒买和倒卖,甚至代为过户,从中牟取买卖差价或手续费。证券掮客是在从事国库券的中间交易活动中产生和形成的。1988年,国务院决定在沈阳、上海等7个城市开办国库券柜台交易,1990年扩大到72个城市。当时未能形成全国性统一市场,各地国库券交易价格相差很大。国库券的购买者又多数是在行政摊派下购买的普通居民。一些边远地区或农村、山区的居民,或者由于缺乏投资知识、或者由于交易成本太高,愿意以低价出售变现。在这种情况下,国库券掮客应运而生,相当一部分国库券掮客后来转化为股票掮客。

深圳证券市场上的掮客主要产生于两个原因:一是交易不便利、交易通道拥挤;二是市场信息不对称广泛存在。1990年上半年,为了解决交易通道拥挤的问题,方便股民买卖股票,深圳证券交易网点扩大到12家。但非集中交易的柜台交易方式使各证券营业部总有差价存在。证券掮客利用这种差价在不同的营业地点买入和卖出,赚取利润。从严格意义上说,他们并非证券市场的投资者,但他们确实参与了市场交易,对活跃市场、消除不同市场间证券交易价差还是起着一定作用的。

此外,当时市场不规范,一部分国营企业在市场火暴时曾抽调资金参与炒股。据分析,参与炒股的一般是那些不太景气的国营企业,它们希望借炒股摆脱困境。

2. 证券投资者特征分析

总体而言,萌发期的深圳证券市场投资者具有以下特点:(1)中小投资者为主;(2)投资者普遍分布于各阶层;除了深圳各阶层人士外,参与深圳证券市场的还有内地到深圳出差的人员和专程来深圳炒股的港、澳、台同胞;(3)短期入市的投资者较多;(4)投资者以短期持有套取差价为主要赢利模式;(5)在投资品种缺乏的情况下,投资者的金融资产取向趋同,资产组合单一;(6)投资者证券知识匮乏,风险意识普遍淡薄。特别是在1990年上半年的股市狂潮中,市场上出现买者不计较卖盘价格高低和买到何种股票、买到就好,以及买到后强烈惜售、非要赚取一笔可观差价时才卖的非理性情况。1990年5月25日至6月17日,在深圳曾出现在短暂的20几天内各种股票平均上涨76倍的奇景。[①] 这种情形虽然与市场股票供不应求有关,投资者的盲目和非理性也是重要原因之一。

深圳证券市场从萌发时期开始就是一个以个人投资者为主的市场。当时的机构投资者主要是被批准从事自营业务的深圳各证券营业部,但它们的份额有限。以1990年为例,当时交易额最大的深圳经济特区证券公司代理股票买卖业务成交金额为6.44亿元,自营买卖4096.79万元,自营部分仅占代理业务的6.36%。另一家深圳国际信托投资总公司证券业务部代理股票交易金额2.19亿元,自营买卖73.8万元,自营部分仅占代理业务的0.03%。机构投资者的力量是十分有限的。个人投资者不仅在人数上占有绝对优势,在交易份额中也占据大部分比重。

随着上市公司增加、市场辐射面扩大、市场集散地功能增强,萌发期深圳证券市场的投资者队伍也在迅速壮大。

3. 证券投资者日趋壮大

1990年12月至1992年12月,深圳证券投资者规模不断扩大。据统计资料显示,1991年深圳证券市场开户投资者(均为A股)为25.69万户,其中个人投

---

① 参见曹龙骐、李辛白编著:《深圳证券市场十二年》,中国金融出版社2003年版,第46页。

资者 25.63 万户,机构投资者 0.06 万户。1992 年深圳证券市场开户投资者为 105.42 万户(A 股 105.05 万户,B 股 0.37 万户),其中个人投资者 104.91 万户,机构投资者 0.51 万户,具体见表 4 - 7。

表 4 - 7　1991—1992 年深圳证券市场投资者情况统计表

单位:万户

项目　　　　年份	1991	1992
投资者总数	25.69	105.42
A 股投资者 B 股投资者	25.69 0.00	105.05 0.37
个人投资者 机构投资者	25.63 0.06	104.91 0.51
本地投资者 异地投资者	25.69 0.00	83.49 21.93

资料来源:《深圳证券交易所统计年鉴》(1996)。

与此同时,由于外地会员公司加入深圳证券交易所带动了外地投资者参与市场交易,深圳证券市场异地投资者的数量也在不断增加。据统计,1992 年,深圳证券交易所投资者总开户数为 105.42 万户,其中异地投资者 21.93 万户,约占 20.8%。这不仅扩大了深圳证券市场的辐射面,增强了深圳证券市场的集散地功能,而且还加快了深圳证券市场从地方性市场转变为区域性市场的进程。

萌发期的深圳证券市场投资者呈现以下几个特征:(1)投资者规模不断壮大,呈逐年递增之势。(2)投资者结构仍以个人投资者为主力。当时深圳证券交易所的会员可以进行股票自营买卖业务,但个人投资者仍占有绝对优势。(3)B 股投资者规模日渐增加,投资者结构也日趋多元。(4)基金出现在投资者的队伍中。虽然基金仅投资 B 股,并且数量仅为 91 户,但它为基金市场的发展作了初步的尝试。

四、证券投资者与上市公司和证券投资基金

1. 证券投资者与上市公司

1991 年 7 月至 9 月,深圳证券市场的暴跌使投资者损失巨大。在这种情况

下,深圳证券市场管理部门的首要工作就是引导投资者理性投资。

要使投资者理性投资,首先就要使投资者了解上市公司的经营状况。当时全国统一的市场监管体制还没有形成,更谈不上建立上市公司的信息披露制度,投资者买卖一只上市公司的股票,也就是说对一个上市公司进行投资,只能凭道听途说,凭报纸上介绍的只言片语。可见,在当时的环境下,要让投资者全面、准确地了解上市公司的经营状况,谈何容易。

长期以来,我国企业实行的是按所有制性质和行业分类的会计制度。这些适用于不同所有制和行业管理要求的会计制度,对股份制企业来说并不完全适用,其财务报表的格式和项目都不能满足投资者了解上市公司的要求。以国际通行的股份制会计制度要求来讲,财务报表应采用"资产负债表"和"损益表"格式,前者的"资产"是"负债"和"股东权益"的和,后者必须按"营业利润、利润总额、税前利润、税后利润"多步式列示。但是,萌发期的深圳证券市场上市公司的财务报表均采用了"资本平衡表"和"利润表"的格式,前者是把"资金运用"和"资金来源"以平衡化的格式来处理的,与资产负债表迥然不同,后者因各公司的行业不一样,在分步计算利润的口径上也不完全一致。由于这些问题的存在,直接影响了上市公司按统一格式编制财务报表的准确性,特别是上市公司净资产(又称资本)和税后利润这两个对投资者来说最为重要的指标的准确性,致使投资者投资行为带有盲目性和缺乏科学性。

例如,就净资产而言,上市公司要在报表中反映出资本投入的状况。资本一旦注册投入,就不能随意变动,这就要求在财务报表上对资本以"实收资本"和"资本溢价"两个栏目加以反映。但当时有些上市公司执行的会计制度中,没有资本投入和保全反映的要求。一方面,资本投入不设专项反映,而是分别按用途在固定基金、流动基金和专项基金这些栏目下加以核算;另一方面,折旧计提、更新改造、调拨盈亏也直接在上述基金栏目中加以反映,从而使公司资本投入的价值难以在原有财务报表中直接显示出来。

对投资者来说,公司的税后利润是分析一个公司有无投资价值的最为重要的指标。但是当时的上市公司受国家财政政策的影响,对股利分配核算的方法并不一样,使财务报表中的这一指标丧失了横向的可比性。其次,上市公司的股利分配有股息加红利和只发红利两种形式,按当时的有关规定,股息在分配时可以列入成本,红利则是在税后利润中进行分配的。于是,采用不同分配形式的上市公司的利润总额、税后利润以及股本净利率、市盈率等指标就缺乏了比较的基础。

尽管在统一上市公司财务报表方面存在着种种的困难,但深圳证券主管部门还是想方设法开展了这项工作。

1991 年、1992 年,深圳证券交易所先后公布了深圳证券市场上市公司 1990 年度和 1991 年度以资产负债表、损益表形式显示的财务报表。其中上市公司的资产总额、股东权益、利润总额、税后利润总额、每股净资产、每股股息红利率、股东权益利润率、股东权益净利率和股本净利率等各项指标均被逐一公布。尽管用今天的眼光来看,这些财务报表的制作还比较粗糙,还有许多不规范之处,但它是中国证券市场上市公司信息披露制度的第一步。

上市公司财务报表的披露,在深圳证券市场上曾引起很大的震动。投资者对这些财务数据进行了认真的研究,理性投资行为渐渐显现。显然,财务报表的公布对引导投资者理性投资、对培养成熟的投资者队伍起到了积极的作用。

此外,随着财务报表的公布,一个此前对投资者来说还很陌生的经济专业术语——市盈率也自然而然地进入了市场,进入了投资者的头脑中。

所谓市盈率,是指上市公司股票的当日收盘价与该上市公司上一年度的每股税后利润之比。市盈率反映了股利倾向与收益的比率关系,其比值越低,表示这个股票收回投资的时间越短,其投资价值也就越高,投资风险也就越小。市盈率是国际通用的衡量股票投资价值的重要工具。

随着市盈率概念的出现,投资者的投资观念也改变了。

从 1991 年 10 月份开始,在下跌轨道上运行了近 10 个月的深圳证券市场开始出现反转的原因之一,正是深圳证券市投资者从市盈率这个指标入手看到了股票投资的价值。当上海证券市场的平均市盈率已经达到 100 多倍时,深圳证券市场股票的平均市盈率还徘徊在 15 倍左右。最低时,1991 年 9 月,即使是股价最高的深圳发展银行股票,市盈率也只有 11.67 倍。两相比较,哪里的股票更有投资价值,哪里的股票更少投资风险,就一清二楚了。投资者开始理性投资于深圳证券交易市场股票,这是促成深圳股市出现反转的原因之一。1991 年年底,深圳综合指数成功地站立在 100 点以上,各上市股票价格也已回升到了较为合理的位置。

2. 证券投资者与证券投资基金

仔细观察、分析初创时期深圳证券市场的投资者队伍,就会发现,绝大多数投资者入市带有相当程度的盲目性。他们对股票的知识十分缺乏,不仅不知道怎样抓住股票投资的机会,而且不知道怎样规避可能出现的风险。他们的入市资金往往少得可怜,难以有效地平衡投资、抗衡风险。由于这类投资者占了主导地位,所以一旦证券市场长期下跌,就会引发社会问题。显然,如何有效地把散户投资者组织起来,也是发展深圳证券市场的一个重要而又迫切的课题。

在这样的背景之下,一些对国际证券市场较为熟悉的专家学者提出要把国际流行的共同基金移植到深圳证券市场中来。他们认为,这是一种十分适合中国国情并符合深圳证券市场发展现状的投资方式。

共同基金的正式名称叫做证券投资基金,它是投资者将自己的资金委托给专门的证券投资机构,由这个机构的专业操作人员代为投资于各类证券,在获取收益后再分配给投资者。从共同基金的这种形式来看,它确实是一种比较符合我国国情的投资工具,对于我国众多没有能力分散风险、没有时间或能力、没有投资股票的专门知识的小额投资者来说,共同基金无疑是最佳的选择,也是最好的投资工具。

1991 年,面对社会上日益高涨的股票投资需求,呼唤共同基金早日出台的声音越来越强烈,一些证券公司、金融机构也开始抓紧时机,为共同基金的出台做准备工作。1992 年,深圳作为改革的实验场和开放的窗口,率先建立起了基金。不过这些基金并不是严格意义上的共同基金,它们中的大多数不仅运作不够规范,而且效率低下,难以给基金持有人以像样的投资回报,没有起到共同基金所应起的作用。

为什么在深圳证券市场最需要的情况下真正意义上的共同基金(证券投资基金)却迟迟不能出台呢? 究其根源,还是与中国证券的发育程度不够完善、金融监管体系不够健全有关。投资者把自己的钱交给共同基金,首先要求这个基金的管理人能够用好这笔投资。由于当时我国的监管制度基本上还处于空白，很难保证基金管理人能够正确地用好这笔不小的资金。1992 年，深圳证券市场设立的一些基金之所以效益低下，其中一个很大的原因就是管理人缺少监管而胡乱投资，尤其是大量投产房地产，从而造成了难以弥补的损失。因此，在没有对共同基金的设立和运作作出立法或相当于法律性质的规范之前，盲目设立共同基金往往会起到与良好的愿望相反的作用。

另外，深圳证券市场的规模还很小，与发达国家的证券市场没有可比性，而且大多数上市公司经营业绩乏善可陈，对股东的回报也很低，甚至已出现了不能分红的公司。在这种情况下设立共同基金，它面对的将是一个资源缺乏的市场。这实际上也会影响共同基金的正常运作，使其难以提高经营业绩。但尽管如此，基于共同基金的特征和当时的实际情况，设立共同基金仍是深圳证券市场主管部门努力的方向。

第五节　萌发期的深圳证券市场管理

证券市场的监管制度是资本市场体系中的重要环节。现代市场经济的运行总存在市场失灵的现象，金融体系更具有内在不稳定性，现代金融监管就是为了维护金融体系的稳健运行，为经济发展提供良好的融资环境，由政府通过特定的机构或组织对金融行为主体进行一定的规范限制。金融监管属于政府各种经济管制活动中的一种，是现代市场经济和金融制度结构的基本因素之一。20 世纪80 年代以来，包括西方发达国家在内，世界大多数设立资本市场的国家开始将金融监管的重点转移到对资本市场的监管上来。特别是近十余年来，全球资本市场发展迅速，庞大的国际投机资金在全球资本市场间的流动加剧了世界金融市场的动荡，各国政府不仅加强对本国市场的监管，更将全球资本市场监管体系的建立提上议事日程。

与任何渐进式制度变迁过程一样，我国早期证券市场的监管在管理架构和法规建设等诸方面是十分零散和不完整的。制度建设是随市场变化而推进的，这符合一般发展规律。美国纽约证券交易所的交易历史可以上溯至 1792 年，但直到 1933 年美国国会才通过了《证券法》，1934 年通过《证券交易法案》，对证券市场加强监管。可见，证券市场监管体系的完善不是一蹴而就、一朝一夕可以实现的。当然，证券市场是要素市场中风险最大、最需要监管的市场。加强证券市场的管理体制和法规建设是保证证券市场健康发展的必要措施。

　　萌发期证券市场的管理架构和法规建设最大的特点是由地方政府主导，这也符合制度发展的一般规律。这是因为：（1）萌发时期证券市场的发展具有试点性质，这决定了初期市场必然是地方性市场，自然由地方政府主导市场的建设。1987 年，国务院《关于加强股票债券管理的通知》发布，决定从 1988 年起，在上海、深圳两地进行股份制和股票市场配套改革试点。这样，在中央政府的安排下，深圳地方政府在推进股市发展、制定股市规则和进行制度建设的过程中起到了特殊作用。（2）孕育时期我国改革开放正处于"放权让利"时期，地方政府拥有较大的自主权，更何况深圳作为经济特区享有更多的决策便利。（3）作为制度变迁中的初级行为团体，地方政府具有推动证券市场建设的内在动机。

　　萌发期地方政府对股市建设的作用是多方面的①，具体包括：一是制定正规规则。深圳市政府组织有关部门不仅制定了较规范的股票发行、交易、结算等地方性法规，还制定了柜台交易市场的操作细则。二是建立市场运行组织架构、培育市场主体，为市场运行提供必不可少的组织体系。三是启蒙、发动和调控市场，在孕育时期极不稳定的阶段，保证了市场的生存和稳步发展。

一、深圳证券市场的管理架构

1. 深圳证券市场的管理机构

中国人民银行深圳分行作为深圳特区金融事务的主管机构，深圳证券市场

---

① 参见胡继之：《中国股市的演进和制度变迁》，经济科学出版社 1999 年版，第 83—84 页。

最初由其单独负责管理,所管理的主要是国库券以及少量的金融债券、企业债券的发行和流通工作。

1988 年 11 月,在发行完毕深圳发展银行的股票以后,为了进一步拓展股票市场,协调股票发行与交易的有关事务,深圳市政府成立了资本市场领导小组。领导小组下设专家小组和顾问小组。该领导小组主要工作是起草深圳资本市场发展规划,翻译海外(主要是香港)《公司法》、《证券法》等,为建立深圳证券交易所作准备。1987 年至 1989 年期间,深圳证券市场虽已发行 4 只股票,并分别在柜台进行交易,但参与者少,交易量不大,市场管理比较简单。

1990 年,深圳证券市场的规模迅速扩大,市场由以债券为主转向以股票为主,交投非常活跃,市场出现的问题也随之日益复杂。为了加强对证券市场的领导和协调各部门的管理,深圳市人民政府在原资本市场领导小组的基础上,于 1990 年 7 月 2 日批准设立深圳市证券市场领导小组,下设办公室,主持日常事务工作,办公室常设于中国人民银行深圳分行。与此同时,中国人民银行深圳分行的证券管理业务也从金融管理处分离出来,单独设立了证券管理处,具体见图 4－2。

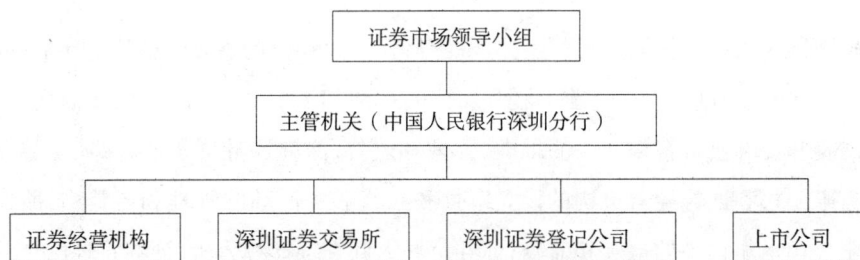

图 4－2　萌发期的深圳证券市场管理架构

萌发期深圳证券市场政府管理机构的基本情况如下:

(1)证券市场领导小组。

证券市场领导小组是深圳证券市场的最高决策机构,负责规划证券市场发展的前景,制定有关证券市场的方针、政策、法规,对市场发展和管理的重大措施作出决策,是一个具有协调管理职能的权威领导机构。证券市场领导小组由深圳市政府一位主管副市长牵头,由中国人民银行深圳分行、深圳市体改委、投资管理公司、工商局、税务局、财政局、监察局、审计局和深圳证券交易所联合组成。常设机构是证券市场领导小组办公室。

证券市场领导小组主要是从宏观上领导和管理深圳证券市场,它的主要职责包括:在深圳市政府的领导下,领导和推动深圳市证券市场的筹建和发展;制定深圳证券市场的有关方针、政策、法规及工作计划等,并对实施情况进行检查和指导;审批上市公司的发行计划和资信,研究制定发行方式,查处证券业违法行为;定期或不定期向深圳市政府报告证券市场发展情况,提出解决问题的措施和建议。

(2)主管机关——中国人民银行深圳分行。

中国人民银行深圳分行成立于 1984 年 7 月,在深圳行使中央银行的职能,其中之一是管理全市金融事业和金融市场,是法定的深圳证券市场的主管机关。它受中国人民银行总行和深圳市政府领导,对深圳证券市场行使管理职能,负责对企业股票、债券等有价证券的发行和交易进行管理和审批,保护投资者的合法权益,维护"公开、公平、公正"的市场原则,维护深圳证券市场的健康运作。

中国人民银行深圳分行的主要职能有:在市证券市场领导小组的领导下,办理对股票和债券(主要是企业债券)发行的批准和监督事务;证券投资信托、证券融资和证券投资咨询业务的批准、管理和监督;深圳证券交易所、深圳证券登记有限公司和证券经营机构的设立审批和对其业务活动的管理和监督;与股份有限公司运作相关的检查和监督;证券市场的调查统计和分析;证券管理法规的拟议并为已公布的证券管理法规制定相关的实施细则;证券发行、交易价格及收益率的监督管理。总之,中国人民银行深圳分行工作主要有三大块:发行市场的管理;交易市场的管理;对上市公司和证券经营机构的监管。

2. 深圳证券市场的自律性管理架构

证券交易组织、证券经营机构和其他证券市场参与者的自律,是维护深圳证券市场正常秩序、保证市场健康发展的重要力量。萌发期深圳证券业的自律机构和组织主要有两个:深圳证券交易所和证券经营机构联席会议。

（1）深圳证券交易所。

深圳证券交易所是会员制交易所，非营利性质的事业法人机构。它主要是为证券集中交易提供场所，管理证券集中交易市场，同时以其章程和各种业务规则实现对会员的约束。深圳证券交易所的章程是经会员大会通过并经主管机关批准的，具有法律效力。凡交易所的会员，必须遵守交易所章程以及根据交易所章程和有关法律制定的各项规章。深圳证券交易所对违反规章的会员有一定的处罚权。从监管体系的角度看，交易所是市场的前线监管者，可以直接监管交易者的行为。

（2）证券经营机构联席会议。

证券经营机构联席会议是一个纯粹自律性组织，成立于1990年8月。设立证券经营机构联席会议的目的在于沟通政府证券市场管理部门与广大投资者和发行上市公司之间的信息，加强证券经营机构之间的业务沟通；配合政府执行有关证券法规条例，协助政府管理证券市场，促进证券市场健康发展；加强证券经营机构的自律与相互监督及职业道德教育，共同制定和规范行业守则，维护证券经营机构的公正形象；维护证券经营机构的合法权益，反映从业人员的共同要求与愿望，争取证券从业人员应有的权利。

证券经营机构联席会议定期召开会议，通过会议形成的决议对各证券经营机构施加约束。证券经营机构联席会议通过的决议，各证券经营机构要无条件地执行。各证券经营机构在证券经营机构联席会议中享有平等的权利，承担共同的义务，且对证券经营机构联席会议的决议都有一票表决权。证券经营机构联席会议主席由各证券经营机构轮流担任。

由于证券经营机构联席会议只是一个自律性组织，对于拒不执行会议决议的证券经营机构不能实施严格的处罚，因此有些决议难免流于形式。

萌发期深圳证券市场的法规建设不完善，市场管理架构是一种由政府行政管理、市场参与者自律管理相结合的模式，具有一定的局限性。证券市场涉及许多部门、方方面面的切身利益，中国人民银行深圳分行作为主管机构，有时很难进行协调，在政策、措施的制定与实施上，难以做到步调一致，口径一致。同时，深圳市证券市场领导小组也只是一个松散组织，不具权威性，在制定政策措施时容易为一些有利益倾向的部门和个人所左右,人云亦云,甚至朝令夕改。

二、深圳证券市场的法规建设

1. 股份制改革的法规建设

1986 年 10 月,深圳市政府颁布《深圳经济特区国营企业股份化试点暂行规定》(以下简称《规定》),为股份制改革确定了方向,全市从此开始了较全面的股份制改革工作,为后来深圳证券市场的发展奠定了基础。该《规定》明确说明"国营企业规股份化,系指将国营企业的净资产折股作为国有股权,向其他企业和个人出让一部分国有股权或吸收国家、其他企业和个人加入新股,把原企业改造成由国家、其他企业和个人参股的股份有限公司","企业正式改为股份有限公司后,脱离原来的行政隶属关系,成为独立的企业法人"。这些说法在当时具有一定的超前性,确立了深圳股份制改革规范化的形象。《规定》对股份有限公司的构成、组织形态、劳动人事制度、税收和分配以及国营企业股份制改造的程序都进行了明确规定。

1990 年 3 月,在中央关于加强股份制改革管理的总精神下,深圳市政府转发了由深圳市体改委、市经济发展局、市人行和市投资管理公司等四单位联合发布的《关于股份制改革若干问题的意见》(以下简称《意见》)。该《意见》进一步对深圳市股份制改革进行了规范,建立专门的"特区企业股份制改革联审领导小组"对企业股份制改革进行审批,小组由上述四家单位组成,而且规定,审核涉及哪个行业时,就吸收该行业主管部门参加联审会议。《意见》对企业股份制改革中的股权设置、资产评估、股份制企业管理等问题进行了规定和说明。《意见》最后确定要继续积极稳妥地推进企业股份制改革,包括加快国营企业的股份制改革、推动合资和内联企业的股份制改造和上市、加快宝安县和各区农村乡镇股份制改革步伐等。

1990 年,二级市场的狂热引发了一级市场在一定程度上的混乱,包括非股份制企业以股份形式集资,股份制企业未经人民银行批准而招股集资或增资扩股,部分集资收据开始私下流通。为此,1990 年 9 月 9 日,深圳市人民政府发布《关于严格制止企业以股票债券形式擅自集资的公告》,规定"未经中国人民银行批准,任何单位不得在内部或社会以任何方式进行集资活动"、"未经中国人民银行批准发行和转让的股票、债券及其收据,均不得进入流通领域非法买卖"等,进一步强化了股份制改革的审批制度。

由于没有限制公股(国家股、企业法人股)交易,当时已经出现公股转化为私股的现象,为防止国家股、企业法人股在转让过程中流失,1990年11月5日,中国人民银行深圳分行发布了《关于当前股票转让、过户有关问题的通知》,规定凡国营企业所持有股票应在国营企业之间凭有关部门的批准文件办理过户、转让,暂不办理企业法人股转让给个人的过户手续;并要求定向成交的公股也要挂牌披露。

通过这一系列政策措施,国营企业的股份制改造和股票转让逐步统一和规范。

2. 证券交易市场的法规建设

1990年,深圳证券市场过热与立法管理相对滞后的矛盾日渐突出。在供求矛盾突出导致市场过热的背景下,证券市场中黑市交易、内幕交易、投机盛行等问题接踵而来。为此,政府制定了一系列行政规章、采取了多种行政措施对市场进行调控。1990年6月7日出台《深圳市关于调整股票交易收费率的通知》,7月1日在出台《关于对股权转让和个人持有股票收益征税的暂行规定》中,通过增加交易成本来抑制市场交易活动。具体为,1990年6月7日起,深圳证券交易手续费,买卖双方一律按成交金额收取5‰;转让股票按市价金额征收卖方6‰印花税;对个人年度股息收入中超过国家银行一年期存款的部分,按10%比例缴纳个人收入调节税。11月20日,对股票买方也开征6‰的印花税。为打击黑市交易,假股票、"包过户"等欺骗活动,规范深圳证券市场的运作,便于股票的交收、清算和过户,主管机构发布《深圳市股票印制管理的暂行规定》,将"一户一票"制转换为"一手一票"制,规定了印制股票的设计要求和指定印制单位。

早在1988年,为了加强对证券市场的领导,深圳市成立了资本市场领导小组。当时资本市场领导小组的一个重要任务就是着手法规建设,收集和翻译海外有关法规,研究制定深圳证券市场的法规制度。许多重要法规均已拟议完毕,但由于种种原因,这些法规并没有在萌发期及时出台。例如,1990 年 11 月六易其稿的《深圳市股票发行及交易暂行办法》基本定型,但直到 1991 年 5 月该办法方才颁布。此外,在这一时期初步审议定稿的证券法规还包括《深圳证券暂行办法》、《深圳市股份有限公司条例》等。

总体上看,萌发期在深圳证券市场的运作和管理上起约束作用的主要是政府制定的一些行政规章和证券经营机构在主管机构指导下制定的业务规章。

三、深圳证券市场的政府管理

当时深圳市政府维护市场稳定和发展的其他措施有:

1. 发布"5·28 通告",打击场外非法交易

1990 年 4 月起,深圳证券市场骤然升温,场外交易盛行。为维护股票市场的正常秩序,1990 年 5 月 28 日,深圳市政府发布《关于加强证券市场管理取缔场外非法交易的通告》,强调"证券买卖、登记过户、派发红利股息须凭身份证件或有效法人证明文件,通过经中国人民银行批准的证券交易机构进行","一切有价证券的买卖,必须在交易机构内挂牌进行","坚决取缔证券场外非法交易活动"。为配合通告的贯彻实施,市政府还派工商、监察、公安等部门人员到场外交易现场宣传教育群众,打击非法交易活动。11 月 16 日,由深圳市工商行政管理局发布《关于维护我市证券交易市场秩序的通告》,再次强调取缔证券场外非法交易活动。

2. 实施股价涨落停牌制度

为抑制过热的股市,经深圳证券市场领导小组决定,1990 年 5 月 29 日,中国人民银行深圳分行发出通知,规定"委托买卖的价格不得高于或低于上一个营业日收市价的 10%"。6 月 18 日,又将涨跌幅限价改为 ±5%,同时停止办理过去由黑市进行交易的股票的易名变更手续。9 天之后,6 月 26 日,限价再次调整为上涨幅度不超过 1%、下跌幅度仍为 5%,形成非对称的停板制度,并以此表明政府对股价飞涨的忧虑,传递出"只欢迎降,不鼓励升"的信息,具体见表 4-8。

表4-8　深圳市场涨跌停板制度变化

日期	内容
1990年5月29日	涨跌幅限制在前一营业日收市价的10%
1990年6月26日	实行不对称涨跌幅限制:涨幅不超过前一营业日的1%,跌幅不超过前一营业日的5%
1990年11月20日	强化不对称涨跌幅限制:涨幅不超过前一营业日的5%,跌幅不超过前一营业日的5%
1990年12月14日	轻微放宽不对称涨跌幅限制:涨幅不超过前一营业日的2%,跌幅不超过前一营业日的5%

3. 加强廉政建设,禁止党政机关干部买卖股票

从国际惯例看,股票市场是公开市场,除了利益出现明显冲突者外,对入市者应当没有什么限制。但在萌发期情况比较特殊。当时群众意见较大的是,机关一些部门的干部能买到按面额发行的股票,而一般老百姓却不能。个别机关干部、证券从业人员利用职权买卖股票,从中获利。群众有不公平的感觉。为此,1990年10月6日,深圳市政府规定,今后发行新股和增发新股,党政机关干部、证券管理及从业人员都不得再行买卖。1990年11月16日,深圳市委、市政府进一步发布《关于党政机关干部不准买卖股票的暂行规定》,指出"在证券市场开办之初,有的党政机关干部购买了股票,这对推动此项改革起了积极作用。但现在情况已起了变化"。根据这个判断,规定要求,"党政机关干部以及证券管理和从业人员,一律不准买卖股票"。

4. 加强证券市场的新闻管理,强化证券信息的披露工作和风险意识宣传

证券市场敏感而复杂。一些不负责任和有意无意的报道足以误导股市甚至造成不正常波动。为此,1990年5月10日深圳市主管机构专门发布《关于加强我市股票市场宣传报道管理的紧急报告》,提出对证券市场的分析、评价和信息披露进行规范管理,同时公开、客观地公布证券交易信息。政府有关部门还提出了积极、稳妥的方针,积极慎重地组织有关证券市场政策信息、市场信息及证券基本知识和基本技能的宣传,为引导市场和投资者的行为起着积极的作用。与

此同时,新闻媒体投资风险也进行了宣传。如自 1990 年 11 月 15 日起,《深圳特区报》在每日的股市行情表下面加上了这样一段文字:"政府忠告市民:股票投资风险自担,入市抉择务必慎重。"

5. 政府政策的市场效应

萌发期的深圳证券市场,投资者不成熟,管理部门也缺乏经验,两者之间的博弈过程也相对较长。投资者对管理部门调控措施的理解需要较长的时间,因而,萌发期市场对政府政策在短期内往往表现为反应不足,而在长期内则表现为反应过度。

1990 年以来深圳市政府的一系列市场调控措施所产生的效应是积极的:(1)市场非理性的上涨趋势得到遏制。1990 年 11 月 16 日深圳市政府发布禁止党政机关干部买卖股票以后不久,11 月 24 日深金田股票改变持续上涨的非理性局面,开始调整下跌。到当年年底,5 种上市股票平均向下调整幅度 23%。(2)场外黑市交易受到严厉打击,证券交易转到合法的场内市场进行,场内交易逐渐恢复正常。据《深圳特区报》的统计,1990 年 11 月 5 日至 10 日,平均每日场内交易额为 235 万元;11 月 21 日工商局公布严厉打击场外非法交易的通告后,26 日至 30 日平均每日场内交易额为 3731 万元,增长 14.83 倍;11 月 23 日更创下当时的最高成交记录。11 月 21 日到 12 月 29 日的成交占 1990 年全年成交的 40%,可以说基本确立了场内合法交易市场的主导地位,场外黑市交易逐渐式微,并最终消失。

第六节　萌发期的深圳证券市场在发展中重规范的阶段性总结和启示

深圳证券市场在其萌发期还仅仅是一个地方性、区域性市场。它是中国经济体制改革的时代产物,是一个主要由地方政府推动而产生、发展并带有明显中国特色和试点性质的证券市场。作为一个新兴的、迅速崛起的市场,它逐步成为人们关注的焦点，它的成功是中国经济体制改革坚定朝向市场化方向迈进并能够取得成功的有利证明。深圳证券市场的发展为中国市场化改革、国有企业转制、金融体制改革以及企业融资渠道的拓展作出了可贵的、开拓性的探索。

一、萌发期的深圳证券市场取得的成就及其意义

1.初具规模,初见成效

十多年来,在党中央、国务院及有关部委的直接关怀下,在深圳市委、市政府的领导下,深圳证券主管机关及有关部门通力合作、共同努力,积极探索建立有中国特色的社会主义股份制企业和证券市场。到 1990 年年底,初步建立起了一个初具规模、相对规范、拥有专门的集中交易和登记机构的相对完整的市场体系。

(1)市场初具规模。

1987 年 5 月,深圳发展银行普通股票在非常冷清的气氛中发行,银行费了九牛二虎之力仅完成发行计划的 49.9%;1988 年 4 月,深圳经济特区证券公司开张,经营股票挂牌买卖,当时只有 1 只股票,1 家证券公司。那时,民众缺乏金融意识,股票投资热情低下,投资者寥寥无几,证券交易量少得可怜,股票价格表现呆滞,有行无市是常态。

经过多年的艰苦努力,到了 1990 年年底,深圳证券市场在市场规模、交投情况、交易机构等方面,都取得了长足的发展与令人瞩目的成就。证券经营机构从 1 家发展到 12 家,证券经营网点从 1 个发展到 15 个;证券从业人员从 6 人增长到接近 300 人;上市公司由 1 家上升到 5 家;股票发行量从 793 万股迅速增长到 2.1 亿股,其中公股总额约为 1.8 亿元,占 66%,个人持股 9168 万元,占 34%;集资额从 793 万元增加到 2.88 亿元(其中港币 1730 万元);股票成交金额由 400 万元增长到 17.6 亿元;股票总市值由 793 万元上升到 71.2 亿元。投资者总户数也由数千人发展到 8 万余人,具体见表 4－9。

表4-9 萌发期深圳证券市场发展情况统计表(1990年年底总计)

年份 项目	1982	1983	1984	1985	1986	1987	1988	1989	1990
1. 证券机构(个)						1	1	3	12
网点						1	1	4	15
2. 从业人员(人)						6	25	55	250
3. 上市公司(家)						1	2	4	5
4. 股票发行量(万股)						793	5433	9210	21337
发行金额(万元)						793	5433	10560	28783
股票交易量(万股)									8519
交易金额(万元)							400	2300	176084
总市值(万元)						793	5628	14000	712000
5. 债券发行金额(万元)	326	317	345	554	592	1049	3673	865	17946
国库券	326	317	345	554	592	649	1359	865	816
企业债券						400	2314		17130
6. 债券交易量(万元)							4000	5000	1297
国库券							4000	5000	1277
企业债券									20

注:①总市值以当年最后一个交易日的股票价格计算;
　　②以上股票每股面值均以标准值1元计算。

资料来源:中国人民银行深圳分行有关报表,并根据中国人民银行深圳分行和综合开发研究院编《深圳证券市场年报》(1990)有关数据调整。

(2)市场已拥有一定的群众基础

萌发期最重要的是唤醒了人们的金融投资意识,培养了一批对市场变化敏感的专业投资者。1987年5月,深圳发展银行作为一家有着良好发展前景和经过规范股份制改制的股份公司,首次以面值发行股票,竟然不能完成发行计划,这在今天看来仿佛是天方夜谭。这是因为在深圳证券市场萌发期,我国的金融体系尚处在初步改革阶段,金融产品有限,人们对股票这种既不能退股、又不能还本、也无法在市场转让的有价证券缺乏认识。这也与长期以来我国对股票这类所谓"资本主义的产物"进行的负面宣传有关。

事实证明,投资股票这种新生的有价证券可以带来丰厚的回报,股票二级市场的出现也为投资者实现流动性提供了便利,人们开始意识并逐步认识到股票的巨大投资价值。广大群众这种意识的唤醒,其意义是十分深远的。它不仅保证了深圳证券市场的生存和发展,也为我国后来确立以发展股份制企业为主建立现代企业制度的企业改革打下了基础;同时也为我国国有企业后来逐渐依靠资本市场进行直接融资提供了条件。到1990年年底,证券市场的参与者包括社会的各个阶层,既有所谓白领人士(机关干部)、蓝领人士(企业职工),又有一般市民如包工头、小贩,甚至渔村老妇。有数据表明仅在深圳一地,参与证券市场交易活动的投资者就达20余万人。

(3)初步建立起统一和合规的证券市场体系

到1990年年底,深圳证券市场基本形成具有集中交易场所、集中登记过户、证券网点广泛、监管架构明确、多元化证券市场信息传播渠道等的相对完整和统一的证券市场体系。

1987年9月第一家专业证券公司成立,1990年11月26日证券登记公司成立,1990年12月1日证券交易所试营业,交易体系基本完备。1990年3月4日,深圳市政府转发《关于股份制改革若干问题的意见》,深圳特区企业股份制改革联审领导小组成立;7月2日以主管市长、人民银行深圳分行行长为正、副组长,各有关部门参加的深圳市证券市场领导小组成立;8月31日深圳市证券商联席会议成立。这样,从股份制改制,到股票上市交易,再到交易商自律的市场管理机构基本到位,为克服市场在1990年年初期呈现的景象,为未来的健康发展确立了管理架构。1990年5月,开始加强了对股市宣传报道的管理,同时扩大证券信息的传播渠道。1990年6月中旬,深圳电视台开播股票行情;7月8日,综合开发研究院(中国·深圳)主办的《股市动态分析》(旬刊)创刊;7月15日,深大电话信息公司开设149股票信息咨询台;8月25日,《深圳特区报》开始刊登深圳股市行情。多元化的股市信息传播媒介对于普及证券知识,提高居民的金融意识和市场参与者的风险意识,改善政府对股市的管理,促进股市按照公开、公平和公正原则运作,对于沟通政府部门、上市公司、证券经营机构和市场参与者之间的联系,都起着积极的作用。

(4)探索出一套市场管理经验

证券市场的管理具有特殊的复杂性:一是它与投资者的切身利益紧密相关;

二是市场波动性是它的本质特征;三是萌发期的幼稚市场在各个方面均不成熟。在深圳证券市场萌发期的艰难发展历程中,管理者逐步摸索出了一套行之有效的市场管理经验,有效地支持了市场的生存和发展。

十多年来,特别是 1987 年以来,深圳市政府及深圳证券市场主管机关本着积极稳妥的方针,围绕实现"公开、公正、公平"的基本原则,在提高市场效率、扩大市场规模、推动市场化进程中所进行的大胆探索,所摸索出的一套管理经验,帮助深圳市场闯过一系列难关,并终于迎来一个新的发展时期。

一是闯过股价大起大落的难关,稳定了股市。从国外大部分成熟市场的发展经历看,证券市场由孕育到逐步发展成熟,都不可避免地会经历大幅度波动阶段。只有经历了这一特定阶段,才能真正培养出投资者的投资意识和风险意识,市场管理和法规建设才能逐步成熟。萌发期的深圳证券市场同样经历了这一难关,市场规模才得以扩大,市场交投才得以活跃。

为遏制疯狂的上涨势头,深圳证券市场曾于 1990 年 6 月起实行严格的涨跌停牌制度。表 4-10 显示了深圳证券市场限价制执行前后的股价变动情况。在实行严格涨跌停牌制前的 1990 年 4 月、5 月、6 月间,深圳 5 种股票的平均涨幅为 313%,实行严格涨跌停牌制后的 1990 年 7—11 月间平均涨幅为 204.3%。股价涨跌停牌制度对短期股价的狂涨确实起到了一定的抑制作用。

表 4-10 深圳证券市场限价制执行前后价格升幅比较表

	深发展	深万科	深金田	深安达	深原野
1990 年 4 月底价格(元)	11.00	1.30	24.36	1.50	13.00
1990 年 6 月底价格(元)	24.00	7.50	81.00	8.00	52.00
1990 年 11 月价格(元)	74.12	19.76	254.36	24.42	171.48
4—6 月升幅(%)	118.0	476.9	237.5	433.3	300.0
6—11 月升幅(%)	208.8	163.5	214.0	205.3	229.8

注:11 月为月平均价格。

资料来源:王喜义:《中国股市变奏曲》,中国人民大学出版社 1993 年版;

中国人民银行深圳分行和综合开发研究院编:《深圳证券市场年报》(1990)。

二是闯过集中交易关,克服了分散交易的弊端。维护"三公"原则,提高市场效率,保护投资者利益,是证券市场管理的宗旨。1990 年年底以前,深圳各家证券经营机构各自独立进行分散交易、分散过户,给市场中存在的舞弊与内幕交易行为提供了方便和条件,也给管理工作增加了难度。

1990 年年底,深圳证券交易所和深圳证券登记公司开始试营业,为建立一个集中交易的深圳证券市场运作系统做好了准备。与此同时,深圳各证券经营机构也逐渐明确身份,转变成专门的证券经纪商和交易代理人。

这样,深圳证券市场就基本建立了一个在主管机关领导下,证券交易所、证券登记公司、证券经营机构相互配合、相互制约的运作体系和运作机制。

三是闯过了股票集中托管关,提高了运作效率。股票交易无纸化,是提高证券市场运作效率的重要内容。对此,深圳有关方面高度重视,在改进交易方式及手段方面要求逐步实现四个转变:从"一户一票"的非标准手股票向"一手一票"的标准手股票转变;从现金结算向无现金结算转变;从分散托管向集中托管转变;从股票实物交收向股票存折交收转变。其中,集中交易系统的建立和集中托管的成功,使证券交易效率大大提高。

2. 开辟新路,意义重大

经过多年的努力,到 1990 年深圳企业股份制改革和证券市场的发展已取得了初步成效。发展股份制企业,试办证券市场,不仅为日益增长的机构和个人财富提供了新的投资渠道,它的积极意义更在于以下几方面。

(1)探索了一条企业体制改革的新路,增强了企业的活力。

股份制改造是当时深化国营企业体制改革的重要探索,是克服承包制弊端、发展新型国有企业运行模式的有益尝试。国营企业承包制改革,将部分利润的支配权放给企业后,普遍发生了向消费倾斜以及企业缺乏积累的动力等问题。国营企业改造成股份公司后,企业发展、积累增加、股本升值,都是股东的根本利益所在。股份制企业的长远发展,避免了承包制一包几年所带来的短视和弊端,它是深化我国国有企业改革的重要步骤。而证券市场的发展有利于理顺公司治理关系和企业经营管理机制的转变。股份制企业的发展需要依托证券市场,企业的经济效益通过市场来评价,财务在市场上公开,企业被置于社会监督之下,市场带给企业的压力可以增强企业的活力和动力,迫使企业实现自我完善和自我发展。经过股份制改制的企业基本建立起自我完善、自我发展和自我约束的机制。

从萌发期深圳经济特区的实践来看,股份制的实施使企业经济效益大幅度提高。从 5 家股票已上柜交易的股份制企业来看,一方面,企业发行股票的成本大大低于向银行借款的成本。按最初上市的 5 家公司集资额和 1991 年新老上市公司增资扩股及发行新股筹资 13 亿元计算,企业约减少筹资成本 3000 多万元。另一方面,在新的企业制度安排下,企业经营效益与股份制改制前相比有长足发展。深圳发展银行股份制改造后 1987 年实现税前利润 857 万元,1988 年 3010 万元,1989 年 6748 万元,1990 年 10129 万元,各年增长均接近或者远远超过 100%。深万科改制后 1989 年税前利润比 1988 年增长 114.1%,1990 年继续增长 72%;总资产 1989 年比 1988 年增长 69.8%,1990 年继续增长 16.3%。深金田改制后 1990 年与改制前的 1987 年相比,销售收入增长 1.05 倍,税前利润增长 1.70 倍,净资产增长 16.3 倍。深安达改制后 1990 年实现营业额和税前利润分别比改制前的 1989 年增长 75.8% 和 150%。总体来看,5 家上市公司改制前后 1 年对比,改制后实现利润平均增长 21%,净资产增长 69%,固定资产增长 155%。

(2)证券市场的建成唤醒了人们的金融意识,开拓了一条新的投融资渠道。

证券市场的建成增强了投资者信心,创造了良好的投资环境,为改革开放以后逐步增加的大量社会闲散资金从消费资金转化为生产资金提供了崭新的渠道。截至 1990 年,深圳证券市场通过股票发行筹资 2.9 亿元,通过债券发行筹资 1.8 亿元。由于是向社会公众发行,大部分吸纳的是个人消费基金。购买股票的那部分资金更是永远成为企业的生产和积累基金,对支持企业增强发展后劲具有积极意义。客观上,证券市场的发展对缓解当时严重的通货膨胀也具有一定意义。1988 年、1989 年我国出现严重的通货膨胀,物价上涨率达到两位数。消费基金膨胀,企业过分依赖银行造成的信贷失控,是造成通货膨胀和物价上涨的一个重要原因。通过发行股票、债券,把居民手中的现金和短期存款、部分企事业单位的剩余资金转化为支持特区发展的生产建设长期资金,可以在一定程度上压缩消费和集团购买力,对当时的通货膨胀起着较为有效的缓解作用。此外,股份制改革和证券市场的发展将企业对长期资金的需求引向市场,可以在一定程度上硬化企业的预算约束。这些都有利于抑制当时的有效需求,增加有效供给。

证券市场的发展方便企业向社会直接融资,改变和调整了企业对银行过分依赖的关系,使企业对长期资金的需求逐步转向资本市场,有利于推进当时深圳企业制度和宏观经济调控机制改革的深化和完善。就当时的情况而言,从证券市场融资在很大程度上缓解了企业资金不足的困难。

股份制改革和证券市场的发展不仅拓展了企业的融资渠道,还推动了企业投资主体的多元化,打破了国家拿钱办企业的单一投资模式,实现企业和个人、内资和外资一起投资办企业的新模式,减轻了国家投资压力。

(3)通过证券市场调节,可优化产业结构和产品结构,提高资源配置效率。

改革之初的十多年间,我国确立了社会主义初级阶段商品经济的性质,各种生产要素市场相继建立,市场价格逐步放开并得到理顺,市场在合理配置资源、调整产业结构方面的作用越来越大。我国的经济体系正在实现由商品经济向市场经济转化的过程。金融市场尤其是证券市场的发展,为实现这一转化起到了重要的推动作用。

通过推进股份制改造和公司上市,可以引导企业调整产业、产品的结构,达到优化的目的。规范化的证券市场在企业的公司治理结构和管理方面将形成一套统一和公开的社会规范与标准,使投资者可以依此判断企业的经营效益和产业结构的发展方向,并根据企业业绩选择投资方向,通过买卖股票影响股票价格,进而影响企业融资能力,促使企业恰当地选择所投资的产业和适销对路的产品,或者通过买卖行为促进资金流向急需发展的产业和高效率的企业。上市公司通过股票发行筹集资金,可以及时采取措施调整产业结构和产品结构。股票的上柜流通还可以使投资者通过收购或转让股票的方式实现对企业产权的转让与兼并,为特区存量资产的调整提供了更为方便的途径。规范的证券市场能形成动态的调节机制,使新增资金和存量资产能依据经济发展的不同阶段的要求、国内外市场变化的趋势和政府政策的引导,不断地调整和实现合理化转移,促进深圳区域经济产业结构的优化。

（4）股份制改革的推进和证券市场的合规性建设为特区利用外资开辟了一条新渠道。

股份制，特别是合规性股份制，它建起了一套按国际惯例运行的企业管理机制，它界定了投资各方的权利和义务，它提供了保持经营稳定性的企业治理模式，这对吸引外资，发展外向型经济可以发挥重要作用。

深圳经济特区建设 10 年来，始终贯彻以发展外向型经济为主的方针。10 年来共建立三资企业 2000 多家，产品外销产值占深圳工业总产值的 60%。然而，仅仅靠政策优惠，鼓励外资直接在境内设厂和进行实业投资具有一定的局限性，所吸引的外资也有限。与举借外债和吸引海外资金直接投资相比，发行股票更有利于吸收海外居民、团体和机构，特别是各类投资基金拥有的巨额资金。在当时，就有美国、英国、新加坡、中国香港、中国台湾等国家和地区的外商和金融机构，纷纷提出到深圳特区投资证券的意向。在萌发期，除了深发展发行了 1730 万港币的外汇优先股外，实际并没有通过证券市场引入外资。但这一时期所建立起来的深圳证券市场体系为未来通过证券市场引进外资打下了基础，仅仅在深圳证券交易所成立 1 年之后，1991 年 12 月 18 日，深圳市有 9 家上市公司以溢价方式发行人民币特种股票（B 股），筹集资金约 1 亿美元。

（5）保证了国有资产和集体资产的增值，增加了国家收入。

1990 年后期，证券市场体系逐渐建立起来以后，深圳证券市场开始采用国际惯例以溢价发行股票。由于国有资产和企业法人财产折算为等值股票，在溢价发行过程中，国有资产和企业集体资产从中获得一定收益。如深圳发展银行的几个国有大股东 1990 年从股票的溢价发行中获得额外收益 8000 多万元，在企业营运中国有和企业集体法人股东多创利 1.2 亿元。

此外，在 1990 年 7 月实行对证券交易和个人股票收益征税制度后，国家税收也相应增加。1990 年 7 月到当年年末，深圳市政府仅印花税收入就达 800 多万元。1991 年印花税收入更高达 2000 余万元。

二、萌发期的深圳证券市场存在的问题及其启示

深圳证券市场在它成长的过程中，与任何事物的发展进程一样，都不会是一

帆风顺的,总存在着这样那样的问题。但困难总是与希望并存,教训总是与经验并存。经过长期实践,深圳证券市场在萌发期的成长历程也给予我们很多有益的启示。

1. 萌发期的深圳证券市场存在的问题

(1)理论认识模糊,实践反复,发展难度大。

深圳的股份制改革一开始就定性为试点,且在当时国内理论界对能否在社会主义中国搞股份制还有争议,这就增加了股份制改革和证券市场建设的难度。最典型的一个片面观点是:如果把全民所有国家经营的公有制改为股份制,是允许私有制进入公有制,变公有为私有①。1990 年 5 月中旬,国家体改委牵头组成联合调查组进入深圳,对深圳市企业股份制与证券市场进行了深入调查。不久,国务院批转国家体改委关于《在治理整顿中深化企业改革的意见》,提出区别三种情况继续搞好股份制试点的方针,其中明确鼓励企业间相互参股,但对职工持股和向社会公开发行股票则持限制态度。这个意见使深圳新股的发行停滞了一段时间,是造成 1990 年 5 月、6 月间深圳股票市场狂涨的重要原因之一。理论认识上的局限性会限制实践探索的能力,对市场发展造成消极影响。

西方发达国家的证券市场已经运作了数十年甚至上百年,所形成的一套高效率和规范化的运作体系和法律制度也已经相当成熟,无法直接移植到我国尚处萌发期的市场。我国作为一个处于转型期的社会主义国家,许多方面具有特殊的国情,西方的一套体系也不能简单进行移植。因此,无论是在具体操作还是市场管理上,既没有国内成功经验可以遵循,又不能照搬国外经验,实践的难度相对较大。

(2)市场规模小,投资品种单一,供求矛盾突出。

改革开放以后我国居民储蓄增长很快,1990 年全国城乡储蓄存款余额比1978 年增长近 33 倍,民间资金大量累积,急需寻找投资渠道。深圳经济特区紧邻港澳,海外大量资金也觊觎发展初期的中国市场,急欲进入以分享中国经济成

①　参见马宾:《全民所有制企业的动力不能是化公为私的股份制》,《经济学动态》1986年第 10 期。

长的利益。而当时我国投资市场还处于萌芽时期,房地产等大型投资品几乎没有,金融产品也十分有限,另外,当时民间资金比较倾向于对流通性很强的投资品种进行投资,流动性相对较强的证券很快成为这些资金的首选。

同时,深圳证券市场可公开交易的证券品种稀少,国库券和极少量的企业债券收益稳定,交易价格不会出现大幅波动,对投资者的吸引力也相对较小。这样,大量资金集中炒作上柜交易的股票就具有一定的必然性。当时上柜交易的股票仅 5 种,可流通股本仅 2.7 亿元,而 1990 年全国城乡储蓄存款余额已达 7119.8 亿元,GNP 达 18598 亿元,①相比之下,证券市场规模可说十分微小。显然,人们的金融投资意识一旦觉醒,如此小规模的市场是难以承受压力的。应该说,由于我国经济长期保持高速增长,居民储蓄和财富也保持快速增长势头,在相当长的一段时期内,尽管证券市场的发展也相当惊人,但我国证券市场总体还是处于供不应求的状态。供求关系始终是深圳证券市场,乃至全国证券市场的主要矛盾。

(3)法规建设和管理手段没有能够很好地适应市场发展形势需要。

萌发期的深圳证券市场在法规建设方面先天不足,这一时期的深圳证券市场基本是一个地方性、区域性市场,其所受到的法规约束同样带着强烈的地方色彩,在规范性和适用范围等方面都具有很大的局限性。大部分法规也都是行政法规,缺乏稳定性,加上管理经验不足,所遇到的问题大部分也都是新问题和新矛盾,因而这些管理法规的制定给人"头痛医头,脚痛医脚"的被动感觉。

从萌发期的实践看,政府对股市的管理,预见性不够,出台的政策措施不配套,缺乏整体性。对非法发行、场外交易、非法流通等问题,虽然都认真纠正和严肃制止,但法规没有颁布,无法可依,靠行政性措施治理,相当被动。1990 年 5 月,市场突然交易畅旺,证券交易网点严重不足,不能满足大量股民入市的需要,直至 8 月才陆续推出新的交易网点,而对证券经营机构和从业人员的管理却没有进行规范,引发后来内幕交易猖獗。1990 年 11 月末以后市场持续下跌,也不能说与证券市场运作不规范、不适应无关。某些行政措施甚至违反市场原则。

---

① 参见《中国统计年鉴》(1991),中国统计出版社 1991 年版。

例如,频繁变动涨跌幅限制价位水平,影响市场预期。当然,1990 年年初市场的迅猛发展是难以预料的。1990 年年底深圳证券交易所能够迅速推出也证明政府的反应相当敏捷。此外,大幅波动是幼稚市场的普遍特征,管理难度大也有其必然性。此外,地方政府职权有限,能够采取的经济手段也不多。

萌发期的深圳证券市场管理体系不够完整。在 1990 年 7 月证券市场领导小组成立之前,深圳市主管证券事务的机构为中国人民银行深圳分行,而具体则由"深圳资本市场领导小组"管理。这个小组由一个专家小组和一个顾问小组构成,是一个十分松散的机构,其下设一个办公室。但是,"不论办公室,还是专家小组,均是钱无一分,纸无一张",基本是一个顾问性质的机构,难以对证券市场进行有效的监管。后来成立的"证券市场领导小组"虽然权利大一点,但基本上还是一个松散的、对各金融部门进行协调的机构,监管的有效性仍然无法落实。

(4)市场组织机构和市场基础设施不能适应市场发展需要。

深圳证券市场在 1990 年年初已经出现不断升温的迹象,1 月成交金额 495 万元,超过 1988 年全年成交,6 月成交 2.6 亿元,成交金额上升数十倍,而证券交易网点始终没有增加。且迟至 1990 年年底,证券登记公司、证券交易所才开始试运行。市场基本组织机构和基础设施的滞后发展是当时市场呈现混乱现象的重要原因之一。其弊端包括:一是二级市场为柜台交易市场,缺乏集中交易场所,交易分散而不集中,各证券商股价存在差别,为股票掮客提供活动空间,同时容易导致内部作弊;二是证券网点少,操作以手工为主,市场效率低下,为场外黑市交易提供了条件;三是股票不规范,没有统一的登记过户机构和制度,给投资者增加了额外的交易成本。所有这些都与"公开、公平、公正"的原则相背离。

(5)证券业作为新兴行业,思想、组织和制度建设不足。

萌发期的深圳证券业基本处于草创时期,各经营机构的组织还不完整,大部分隶属于其他金融机构,从业人员多数是临时从银行等其他金融部门抽调出来,证券从业经验和素质有待提高。虽然多数证券从业人员能够与时俱进,努力钻研业务,廉洁自爱,奉公守法,但由于制度不健全,也有少数人违反"公开、公平、公正"原则,徇私舞弊,利用职权或职位牟取私利,进行内幕交易,加剧了市场的混乱,也损害了处于幼稚期的证券市场形象。

2. 萌发期深圳证券市场发展的启示

萌发期的深圳证券市场在困难与变革中不断发展壮大,从而证明在社会主义中国实行股份制的企业制度是可行的,也是能够取得成功的;深圳证券市场发展的主流是健康的,在发展历程中所取得的教训也是宝贵的经验,给予人们的启示是深刻的。

(1)正确处理市场发展与稳定的关系,平衡市场供求关系。

萌发期深圳证券市场的发展虽然只有短短数年,期间却经历了大起大落的市场波动。深圳市场发展中存在的诸多问题也逐步暴露出来,如法规不健全,运作不规范,股市过热,股价暴涨等,一时间市场是稳定为主还是发展为主一度成为管理者考虑的主要问题。深圳市政府在总结市场发展的经验后,1990年8月提出"管理、立法、发展三同步"的方针,实施以发展为主的策略。

这是因为,当时深圳市场虽然迫切需要稳定和规范,但与此同时也应积极组织新股上市和老股增资扩股、用于发展市场。稳定和规范与发行上市解决的不是同一个问题。前者涉及制度创新和制度安排,解决的是市场运行秩序问题;后者则主要解决供求关系失衡问题。制度创新与市场秩序的规范和稳定并不能解决供求关系失衡问题,反之,市场供求关系失衡问题的解决倒是在一定程度上有助于稳定市场,维持市场运行秩序,为制度创新争取时间和条件。从更实际的角度看,发展是市场生存的基础,发行新股也更具备可行性和操作性。而当时深圳证券市场离规范化的市场还有相当大的差距,市场的规范化建设也不是一蹴而就的,需要较长时间的耕耘。此外,证券市场具备完全市场特性,供求关系是主要矛盾,供求失衡可以引发许多问题,而供求均衡则为市场稳定提供了基础。在发展中推进市场的规范化建设是最佳的选择。

实践证明,没有发展,市场不仅难以规范,本身生存都受到威胁,更遑论制度创新。1991年4月22日成立不到半年的深圳证券交易所日成交为零就是明证。直到1991年6月25日深宝安上市,市场发展出现新形势,市场才得以重新呈现活力。

(2)正确理解公有制为主体的社会主义基本经济制度,坚决推进国营企业股份制改革。

社会主义公有制可以有多种实现形式,公有制在社会主义经济中的主导作用不能狭隘地理解为国有股应当在上市公司中占据绝对多数股权或者绝大多数股份在上市公司内的静态凝固不变,更不能将股份制改革理解为私有化。公有制在社会主义经济中的主导作用在证券市场上的体现应当是国有股在调控股市中的主导作用,通过国有股的吞吐和转移,达到有计划调控市场、引导产业调整、实现国有资产的保值和增值。引导企业职工和居民投资证券市场,既可以动员储蓄资金,引导它们进入生产领域,又可以加强职工与企业的利益联系,还可以通过股权控制链使国有资产可以控制更多的社会资产,更可以让广大投资者分享我国经济高速增长的成果,改善人民生活。

(3)正确处理法制、政府行政管理和市场自律之间的关系,实现依法治市、间接调控、自律为主的市场管理体制。

证券市场是一个流动性大,对信息十分敏感的市场。要保护投资者,实现"公开、公平、公正"原则,应当保证投资者能够形成合理预期,根据企业的经营业绩进行投资。政府行政干预太多,不仅扰乱市场的正常运行规律,更可能让投资者形成错误的心理预期,加剧市场的非理性波动。

萌发期的深圳证券市场处于社会主义转型国家草创证券市场的初期,法制一时难以仓促建立,自然需要政府对市场运作进行一定程度的指导和适当调控。但是,政府的调控管理应按市场自身规律办事,对证券市场,尤其是股市的调控应当考虑到市场参与者的广泛性、投资者的成熟与理性程度、市场的敏感性、市场的供求关系等因素,更多地运用经济手段,在有条件的时候运用法律手段,而不是过分依赖行政手段,更不能凭长官意志办事,避免引发证券市场的大幅波动和因调控不当而走上畸形发展的道路。

深圳证券市场萌发期政府对市场的调控具有特殊性,因而政府对市场的干预程度较大、范围较广。这种特殊性体现为:一是深圳证券市场是一个地方性市场;二是深圳证券市场处于起始时期。作为创新性制度安排产生过程中的初级行动团体中的一员,地方政府积极参与制度创新过程不仅有来自中央政府的压力,更是自身利益驱动的结果。为此,深圳市政府使用了大量的行政资源来推动深圳证券市场的建立和发展。但这种作用应当随着市场的渐渐成熟而逐步淡化。

（4）辩证看待市场波动、市场投机行为和证券投资收益。

证券市场波动性是它的本质，在一定的情况下，市场呈现出一定程度的非理性可以说也是合理的。现代行为金融理论甚至证明，在大部分情况下，投资者都并非是理性的。因此，应当正确理解市场的波动，尽量避免对市场进行频繁干预。

股票投机是股票市场的必然伴生物。健全的市场，既需要长线投资者引导市场的总体价值取向，保持市场的稳定；又需要"短线"投机者，他们可以活跃市场，增加市场的流动性，保持市场活力。对证券的投资或投机是风险很大的投资行为，市场中通行的原则是风险与收益相对称，因此，证券投资要求得到较大的回报。不应只看到投资者在市场上涨时获得的较大收益，也应当看到他们在市场下跌时可能遭受的损失。不能一谈到"投机"就要打击，一谈到"炒股票"就认定是"暴富"。当然，也要将"投机"与操纵市场相区别。

在这方面，萌发期的深圳证券市场所采取的某些管理措施也不十分合理。例如，对炒作股票收入征收一些税是必要的，但在市场发展初期征收过重的税，恐怕不利于市场的发展。1990 年年底，深圳证券市场的交易税费达到 22‰，而同时股票的日涨幅却限制在 5‰，股价需连续顶格上涨 5 天才能弥补交易成本。

（5）健全市场信息披露制度，普及证券市场知识，提高公众金融意识和风险意识，引导投资者进行理性投资。

在萌发期，由于市场基础设施不完备，一段时间基本交易信息都无法及时传递给投资者，是黑市猖獗、"黄牛党"横行的重要原因，对真正的普通投资者十分不公平。搞好证券信息的披露和传播，有助于加强证券市场的透明度，消除谣传的消极影响，抑制混乱作弊现象的发生，增强投资者的信心。健全市场信息披露制度，有助于"三公"原则的贯彻实行。

证券市场的成熟，需要包括投资者、证券从业人员和政府管理者在内的所有市场参与者的成熟。这些市场参与者的成熟既需要实践的磨炼，也需要证券知识的武装。通过普及证券市场知识，提高公众金融意识和风险意识，引导投资者进行理性投资，可以降低市场的波动，使证券市场可以在稳定中得到发展，保证股份制改革的顺利进行。

第五章

初创期的深圳证券市场

第一节　初创期的深圳股票发行市场

一、股票发行市场概况

在 1992 年国务院证券委员会和中国证监会成立之前,股票市场主要在上海和深圳两地试点,股票发行也基本在这两个城市,股票发行市场的地域性色彩十分浓重。

初创期,深圳股票发行市场的规模不断壮大,股票发行品种也日益丰富。根据深圳证券交易所公布的数据,1991 年深圳证券交易所上市股票 6 只,全为 A 股,股票总股本 3. 57 亿股,总市值 80 亿元,流通市值 38 亿元。1992 年上市股票 33 只,其中 A 股 24 只 B 股 9 只,股票总股本 26. 56 亿股,总市值 490 亿元,流通市值 171 亿元。1993 年新上市股票 62 只,其中 A 股 52 只 B 股 10 只;上市股票共 95 只,其中 A 股 76 只 B 股 19 只,股票总股本 122. 05 亿股,总市值 1335 亿元,流通市值 438 亿元。1994 年新上市股票 47 只,其中 A 股 42 只 B 股 5 只;上市股票共 142 只,其中 A 股 118 只 B 股 24 只,股票总股本 220. 59 亿股,总市值 1090 亿元,流通市值 382 亿元。1995 年新上市股票 19 只,其中 A 股 9 只 B 股 10 只;上市股票共 161 只,其中 A 股 127 只 B 股 34 只,股票总股本 267. 38 亿股,总市值 948. 62 亿元,流通市值 351 亿元。此外,深圳股票发行市场还进行了 H 股发行方式的新探索。

这一时期,股票主要在上海和深圳两地试点,虽然上海和深圳两地的股票发行数量和规模在不断增长,但总体而言,由于股票市场是全国性的,它吸引了沪深之外更多的投资者,因此仅仅局限在沪深两个城市的股票发行试点扩容规模很难满足投资者认购股票的热情和需求,股票发行市场供不应求,供求矛盾突出,甚至达到了激化程度,1992 年深圳"8·10"事件就是股票发行供求矛盾激化的结果。

1993 年后,股票发行试点由点及面,扩大到全国,并以 B 股、H 股等方式开始在国外发行股票。随着社会公众投资意识的提高和早期股票投资者获利的示范效应,投资者对股票的投资需求也日益增大。同时,各地方政府及企业强烈要求扩大股份制试点,对股票发行上市表现出极大的热情。这样,国务院决定把股份制试点的工作扩大到全国范围内。各省(自治区、直辖市)和计划单列市可以选择试点企业发行股票上市。

1993 年起,股票发行市场还推行了额度控制的办法。1993 年当年就下达了 50 亿元新股发行额度。由于企业发行筹资欲望强烈,1994 年继续增加 50 亿元的发行额度,扩容速度很快。然而,由于市场需求基础不稳,投资者阶层尚不成熟,加之新股发行方式还处于探索阶段,各种原因导致股票二级市场持续低迷,一些新发行股票上市首日就跌破发行价。这种情况打破了"新股必赚"的神话,同时也使得股票一级市场发行工作困难重重,市场扩容速度不得不放缓。实际上,到 1994 年年底为止,该年度的发行额度尚未使用完。然而 1995 年 3 月国债期货市场因投机严重被暂停交易后,股票交易市场因资金流动性原因出现了短期连续暴涨行情。为平衡股票市场需求,中央在 1995 年 5 月再次下达了 55 亿元的新股发行额度,其使用方式为"一次下达,可跨年使用,分期分批,均衡上市"。

此后,伴随着国际经济形势的好转,股票市场需求迅速回升且扩大,股票发行速度也明显加速。股票发行市场供不应求的状况得到基本改善,深圳股票发行市场也逐渐完成了从地方性市场向全国性市场的转变。

二、股票发行方式不断创新

初创时期,市场还不断地进行了股票发行方式的尝试和探索。1991 年和 1992 年采用限量发售认购证方式,1993 年开始采用无限量发售认购证方式及与储蓄存款挂钩方式,此后又采用过全额预缴款、上网竞价、上网定价等方式。在总结经验教训的基础上,这一时期中国证监会规定国内新股的发行方式主要采用上网定价与全额预缴、比例配售与余款即退两种方式。由于上网定价发行具有高速、安全和低成本等特点,已成为我国企业公开发行股票的主要方式。

1. 无限量发售认购抽签表方式

1993 年 4 月公布实施的《股票发行与交易管理暂行条例》规定,采用无限发售认购抽签表方式,再用比例配售、比例累进配售或抽签方式发售新股。这是我国 1993 年公开发行股票的主要形式。在规定期限内,投资者可以随意购买认购抽签表;发售期限结束后,根据认购抽签表实际发行数量计算出中签率,再通过抽签决定中签号;中签者可凭中签的认购抽签表购买股票。

与限量发售形式相比,这一方式可有效消除排队购买认购抽签表,"走后门"买表和借买身份证现象。其中中签率则由市场决定,初步体现了"三公"原则。但实践证明,这种发行方式有一些弊端:第一,造成社会资源的浪费。首先,为阻止认购抽签表出现脱销,事先都会印刷大量的认购抽签表;其次,发售工作持续时间长,网点多,工作量大,需投入大量人力物力;最后,认购抽签表通常只在股票发行地发售,全国大小投资者从全国各地蜂拥而至,投入了大量的时间、精力和财力。第二,提高投资成本和风险,不利于股市的长期发展。当时,国内出现了一支"扑表大军"。他们见表就买,见股就扑,从而使中签率不断下滑。1993 年厦工股份发行新股时,创下 0.02489% 的最低中签记录。该股票每股发行价为 5.00 元,而购买认购抽签表的成本每股平均高达 16.10 元,从而使每股实际认购成本高达 21.10 元。这里,发行者得到了仅仅是股票发行价,而认购抽签表的收入扣除了必要成本和中介机构报酬全部归中央和地方财政。第三,使股票市场出现"失血"。1993 年的无限量发售认购抽签表的收入大都超过发行股票本身的收入。这两种收入对股票的意义截然不同,前者除了被耗掉的,其余归中央财政。从特定角度看,它代表着股市资金的净流失;后者则表明资金从投资者流入股份有限公司,股份有限公司用它再生产后得到利润回馈股民。由于无限量发售认购抽签表存在上述缺陷,不久,就很少有公司再采用这种方式发行新股。

2. 与银行储蓄存单挂钩方式

与储蓄存单挂钩方式是通过发行储蓄存单抽签决定认股者的发行方式。其具体程序是:(1)承销商在招募期内通过指定的银行机构无限量地向社会投资者发售专项定期定额存单,每张存单附一张抽签表,由社会投资者认购。(2)承销商根据存单的发售数量、批准发行股票数量及每张存单可认购股份数量确定中签率,通过公开摇号抽签方式决定中签者。(3)中签者按规定要求办理缴款手续,采取与储蓄存款挂钩发行方式,其存款期不得超过 3 个月,每股费用不得超过 0.1 元,发行收费总额不得超过 500 万元。与储蓄存单挂钩方式相对于无限量发售认购抽签表方式,由于获得每张抽签表要用较大的存款为代价,减少了抽签表的发行量,相应降低了发行成本;起用了已有的社会机构——银行,并使用其正常业务——定期存款,从而减少了组织管理工作。但是该种方式最终未能解决发行工作的繁杂问题,并常常伴随巨额现金在银行之间的转移,现已很少采用。

3. 全额预缴款方式

全额预缴款、比例配售方式指投资者在规定申购时间内,将全额申购款存入主承销商在收款银行设立的专户中,申购结束后全部冻结,在对到账资金进行验资和确定有效申购后,根据股票发行量和申购总量计算配售比例,进行股票配售的发行方式。全额预缴、比例配售方式包括"全额预缴款、比例配售、余款即退"方式和"全额预缴款、比例配售、余款转存"方式。

一是"全额预缴款、比例配售、余款即退"方式。本发行方式分为申购、冻结及验资配售、余款即退三个阶段。具体程序是:(1)承销商与收款银行协议开设预缴股款专户,并在招募中向社会投资者公开发布股票认购方法。(2)投资者在规定的申购时间(现为 3 个连续工作日)将全额申购款存入在收款银行开设的专户中,其中机构股票账户的申购量不得超过公司发行后总股本的 5%,个人股票账户的申购量不应超过公司发行后总股本的5‰。在实际发行中通常规定每一个股票账户至少要申购1000股,超过1000股的必须是1000股的整数倍。(3)于申购期满时,对存入收款银行预缴股款专户中的全部资金进行冻结,由具有证券从业资格的会计师事务所对冻结专户中的申购资金进行验资并出具验资报告;在出具验资报告的当日,由主承销商按到账资金进行核查验证,确定有效申购总量和配售比例Ⅰ(小数点后保留五位)。其公式为:配售比例Ⅰ=股票发行量/有效申购总量。(4)由主承销商根据所确定的配售比例对每一申购人进行配售计算,其公式为:可认购量=有效申购量×配售比例。如该配售比例不能满足法律规定的"千人千股"要求,则可随机抽出1000名申购者,每户配售1000股,并进一步计算配售比例Ⅱ,其公式为:配售比例Ⅱ=(股票发行量−100万股)/(有效申购总量−100万股),前已获1000股配售的投资者每人实际认购数量为:认购量=(有效申购量−1000)×配售比例Ⅱ+1000,其余投资者各自的认购量为:认购量=有效申购量×配售比例Ⅱ,不足一股者剔除不计,由承销商包销。(5)配售结束后,主承销商应当随即解冻申购资金余款,并在指定报刊上公布申购结果及配售比例和退款或转存款公告。配售结束后第一天,主承销商将扣除发行费用后的认购款划至发行公司账户上。申购余款划至各收款银行,由各收款银行退给投资者。

二是"全额预缴款、比例配售、余额转存"方式。本发行方式是"与储蓄存款挂钩"方式和"全额预缴款、比例配售、余款即退"方式的结合。其在全额预缴、比例配售阶段的有关规定与"全额预缴款,比例配售、余款即退"方式的有关规定相同,但申购余款转为存款,利息按同期银行存款利率计算。该存款为专项存款,不得提前支取。具体操作程序比照"全额预缴款、比例配售、余款即退"方式。

4. 上网竞价方式

上网竞价发行方式是指利用证券交易所的交易系统,主承销商作为股票的唯一卖方,以发行人宣布的发行底价为最低价格,以新股实际发行量为总的卖出数,由投资者在指定的时间内竞价委托申购。确认投资者的有效申购后,就可以确定发行价格。当有效申购量等于或小于发行量时,发行底价就是最终的发行价格;当有效申购量大于发行量时,主承销商可以采用比例配售或者抽签的方式确定每个有效申购实际应配售的新股数量。具体程序是:(1)在规定的发行期间,由投资者以不低于发行底价的价格竞价购买。然后由交易系统主机根据投资者的申购价格,按照价格优先、同价位时间优先的顺序从高价位到低价位依次排队。承销商根据实际认购总额应当等于拟发行总量(且不低于底价)的原则累计计算,当认购数量恰好等于发行数量时的价格,即为发行价格。凡高于或等于该价格的有效申报均可按发行价认购,由交易系统自动成交。(2)承销商将股票发行价和竞价发行结果按规定程序公告。如果发行底价之上的有效认购低于发行数量,则发行价格等于发行底价,认购不足的剩余部分按承销协议处置。

5. 上网定价方式

上网定价发行方式是指主承销商利用证券交易所的电脑交易系统,由主承销商作为股票的唯一"卖方"。投资者在指定的时间内。按规定发行价格委托买入股票的方式进行股票认购。主承销商在上网定价发行前应在证券交易所设立股票发行专户和申购资金专户。申购结束后,根据实际到位资金,由证券交易所主机确认有效申购数。

投资者"上网"申购的具体程序为:(1)申购当日,投资者按委托买入股票的方式,以发行价格填写委托单,进行申购,并由证券交易所反馈申购受理情况。(2)申购日后的第一天,由证券交易所的登记结算公司将申购资金冻结在申购专户内。(3)申购日后第二天,登记结算公司配合主承销商和会计师事务所对申购资金进行验资。如果有效申购总量等于股票发行量,那么每个投资者都可以按其有效申购量认购股票;若有效申购总量小于股票发行量,投资者按其有效申购量认购股票后, 余下未申购的部分根据承销协议处理;而当有效申购总量大于股票发行量时, 那么就需要对有效申购数进行连续配号, 由交易所电脑主机自动按每 1000 股确定为一个申报号, 证券交易所随后公布中签率(中签率=股票发行量/有效申购量)。(4)申购日后的第三天,由主承销商负责组织摇号抽签,并于当日公布中签结果,交易所根据中签结果办理清算交割和股东登记。(5)申购日后第四天。交易所将认购款项划人主承销商指定账户,并对未中签部分的申购款予以解冻。(6)申购日后第五天,主承销商将认购款项划入发行公司的指定账户,股票发行筹资活动结束。

三、股票发行实行严格额度管理制度

这一时期,股票发行实行发行规模与发行家数相结合的额度管理制。额度管理制度的具体做法是:由国务院证券委根据经济发展和市场具体情况,在宏观上制定出一个当年股票发行总规模,经国务院批准以后再下达计委,由计委具体分配到各省、自治区、直辖市、计划单列市和国家有关部门(各部委及中央直属企业)。最多时大约有 70 家单位有资格获得证券委和计委下达的发行额度。

发行额度制在市场快速发展的初期,在中资机构和投资者尚不成熟的情况下,较充分地利用了国家行政力量来选择上市公司,促进了证券市场的发展和迅速成长。然而,这种带有计划色彩的发行管理制度存在着明显的缺陷,除了易于滋生寻租和腐败的问题外,还直接或间接对上市公司造成了一些不利影响,使上市公司小型化和行为异化。

1. 上市公司小型化

在发行额度管理制度下,地方政府在获得本地区的发行额度后,为争取更多的企业上市,把额度进一步分解给若干企业。比如,广东省 1993 年 2 亿元发行额度分配了 16 家企业,平均每家 1250 万元。额度管理实行几年的结果是国内上市公司规模普遍偏小。据统计,截至 1995 年,总资产少于 20 亿元,股东权益少于 10 亿元的公司共有 273 家,占上市公司数的 86% 之多。一方面,上市公司小型化使股票市场缺乏稳定的基础。小盘股股价易被操纵,很长一段时间小盘股成为市场追捧的主流,加剧了市场波动,市场投机气氛浓重。另一方面,行业前景好、经济规模大的大企业因所需发行股票规模太大而较难发行上市。这不仅限制了大型企业利用股票市场筹集资本的功能,而且使上市公司整体上在国民经济中的地位和作用有限,股票市场与国民经济的相关性降低。

2. 上市公司行为异化

在发行额度管理制度下,上市公司行为发生异化主要表现在:

(1)企业采用缩小股本的方式满足《股票发行与交易管理暂行条例》中对股票发行的股本要求。这可能造成国有资产流失,因企业为缩小股本以达到发行额度在资产评估时可能压低国有资产价值。企业上市后利用缩股所形成的大量公积金转增股本,使总股本扩大在事实上规避了额度的限制,使额度管理控制失去作用。

(2)大比例、频繁配股。配股是上市公司再次发行股份的一种方式,对于上市公司来说虽然配股的局限性明显,但由于其配股同首次公开发行股票一样并非完全市场行为,在加上上市公司外部融资手段有限,配股就成为当时上市公司除银行贷款外主要的外部融资手段。但由于配股时以国有股股东为代表的非流通股股东经常放弃配股权,出现了"同意配股的不出资,出资的实际上不同意配股"现象,于是市场不久视配股为"圈钱",为上市公司上市后扩大股本以规避监管的手段。上市公司大比例频繁地配股造成了资源配置效率低下,使股票市场失去了有效资源配置的特征。

(3)股票发行规模信息干扰了市场正常运作,不能使投资者形成稳定、长期的市场预期,在一定程度上导致股票发行市场需求呈现投机性特征,此外当管理层将股票发行规模作为调节股票交易市场的手段时,股票发行规模、发行时间等所产生的不确定性影响市场参与者的正常心理预期,这往往会造成股票"扩容——暴跌——停扩——暴涨"的循环。

四、股票发行导致股份公司股权结构人为分割

这一时期证券市场存在独特的股权结构,股份公司中国家股、法人股和社会公众股分别设立,但国家股和法人股不能上市流通转让,可交易的部分仅仅是向社会公众发行的流通股。

这种独特的股权分割结构导致的后果是:(1)股票市场对股份公司的约束机制难以发挥作用,由于流通股股东比例过低,只能"用脚投票"卖出股票,而不能用手投票,不能在股东大会上充分发挥作用,这使股票市场投资者对上市股份公司的监督作用降低,上市公司有效治理难以形成。(2)上市公司股票流动性低,企业重组、兼并收购、资本经营功能很难实现,股票市场不能有效发挥资源配置作用。(3)股票市场价格信息失真。

五、股票发行定价机制与新股炒作问题突出

股票发行定价机制是股票发行市场最基本内容,也是技术性最强的业务环节,它直接影响股票发行人与股票投资者的利益,体现拟发行股票的股份公司真正价值和市场供求的关系,同时也反映了证券经营机构承销业务的能力和水平。

全球证券市场包括发达的欧美证券市场,普遍采用的股票发行定价方法有现金流贴现法、市盈率法和市净率法。但由于我国市场经济刚刚确立、经济发展的不稳定使市场对微观经济主体的赢利能力的判断和预测难度加大,特别是较为科学合理地预测企业未来的盈利能力和现金流水平,可信度较低,也不被市场认可;另外由于我国股票市场发展时间较短、且运作不够规范,如果采用现金流贴现法,贴现率的合理确定也有很大难度。所以,我国证券市场上股票发行定价方法一直采用市盈率法。

这一时期,股票发行市盈率由国家政策规定,通常低于同期股票交易市场的平均市盈率。这种受限的股票发行价格,虽然保护了投资者利益,但股票发行价格的低估直接导致大量资金涌向了股票发行市场,出现了新股炒作的情况,并由此出现了违规拆借资金,透支资金参与股票认购等问题。

第二节 初创期的深圳股票交易市场

一、股票交易市场概况

这一时期,深圳股票交易市场取得了长足发展,通过改进交易、清算和信息传输系统,市场规模迅速发展扩大,股票交易空前活跃。1991 年深圳证券交易所交易股票只有 6 只,股票总股本 3.57 亿股,总市值 80 亿元,流通市值 38 亿元。而到 1995 年年底,深圳证券交易所上市股票达到 161 只,其中 A 股 127 只 B 股 34 只,股票总股本 267.38 亿股,总市值 948.62 亿元,流通市值 351 亿元,有力地促进了股份制改革和经济机构调整。

这一时期,深圳股票交易市场行情跌宕起伏,可分为信心恢复阶段(1991 年 4 月至 1991 年 9 月)、温和上涨阶段(1991 年 10 月至 1992 年 3 月)、急速上涨阶段(1992 年 3 月至 1992 年 5 月)、震荡调整阶段(1992 年 5 月至 1993 年 12 月)、持续低迷阶段(1994 年 1 月至 7 月)、暴涨暴跌阶段(1994 年 8 月至 1995 年 5 月)和震荡调整阶段(1995 年 6 月至 10 月)七个阶段。总体看来,这一时期股票市场涨跌周期短,"牛短熊长"。截至 1995 年年末,股票市场经历了 4 次大的波动,平均 14 个月一次。而同期中国经济虽有起伏,但总体平稳,并未给股市提供如此巨大的频繁变动力量。这一时期的 4 次牛市行情直接和政策有关,且持续时间一般不超过 3 个月;熊市普遍漫长,最长的一次达 17 个半月。政策因素影响股票市场行情的特征明显,"消息市"、"政策市"特征明显。

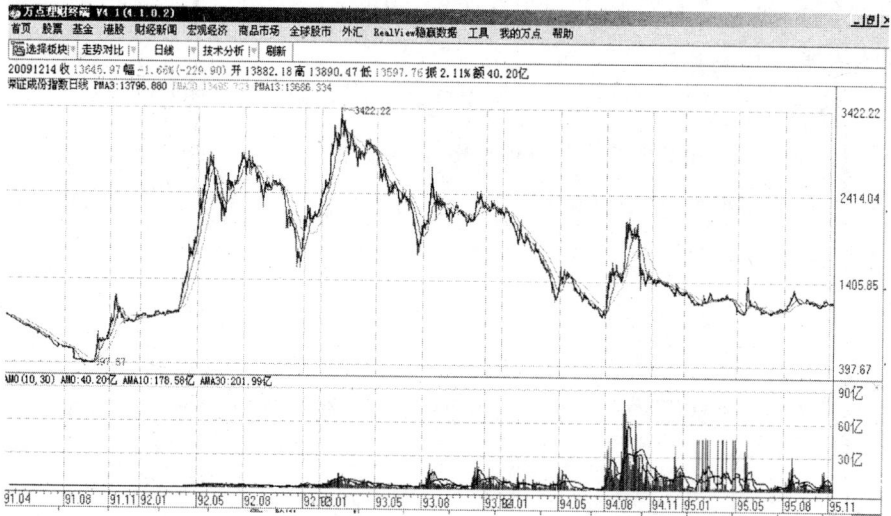

图 5-1 1991 年 4 月至 1995 年 10 月深证综合指数走势图

二、股票交易市场投机性强、股价波动大

这一时期,由于股票市场尚未形成完善的供求机制,加之股市供求经常出现阶段性失衡及投资者心理预期的混乱,股价常常在短期内巨幅跳动,市场投机性强。同时,由于股价指数计算的一些技术性问题,个股的波动较综合指数波动更

大。此外,股票市场投机性强还表现在另外两个方面:即高市盈率和高换手率。

深圳股票市场实际市盈率长期保持在 40 倍以上,甚至一度达到 70—80 倍以上的超高水平。股市长期保持高换手率,投资者持股周期较短,一般不足两个月。1994 年前,年换手率均在 10 倍以上;1995 年年初,证券交易采取 T+1 交易制度,极高的换手率有所降低,但仍达 2 倍,和成熟市场 15%—100% 的换手率相比仍偏高。如考虑大量新股上市不足 1 年,实际换手率应在 15 倍以上。显而易见,市场总体换手率仍达 10 倍左右。

从中国证券市场建立之初,有关证券投资(Security Investment)与证券投机(Security Speculation)的问题就一直是大家关注的焦点。

证券投资,是指投资者把资金投放于有价证券,即取得股票、债券,以实现其资金增值的行为。证券投机,是指在证券市场上短期内买进或者卖出一种或多种证券,以赚取差价的行为。无论是证券投资活动还是证券投机活动,都是买卖证券的交易活动。证券投资与证券投机有以下的区别:

1. 证券交易的动机不同

证券投资一般看重长期的投资报酬,购买债券的着眼于债息收入,购买股票的着眼于股票的红利、股息收入以及资本的增值。而证券投机一般着眼于证券市场价格的涨跌,着眼于证券买卖的差价收入,以谋取短期的收益。

2. 证券交易承担的风险不同

证券投资者一般仅获取债息、利息、股息等报酬,因而所愿意承担的风险比较小,一般选择经营管理优良的企业债券和股票作为投资对象,以降低资本或资金损失的可能性。而证券投机者希望获取证券价格上下波动的差价收入,但由于证券市场上证券价格变化莫测,所以投机者根据各种因素分析、预测证券价格涨跌未必都能正确,因而其承担的资本或资金损失的风险就大。

3. 证券交易的方式不同

证券投资交易方式一般都为现货交易,交易一成功,便进行实际的交割。而证券投机交易方式多数为买空卖空、期货、信用交易等方式。买空为多头,看涨,借钱加码买进。卖空为空头,看跌,借股卖出。

4. 证券交易的期限不同

证券投资一般是长期的经济行为,投资者购买政府和企业债券,获取稳定的债息收入,或者购买股票而成为公司的股东,领取股息、红利。而证券投机一般是短期的经济行为,这是由于证券市场上证券价格变动频繁,投机者往往重视证券价格的短期升降,并作出预测,买卖证券,收取价差。

5. 证券交易对社会的影响不同

证券投资是一种投资行为,因而无疑对社会发展有促进作用。而证券投机有积极作用也有消极作用,一方面能活跃市场,对证券市场的证券交易价格连续性有积极作用;但另一方面也有可能持巨额资金,操纵市场,获取暴利,造成股市动荡。

但不难看出,随着发展和规范,这一时期深圳股票交易市场的波动呈收敛趋势,即股市正在逐步走向成熟。

三、股票交易市场的基础——上市公司的整体结构仍不尽合理,上市公司质量还有待提高

这一时期,由于股票发行额度管理制度等原因,上市公司地区分布不尽合理,中小公司居多,骨干大型企业少。这使得股票市场对整个经济的代表性不强,即"晴雨表"功能尚难发挥。这与股票市场初创阶段的实验性和区域性不无关系。

为促进股票市场发展、优化上市公司结构、提高上市公司质量,从而实现股票市场资源配置的效能,可从以下方面进行探索:

1. 绩劣公司让壳退市

发挥证券市场优化资源配置的关键就是要使优胜劣汰的市场机制在证券市场充分发挥作用,上市公司不仅有进,更要有出,通过不断的吐故纳新来优化上市公司结构,从而发挥其优化资源配置的作用。同时对经营者产生必须改善经营管理的压力。绩劣公司让壳退市是优化上市公司结构的重要保证。为此,对连续三年亏损及虽亏损不满三年但资不抵债的上市公司应坚决摘牌,目前以彻底换壳作为过渡;对主业没有前途的ST公司督促让壳;对虽从无亏损、但主业萎

缩、缺乏市场竞争力、长期在亏损边缘徘徊或长期靠非经常性收益维持赢利的公司,从有利于资源配置角度讲最好也应使其让壳退市,以尽可能减少将给社会造成的损失。为此,应制定让壳退市企业的标准,对非 T 类绩劣公司让壳退市也应建立预警制度。

退市的难点是股东及债权人的利益的保障问题,尤其是 PT 公司。这应依据利益各方在上市公司运作中所起的作用决定,由上市公司法人治理结构现状所决定。大股东在上市公司经营决策中居于支配地位,应是绩劣公司处于不利局面的主要责任者,因此其利益考虑应放在最次要的地位,不然不足以起惩戒作用;债权人主要是银行方,是绩劣公司处于不利局面的受害者,但由于其有能力洞悉上市公司经营状况、发展前景,有责任和能力监督信贷资金的运用,因此其利益考虑应放在次要地位,不然不足以起震慑、鞭策作用;以高溢价购得上市公司股权的社会公众股东大多是股权分散的小股东,他们对上市公司经营决策无法参与,且由于上市公司较低的经营透明度使其对公司经营实际状况无从了解,因此绩劣公司经营不利造成的退出恶果由其全部承担显然不公,他们应是利益考虑的主要方,但他们又必须承担部分后果,毕竟市场需要法治,而他们对股票炒作多少起到推波助澜的作用,尤其是机构及拥有巨资的个人股东。因此,目前理想的让壳退市方式就是法人股东及企业原有资产全部退出,保留净壳,原有公众股抵折保留部分,另一部分向社会公众重新发行(视做新进入者发行新股),当然可优先向原有公众股东发行,这既可使公众股东避免因公司彻底退出而导致血本无归,又可避免期盼重组、从而在绩劣公司上大肆投机、大发其财(尤其是先知先觉的机构或个人大户大发其财)的现象产生,从而有利于树立崇尚业绩的适度投机的投资理念。

2. 严格新股发行、老股配售及增发条件,使社会资源真正流向优势企业

新股发行、老股配售或增发要彻底破除地区、部门的影响,选择企业要从其行业前景及竞争程度、行业地位、创新能力、资金投向、经营者素质等方面进行综合考虑。还要从区域优势的角度出发,如深圳在劳动力价格上不具优势,就不应上市纺织等劳动密集型产业的企业。要支持强势企业的产业整合,避免重复建

设、产业同构化在证券市场得到强化。要严把进入关,尽可能杜绝通过新股发行引入绩差或潜在绩差公司。对那些所处行业出现结构性过剩、自身产品又属长线的公司;对那些不是立足自身主业而拟募资投向其他非自己熟悉领域的公司(而应由该领域优势企业募资发行);对在本行业不具竞争优势的传统产业公司或主业不突出的高技术产业公司,原则上应不批准发行新股。要支持有较强科研实力的科研院所整合后上市,推动科技成果产业化。

修正配股标准,不仅把净资产收益率、派送红利作为先决条件,还要结合过去募资的变更情况、使用进程、利用效率、公司三分开状况、管理水平、拟投项目的发展前景综合考虑。

上市公司增发新股也要从严控制。在目前市盈率高企的情况下,以接近市价增发圈钱动机明显,对市场抽血严重,而相当多上市公司对如何运用巨资并未做好思想、管理、项目调研的准备。有些原本经营不善的公司,能否运用好巨资就是一大疑问,而其中有的是去购买别人的优质资产,岂不担心优质变劣质。对劣势公司被重组后申请增发新股的要严格,避免一些新股东的套现行为。

3. 上市公司规范重组行为,实行实质性重组,使绩差公司得到脱胎换骨的变化

上市公司引进新股东要选择有实力的大股东,最好是有较强实业基础的大股东,这是使重组取得实质性进展的前提。对新股东的行业成长性、管理水平、行业地位(或在专业细分市场中的地位)、创新能力都应有严格规定,只有这样的公司介入,才有真正的优质资产可供置入,才可能保证上市公司具有持续发展能力;避免短线买家,引进战略性股东,是使重组取得实质性进展的保证,只有这样,才可能使大股东真心实意搞好上市公司,把优质资产置入上市公司;规范资产购买、置换,避免大股东甩包袱。

4. 要着力培育具有国际竞争力的上市公司

面对入世后的挑战,通过证券市场快速培育具有国际竞争力的企业航母应是当务之急。应让大型企业集团整体上市,以更多的融资强力支持其快速向世界级大公司冲刺。一方面,要通过支持其创新、生产高附加价值产品改变企业大而不强的问题;另一方面,要通过支持强强联合加速其向世界级大公司冲刺进程。

5. 完善上市公司预警制度

现行 ST、PT 就是对经营不善的上市公司的预警制度,但仅此还不够,还应在完善信息发布、使上市公司信息透明度更高的前提下完善上市公司预警制度。对于重大担保,上市公司应向股东及时介绍被担保人的详细情况。当上市公司额度较大的担保、应收账款(规定一个其占公司资产比率起点)出现不可预料后果时及影响企业经营的其他重大因素出现恶化征兆时必须及时告知所有股东,并视解决进展随时通告;当这些问题或因素有可能得不到解决或消除时要发出预警公告,并视其对企业影响程度给予类似 ST、PT 的处理办法。对未能及时发布信息公告的企业和责任人,应制定惩戒办法。

6. 构造以主业突出公司为主体的上市公司结构

大量事实证明,企业经营业绩滑坡往往是建立在主业经营弱化的基础之上。为此,要把主业突出作为上市及再融资的必备条件。坚持主业突出不等于一味固守原主业,当上市公司主业前景不妙时应及时转换,但必须为此做好严密的论证,一经选定就应坚定不移地走下去。

7. 建立和完善治理结构,保证上市公司运行质量

一方面,要改变一股独大的局面,构造有多个大股东相互制衡的股权结构,可通过国有股有偿转让、引进其他所有制股东、实行回购等降低国有第一大股东股权比例;另一方面,可将国有股权分散,授权若干法人分别持有,使相互之间能形成制约。适当增加外部董事和监事,赋予监事会一些特权。要加速形成职业经理的人才市场,加快经理层选拔的市场化进程。通过年薪、期股相结合来改善报酬结构,年薪与每年业绩挂钩,期股与企业长久发展相联系。这样才能使经营管理者的利益与上市公司相一致,激发其管理创新和技术创新的动能。

四、股价波动因素繁多复杂

股价,是指股票的交易价格,与股票价值是相对的概念,股票价值是上市公司现在及其未来资产的总价值。股价波动是常态,股价波动受许多因素影响。

1. 宏观经济因素

宏观经济因素从不同的方向直接或间接地影响到公司的经营及股票的获利能力和资本的增值,从不同的侧面影响居民收入和心理预期,而对股市的供求产生相当大的影响。

(1)经济周期。

经济周期表现为扩张和收缩的交替出现,在经济的收缩、复苏、繁荣和衰退四个阶段内,股市也随之周期性波动,成为决定股价长期走势的最重要因素。通过对国内生产总值、经济增长率、通胀率、失业率、利率等指标的分析,判断出经济周期的发展阶段。有实证分析表明,我国股市波动比宏观经济周期的波动超前大约4—6个月。

(2)通货变动。

通货变动包括通货膨胀和通货紧缩。通货膨胀对经济的影响是多方面的,总的看来会影响收入和财产的再分配,改变人们对物价上涨的预期,影响到社会再生产的正常运行。因此,通货膨胀对股价的影响也是复杂的。而通货紧缩则会对经济产生负面影响。就我国股市而言,通货膨胀在适度范围内发生,股价波动与之呈现正相关关系,但通货膨胀严重时,股价波动与之呈反方向变动。1998年上半年开始的通货紧缩,使股价持续下跌,尽管1999年上半年有股市利好消息及管理层发表发展市场的言论,使沪深股指双双创出历史新高,但通货紧缩始终抑制着股价的进一步弹升。

(3)国际贸易收支。

国际贸易收支状况对国内经济有直接的影响,进而也会在一定程度上影响到股票市场。1998年的东南亚金融危机,使我国的外贸出口增长大幅下降,影响了我国的经济增长,同时,直接对我国股票市场相关行业和上市公司产生负面影响。

(4)国际收支。

国际收支差额通过影响一国国内资金供应量,从而对股价产生间接影响。经常项目和资本项目保持顺差,大量的外汇储备,国内资金供应量增加,使可用于购买股票的资金来源扩大,在一定程度上会对股价产生正面影响。

（5）国际金融市场。

国际金融市场的剧烈动荡一方面直接使我国投资者产生心理恐慌，影响股票市场，另一方面从宏观面和政策面间接影响股票市场的发展。

2. 宏观经济政策因素

我国股市作为一个新兴的市场，宏观经济政策因素对股市起着极为重要的作用。具体有：

（1）货币政策。

货币政策按照调节货币供应量的程度分为紧缩性的货币政策和扩张性的货币政策。在实行紧缩性的货币政策时，货币供给减少，利率上升，对股价形成向下的压力，而实行扩张的货币政策意味着货币供给增加，利率下调，对股价产生正面影响。我国中央银行具体的货币政策工具主要有：利率、存款准备金率、贷款规模控制、公开市场业务、汇率等。利率对股市的影响是十分直接的。从这一时期央行 7 次降息和股价变动的关系看，我国股市与利率存在着高度的负相关性，但利率变动对股价的作用在逐渐减弱。央行调整存款准备金率影响商业银行的资金来源，在货币乘数作用下调整货币供应量，影响社会需求，进而影响股市的资金供给和股价。公开市场业务是中央银行通过买进或卖出有价证券来控制和影响货币供应量的一种业务，它是中央银行强有力的货币政策工具。由于这一时期可供公开市场业务操作的工具有限，只以短期国债为交易工具，限制了对股市的影响，随着金融体制改革的深入，其影响会逐渐增强。

（2）财政政策。

财政政策根据其对经济运行的作用分为扩张性的财政政策和紧缩性的财政政策。财政收入政策和支出政策主要有：一是国家预算。作为政府的基本财政收支计划，国家预算能够全面反映国家财力规模和平衡状态，并且是各种财政政策手段综合运用结果的反映。扩大财政支出是扩张性财政政策的主要手段，其结果往往促使股价上扬。二是税收。通过税收政策，能够调节企业利润水平和居民收入。减税将增加居民的收入，扩大了股市的潜在资金供应量，减轻上市公司的费用负担，增加企业的利润，股价趋于上升。如我国的高科技企业享受所得税的减免优惠，股价理应看高一线。对股市影响最直接的税种主要是印花税和证券交易所得税。我国开征股票交易印花税以来,根据股市的实际情况对印花税加以调整,对股市进行调控,以刺激或抑制股市。三是国债。国债作为国家根据有偿信用原则筹集财政资金的一种形式,可以调节资金供求和货币流通量。在不带来通货膨胀的情况下,发行国债缓解了建设资金的需求,有利于总体经济向好,有利于股价上扬。同时,国家采用上网发行方式有从股市中分流资金的作用。

(3)产业政策。

行业股价波动受政府产业政策的较强影响,政府的产业政策会鼓励特定行业发展,使该行业的经营状况和盈利将可能增加,从而使该特定行业股价上涨。

(4)监管政策。

管理层对股市的监管政策对我国股市的中短期走势具有极大的影响。监管政策的工具主要有:管理层对证券市场的定位、规范市场主体行为的法律法规、信息披露制度以及舆论导向等。例如,1994年7月底,由于国家实施宏观调控,经济收缩,股市持续低迷,证监会推出包括限制新股上市及讨论扩大资金入市范围的三大政策救市,刺激沪市从333点经过两个多月,达到当年最高点1052点。1995年5月,由于关闭国债期货市场,刺激股市出现连续的暴涨。

3. 微观经济因素

在影响股价波动的微观经济因素中,上市公司状况是决定自身股价的主要因素。主要有:

(1)公司业绩及成长性。

公司业绩反映当前企业的经营水平,体现为股票的现价,而公司成长性则反映企业未来发展前景,决定股价的长期走势。

所谓公司业绩,它集中表现在公司各种财务指标上,影响股价的公司业绩方面的因素主要有:一是公司净资产。股票作为资产所有权和投资效益的凭证,每一股代表一定数量的净资产值。一般而言,公司资产净值增加,股价上扬;资产净值减少,股价下跌。二是赢利水平。每股税后利润表示公司的赢利水平,市盈率则是股票市价与税后利润的比值,两者集中反映了公司业绩的好坏。三是公司的派息。公司采取什么样的派息方式对股价有重要影响,体现了公司的经营能力和发展潜力。四是股票拆细和股本扩张。股票拆细和股本扩张一般会刺激股价上升。在我国股市,股本扩张对股价波动具有很大影响,一直是二级市场炒作的题材。五是增资和减资。公司因业务需要增加资本额和发行新股,将使每股净资产下降,促成股价下跌,但对高成长性公司而言,增资意味着增强公司实力,带来更多回报,股价可能还会上涨。六是营业额。营业额增加,表明公司销售能力增强,利润增加,促使股价上涨。

所谓公司成长性,主要看以下几个方面:一是行业。公司所处行业的成长性及行业的发展阶段是公司成长性基础条件,行业的兴衰很大程度上决定了上市公司的发展前途与成长空间。二是竞争地位。公司在行业竞争中所处的地位,直接关系到它的生存及赢利的稳定增长。企业竞争能力强弱及竞争地位高低是由技术水平、管理水平、市场开拓能力及占有率、资本与规模效益、新产品开发能力决定的。三是经营效率。公司经营效率主要表现为生产能力、经营能力的利用程度是否充分。

(2)资产重组与收购。

上市公司为了实现规模效益或扭亏为盈,往往采取兼并重组方式,对公司进行重大的组织变动。我国的许多亏损或微利的国有大中型上市公司通过资产重组,实现了产业结构的调整和转型。目前,资产重组的模式主要有资产置换、优质资产注入和不良资产的剥离。上市公司的收购是股市中最具有活力的现象,举牌收购往往伴随着股价的急升。

(3)行业。

上市公司所属的行业对股价波动有较大的影响。从行业生命周期看,一般在初创期,赢利少,风险大,股价较低;成本期内利润剧增,支持行业总体股价水平上升;成熟期内盈利相对稳定,股价平稳;而衰退期赢利普遍减少,股价则呈跌势。我国产业生命周期处于初创期或成长期的朝阳产业主要有:电子信息产业(电子计算机及软件、通信)、高科技(新材料、新能源、环保、海洋工程、新型建材、光电机一体化)、生物医药工程等。

4. 市场因素

市场是反映股票供求的环境,且使供求相交,最终形成股票价格的条件,因此市场供求、市场投资者的构成、市场总体价格波动、交易制度和工具、市场心理因素等都会影响到股价。

(1)市场供求。

股票市场的供求关系决定了股价的中短期走势。作为新兴市场的我国股市,股价主要由股市本身的供求决定,即由股票的总量和股市资金总量决定。公布新股发行上市规模和掌握上市节奏已成为管理层调控二级市场供求关系影响股价总体水平的重要手段。例如,1996 年以前,新股上市一直是制约股价升跌的主要因素。在股票供给一定的情况下,股市的资金总量在价格形成中起主导作用,我国股市的资金总量对价格波动有决定性影响,且两者之间呈正相关关系。

(2)市场投资者的构成。

我国股票市场的投资者包括个人投资者和机构投资者。个人投资者和机构投资者的资金结构、股票投资者的职业背景、文化程度、收入构成等对股价波动会产生影响。

(3)市场总体价格波动。

股票市场总体价格波动对特定股票的影响是指特定股票价格与股市行情的相关关系,我国股市价格波动的特点是齐涨齐跌,个股之间的风险差异小,市场的总体风险占主导地位,个股股价的市场影响占股价变动因素的 50% 以上。

(4)交易制度和工具。

我国的股市由于起步晚,可以根据国外股市发展的历史经验选择交易制度,可以直接采用最先进的交易和通讯技术。连续竞价,电脑撮合的交易制度并未增加股价的波动幅度,无形席位制加快了交易速度,减少了股价扰动。

(5)市场操纵。

市场操纵者主要是实力雄厚的大机构,他们通过控制个股涨跌方向和程度,甚至联手操纵板块的走势进而影响大盘走势,使股价过高或过低,从中获得额外收益。

(6)市场心理预期。

投资者的心理因素是买卖股票的重要因素,众多投资者的心理预期交互影响形成市场心理预期,对股价的走势产生较强的影响。

5. 影响股价波动的非经济因素

就股市而言,一般意义上的非经济因素主要是指自然灾害、战争以及政治局势变动等。这些事件一旦发生就会影响股价的波动。这种影响有两个特点:一是暂时性的影响;二是从总体上通过对经济的影响间接体现。

(1)自然灾害。

自然灾害对股价的影响体现在灾害对实物资产的损害。一方面,灾害发生时,影响了生产,股价随之下跌;但是另一方面,灾后的重建,刺激生产的扩张,相关行业的股价会有一定程度的上升。

(2)战争。

战争期间社会生产力严重破坏,所有经济活动都得围绕战争展开,对股市造成极大的影响。

(3)政治局势变动。

政治局势变动因素包括国家主要领导人的更替,政府换届,国际重大政治活动等。

第三节 初创期的深圳债券市场

一、债券现货市场跛足前行

1994 年 3 月 18 日,深圳证券交易所推出了国债现货交易。从此,深圳债券市场的国债现货交易呈逐年上升之势。1994 年,深圳国债现货市场总成交笔数为 1452 笔,总成交额为 11.09 亿元,占当年深圳债券市场总交易额的 52.18%;1995 年,深圳国债现货市场总成交笔数为 7376 笔,总成交额为 10.75 亿元,占当年深圳债券市场总成交额的比重为 61.38%。深圳国债现货市场的迅速发展一方面是由于 1994 年国债现货交易在深圳证券交易所正式推出;另一方面是由于 1994 年开始的国债期货等交易的兴旺带动了国债现货交易。

国债现货交易是基础性交易方式,国债回购交易是派生性交易方式。其中,正回购是在卖出一种国债券时附加一定的条件,于一定时间后,以预定的价格或收益率,再将该种债券购回。当然,也可以做一个与上述程序相反的交易,即逆回购。正回购逆回购两者合并,构成了一个完整的回购业务。

我国国债回购交易始于 20 世纪 90 年代初期,当时,全国证券交易自动报价系统(STAQ)运行不久,为了提高国债的流动性,解决短期资金的周转问题,STAQ 系统于 1991 年 7 月宣布试办国债回购业务。

1994 年 9 月 8 日,深圳证券交易所开设国债回购业务。国债回购业务开办初期,回购期限有 7 天、1 个月、3 个月、6 个月,可用于回购的国债券种有 1991 年三年期国债、1992 年三年期国债、1992 年五年期国债、1993 年三年期国债和 1993 年五年期国债,共形成了 20 个国债回购品种。国债回购交易采取口头申报、电脑自动撮合成交的方式,并依据前日收盘价直接报价。国债回购是为了满足具有一定资金规模的投资者融通资金的需求,因此回购交易仅限于 10 万元面额以上(含 10 万元)的客户委托或自营业务。所以,深圳证券交易所所有会员在办理有关手续后均可参加此项业务。

1995 年,深圳证券交易所又先后对国债回购的品种设计、竞价方式等作了调整。例如,将回购期限调整为符合国际市场惯例的 7 天、14 天、28 天和 91 天,并增设了 182 天的较长期回购品种;报价内容改为按每百元收益率报价,使融资收益和融资成本更为直接明了;将原先对应现货设置回购品种改为设立标准券,使各券互相打通,扩大了融资方的抵押券基础;改固定佣金比例为按不同期限实行不等佣金比例,使各期限的融资成本更加合理。另外,深圳证券交易所的国债回购交易是以足额的国债券的面值金额作抵押,实行"先交券,后交易"的方式,从而比较有效地控制回购业务的偿还清算风险,形成了较安全的交易机制。

深圳国债回购交易市场运行之初,市场规模不大,占深圳国债交易市场总量的比重也很小。1995 年,深圳国债回购成交额开始有所放大,达到 77 亿元,而且这一年国债回购交易额还超过了国债现货交易额,是国债现货交易额的 7.5 倍。

国债回购作为提高国债的流动性,解决短期资金周转问题的一种派生性交易方式,它在深圳证券市场的作用主要表现在以下三个方面:

首先,满足了一部分投资者特别是机构投资者融资的需要。国债回购利用了国债抵押的功能,这样,机构投资者就可以通过国债回购进行一定期限的筹资。当然,有一些机构则在这一过程中实现了资金的短期投资。这种融资不仅扩大了深圳国债市场的交易规模,实际上也为深圳证券市场从外界融通资金开辟了一条渠道。

其次,回购利率成为市场利率的一个组成部分。国债回购收益率是国债市场上参与回购交易的双方价格竞争的结果,这一收益率不同于计划利率,是市场利率的表现。当时,有许多市场因素和政策因素在影响国债回购收益率,如通货膨胀率、保值贴补率、国家银根松紧政策等。反过来,国债回购收益率又为政府制定政策提供了依据,成为制定银行利率和国债发行利率的参照利率。

最后,国债回购为以后的货币政策操作创造了条件。中央银行实现其货币政策目标的手段之一是公开市场操作,公开市场操作的主要方式是债券回购交易。尽管当时我国中央银行还未采用公开市场操作业务(1996 年才开始试运行),但日益活跃和扩大的国债回购交易无疑为后来的中央银行公开市场操作奠定了基础。

二、债券期货市场风雨飘摇

债券期货交易是在债券现货交易基础上派生出的一种交易方式,它通过有组织的交易场所,以预先确定的价格,在未来约定时间进行券、款交割的一种债券交易方式。

1994 年 9 月 12 日,深圳证券交易所推出了国债期货交易业务,首批推出了 5 个系列 19 个期货交易品种。但市场运行初期,深圳国债期货交易极为清淡,直到 1994 年 11 月中旬才渐渐活跃起来,并出现了飙升行情,来势凶猛,价量齐升,新高不断,个别国债期货交易品种振幅或涨幅达 5 元以上。1995 年 2 月 13 日,深圳证券交易所推出了 6316 国债期货品种,该品种迅速发展为深交所国债期货交易的龙头产品。1993 年 2 月 23 日,上海证券交易所发生了惊心动魄的"327"国债期货事件。

所谓"327"国债期货事件,是指上海万国证券公司和辽宁国发(集团)股份有限公司等少数交易大户蓄意违规,操纵市场价格,严重扰乱市场秩序所引起的国债期货风波。

其中,"327"国债是1992年发行的3年期国债92(3),额度246.79亿元,票面年利率9.5%,1995年6月到期,其基础价格为票面价格100元加上3年合计利息28.50元,共计128.50元。由于1993年至1995年期间国内通货膨胀率居高不下,政府决定对"327"国债进行保值补贴和贴息。按后来公布的保值补贴率和贴息的计算方法,1992年7月1日至1993年6月30日按年利率9.5%计息,不实行保值补贴;1993年7月至1995年6月,按年利率12.24%加人民银行公布的1995年7月保值补贴率13.01%计息。按此方法,到期"327"国债每百元财政部实际支付160元,高于债券发行时规定的支付价格131.5元。国家是否会对"327"国债进行贴息就成了引发"327"国债期货事件的导火索。

以万国证券、辽宁国发为代表的一些机构认定国家不会贴息,国债期货价格应在140元左右,并普遍看空;以中国经济开发投资公司为首的机构的观点恰恰相反,并在国债期货上大举做多。多空双方在148元附近大规模建仓,并形成对峙格局,"327"品种未平仓合约数量逐渐加大,且空方相对集中在万国证券等少数机构手中,这种格局使市场蕴涵了极大的风险。于是,发生了1995年2月23日万国证券蓄意违规,在大量透支保证金的情况下连续23笔在"327"合约上抛出2070万张巨量卖单,成交1044.92万张,并将"327"国债期货价格从151.30元打压到147.50元,导致当日平仓的多头全线暴仓,操纵市场价格,严重扰乱了市场秩序的事件。

1995年5月17日,中国证监会发布了《关于暂停国债期货交易试点的紧急通知》,通知宣布"近几个月来,国债期货市场屡次发生由严重违规交易所引起的风波,在国内外造成很坏的影响。目前从各个方面的情况看,我国尚不具备开展国债期货交易的基本条件。为维护改革开放的形势,保持经济和社会稳定,保证金融市场的健康发展,经国务院同意,现决定在全国范围内暂停国债期货交易试点"。中国证监会的紧急通知还要求,从1995年5月18日起各国债期货交易场所一律不准会员开新仓,由交易场所组织会员协议平仓,平仓价格由交易所根据实际情况自行确定,平仓清场的截止时间为1995年5月31日。随后,深圳证券交易所根据中国证监会《关于暂停国债期货交易试点的紧急通知》的精神推出了协议平仓专场。虽然多空双方利益不同,制定协议平仓价格困难重重,但最终还是在规定时间把 68 万口每口 1550 元的深圳国债期货市场持仓量全部平仓了结。

1995 年 9 月 20 日,国家监察部、中国证监会等部门都公布了对"327"国债期货事件的调查结果和处理决定,决定说,"这次事件是一起在国债期货市场发展过快、交易所监管不严和风险控制滞后的情况下,由上海万国证券公司、辽宁国发(集团)公司引起的国债期货风波"。决定认为,上海证券交易所对市场存在过度投机带来的风险估计严重不足,交易规则不完善,风险控制滞后,监督管理不严,致使在短短几个月内屡次发生严重违规交易引起的国债期货风波,在国内外造成极坏的影响。经过四个多月深入调查取证,监察部、中国证监会等部门根据有关法规,对有关责任人分别作出了开除公职、撤销行政领导等纪律处分和调离、免职等组织处分,涉嫌触犯刑律的移送司法机关处理,对违反规定的证券机构进行经济处罚。

国债期货市场最终被迫关闭,它值得我们反思:一是现货市场和期货市场发展的逻辑关系不能颠倒,只有现货市场发达,有套期保值需求时,期货市场发展才是水到渠成;二是利率风险的存在是进行国债期货交易的必要条件,利率市场化程度不高、信息不充分对称的市场条件下发展国债期货市场,难免有人利用信息优势进行投机;三是国债期货套期保值的市场主体缺失,国债期货交易的内因条件是机构投资者套期保值的需要,而当时的商业银行等机构投资者所持国债数量有限,相当部分国债被个人持有,缺乏国债投资套期保值的市场主体,投机者自然成了市场主角。

第四节 初创期的深圳证券市场主体

一、集中统一的证券监管机构和市场监管

在 1992 年 10 月国务院证券委员会和中国证监会成立之前,证券市场没有

统一的监管部门。中国人民银行肩负着股票等证券市场的主要管理工作,国家体改委、国家计委、国有资产管理局和财政部等一些政府部门也参与管理过程。这时,证券市场特别是股票市场作为试点,主要在上海和深圳两地。这一时期,深圳证券市场是一个地方性的市场,它的地区性特征十分明显,它的监管架构以地方监管为主,它的监管法规体系以深圳市人民政府、中国人民银行深圳分行制定的地方性、部门性法规和深圳证券交易所制定的业务规章为主。如《深圳市股票发行与交易管理暂行办法》、《深圳市证券经营机构管理暂行办法》、《深圳市上市公司监管暂行办法》以及《深圳证券交易所章程》、《深圳证券交易所业务规则》等监管法规。

1992 年 10 月国务院证券委员会和中国证监会成立后,深圳证券市场实行的是中央和地方双轨并行的监管体制,一直到1995 年 5 月中国证监会在作出暂停国债期货交易决定的同时强调了"加大监管力度,完善法规制度,规范市场行为,抑制过度投机,在稳定中求发展"的监管基调,才逐渐迈向全国统一的市场监管体制。这一时期,国务院证券委员会和中国证监会的监管工作主要是制定有关政策、法规和进行宏观管理。

1992 年 12 月 17 日,国务院发布的《国务院关于进一步加强证券市场宏观管理的通知》(以下简称《通知》)是我国证券市场上第一个较为全面就加强证券市场管理颁发的正式文件。它标志着我国证券市场的管理进入了规范化的轨道,对于深化改革,保障证券市场健康发展,促进社会主义经济发展有着十分重要的意义。一是《通知》确立了近期我国证券市场管理体系的基本架构,基本理顺了证券市场管理体制,初步实现了证券市场的集中统一管理和监督;二是《通知》对证券发行程序和办法作出了严格的规范,确定法制建设在证券市场管理中的基础地位,把我国证券市场发展纳入了法制化和规范化的轨道。三是《通知》在强调加强宏观调控管理,加强市场监管的同时,决定采取把公开发行股票试点工作扩大到全国、组织企业到海外发行股票和上市,进一步搞活债券市场、组织证券新品种试点等重大举措,把我国证券市场的改革开放和发展推向一个新的阶段。

根据《国务院关于进一步加强证券市场宏观管理的通知》,这一时期证券市场的监管体系和有关监管部门的职责分工是：国家计委根据国务院证券委员会的计划建议进行综合平衡,编制证券计划;人民银行总行负责审批和归口管理证券机构并报证监会备案;财政部归口管理注册会计师和会计师事务所;上海、深圳证券交易所由地方政府归口管理,证监会实施监管。

因此,为加强深圳证券市场的宏观管理,经深圳市人民政府决定,1993年4月1日成立了深圳证券管理委员会,统一负责股份制公司设立、股票发行、证券市场管理等工作的协调。其通过下设的职能部门——深圳证券管理办公室行使对深圳证券管理的调查研究、拟订法规、制定政策并具体实施管理,深圳市证管办在深圳市证券管理委员会的领导下进行工作,在具体业务上接受国务院证券委员会和中国证监会的指导。深圳证券管理办公室下属5个部门:法规调研部、市场部、公司部、稽查部和行政部。这标志着深圳证券市场由原来的人民银行、体改委等分头管理体制转变为集中统一的管理体制。

这一时期,证券市场还出台了一系列重要的法律法规制度。1993年4月22日,国务院第112号令正式颁布的《股票发行交易与管理暂行条例》是我国证券市场第一个全国性法规,它对当时证券市场最为重要、最为紧迫的监管体制问题、发行制度问题、证监会职权问题等作了明确规定,意义同样十分重大。

二、深圳证券交易所的软硬件建设和效率提升

深圳证券交易所在试运行7个月后,于1991年7月3日正式营业。初期,深圳证券交易所规模较小,所上市证券均为深圳本地公司股票——深安达A(即今北大高科)、深原野A(即今世纪星源)、深金田A和深万科A,存在较强的地域色彩。随后,深圳证券交易所市场规模不断扩大,1992年上市证券40只,1993年上市证券133只,1994年上市证券212只,其中股票142只,1995年上市股票161只,比1992年上市股票增长300%多;深圳证券交易所市场辐射能力不断增强,1992年深圳证券交易所会员175家,1993年会员410家,其中本地会员28家,异地会员198家,1994年会员496家,证券开户数450万个,1995年会员532家,证券开户数555万个,比1992年会员数增长200%多,交易所辐射面和影响力不断增强,逐渐完成了从地域性市场向全国性市场的转变。

深圳证券交易所建立以后,为改变原先证券市场落后和效率低的运行状况,充分发挥集中交易的优势,充分借鉴海外证券市场的最新技术成果,迅速实现了交易和结算的集中化、无纸化和标准化,提高了指令输入、交易撮合和结算全过程的效率。一是股票交易逐渐实现计算机自动输入和自动撮合,实现无形化交易。证券交易所不设交易大厅,会员不再派出市代表到交易厅,通过卫星或地面光纤将证券交易所的撮合主机与会员营业部的计算机终端相连,投资者在场外营业部就可以通过计算机迅速地完成买卖委托。1992 年 5 月 26 日,深圳同城证券电脑联网系统开通,首批证券经营机构通过无形席位进行场外报盘交易。1995 年 8 月,深圳证券交易所完成了逐笔撮合规则的内在撮合系统开发工程,委托处理效率提高了 6 倍。二是股票结算方式逐步实行集中化、标准化和无纸化。1991 年 12 月底起,深圳证券交易所实行股票存折化,即股票由证券登记公司集中托管,证券经营机构作为证券登记公司代理机构对股民出具股票存折,股民携存折办理证券买卖,现金则是通过银行的计算机联网系统进行划转。1992 年 3 月 19 日,深圳证券交易所全部上市股票实现了无纸化结算和过户,随后实现了标准化。同时,深圳证券交易所还实行了中央结算与分布登记相结合的模式,即深圳证券登记有限公司作为全国性的一级清算中心与各席位会员进行清算,各席位会员——各证券机构营业部作为二级清算中心再与股民进行清算;股民股票登记在证券经营机构,各证券机构席位股票登记在深圳证券登记有限公司。

为证券市场各方提供及时、准确的证券市场行情信息,1991—1995 年深圳证券交易所陆续推出了系列股价指数,主要包括综合指数、分类指数和成分指数,并及时进行了行情发布。其中,成分指数是深圳证券交易所率先推出的。1995 年 1 月 19 日,在经过半年模拟运行后,深证成指出笼,并于 1995 年 1 月 23 日起对外实时发布,它是按一定标准、选出有代表性的、在深圳证券交易所上市的 49 家公司的股票,以成分股的可流通股为权数,采用综合指数法编制而成的。由于 1994 年 7 月 20 日的深圳综合指数收市恰好为 100 点,深证成指的基期也定在这一天,基期指数为 1000 点。

为完善证券交易制度,加强证券市场监管,维护国家企业和社会公众的合法权益,深圳证券交易所于 1991 年 7 月 3 日起实施了《深圳证券交易所章程》和《深圳证券交易所业务规则》。其中,《深圳证券交易所业务规则》从证券上市、证券的集中交易、行情揭示与统计、清算与交割、费用、上市公司管理人员、证券从业人员证券交易准则,违规处罚等方面就交易所业务规则进行了明确。为贯彻公开、公平、公正的原则,保证证券交易信息传播的及时、准确和完整,深圳证券交易所加强了对证券信息和上市公司信息的管理,于 1993 年 6 月 20 日颁布了《深圳证券交易所信息管理暂行办法》。总之,深圳证券交易所在建立深圳证券市场秩序方面作出了大量基础性工作,其所颁布的一系列有关深圳证券市场的规章制度,对规范集中交易市场秩序、防范风险,加强交易管理作出了明确规定。

证券市场技术和硬件设施的建设,是其健康有序发展的基本保证之一。深圳证券交易所的设备建设和技术保障不断发展和完善。1990 年,深圳证券交易所所采用的是最原始的交易方式,交易员在交易大厅板上竞价撮合,出市代表电话接受报盘,报告行情和成交。1991 年,深圳证券交易所在交易大厅开始使用电脑辅助设备记录交易。进入 1992 年后,深圳证券交易所设备建设和技术保障不断取得新成就:第一,利用 NovellNetware 建立了电子化交易系统;第二,建立了地面远程通讯系统;第三,利用卫星技术发布行情信息和成交;第四,建立对新闻机构和信息中介机构发布信息的 FAX 网;第五,利用 NovellNetware 网建立起第一代市场监控系统等。

三、证券经营机构的发展与规范

1990—1993 年前后,我国基本上建立了一个多层次的隶属于不同系统的证券经营机构体系。一是专业的证券公司;二是兼营证券业务的经营机构;三是代理证券业务的金融机构。其中,专业的证券公司是指由中国人民银行总行批准的专门经营证券业务的经营机构,是独立核算、自负盈亏的金融法人。到 1992 年,全国已有专业证券公司 59 家,它们分为三种类型:第一类是财政部和四大国有银行出资的三大全国性证券公司,如南方证券等;第二类也是最大的一类是由中国人民银行各地分行或商业银行独资兴办的证券公司;第三类是由财政部门创办的主要经营国债业务的财政证券公司。

从证券经营机构的组建背景、股东背景来看,这一时期成立的证券经营机构都和银行有密切关系。1992 年 8 月,君安证券股份有限公司经中国人民银行总行批准在深圳注册成立,注册资本 5000 万人民币和 1000 万美元。1992 年 12 月 21 日,由中国工商银行、中国农业银行、中国银行、中国人民建设银行、交通银行、中国人民保险公司联合发起成立的南方证券有限公司在深圳成立,注册资本 10 亿元人民币。这两大证券公司再加上在上海成立的国泰证券公司和北京成立的华夏证券公司,标志着全国性的证券公司群体已逐渐兴起。但由于此时期中国证券市场尚处于建立初期,证券经营机构在发展中也暴露出一些问题:一是尚未形成统一的行业,对证券经营机构还没有一个统一的行业政策,而且在行政上又分别隶属于不同的系统,在行业规范、税收、财务和留利等方面尚未形成统一的行业规范。二是规模小,资金实力弱,抗风险能力差,不能适应市场的发展。一些证券经营机构不仅没有能力和实力涉足股票发行市场的证券承销业务,在股票交易市场也缺乏必要的营运资金和相应服务条件,至于研究开发和金融创新等更是大多数证券经营机构力所不能及的。三是经营范围单一,难以拓宽市场。1993 年主要证券经营机构的业务范围基本都局限在代理发行和代理交易两个方面,这显然仅适应市场发展的起步阶段。四是违法违规经营,有一些证券经营机构在背后策划和出面参与一些地方违规发行股票或增资扩股的活动,有一些证券经营机构帮助发行股票企业编造发行材料,欺骗监管部门和投资者;还有一些证券经营机构搞内幕交易,操纵市场等;严重损害了投资者的利益。放松对上市公司审查,以及将客户委托资金与自营资金混在一起的现象相当普遍。五是资产质量问题较大,相当多证券经营机构的资本不充足和资产流动性低,高风险资产占比重较大,多数证券经营机构存在挪用客户保证金现象。六是内部管理混乱,规章制度不健全。在市场快速扩容中迅速发展成长起来的证券经营机构,往往缺乏专业技术人员,缺乏必要的管理制度和措施,诸如计划、内控、人事、营销等内部管理问题只有在一些较大公司才被重视。客户与证券经营机构的法律纠纷不断,公司内部犯罪现象时有发生。1993 年前后,许多证券经营机构的自营业务和代理业务账户不分,财务不清,有从业人员甚至挪用公款炒股,给国家和客户造成重大损失。

1991年至1993年这一时期,尽管监管体制尚未理顺,监管法规还未健全,但在实践中监管部门对证券经营机构的监管工作已初步展开。一是调查和查处证券经营机构的违法违规事件;二是开展证券经营机构从事股票承销业务的资格审查工作;三是初步建立了证券经营机构业务资料报送制度。

1994—1995年,由于股票市场的震荡低迷和同业竞争的加剧,证券经营机构业务经营困难,单靠证券经纪业务即代客买卖证券业务已不能维持生存。据有关方面统计,1994年一个中等规模的证券营业部一天正常成本开支为1万元左右,而一天的经纪业务佣金收入常常在5000元以下,入不敷出。当时,证券经营机构可同时经营经纪业务、自营业务和承销业务这三项主要业务,属综合经营模式。但随着竞争的加剧,已逐渐形成了以经纪业务为主和以承销业务为主两种证券经营模式,出现了证券经营机构专业化、集中化的势头。但其中也暴露出了一些问题。

在经纪业务方面,证券经营机构擅自挪用客户交易保证金,已被其视为融资手段。证券公司挪用客户交易保证金的主要用途:一是用于自营买卖;二是用于向大户透支。在自营业务方面,有部分证券经营机构存在以下问题:一是逃避监管,自营账户不报监管部门,用个人账户进行自营;二是由于证券经营机构自营账户和个人账户不分,有证券经营机构以调盘来侵占股东利益,更有甚者将个人交易损失调到自营账户,将自营账户赢利据为己有;三是某些证券经营机构利用自营业务操作市场;四是证券经营机构自营资金大部分是拆借资金,缺乏稳定资金。这些情况说明,这一时期证券经营机构的内部控制是十分薄弱的。

在承销业务方面,市场竞争越演越烈,并演变为不正当竞争、恶性竞争,主要表现在:一是有证券经营机构拉关系,借助行政力量干预承销业务;二是有证券经营机构以提供贷款为条件不正当取得承销业务;三是有证券经营机构降低承销费甚至免费承销,恶性杀价竞争;四是有证券经营机构为拉承销业务以给发行企业或有关当事人回扣的方式进行不当竞争。1993年至1995年这一时期,证券经营机构的上述行为严重影响了其在证券市场中的形象,对证券市场以及证券经营机构的发展极其不利。为此,证券监管机构加大了法规建设力度、经营机构治理力度,为解决上述问题提供了保证。但要从根本上解决证券经营机构存在的问题最终还要依赖新的制度和机制,以充分发挥市场和政府的作用,促进证券经营机构和证券市场健康、稳定发展。

四、"老基金"机构投资者的设立和成长

1994 年"三大政策"中的第三项政策为"采取措施扩大入市资金范围"。为此,发展我国的共同投资基金,培育机构投资者;试办中外合资的基金管理公司,逐步地吸引外国基金投入国内 A 股市场就成了这一时期证券市场机构投资者建设的重点。

共同投资基金,简称基金,是指通过发起设立基金单位,集中不特定多数且有共同投资目的的投资者资金,由基金管理人管理和运用,进行股票、债券等金融工具以及资产的投资,以获得投资收益和资本增值的一种利益共享、风险共担的集合投资方式或制度。

所谓"老基金"是指在 1997 年《证券投资基金管理暂行办法》颁布之前设立的基金。"老基金"起步于 1991 年,1991 年 7 月由珠海信托投资公司发起的,经中国人民银行珠海市分行批准的珠信基金设立了,它是中国第一只共同投资基金。1993 年全国共设"老基金"45 家,1994 年进一步扩大到 70 家,1995 年"老基金"市场几乎停滞,只新增了 5 家。作为一种金融工具,共同投资基金同股票和债券一样也需有自身的发行和交易市场。1994 年,天骥基金、蓝天基金、富岛基金和君安受益凭证四只"老基金"在深圳证券交易所上市;1995 年 4 月 10 日,半岛基金和南山基金在指定的证券经营机构开始进行柜台交易;同年 5 月 16 日,南方证券交易中心与深圳证券交易所实现双向联网,银通受益和广证受益等"老基金"在深圳证券交易所上市交易。据深圳证券交易所公布的统计数据,1995 年深圳证券交易所上市"老基金"11 只,上市面值 20.58 亿元,成交总金额 204.52 亿元,成交量 134.59 亿张。

从这一时期共同投资基金"老基金"的发展来看,其作为一种利益共享、风险共担的集合投资金融产品,适合我国证券市场的实际情况和长远发展要求的,是具有深远影响和时代意义的。但"老基金"也存在一些问题:

一是规模太小。"老基金"中规模最大的才达数亿元,如深圳天骥基金达5.8亿元,规模小的才仅几百万元,与国外基金相比规模过小。于是,低于亿元规模的基金在投资操作过程中都不同程度地存在一些问题。如在资金调动和运用中,捉襟见肘难以做到合理的投资组合,也就难以达到分散投资、规避风险的目的。且寄希望如此小规模的基金大举入市以活跃股市和稳定股市的可能性也较小。

二是基金期限种类单一,全部为封闭式基金。封闭式基金规模比较稳定,管理上较为容易,这符合这时期"老基金"发展水平的客观现实,但毕竟开放式基金是国际市场的主流基金。另对投资者而言,封闭式基金的风险远远大于开放式基金。封闭式基金价格受供求关系影响较大,不时脱离基金经营实际业绩。而开放式基金的发展和规模很大程度上取决于其价格即经营业绩。这样,开放式基金就对基金经理基金管理人的行为有较严格制约,对规范基金运作,扭转偏重基金筹资及流通规模而忽视基金规范和投资收益问题大有裨益。

三是基金多头审批,不利于监管。在这时期的管理体制下,基金的设立与上市应得到中国人民银行总行和交易所的批准。但事实上,在交易所流通的基金中,只有淄博基金、蓝天基金和天骥基金等少数是经中国人民银行总行和交易所的批准上市的,这给"老基金"的规范发展带来了负面影响。

尽管如此,共同投资基金以其独特优势和功能对我国证券市场发展起到了举足轻重的作用。其优势是小额投资,费用低廉;组合投资,分散风险;专家理财,省心省事;变现力强,流动性高;种类繁多,任意选择。其功能一是为中小投资者拓宽了投资渠道,对中小投资者来说,存款或购买债券较为稳妥,但收益率较低;投资于股票和实物资产有可能获得较高收益,但风险较大。基金作为一种新型的投资工具,把众多投资者的小额资金汇集起来进行组合投资,由专家来管理和运作,经营稳定,收益可观,可以说是专门为中小投资者设计的间接投资工具,大大拓宽了中小投资者的投资渠道;二是通过把储蓄转化为投资,有力地促进了产业发展和经济增长;三是基金特别是证券投资基金有利于证券市场的稳定和发展。首先,证券投资基金的发展有利于证券市场的稳定。证券市场的稳定与否同市场的投资者结构密切相关。证券投资基金的出现和发展,能有效地改善证券市场的投资者结构,成为稳定市场的中坚力量。证券投资基金由专业投资人士经营管理,其投资经验比较丰富,信息资料齐备,分析手段较为先进,投资行为相对理性,客观上能起到稳定市场的作用。同时,证券投资基金一般注重资本的长期增长,多采取长期的投资行为,较少在证券市场上频繁进出,能减少证券市场的波动。其次,证券投资基金作为一种主要投资于证券的金融工具,它的出现和发展增加了证券市场的投资品种,扩大了证券市场的交易规模,起到了丰富活跃证券市场的作用。随着证券投资基金的发展壮大,它已成为推动证券市场发展的重要动力。目前蓬勃发展、日益壮大的证券投资基金市场就是最好的证明。据中国证监会的统计数据,截至 2009 年 12 月 11 日,我国共有证券投资基金公司 50 家,开放式证券投资基金 481 只,封闭式证券投资基金 25 只。

第五节　初创期的深圳证券市场发展的阶段性思考

一、"公开、公平、公正是证券市场的核心,建立集中统一的全国性证券监督管理机构刻不容缓"——1992 年深圳"8·10"事件的深刻教训

"公开、公平、公正"是证券市场的核心。在证券市场上,如果不能处理好技术问题,建立公开透明的市场,从而保证市场的公平、公正,可能会引发社会性问题和或政治性问题。这就是 1992 年深圳"8·10"事件带给我们最深刻的教训。

1. 1992 年深圳"8·10"事件的始末

所谓的 1992 年深圳"8·10"事件,是指由于 1992 年深圳市发售新股认购抽签表方案出现了偏差,结果引发大量人群排队抢购,进而造成政治问题和社会安定问题的事件。

1992 年深圳"8·10"事件发生之前,深圳市拿到了发行股票额度,由于股票发行工作涉及面广,深圳市政府就成立了一个股份制领导小组。在新兴股票市场,新股是市场的宠儿。由于发行准备工作时间较长,社会群众听说深圳要发行

股票,于是就行动起来。因为购买股票认购抽签表需要身份证,而且1张身份证限购1张股票认购抽签表。于是全国出现了股民到农村收购身份证的现象,全国各地的身份证寄往深圳。

1992年8月7日,深圳市宣布当年发行5亿股公众股,发售500万张新股认购抽签表,每张抽签表售价100元,中签率为10%,每张中签的新股认购抽签表可以认购1000股。为了排队购买新股认购抽签表进而中签认购新股,大量股民涌向深圳,大概有120多万人聚集到了这个常住人口只有60万的城市,而且各售表网点门前提前3天就有人开始排队。

1992年8月9日9时,深圳302个金融机构网点开始同时发放这500万张新股认购抽签表。新股认购抽签表刚开始发售时,尚能维持一定秩序,但多数网点随即秩序混乱,甚至一些网点还发生了冲突,于是发售新股认购抽签表的工作也停了下来。就在发售工作停下来的时间里,很多售表网点出现了私分新股认购抽签表的情况,还有许多售表网点前挂上了“表已售完”的告牌。可此时黑市却随即出现,大量持有新股认购抽签表的人很快就把每张100元的抽签表价格抬到了400元、500元甚至1000元,这种情形激起了群众的强烈不满。而第二天8月10日《深圳特区报》的报道仍然称这次发行抽签表“秩序良好,充分体现了公正、公开、公平的原则”。于是,就有不少人围聚在报社门口焚烧这张在抽签表发行事件上说了假话的报纸以示抗议。8月10晚上,事态进一步恶化,有人拉出大白布上面写着贪官贪污腐败什么的,最后发展到人们开始群起围攻市政府。

事后调查,至少有10万张以上的认购抽签表被内部藏留私买,涉及金融系统干部职工四千多人。

2. 1992年深圳“8·10”事件的深远影响和中国证券监督管理委员会的诞生

虽然事后认定1992年深圳“8·10”事件是“一次技术失控事件”,但该事件影响深远,它暴露出许多问题:一是有关立法和监管机构不健全;二是投资者缺乏必要的金融意识特别是金融风险意识;三是一些证券中介机构的素质不高等。但最突出的问题是地方政府监管全国性市场的矛盾和问题。中国证券市场建立一个集中统一的全国性的证券监督管理机构已刻不容缓。

1992年10月以前的证券市场是多头参与、多头监管的,人民银行主管证券市场和证券公司,国家体制改革委员会负责推行股份制改革,国有资产管理局监管国有资产的变动,国家计委控制股票和有价证券的发行规模,财政部和税务局从财务、会计、税收方面进行监管,深圳市人民政府和中国人民银行深圳分行负责制定相关的地方性的和部门性的证券市场监管法规,缺少统一的协调机构和监管机构。1992年深圳"8·10"事件说明对于服务全国的深圳证券市场,仅仅依靠地方政府管理已力不从心。随着股份制改革的深化和各种有价证券的发行,特别是股票的发行和股票市场的迅猛发展,很需要建立一个集中统一的监管机构,统一法规,统一制度,统一监管。

1992年10月25日,也就是深圳"8·10"事件发生两个半月后,中国证券监督管理委员会成立,至此,中国证券市场建立了集中统一的监管机构。

二、"三分业务、七分政治"——1994年"三大政策"的深入思考

"三分业务、七分政治"是中国证券市场发展过程中的一大特点。围绕证券价格波动特别是股票价格的波动,要不要干预,如何干预,是证券市场建立以来争论的焦点。这是1994年"三大政策"的带给我们的深入思考。

1.1994年"三大政策"的背后

1994年7月下旬,股指不断创出新低,上证综指跌到335点,深证综指已跌破百点大关,为96点,两市成交金额仅6亿元。为此,当时上海市委书记和市长亲自签名的报送中共中央的电报中说"投资者损失巨大,社会反应强烈,影响市场稳定,要求中央采取措施救市"。

1994年7月底,经国务院同意,中国证监会公布了稳定和发展股票市场的若干措施,即"三大政策"。7月30日,各大媒体包括《人民日报》均刊登了新华社的通稿——《中国证监会与国务院有关部门就稳定和发展股市作出决策》。决策内容是:第一,1994年年内暂停股票发行和上市;第二,严格控制上市公司配股规模;第三,采取措施扩大入市资金范围。

1994年8月4日,《上海证券报》又刊发记者文章进一步阐述了上述第三条

的含义:"在扩大入市资金方面要研究采取的一系列措施中,第一,发展我国的投资共同基金,培育机构投资者;第二,试办中外合资的基金管理公司,逐步地吸引外国基金投入国内 A 股市场;第三,有选择地对资信和管理好的证券机构进行融资,中国证监会已着手邀请有关方面人士探讨、研究向券商融资的具体办法。"

在这"三大政策"利好的刺激下,1994 年 8 月 10 日,股指跃升,创下 1992 年 5 月 21 日股价放开后的日升幅之最,其中上海股市升幅 33.46%,深圳股市升幅达 31.29%。

2. 1994 年"三大政策"的深入思考

关于 1994 年"三大政策",需要深入思考的有三个问题:一是采取暂停发行新股的办法来维持股价,是对还是不对? 二是银行是否可以给券商融资? 三是如何发展我国的共同投资基金,建立证券市场的两个支柱之一的机构投资者,是否可以组建中外合资基金?

其中,"股价要不要干预,如何干预",是长期以来多方关心、争论的焦点问题。这实际反映了政府与市场的关系如何处理问题。政府管多了,违背了市场规律,透明度很低,市场预期难以判断,市场价格扭曲,市场本质属性缺失,投资者的信心会下降,市场交投不活跃;市场化进程快了,政府该管的不管了,市场出现混乱现象、暗箱操作等,同样会使投资者失去信心。所以,政府管什么,不管什么,怎么管,什么事情应由政府直接去操作,什么事情应让市场去独立运行,政府和市场的关系问题是个十分复杂的问题,许多国家也都没有解决好。2008 年,从美国次贷危机引发的全球性金融危机再次提醒我们要关注和处理好这个复杂问题,需要不断在实践中探索,积累经验。

中国股票市场作为一个新兴市场,由于市场环境以及投资者和上市公司等多方面原因,可能出现市场极度低迷或过度投机的市场失灵现象,为保持股票市场和社会经济的稳定和健康,政府不得不运用多种手段调节市场。政府用于调节股票市场的主要手段:一是制度手段,股市的正向调控往往与培育市场需求、降低交易成本的制度联系在一起,而负向调控则与减少市场需求、增加交易成本、加强监管的制度相联系;二是供给手段,由于政府对股票发行规模、上市公司实质性审查和公司上市时间有决定权,因此调整上市规模及节奏以改变供求关系已成为政府调控股市的手段;三是舆论手段,政府不仅对专业证券传播媒介的导向能施加强有力的影响,还可以通过其他媒体甚至党的机关报来传递信息;四是税收手段,如1994年3月股市低迷时,政府重申股票转让所得税年内不征收。政府调控贯穿中国股票市场发展过程的每一个阶段,特别是供给手段。供给手段因其灵活性和有效性在这一时期的股票市场发展中成为重要的调控手段。

但股价是由市场决定的,这是常识。考察各国股票市场发展可以看出,没有只涨不跌的股市,缓涨可能缓跌,暴涨可能暴跌,这是各国股市的一条共同规律。这是客观规律所决定的。价格决定于价值,价格受短期供求关系影响等原因严重背离价值的情况只会是短暂的和有条件的,而不可能是长期的和绝对的。在一般情况下,股价主要是由上市公司业绩和投资者投资需求决定的。这样,如何从治本上下工夫,就应该强化两个"支柱",一个是优秀的上市公司,另一个是合格的机构投资者。

三、"优秀的上市公司是证券市场健康发展的基石"——深圳"原野事件"的思考和启示

证券市场健康、可持续发展,应该强化"两个支柱",一个是合格的机构投资者,另一个是优秀的上市公司。优秀的上市公司是证券市场健康发展的基石。这是深圳"原野事件"带给我们的思考和启示。

1. 深圳"原野事件"及其处理

所谓深圳"原野事件",是指深圳原野实业股份有限公司因造假股票被停牌交易的事件,这是中国证券市场首家被停牌的企业。

深圳证券市场初期上市的仅有的5只股票,其中一只就是深原野——深圳原野实业股份有限公司。其前身是1987年7月在深圳创办的一家纺织公司,两家国企占60%的股份,港资占20%的股份,彭建东和另一个人各出资15万元,各占10%。1998年12月经批准改制为中外合资股份制企业。1989年3月,经过6次股权转换公司只剩下两个股东,一个是国有新业服装公司,占股份5%;一个是香港润涛公司,占股份95%。而此时的彭建东已成为香港润涛公司董事

长,拥有香港润涛公司90%的股权。1990年2月,公司更名为"深圳原野实业股份有限公司"并上市。

深原野上市后,从1990年5月21日至6月27日,在这短短的时间内股价上涨了210%,到10月24日股价已升到135.09元,此时距其上市仅7个月,涨幅居当时深圳最早上市的5只股票之首。

1992年4月7日,中国人民银行深圳分行的一则公告称:鉴于深原野存在大股东随意侵犯全体股东权益的行为,为保障证券市场健康发展,维护深原野广大股东的利益,中国人民银行将以高度负责的精神,对深原野严格依照法律程序进行清查。与此同时,银行冻结了深原野的账户,有关部门对公司财务进行稽核,两名财务当事人即一名副总经理和一名副总会计师被要求协助调查,并被依法监视居住。

1992年4月23日,深原野向深圳中级人民法院提交了对中国人民银行深圳分行和深圳市工商局的起诉书,法院受理了此案,但同时指出,起诉书所指中国人民银行限制深原野职员人身自由,是公安机关依法对其监视居住。深原野对此裁定不满,又向广东省高级人民法院提起上诉,请求受理中国人民银行深圳分行"变相拘禁他人案"。深原野一边告状,一边四处放风,称此事的起因是个别官员索要干股未遂所致,还以深原野董事会的名义散发《告股民书》,利用香港报纸制造欺骗性舆论,诬蔑我国政府侵犯其权利,甚至还求助于美国驻广州的领事馆,要求给予所谓"国际干预"。

于是,有关部门经过大量的调查核实,彻底弄清了深原野的问题。1992年6月20日,中国人民深圳分行再次发布公告,全面披露了深原野主要股东非法窃居控股地位、虚假投资、非法逃汇、大量占用公司资金等严重问题。早在深原野上市前夕其就采取非法手段虚增资产2300多万元,并折股归入香港润涛公司,损害了其他股东利益;为了达到上市条件,它又采取欺骗手段将香港润涛公司所持部分深原野股权转让给4家虚拟的法人股东;深原野的1亿多元人民币的外汇也被香港润涛公司转至其名下和转至其他海外公司;深原野还有2亿多元的人民币的银行贷款逾期不还。至此,事情真相大白于天下。

1992年7月7日,深原野A股股票在深圳证券交易所停牌。这是我国自开放股票市场以来第一例因在资产财务方面存在严重欺诈问题而停牌下市的股票。

1993年3月,深圳市政府决定重整深原野,将香港润涛公司非法投资、非法侵占以及虚增的股权由香港中国投资有限公司和深圳市城建开发(集团)公司认购并持有。深原野股权重组后,更名为"深圳世纪星源股份有限公司",并于1994年1月3日在深圳证券交易所复牌。深原野原董事长彭建东也因犯贪污罪和挪用公款罪被判刑。

2. 深圳"原野事件"的思考和启示

深圳"原野事件"发人深省,其改制到上市的全过程,就是该公司内部一些握有重权的人利用境外势力将国有资本化公为私的过程,凸显了深圳股份制改革和深圳证券市场发展过程中的上市公司问题特别是上市公司质量问题。

上市公司质量问题是证券市场建立以来多方共同关注的焦点,保证上市公司质量是股票市场稳定、健康发展的基石。上市公司质量的高低,直接关系到股份制改革试点的成败,关系到千百万股民的切身利益,关系到股票市场的命运。

如何提高上市公司质量? 一是上市前,必须符合国家有关法规对上市公司的要求,严格掌握发行和上市的条件;二是上市后,要把经营机制真正转换到符合市场经济对上市公司的要求上来,加强公司治理,以不断增强企业竞争能力和赢利水平,确保在优胜劣汰的市场竞争中立于不败之地;同时履行对投资者的责任,特别是对投资者的信息披露的责任。上市公司及时、准确、真实地披露信息,这是保证证券市场"公开、公平、公正"的基本原则,是保护广大投资者利益、实现社会监督的保障,是促进证券股票市场稳定、健康地发展的基石。

第三篇

规范中求发展的深圳证券市场

——发展调整期(1995 年 10 月—2000 年 8 月)

在 1995 年 10 月至 2000 年 8 月,深圳证券市场经历了从小到大、由弱到强的超常规、跨越式发展,顺利实现了由区域性市场向全国性市场、由单一化市场向多元化市场的转变,经过特区证券业各界人士不懈探索,深圳特区证券市场的发展取得了令人瞩目的成就:逐步形成了相对完善的证券法律法规体系;逐步建立起了全国性集中统一的证券监管体制;实现了从区域性市场到全国性市场的飞跃;初步构建了多样化的产品格局;多层次资本市场初露端倪。深圳证券市场成为新兴国家和地区发展最快的证券市场之一,为中国市场经济体制改革,优化资源配置,促进国有企业改革和社会发展作出了重要贡献。

深圳证券市场取得的成就,凝聚了大批中国金融改革先驱的智慧和心血,更是几代深圳证券工作者敢为人先、勇于探索、开拓创新精神的集中体现。同时,深圳证券市场快速、规范发展的这 5 年,也是深圳地方经济蓬勃发展的 5 年,深圳经济特区涌现了一大批快速发展、在行业中居于领先地位的上市公司,产生了一批具有较强竞争能力和创新能力的证券公司和基金公司,以资本市场为重点的现代金融服务体系已初具规模。深圳证券市场的成长更与中国市场经济改革脉搏息息相关,不仅见证了经济特区经济社会发生的巨大变化,更为全国经济体制改革作出了无可替代的重大贡献。而深圳证券市场发展的基础在于深圳证券市场的规范性,而规范证券市场的最终目的在于推动和发展证券市场。

如何全面展示深圳证券市场在这个时期发展和规范的历史,深刻揭示这一期间遇到的种种困惑、矛盾和障碍,以启示未来深圳证券市场的发展方向,这是本篇需要着力解决的问题。

第六章

发展调整期的深圳证券市场的监管体系

第一节　发展调整期的深圳证券市场的监管架构

深圳证券市场在 1995 年 10 月到 2000 年 8 月期间发生了深刻转变,市场在规范中有了长足的发展,从"法律、监管、自律、规范"八字方针指引下的调整与整顿,再到《证券法》的颁布与正式实施;从 B 股、H 股、欧美市场存托凭证的发行交易,到中国加入 WTO,国内关于资本项目可兑换与金融风险、经济危机的大讨论,深圳证券市场始终紧扣时代发展脉搏,规范与发展相互作用、相互促进,规范是以发展为主旋律和核心,而发展则更侧重于规范。发展是硬道理,规范离开发展,即成为无源之水,无本之木。监管、规范是为了更好地发展,而绝不能损害发展。深圳证券市场遵循着"发展与规范"的辩证统一规律,在规范中求发展,在 20 世纪末奠定了统一、完善、规范的集中型市场监管体系。

一、迈向规范的深圳证券市场监管体系

1995 年 10 月至 1997 年 8 月这一时期,在迈向统一的市场监管体制过程中,在"规范"这一市场监管精神作用下,经历了一个自主管理——地方政府管理——中央地方双重管理——中央直接管理的发展过程。规模日益庞大的证券

市场和日益发展的金融环境,客观上产生了对集中型证券市场管理体制的客观需要。与此相适应,国务院采取了一系列的改革措施,使得集中型管理体制逐步形成。

1995 年 10 月至 1997 年 8 月这一时期,深圳证券市场的监管架构是一种过渡性安排。国务院证券委员会是证券市场最高一级的管理机关,中国证监会作为其常设机构,负责重大事项的决策和股票上市审批、发行和重大违规案件稽查等事项。深圳证券管理委员会是地方证券主管机关,深圳市证管办是其下设办事机构,在中国证监会的授权和业务指导下,对本行政区域内的证券市场进行监管。深圳证券交易所是深圳证券市场的组织者和执行部门,负责市场一线监控。特别是 1996 年以后,集中统一的监管组织体系的建设步伐明显加快。1996 年 3 月,中国证监会决定分批授予地方监管部门行使部分监管职责。1997 年,中国证监会向深圳证券交易所派驻督察员,并设立专员办公室作为派出机构。1997 年 8 月,国务院正式决定将深圳证券交易所统一划归中国证监会直接管理。1997 年年底,正是全国统一监管体系形成的前夕,中国人民银行、财政部、国计委等部门尚参与证券市场的监管,地方证券主管部门虽然仍为地方政府的下属机构,并不隶属于中国证监会,但实质上已经获中国证监会的部分授权,集中统一的监管体系正在形成中。

1. 体制架构和职能界定

集中型管理体制架构主要包括两大主体:一是国务院证券委员会。它是对全国证券市场进行统一宏观管理的主管机构,由 14 个部委的领导组成,是采用委员制和例会办公形式的决策机构。其主要职责是:负责组织拟定有关证券市场的法律、法规草案;研究制定有关证券市场的方针政策和规章;制定证券市场发展规划和提出计划建议;指导、协调、监督和检查各地区、各有关部门与证券市场有关的各项工作;归口管理证监会。此外,还包括规划和审批国内企业赴海外公开发行股票和上市;审批证券交易所的设立,配合制订并下达证券发行计划;组织证券新品种的试点和创新;管理中国期货市场。二是中国证券监督管理委员会。它是国务院证券委员会的监督管理执行机构,依照法律、法规对证券发行和交易的具体活动进行管理和监督,并接受国务院证券委员会的领导。其主要职责是:根据国务院证券委员会的授权,拟定有关证券市场管理的规则;对证券经营机构从事证券业务,特别是股票自营业务进行监管;依法对有价证券的发行和交易以及向社会公开发行股票的公司实施监管;对境内企业向境外发行的股票实施监管;会同有关部门进行证券统计,研究分析证券市场形势并及时向国务院证券委员会报告工作,提出建议。

在确立中央监管机构的同时,相当一部分权力根据证券活动性质和归口的不同而被划分给国务院各部委。地方政府也相当深地介入了证券市场管理,形成了中央与地方相结合的市场管理体系。地方政府负责选拔公开发行股票的企业,会同企业主管部门审批地方企业的股份制试点(包含定向募集和社会募集公司),同时管理当地证券市场。此外,深圳市政府还归口管理深圳证券交易所。

总的说来,这一时期的监管体系表现出多层次、多元化部门分工协作的中国特色,与深圳证券市场的初级发展阶段相适应。1995 年年底到 1997 年 8 月,这一阶段的深圳证券市场监管体系的组织结构如下图 6 - 1。

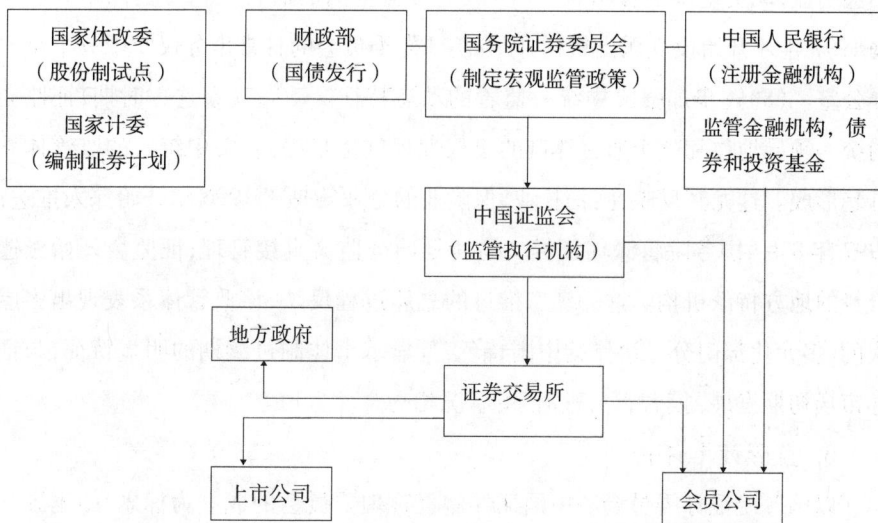

图 6 - 1　1995 年年底至 1997 年 8 月深圳证券市场监管体系的组织结构图

2. 体制特点与缺陷

上述体制的进步依然局限于其作为集中型监管模式初级形态的本质,在形式上完成构建的监管体制尚未能在内容上实现集中统一所蕴涵的监管高效率和低成本。这体现在如下几个体制特征上的缺陷:(1)权力分散性。十多个政府部门均较深地介入证券市场管理与决策,在各自职责范围内各司其职、分工监管,形成管制权力分散的多头管理格局。(2)弱独立性和弱权威性。由于未能形成强有力的单一部门权力集聚且监管权责分散配置,削弱了证监会行使监管执行权时的独立性和权威性。(3)交叉性。对监管的多头参与使得某一监管方面往往受管辖于数个监管部门,出现监管职权重叠。(4)纵向分级管理特征。各级地方政府及其对口于纵向中央政府各部门的职能部门在不同层面上参与市场管理。(5)地方性。地方政府具备挑选企业获得股票发行额度等的相当强的管制权力并深刻介入当地市场监管。(6)自律管理变形。较长时期中,证券交易所并未完全履行监管体制所赋予的强化规范的自律职能,并出现埋头于加快市场发展而脱离于中央集中管制的若干倾向。证券业协会的自律作用长期以来不甚明显,职责定位不够明确。(7)缺乏覆盖全国的监管机构分支网络。证监会1997年才开始设立派出机构,国务院证券委员会的日常事务仅归于一个小型办公室。(8)逐步加强集中统一监管的动态特征。动态观察这一时期,证监会的统一领导地位和整个监督体制的集权性程度逐步提高,集中统一的监管体系日趋形成。这尤其反映在:信托业、保险业的分业管理于1996年开始深入推进;1997年8月,国务院将深圳证券交易所划归证监会直接管理;证监会开始派遣自身的地方特派机构。这一动态推进的总体过程反映,该监管体系表现出多层次的、多元化部门分工协作的中国特色,且显示出体制过渡期的明显特征,与证券市场初期发展"摸着石头过河"的状况相吻合。

3. 监管效率评价

以国务院证券委员会和中国证券监督管理委员会的成立为标志,中国证券市场开始步入了集中性监管体制阶段。这一阶段的主要特征是明确了国务院证券委是国家对全国证券市场进行统一管理的主管机构,中国证监会是国务院证券委员会的监督管理执行机构,并接受国务院证券委员会的领导。在确立中央监管机构的同时,仍然把一部分权力根据证券活动的性质和归口的不同而划分给国务院各部委,证监会的监管效率往往还无法达到预期的效果,主要原因如下:(1)证监会虽然行使着证券监管的职能,但无权行使国务院其他部门行使的行政权力,使得证券市场的统一监管的职能未能真正得以实现,仍然存在权力分散、交叉、弱权威性、弱独立性、部门利益冲突、监管目标不统一等缺陷。这种监管体制决定了监管在职能和地区上处于分割状态,而且鉴于部门和地区利益的考虑,各家监管部门之间很难进行有效的协调和合作,这不仅影响监管的效率,而且会导致监管目标的非连续性与协调性。地方证监会由地方政府直接领导的体制,形成条块分割的局面,不利于对证券市场的集中统一管理,各监管部门之间也缺乏足够的信息公开。(2)由于当时深圳证券市场发行上采取的是规模管理、额度控制的体制,而在这一期间证券市场的发展十分迅猛,各地之间竞争激烈,导致地方政府为保证地方利益,在实施监管上就很难超脱于证券市场之外,无法严格公正的发挥其监管职能。而真正代表国家整体利益的中央监管机构却由于信息不对称,以及监管成本上的原因,无法对各种信息虚假行为进行甄别,导致一些经营状况不佳甚至亏损的企业过度包装上市。(3)在企业上市后出现问题时不及时查处,甚至继续纵容其通过各种违规违法行为来维系其配股资格,维系其不停牌。这就导致上市公司在争取到发行额度后不是致力于公司经营的改善,而是无所顾忌地通过资本市场圈钱。

　　总体来看,由于专业主管部门的成立,这一新的管理体制与原有的管理模式相比,的确具有诸多方面的优势,表现出国家对于证券市场规范发展的重视与决心。随着证券市场监管部门及其责任的进一步明确,各种相关的证券市场规范性管理法规也相继出台,使得证券市场的管理工作走上了法制化、规范化的新阶段,整个证券市场也进入了快速发展的新时期。但这一新的管理体制仍然有其明显的不足之处,仍然是不太成熟的监管体系,效率上没有达到集中型监管体系的要求。主要体现在以下几个方面:(1)政出多门必然会削弱国务院证券委员会与证监会的权力与威信,不利于强化对证券市场的管理。(2)不同管理部门之间在行使其管理职能时,由于自身利益的不同,必然会产生摩擦与冲突,不利于整个证券监管制度的协调与监管效率的提高。(3)由于两家交易所均由地方政府归口管理,势必形成市场的分隔与封闭,不利于全国统一的大市场的形成。从地方利益出发,两家交易所对于资源的争夺以及由此所引发的恶性竞争,也不利于证券市场的规范发展。(4)政府直接介入与干预市场,不利于市场作为资源配置核心功能的发挥,不利于市场自身运行规律的发挥。(5)虽然这一时期出台了一系列相关法规,但以部门规章与地方性法规居多,仍缺乏一部规范性的全国性的证券根本大法。

二、集中统一的深圳证券市场监管体系正式形成

1997 年 8 月至 2000 年 8 月,是集中统一的深圳证券市场监管体系正式形成的时期,市场监管得到明显规范。在 1997 年下半年,我国政府对证券市场监管体制施行了一系列重大改革,1997 年 8 月深圳证券交易所划归中国证监会直接管理,中国证监会的职能得到了大大加强,集中统一的全国证券监管体制正式形成。

1. 体制架构和职能界定

(1)中国证监会。在集中统一的证券监管体制下,中国证监会作为国务院证券监管机构依法对全国证券市场实行高度集中统一的监督管理。这有利于强化监管工作的公平、公正、严格、高效和权威性,并能协调全国各地证券市场,防止因地方干预、各自为政而引发市场混乱局面。

(2)深圳市证券期货监督管理办公室。它作为中国证监会的派出机构之一,接受中国证监会的直接领导,全面行使中国证监会授权的各项监管职责。此前,深圳市证券期货监督管理办公室根据中国人民银行和中国证监会的有关文件精神与要求,已于 1998 年 6 月 15 日接受了中国人民银行深圳分行移交的对深圳市证券类机构监管形成的全部档案资料,并从次日起对深圳地区证券公司、证券分公司、信托投资公司、证券营业部、证券经营机构、证券登记结算公司、外资在深设立的证券机构代办处及证券投资基金正式行使监管职责。从此,深圳证券市场监管工作揭开崭新篇章。2000 年 9 月,中国证监会深圳稽查局成立,与深圳证管办合署办公。2004 年 3 月 1 日,深圳证管办更名为"中国证券监督管理委员会深圳监管局",简称深圳证监局。

深圳证监局作为中国证监会的派出机构,担负着深圳证券期货市场市场前沿监管的重要使命,其主要职责是:贯彻执行国家有关法律、法规和方针政策,严格按照证监会《派出机构监管工作职责》,做好辖区内的市场监管工作,完成证监会系统的协作监管任务。按照中国证监会的规定对辖区内的上市公司、证券期货经营机构、证券投资基金、证券期货投资咨询机构及从事证券期货业务的律师事务所、会计师事务所、资产评估机构等中介机构的证券期货业务活动进行监督管理,依法查处辖区内证券期货市场违法、违规案件,调解证券期货业务纠纷和争议,以及中国证监会赋予的其他职责。

(3)中国证券业协会。它作为证券行业自律性组织,根据有关法规和政策,拟定自律性管理规则,并按规则统一会员的交易行为,维护市场秩序,监督和审查会员的营业及财务状况,据此对会员进行奖励和惩罚等。

(4)深圳证券交易所。它担任着证券市场一线监管员的角色,即包括对证券交易所进行的证券交易活动的监管、对交易所会员的监管、对上市公司的监管。

证券交易所既是市场设施和市场技术的提供者,也是市场活动的组织者,更是市场秩序的维护者。在这一时期,深交所在强化市场监管方面做了大量工作,取得了显著效果。

首先,在监管制度上,不断制定和完善适合加强一线监管要求的交易所业务规则。1998年,在中国证监会的指导下,深交所颁布实施了《上市规则》和《会员管理办法》,全面、细致地对上市公司和会员的监管内容作出规定,提高了监管的操作性。1999年是"证券市场法制年",深交所围绕《证券法》的实施,共制定和修订业务规则和内部规章50多项,涵盖了业务的各主要方面,形成了以《上市规则》、《交易规则》和《会员管理办法》为核心,各专项业务规则、实施细则和业务指引相补充的规则框架,为履行一线监管职能提供了规则保障。

其次,在监管理念和监管手段上,不断更新和完善,提高了监管的实效。在交易监管方面,确立了"及时发现、及时制止、及时上报、积极协查"的十六字工作方针,在坚持以实时监控系统为主要监管手段,对市场交易实施严密监视的同时,建立重点个股监控制度,对交易活跃的个股和证券商席位及股东账户进行跟踪,取得了较好的社会效果。在上市公司监管方面,以强化强制性信息披露为核心,明确提出了信息披露"时间更及时,程序更简单,范围更广泛,内容更充实,责任更明确"的指导思想,对上市公司实行分类监管的办法,确立了一批重点监管公司,做到对重点公司、重点问题予以密切关注和持续追踪,对股价异常波动的上市公司,要求其及时向投资者提示风险。建立了上市公司案例分析和总结制度,形成了每周举行案例分析例会,定期编写案例分析报告,在1998年至2000年这三年期间已编写各类监管案例和案例分析报告100余份。在会员监管方面,开展了会员年检,建立了会员财务分析指标体系和会员财务及风险状况分析系统,对会员实行分级管理,突出监管重点,并对风险会员及其营业部进行实地走访和抽查,比较全面地了解了会员经营动态和财务状况。

再次,在监管方式上,深交所按照"重点监控、重点防范"的原则,对上市公司、会员及其营业部按风险程度进行排队,对重点对象进行重点监控;对重点股票、重点席位、重点账户进行定点监控,建立全所联合监管机制,强化业务部门间的监管合作,提高处理紧急事件的能力,形成了一套比较高效、完备的一线监管机制和监管体系。

最后,加强监管系统和监管技术建设,不断完善自动化监管手段。1998年,重点对市场监控系统进行了改进,完善了"交易监控自动预警系统"、"股价波动临时停牌预警系统"、"系统交易监控功能扩充"等项目,开发了定期报告事后审查系统。1999年,对市场监控系统的软、硬件进行了升级,使监控系统处理能力提高了3倍以上;实现了对指定个股的委托监控,向事前监控迈出了一大步;建立了资金前端监控系统,并进行了实际运行的试点,在防范大额买空方面取得了重大进展;开发了上市公司年报网上披露系统,将实现上市公司年度报告首次网上披露;建立了基于深交所办公自动化系统的"会员审批、管理及查询系统",实现了会籍及席位的自动化管理。2000年,着手开发新版监察系统,建立市场监控档案管理系统、实时股票监视制度和重点涉嫌违规账户管理制度,推出会员会籍、席位业务指南及相关申请表格的上网工程。通过这些技术不断改进和完善,实现了系统功能的全面升级,增强了对股价异动和异常状况的反应能力。1995年至2000年深圳证券市场监管体系的组织结构如图6-2所示。

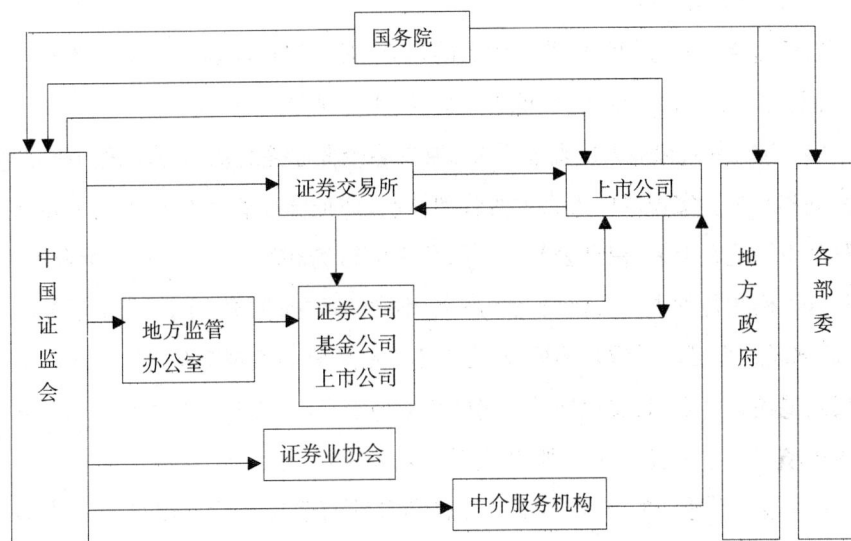

图 6－2　1995 年至 2000 年深圳证券市场监管体系组织结构图

2. 新监管体制的特点与意义

新监管体制凸显出若干显著的规范性特征：(1)集权性和一元化。《证券法》进一步明确我国实行集中统一的监管模式,证监会突破以往的自身性质与角色束缚,成为唯一而独立的最高监管机构。权力高度集中于中央政府,这使我国成为一元化集中监管体制的典范。(2)高权威性和高独立性。证监会改变事业单位性质而成为国务院直属的行政管理机构,国务院证券委员会的宏观管理职能和中国人民银行监管证券经营机构的职权被并入和移交证监会,证监会具有了大一统式的广泛的管制权力。尽管计委、体改委以及其他政府部门仍从各自角度不同程度地参与市场管理,但当时体制的独立性和主管机构的权威性明显提高。(3)管理的垂直性。中国证监会在天津、沈阳等中心城市设立 9 个证券监管办公室,25 个证券监管特派员办事处;在北京、重庆两个直辖市设立 2 个直属证券监管办事处,初步形成三级证券监管体制。地方监管机构脱离地方政府的行政管辖而直辖于证监会,由对地方负责转向对中央负责。(4)弱自律性,即自律管理的作用依然未得到强调。当时体制中证券交易所和证券业协会只起辅助政府监管的作用,且完全受制于证监会的集中管理。

3. 监管效率评价

以证监会为核心的集中监管体系的建立,对于促进深圳证券市场的规范与发展,提高市场监管效率,有着重要意义,具体表现在:

(1)理顺中央和地方的监管关系,减少多个监管主体在监管过程中所产生的冲突和摩擦。实现以中央为主的管理体制,使证券监管系统真正把主要精力转移到市场监管上来,保证公开、公平、公正的市场环境。上市公司、投资者、证券经营机构和各种中介机构,虽然分布在不同的地方,但都是同一个市场的参与者,局部风险都可能导致全局风波,证券市场必须是高度规范统一的。各国证券市场发展经验也表明,实现证券市场的长期稳定发展,需要一个强有力的监管机构对市场实行集中统一的管理,防止系统风险的大起大落。

(2)避免不适当的行政干预,便于防范和化解系统风险。1998 年证券监管体制改革之前,各地证管办归地方政府领导,在对辖区内上市公司、证券期货经营机构等有关证券期货业务的活动进行监管时,如果与当地政府的利益发生冲突,其监管业务不可避免地受到行政干预,从而降低监管效率。统一规范的证券市场监管模式形成后,便于积极发挥地方证券监管部门的作用,减少了地方保护主义,加大了其对辖区内中介机构和上市公司的监管责任,健全了对本地区所有证券行业活动的监管职能。

(3)有助于提高监管效率,降低监管成本,这一点在清理场外非法股票交易和证券交易中心的过程中体现得尤其明显。场外非法交易是指未经国务院和国家有关部门批准,擅自设立股票(股权证)交易场所,从事非法交易的活动。证券交易中心是指未经中国人民银行总行批准,各地方政府越权设立的,从事深圳、上海证券交易所联网交易业务,及从事非法股权证、基金挂牌交易的证券交易场所。截至 1997 年年底,全国 18 个省市共有股票(股权证)交易场所 41 家,挂牌公司 520 家;证券交易中心 29 家。它们是在特定的历史背景下产生的,随着证券监管工作的逐步规范和技术手段的日趋成熟,它们的问题和风险隐患日益突出,急需进行清理整顿。深圳证管办在中国证监会和市政府的领导下,精心组织,运用强有力的手段,做好清理整顿工作,保护了投资者的合法权益,维护了深圳证券市场的长期稳定。

第二节　深圳证券市场监管法规
体系在规范中不断健全

1995 年 10 月至 2000 年 8 月,在国务院"八字方针"的指引下,在国家证券主管部门领导下,深圳证券市场的法规建设大大加强,特别是证券行业根本大法《证券法》的出台,深圳证券市场监管规范的法律法规体系初步健全。

一、中央证券管理部门颁布了一系列规范性法规

1995 年 10 月至 2000 年 8 月是深圳证券市场法律法规出台的密集期。

关于 B 股和外资进入中国证券市场的法规主要有国务院证券委《关于暂停将上市公司国家股和法人股转让给外商的请示》(1995 年 9 月 23 日)、《国务院关于股份有限公司境内上市外资股的规定》(1995 年 12 月 25 日)、《中国证券监督管理委员会关于股份有限公司境内上市外资股规定的实施细则》(1996 年 5 月 3 日)、中国证券监督管理委员会关于《境内及境外证券经营机构从事外资股业务资格管理暂行规定》(1996 年 10 月 23 日)。

关于证券回购和三角债的法规主要有《中国人民银行、财政部、中国证券监督管理委员会关于重申对进一步规范证券回购业务有关问题的通知》(1995 年 8 月 8 日)、《中国人民银行、财政部、中国证券监督管理委员会关于认真清偿证券回购到期债务的通知》(1995 年 10 月 27 日)、《国务院批准中国人民银行关于进一步做好证券回购债务清偿工作请示的通知》(1996 年 6 月 25 日)、中国人民银行《全国证券回购债务清欠的有关规定》(1996 年 12 月 10 日)、中国人民银行发布的《证券回购清欠资金专户管理办法》(1997 年 1 月 22 日)。

关于股票发行的法规主要有中国证监会《关于报送公开发行股票企业申报材料的通知》(1995 年 9 月 8 日)、中国证监会《关于股票发行与认购办法的意见》(1995 年 10 月 20 日)、《中国证监会关于对公开发行股票公司进行辅导的通

知》(1995 年 9 月 5 日)、中国证监会《公开发行股票公司信息披露的内容与格式准则〈年度报告的内容与格式〉》(1995 年 12 月 21 日)、《中国证券监督管理委员会关于 1996 年上市公司配股工作的通知》(1996 年 1 月 24 日)、《中国证券监督管理委员会关于禁止股票发行中不当行为的通知》(1996 年 2 月 6 日)、国务院证券委员会《证券经营机构股票承销业务管理办法》(1996 年 6 月 17 日)、《中国证券监督管理委员会关于股票发行与认购方式的暂行规定》(1996 年 12 月 26 日)、《中国证券监督管理委员会关于股票发行工作若干规定的通知》(1996 年 12 月 26 日)。

关于股票交易及交易主体的法规主要有中国证监会关于《证券经营机构证券自营业务管理办法》(1996 年 10 月 23 日)、《中国证券监督管理委员会关于严禁操纵证券市场行为的通知》(1996 年 10 月 31 日)、中国证监会发布的《证券市场禁入暂行规定》(1997 年 3 月 3 日)、国务院证券委员会、中国人民银行、国家经贸委《关于严禁国有企业和上市公司炒作股票的规定》(1997 年 5 月 21 日)、《中国人民银行关于禁止银行资金违规流入股票市场的通知》(1997 年 6 月 9 日)。

关于上市公司制度规范和信息披露的法规主要有中国证监会《公开发行股票公司信息披露的内容与格式准则〈中期报告的内容与格式〉》(1996 年 6 月 20 日)、《中国证监会关于规范上市公司若干问题的通知》(1996 年 7 月 24 日)、《中国证券监督管理委员会关于加强对上市公司临时报告审查的通知》(1996 年 12 月 2 日)、《中国证券监督管理委员会关于发布澄清公告若干问题的通知》(1996 年 12 月 13 日)、中国证监会《上市公司检查制度实施办法》(1996 年 12 月 20 日),中国证监会发布的公开发行股票公司信息披露的内容与格式准则,包括《上市公告书的内容与格式(试行)》(1997 年 1 月 6 日)、《招股说明书的内容与格式》(1997 年 1 月 6 日)。

关于"银证分离"方面的法规主要有《中国人民银行关于印发非银行金融机构重新登记检查验收方案的通知》(1996 年 3 月 22 日)、《中国人民银行关于中国人民银行各级分行与其投资入股的证券经营机构脱钩问题的通知》(1996 年 7 月 2 日)、《中国人民银行关于撤销及转让国有独资商业银行所属信托投资公

司下设证券营业部有关问题的通知》(1996 年 7 月 2 日)、《中国人民银行非银行
金融机构重新登记公告》(1996 年 8 月 5 日)、《中国人民银行关于撤销或转让商
业银行、城市合作银行、信用社、保险公司、企业集集团财务公司、租赁公司、典当
行等金融机构及融资中心下设证券交易营业部的通知》(1996 年 9 月 5 日)。

关于证券监管方面的法规主要有《中国证券监督管理委员会关于授权地方
证券、期货监管部门行使部分监管职责的决定》(1996 年 3 月 21 日)及其修订稿
(1997 年 4 月 8 日)、《中国证券监督管理委员会关于授权地方证券、期货监管部
门行使部分监管职责的决定实施细则》(1997 年 4 月 8 日)、《中国证券监督管理
委员会关于向证券、期货交易所派驻督察员的决定》(1996 年 10 月 14 日)。

关于证券交易所和营业部方面的法规主要有国务院证券委员会《证券交易
所管理办法》(1996 年 8 月 21 日)。

关于金融创新品种的法规主要有国务院证券委《关于发布〈可转换公司债
券管理暂行办法〉的通知》(1997 年 3 月 25 日)。

关于证券教育方面的法规主要有国务院证券委《关于发布〈证券业从业人
员资格培训与考试大纲(试行)〉的通知》(1997 年 7 月 4 日)。

关于证券犯罪方面的法规主要有《国务院证券委员会、中国人民银行、最高
人民检察院关于加强证券从业人员犯罪预防工作的通知》(1995 年 6 月 9 日)、
《中华人民共和国刑法》(1997 年 3 月 14 日新修订)。"证券犯罪"被首次列入
新刑法中,并具体开列了证券犯罪行为:隐瞒重要事实或编造重大虚假内容,向
股东和社会公众提供不实财务报告,利用内幕信息买卖证券,编造并传播证券交
易的虚假信息、扰乱证券市场、造成严重后果,操纵证券交易价格、获取不正当收
益或者转嫁风险等行为。

二、深圳证券交易所颁布了一系列配套性监管规章

1995 年 12 月 25 日,深圳证券交易所颁布执行《深交所内部信息保密管理
办法》,这是加强内部信息保密管理的一项重要举措。

1996 年 4 月 10 日,深圳证券交易所发布《深圳证券交易所会员买空卖空处
理试行办法》、《深圳证券交易所会员买空卖空内部运作程序》。

1996 年 5 月 10 日,深圳证券交易所颁布《上市公司董事会秘书管理暂行办法》,进一步规范上市公司行为,保护投资者利益。

1996 年 9 月 19 日,深交所推出《上市公司股息派发管理暂行办法》,该办法自 1996 年 9 月 23 日起执行。

1996 年 9 月 20 日,深圳证券交易所发布《关于清理 B 股账户的公告》。

1996 年 11 月 14 日,深圳证券交易所发布《深交所 B 股结算会员买空卖空处理试行办法》。

1997 年 3 月 10 日,深圳证券交易所发出《关于整理和制定业务流程的通知》,在全所范围内推广此项工作。

1997 年 4 月 4 日,深圳证券交易所发布《关于切实做好上市公司年度报告工作的通知》,统一布置,统一要求,督促上市公司做好定期报告披露工作。4 月 13 日,提出 1997 年深交所工作方针,即:把握大局,规范运作,巩固成果,提高质量,争创优势。12 月 29 日,正式发布《深圳证券交易所股票上市规则》,该规则自 1998 年 1 月 1 日起生效。

1998 年 3 月 17 日,深圳证券交易所发布实施《深圳证券交易所证券投资基金上市规则》。4 月 28 日,向中国证监会提交《关于证券业计算机系统"2000 年问题"的报告》。在证券业首先提出计算机系统"2000 年问题",得到证监会的高度重视。6 月 12 日,推出《深圳证券交易所会员法人结算制度实施方案》,开始推行法人结算制度。8 月 3 日,发布实施《深圳证券交易所会员管理暂行办法》。8 月 12 日,发布施行《深圳证券交易所综合研究所管理试行办法》。9 月 8 日,发布施行《深圳证券交易所特别账户管理试行办法》。11 月 16 日,发布施行《深圳证券交易所委托、买卖异常紧急停牌业务流程》。11 月 28 至 29 日,根据中国证监会安排,进行证券业计算机"2000 年问题"第一次全网测试。

1999 年 1 月 22 日,深圳证券交易所发布实施《银行办理深圳证券交易所证券资金电子结算业务规则》。7 月 3 日,发布实施《上市公司股票暂停上市处理规则》,深交所交易结算系统特别转让股票处理程序开发完成并上线。7 月 15 日,发布实施《深圳证券交易所市场监控系统维护实施办法(修订版)》。7 月 20 日,发布实施《深圳证券交易所监管业务紧急情况处理流程》。9 月 30,发布实

施《深圳证券交易所证券登记代理机构业务运作指引》。10 月 25 日，发布实施
《深圳证券交易所上市公司权益分派及配股登记业务运作办法》。11 月 17 日，
发布实施《资金前端风险控制系统——券商业务操作指引》。

2000 年 5 月 1 日，《深圳证券交易所股票上市规则(2000 年修订本)》正式
施行。8 月 17 日，深交所决定成立上市规则、交易规则、登记结算规则、会员规
则、发行制度研究等 9 个创业板筹备工作小组，这标志着深交所创业板筹备工作
全面启动。

规范的证券法制是提高证券监管制度效率，促进证券市场健康发展、功能发
挥的必要保障。深圳证券市场的成长历史，就是一部证券监管以及作为证券监
管核心组成部分的证券法律法规制度从无到有、逐步规范并不断完善的动态发
展史。经过多年的建设，证券市场法律法规体系的基本框架已初步形成。截至
2000 年年底，有关证券市场的法律、行政法规、部门规章和规范性文件总计 500
多件，形成了涵盖证券市场各个领域的基本健全的法律制度框架，奠定了深圳证
券市场规范与发展的法律基础。尤其是《公司法》、《证券法》、《证券投资基金管
理暂行办法》、《上市公司治理准则》、《证券公司管理办法》等基础性法律法规的
颁布，这些法律法规表示中央政府要转变监管理念、监管方式，保护中、小投资者
利益，证券监管思路要从控制风险思路转变为揭示风险思路。由此相关部门加
快了证券法律法规制定的步伐，并再一次大规模、深力度地加强了对证券市场的
监管和规范，以至于 2001 年被称为中国证券市场的监管年，影响深远。

20 世纪末深圳证券市场监管法制框架已大致形成，这为深圳证券市场规范
发展、有效监管提供了理论上的保障，但也需要多方面因素的密切配合。在监管
实践中还容易受到政治、经济与证券市场发展成熟度的影响，暴露出当时证券监
管法制建设仍还有诸多不尽如人意之处，例如，证券市场出现的上市公司披露不
实信息问题普遍；少数上市公司受大股东控制，严重损害其他中小投资者利益；
少数证券经营机构存在违法经营行为；部分中介服务机构违背职业道德，弄虚作
假；市场监管力度不够等问题。政府及其监管机构在立法与执法这两方面的不
完善是这些问题的主要原因：第一，法律法规等正式规则的建设以及监管决策过
程显示出明显的滞后性，立法与正式规则形成往往落后于市场行为的变化和市

场创新的步伐。第二,各项监管法规制度之间缺乏配套与衔接,法制内容上的统一性和整体性程度偏低,许多法规与规章带有过渡性质,甚至有些正式规则由于论证不充分,仓促出台,本身存在诸多内容含混、界定困难的非规范之处。第三,若干法规制度的科学性与可操作性不够,缺乏对于市场发展的适应性,使法制的监管效果难以保证。特别是有些规则由于缺乏实施的现实基础而导致管制失败。第四,正式规则的实施机制不健全,执法力度不够。制度经济学家诺斯认为,制度的效率由正式规则、非正式规则和约束机制共同决定,因实施机制不完善将使制度效率大幅受损。而在相当长的时间内,深圳证券市场的大量法律制度常常只有制止性条件和审批程序规定等,而没有明确的法律责任和实施机制,或者有责任规定而缺乏有效的执法行为。这种证券立法与执法之间的不完全配套,将严重影响证券监管制度效率的实现,这是需要进一步加以规范完善的主要方向。

监管执法是证券法制得以最终贯彻的必要保证,如果在证券市场执法中缺乏严肃性和执法力度不足,常常令大量法规形同虚设,从而降低了监管效率。可以说制度形成后的"有法不依、执法不严"是这些证券法规初步健全之后市场监管工作中的核心。

第七章

发展调整期的深圳股市、债市和基金市场

第一节　在规范中不断发展的深圳股票市场

一、股票发行市场在规范中不断扩张

1. 股票发行市场规范化发展历程分析

1995 年,深圳股票市场在大部分时间都处于较为低迷的状态,新股发行市场同样也处于低迷之中,全年总共只有 9 只 A 股和 10 只 B 股新股发行上市。1995 年 10 月以后,伴随着全国经济形势的不断好转,深圳股票市场管理层锐意探索,推出一系列的开拓、服务市场的新举措,使深圳股票市场逐步摆脱困境,逐渐由弱转强,继而走出了持续两年的波澜壮阔的上升行情,不断扩展了市场的辐射面,真正开始确立深圳证券市场作为全国性市场的重要地位。

伴随着这一快速发展时期,深圳股票发行市场在规范中崛起,发展迅速,除发行新股外,配股和转配红股也在一定程度上扩大了市场规模,市场融资功能增强。据统计:1996 年,深圳股票市场全年新增上市公司 101 家,新股发行实际募集金额 125.41 亿元,较上年增长 406.50%;配股实际集资金额 15.17 亿元,两项共计 140.58 亿元,较上年增长了 182.18%。这一年股票总发行股本由年初的267.39 亿股扩大至年底的 439.54 亿股,增长了 64.39%;股票市价总值由年初

的 948.62 亿元扩大至年底的 4364.57 亿元,增长了 360.10%,增势迅猛。

在 1996 年增加 101 家上市公司的基础上,1997 年深圳股票市场上市公司又新增加 117 家。上市公司总数达到 362 家,比上年增加了 52.74%;上市公司股票总发行股本 795.86 亿元,比上年年底增长了 72.88%;市价总值为 8311 亿元,比上年年底增长 90.42%。1997 年,上市公司通过深圳股票市场筹集资金总额(含首发和配股)达到 451.88 亿元,是 1996 年的 3.21 倍,超过前 6 年的总和,一举奠定了深圳股票市场全国性市场的基础地位,深圳证券市场开始从地方走向全国,影响范围持续扩大。

据统计①:1997 年 8 月至 2000 年 8 月,深圳股票发行市场除上网公开发行新股外,通过配售新股、增发新股也进一步扩大股票发行市场的规模。1997 年,深圳证券交易所上市的股票 399 只(A 股 348 只,B 股 51 只),股票总股本达到 759.62 亿股(A 股 738 亿股,B 股 57 亿股),股票总市值达到 8311 亿元(A 股 8122 亿元,B 股 189 亿元),股票流通市值 2691 亿元(A 股 2528 亿元,B 股 163 亿元)。

1998 年,深圳证券交易所上市的股票 454 只(A 股 400 只,B 股 54 只),股票总股本达到 1065 亿股(A 股 997 亿股,B 股 68 亿股),股票总市值达到 8879 亿元(A 股 8773 亿元,B 股 106 亿元),股票流通市值 2798 亿元(A 股 2703 亿元,B 股 95 亿元)。

1999 年深圳证券交易所上市的股票 504 只(A 股 450 只,B 股 54 只),股票总股本达到 1328 亿股(A 股 1259 亿股,B 股 70 亿股),股票总市值达到 11890 亿元(A 股 11726 亿元,B 股 164 亿元),股票流通市值 3964 亿元(A 股 3728 亿元,B 股 137 亿元)。

2000 年年底,深圳证券交易所上市的股票 557 只(A 股 499 只,B 股 58 只),股票总股本达到 1580 亿股(A 股 1492 亿股,B 股 88 亿股),股票总市值达到 21100 亿元(A 股 20859 亿元,B 股 241 亿元),股票流通市值 7606 亿元(A 股 7405 亿元,B 股 201 亿元)。6 年深市 IPO、配股和增发情况参见表 7-1、表 7-2 和表 7-3。

① 参见《深圳证券交易所市场统计年鉴》(2000),中国金融出版社 2001 年版。

表7－1　深市股票 IPO 情况表

项目 年份	首发家数 （家）	首发股数 （亿股）	首发募集 资金（亿元）	首发发行 费用（亿元）	首发实际募集 资金（亿元）	首发 市盈率
2000	50	35.68	271.41	8.63	262.78	32.07
1999	47	42.37	242.29	6.99	235.30	21.15
1998	57	38.59	199.67	6.42	193.26	11.92
1997	117	72.61	407.42	12.22	395.20	12.15
1996	101	32.34	130.42	5.01	125.41	12.13
1995	18	9.43	25.07	0.30	24.76	10.49

资料来源：Wind 资讯金融终端软件 2009 年版；《深圳证券交易所市场统计年鉴》(2000)，中国金融出版社 2001 年版，经整理。

表7－2　深市股票配股情况表

项目 年份	配股家数 （家）	配股股数 （亿股）	配股募集资金 （亿元）	配股费用 （亿元）	配股实际募集 资金（亿元）
2000	84	30.51	264.49	6.93	257.55
1999	53	13.85	111.90	3.23	108.67
1998	79	22.35	162.08	3.66	158.42
1997	37	11.27	58.10	1.41	56.68
1996	13	3.37	15.34	0.18	15.17
1995	40	7.37	26.02	0.96	25.06

资料来源：Wind 资讯金融终端软件 2009 年版；《深圳证券交易所市场统计年鉴》(2000)，中国金融出版社 2001 年版，经整理。

表7－3　深市股票增发情况表

项目 年份	增发家数 （家）	增发股数 （亿股）	增发募集 资金（亿元）	增发费用 （亿元）	增发实际募集 资金（亿元）	增发 市盈率
2000	10	6.54	101.76	2.96	98.80	23.26
1999	2	2.67	23.23	0.59	22.64	－
1998	2	2.80	13.60	0.27	13.33	11.39

资料来源：Wind 资讯金融终端软件 2009 年版；《深圳证券交易所市场年鉴》(2000)，中国金融出版社 2001 年版，经整理。

经过 1995 年至 2000 年的发展,深沪融资能力最终形成相对平衡的格局,详情如表 7－4、表 7－5、表 7－6。

表 7－4 深沪两市集资金额对比表

项目 年份	实际集资金额 （亿元）			新股发行（含 IPO 或增发） 实际集资金额（亿元）			实际配股集资金额 （亿元）		
	沪深	沪市	深市	沪深	沪市	深市	沪深	沪市	深市
2000	1541.03	921.9	619.13	1012.47	650.89	361.58	528.56	271.01	257.55
1999	800.82	434.21	366.61	540.56	282.62	257.94	260.26	151.59	108.67
1998	813.85	448.84	365.01	461.33	254.74	206.59	352.52	194.1	158.42
1997	960.72	508.84	451.88	736.58	341.38	395.2	224.14	167.46	56.68
1996	331.49	190.91	140.58	270.26	144.85	125.41	61.23	46.06	15.17
1995	118.84	69.02	49.82	57.87	33.11	24.76	60.97	35.91	25.06

资料来源:Wind 资讯金融终端软件 2009 年版;《深圳证券交易所市场统计年鉴》(2000),中国金融出版社 2001 年版,经整理。

表 7－5 深沪两市新股发行对比表

项目 年份	上市股数（亿股）			新股发行家数（家）			新股发行股数（亿股）		
	沪深	沪市	深市	沪深	沪市	深市	沪深	沪市	深市
2000	85.68	42.84	42.84	146	96	50	119.87	85.19	34.68
1999	90.10	45.05	45.05	94	47	47	86.18	43.81	42.37
1998	79.65	39.83	39.83	112	55	57	89.26	51.13	38.13
1997	161.03	80.52	80.52	207	90	117	156.05	75.84	80.22
1996	67.11	33.56	33.56	198	97	101	64.08	30.53	33.56
1995	38.01	19.00	19.00	33	15	18	30.72	11.71	19.00

资料来源:Wind 资讯金融终端软件 2009 年版;《深圳证券交易所市场统计年鉴》(2000),中国金融出版社 2001 年版,经整理。

表 7 - 6　深沪两市新股发行对比表

项目 年份	配股家数（家）			配股股数（亿股）		
	沪深	沪市	深市	沪深	沪市	深市
2000	168	86	82	170	86	84
1999	122	60	62	113	60	53
1998	153	79	74	158	79	79
1997	111	67	44	104	67	37
1996	46	28	18	41	28	13
1995	80	42	38	82	42	40

资料来源：Wind 资讯金融终端软件 2009 年版；《深圳证券交易所市场统计年鉴》(2000)，中国金融出版社 2001 年版，经整理。

2. 股票发行市场规范化发展特征分析

1995 年 8 月至 2000 年 10 月，深圳股票发行市场经历较大规模增长，市场规范化水平有所提高，其规范化发展的具体特征可概括为以下几点：

(1)异地上市公司成为主体，发行市场全国化。深圳股票市场异地上市公司从 1995 年 6 月初的 76 家猛增到 1997 年 12 月底的 298 家，异地上市公司数量占全部上市公司数量的比重从 1995 年 6 月初的 61.78% 猛增到 1997 年 12 月底的 82.32%。其中，既有"佛山电器"、"江铃汽车"、"东北输变电"、"四川长江"、"粤金曼"、"东方电子"、"大同水泥"、"湖北双环"、"通化金马"、"南方摩托"、"湘酒鬼"、"长城电脑"、"燕京啤酒"等异地大型企业股票，也有"内蒙兴发"、"拉萨啤酒"、"西藏矿业"、"桂林集琦"等边远及少数民族地区企业股票。特别值得注意的是，1997 年东北地区和中西部地区通过深圳证券市场筹资总量达297.74 亿元，占深市筹资总额的 62.50%。深圳证券市场的全国性特征日益彰显。1998 年后深圳股票市场上市发行趋势愈加全国化、多样化，深圳股票市场成为全国性的重要融资场所。

(2)发行市场中基础产业和支柱产业比重加大。1997 年是深圳证券市场大发展、大扩容的一年。在 1996 年市场规模增长 50% 以上的基础上，1997 年深圳股市继续保持高速增长态势。国家通过政策上引导，利用证券市场的直接融资功能帮助大中型国有企业改善资金融通状况,调整资本结构,摆脱困难局面,实现向现代企业制度的转变,进而达到带动整个国民经济发展的目的。在 1997 年,对新股上市实行了"总量控制、限报家数"的新股额度管理方法,中国证监会在 1995 年强调了上市公司选择中的行业倾斜政策,并随后加以贯彻落实。这一政策是 1995 年 6 月时任证监会主席周道炯在全国证券期货市场监管会议上提出的,即在选择公开发行股票和上市企业时,重点支持能源、交通、通讯、原材料等基础产业和高新技术产业,从严控制一些加工产业和商业企业,暂不考虑金融和房地产行业。行业倾斜政策是在严格控制上市节奏和规范发行市场的背景下提出的,体现了管理层通过股票市场大力支持基础产业和高新技术产业的政策取向。在这种政策指导下,有竞争力的大型国有企业上市数量增多。到 1997 年年底,全国 500 强国有企业中有 90 多家在深交所上市,其中一些属于国家支柱产业的大型国有企业,如鞍山钢铁、唐钢股份、一汽轿车等。一大批国有企业通过改制上市走上股份制运作轨道,1998 年后深圳股票市场继续发挥国企融资场所的作用,更多的大型国企在深圳上市。

(3)"历史遗留问题"股分批上市。1995 年 6 月,经中国证监会和国家体改委确认,1990 年以前公开发行股票而尚未上市的企业共 90 家,它们被统称为"历史遗留问题"股。中国证监会确定的解决办法是"视市场情况相机安排上市,分年解决,但这些企业不再发行新股"。

1996 年 2 月 8 日,"重庆中药"这一"历史遗留问题"股率先在深圳证券交易所上市。随后又有"成都华联"、"内蒙宏峰"、"光明家具"、"格力电器"、"珠洲庆云"、"美伦股份"、"华光陶瓷"、"重庆东源"、"珠海中富"、"武汉石油"、"昆明五华"、"武汉塑料"、"天发股份"、"石狮新发"、"山东海龙"等"历史遗留问题"股上市。由于这些公司的股票是以面值发行,发行较早,并且在一级半市场经过多次转手,持股成本较高,加之这些公司的信息披露不够彻底,有关公司股权分布结构和分红派息等关键问题陈述不清,公司形象欠佳,致使大部分"历史遗留问题"股上市后高开低走,并在一段时间内造成深证指数的滑落。但这些历史遗留问题的成功化解为深圳股票市场下一步的规范、持续发展扫平了道路。

3. 股票发行市场进一步规范的方向

1995—2000 年,深圳股票发行市场在市场规模急剧扩张、融资功能显著增强的同时,也出现了许多新问题,需要引起重视并在下一步的发展加以规范。

(1)非法拆借资金申购新股。新股在投入交易市场后产生的巨大利润对一些根据国家的规定不能进入股票市场的机构也产生了很大的吸引力,一些银行机构非法将资金拆借给一些机构申购新股,使国家金融资产的安全性受到了威胁,也因为这种大资金的进入而使得中签率居低难上,客观上侵犯了合法投资者的中签权益。

(2)弄虚作假,企图蒙混上市。不少企业因急于满足股票发行和上市的要求,不惜违反有关规定弄虚作假,在市场上产生了很坏的影响。比如石油大明公司在申请股票发行和上市过程中公然违反证监会在年初作出的关于不得缩股的规定,将其注册资本从 12000 万元缩减到了 4800 万元,也没有将其内部职工股根据有关规定进行及时的托管锁定,这一做法由于有群众举报而得到了及时的处理,不仅大明公司受到了处罚,对它进行中介服务的证券经营机构、会计师事务所、律师事务所以及证券登记公司也都受到了处罚。但是,也有不少公司的违规行为并没有得到及时的处理,比如企业的一些领导人利用职权私分职工股,在交易市场上抛出后赚取了大量非法利润;在股票发行上市过程中公然伪造政府文件和银行存款凭证,其内部职工股也没有进行托管等。

(3)拔高溢价,蒙骗市场。一些公司为了拔高发行溢价,不切实际地夸大赢利预测,骗取市场的信任。比如发行价高达 8.95 元的粤金曼,在其招股说明书中承诺其 1996 年的每股税后利润将达到 0.976 元,但到当年中期时仅实现了 0.19 元,全年完成每股税后利润也不过 0.55 元,仅及其预期的 56.4%。

(4)配股"圈钱"。配股在筹资上既迅速又省力,它其实是上市公司行为短期化的一种典型特征。以配股方式壮大企业规模,只要简单地进行现有企业的复制就可以了,它不像内涵式扩大再生产那样需要有长远的规划和严密而科学的论证,出现了比如琼民源这样的上市公司,刚刚完成配股就出现亏损的恶劣事例。这说明了一些上市公司之所以热衷于配股,其深层次目的就是像投资者说的是为了"圈钱"。

针对上述问题,证券监管部门分别制定了一系列规范措施,如1997年1月,中国证监会发文对新股发行中的赢利预测作出了规范,规定新股发行定价不能以赢利预测为依据,而是改为按过去3年已实现的每股税后利润的算术平均值为依据。再如,证券市场主管部门一再发文对配股作出种种限制,无非是希望在股票发行仍要额度控制的情况下,保证有限的资金能够流向效益较高、赢利能力较好的公司,从源头上限制那些只想利用股市"圈钱",不注重提高经营实绩、不对股东负责的上市公司任意配股。

二、股票发行制度在规范中不断完善

1. 股票发行管理体制规范化发展历程

1995年8月至2000年10月,以《证券法》的实施为标志,我国的股票发行制度经历了从审批制到核准制的制度变革,深圳股票市场股票发行进入新的历史阶段。

(1)审批制阶段的规范发展阶段。1995年9月、10月证监会发布了《关于报送公开发行股票企业申报材料的通知》、《关于对股票发行中若干问题处理意见的通知》、《关于股票发行与认购办法的意见》。深圳股票发行进入指标管理审批阶段。从1997年7月底至1999年6月底,继续实行额度管理下的两级审批制度。为了推动和鼓励国有大中型企业发行上市,在额度控制方面由以前将额度直接分配到地方政府和各部委演变为1997年以后的"总量控制,限报家数"的办法。其特点:一是股票发行实行额度管理,二是股票发行实行两级审批体制。即首先发行者需根据行政隶属关系,向地方政府或中央企业主管部门提出公开发行股票的申请;发行申请经地方政府或中央企业主管部门初审后,送中国证监会复审,发行申请人在取得中国证监会批准后,方可发行股票。审批制下深市股票发行申报审核程序见图7-1。

1996年,新股发行改为"总量控制、限报家数"的指标管理办法的目的是为了扩大上市公司的规模,提高上市公司的质量。为了支持国有大中型企业发行股票,改革后的监管政策明确要求,股票发行要优先考虑国家确定的1000家,特别是其中的300家重点企业以及100家全国现代企业制度试点企业和56家试

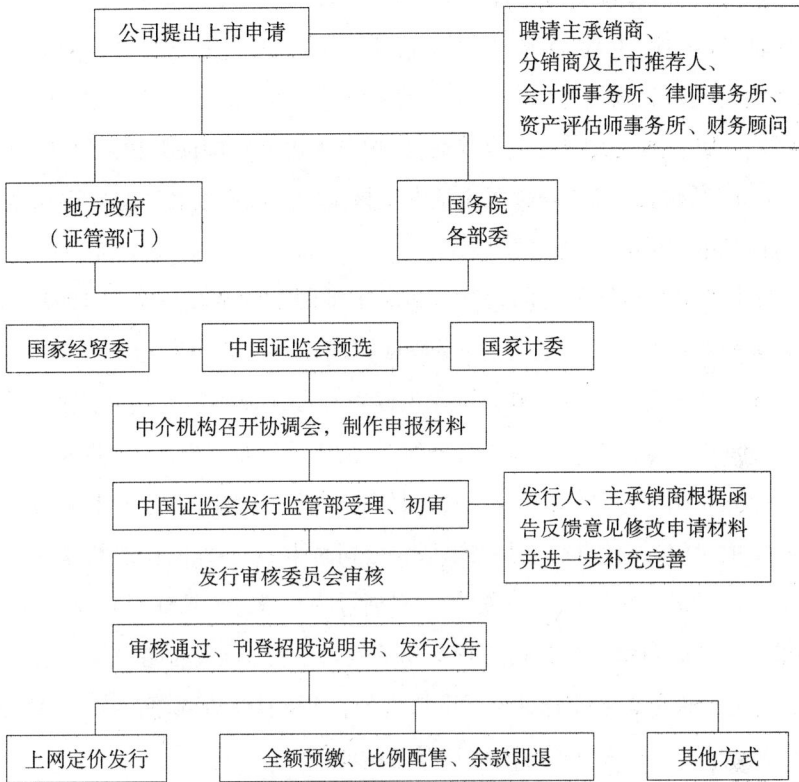

图7-1 审批制下深市股票发行申报审核程序图

点企业集团,并鼓励在行业中处于领先地位的企业发行股票并上市。在这一阶段,地方及一些部委在股票发行上拥有很大权力。此阶段发布的有关法律、法规及规定包括:1996年1月3日,国务院发布《关于境内上市外资股的规定》,标志着B股市场有了首部全国性的法规;1996年,《关于禁止股票发行中不当行为的通知》,《关于加强股票发行市场监管工作的通知》、《关于规范上市公司行为若干问题的通知》和《关于股票发行与认购方式的暂行规定》等一系列法规和文件,针对发行与上市公司行为中出现的问题和细节作出了详细规定;1997年1月17日,中国证监会发布《关于股票发行工作若干规定的通知》,对赢利预测的准确性及发行定价问题作出了新的规定;1997年3月14日,新修订的《中华人民共和国刑法》将"证券犯罪"列为刑法的处罚对象;1997年3月25日,国务院证券委员会发布《可转换债券管理暂行办法》,标志着发行可转换公司债券试点拉开序幕;1998 年 11 月 25 日,中国证监会下发《关于停止发行公司职工股的通知》,决定自当日起股份有限公司发行股票一律不得发行公司职工股;1998 年 12 月 29 日,九届全国人大常委会审议通过《中华人民共和国证券法》,并于 1999 年 7 月 1 日正式施行。《证券法》关于证券审核制度的规定推动证券发行从审批制逐步迈向核准制的新阶段。

(2)审批制逐步规范化的特征分析。审批制下的审核制度自 1997 年开始有了比较规范化的运行方式,其主要特点体现在以下几个方面:一是要求 1995 年 8 月 5 日前未上报发行材料的企业先以发起方式设立股份公司运作一年,待证券监管部门对其改制运行验收合格后,方能申请发行股票;二是要求拟公开发行股票公司在向证券监管部门申请股票发行前,必须由国家有关主管部门对其募集资金的投向进行审核;三是要求股份公司董事、监事及其高级管理人员必须参加证券监管部门统一组织的考试,并对通过率和考试成绩作了具体的规定;四是要求主承销商对拟发行公司进行前期的发行上市辅导,为期一年。通过以上规范性举措,相关监管制度明确了审核责任,完善了审核程序。为《证券法》出台后,核准制的正式施行创造了比较好的制度环境。

(3)股票发行核准制开始施行。1999 年 7 月 1 日至 2000 年 8 月底,新股发行监管制度处于由审核制向核准制的过渡时期,虽然《证券法》规定实行新的监管制度,但是 1999 年到 2001 年期间,新股发行仍然要消化 1999 年之前下发的审批额度,因此这一阶段处于审批制的终结和核准制的探索时期。

在《证券法》实施后,股票发行监管机构对于股票发行审核制度进行了一系列改革,主要有以下几个方面:其一,取消发行额度,证监会不再向各省下达"额度"或"家数",实行"成熟一个推荐一个";其二,坚持先改制后发行的原则,原来有的企业被选定为发行企业后,仓促找几个发起人,将资产剥离,甚至没有来得及登记注册就发行了股票。现在必须经过改制,挂牌运行一年后,才能申请发行股票,保证了证券发行的规范性;其三,改政府审批为券商推荐,发行人提交申请经省级人民政府或国务院有关部门批准后,由主承销商推荐并向中国证监会申报;其四,对于高新科技企业,由主承销商直接向证监会报送推荐材料,证监会委托科技部和中科院进行论证,经确认的高新科技企业,证监会予以优先审核。在以上实践的基础上,2000年3月16日,中国证监会发布了《中国证监会股票发行核准程序》、《股票发行上市辅导工作暂行办法》和《信誉主承销商考评试行办法》,这些规章制度对当时股票发行核准程序作出了明确具体的规定,将《证券法》规定的股票发行核准制具体化、制度化,形成了具有可操作的核准制雏形。核准制下深市股票发行申报审核程序如图7-2。

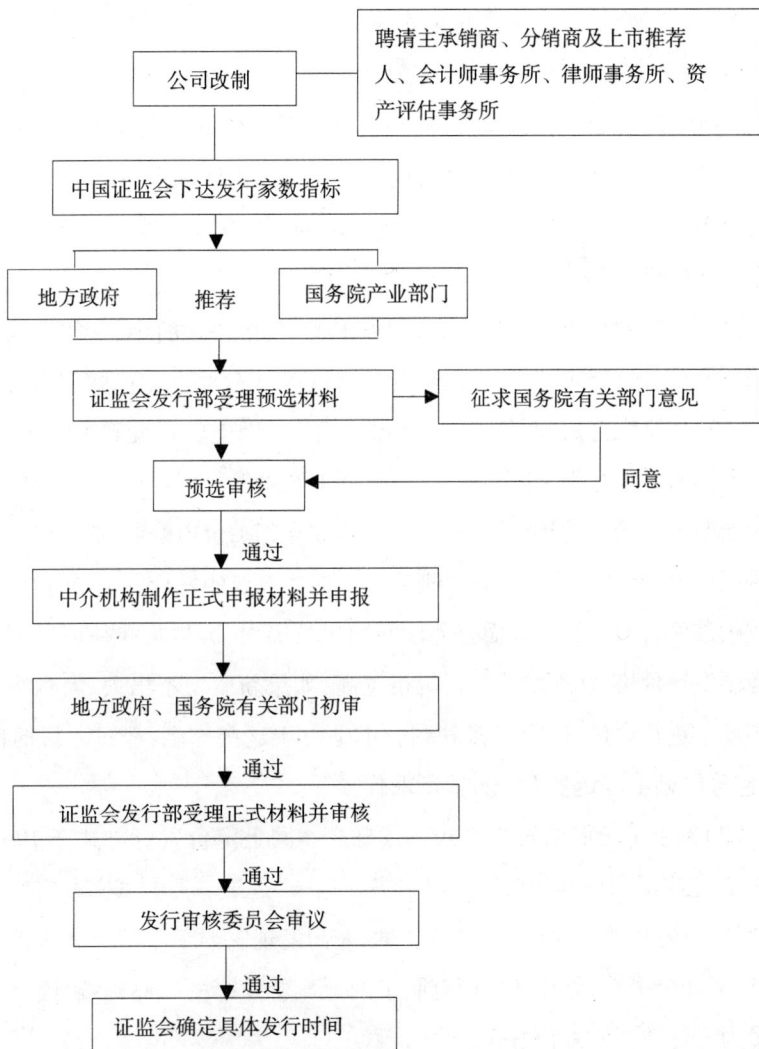

图7-2 核准制下深市股票发行申报审核程序图

总体而言,深圳股票发行管理体制的规范化历程始于证券发行规模监管理念的变化,即发行规模从"额度控制"调整到"节奏调控"。监管部门于1996年对证券发行的规模控制进行了改革,实行"总量控制、集中掌握、限报家数"的新办法,中国证监会在总量控制下对企业进行审核,形成了审批制下的"计划管理"。到2000年,证券发行采取的"额度审批制"运作日益规范化,而由于《证券法》精神的指引,市场发行核准制初露端倪。

2. 股票发行方式规范化发展历程

(1)网上竞价股票发行方式从试点到终结。1994年6月,深圳股票市场琼金盘(000572,现更名为海马股份)的首次公开发行中率先采用了新的上网竞价发行方式,通过深交所的交易系统向所有认购者竞价发售,其后在上交所采用竞价发行方式的还有哈岁宝(600864,现更名为岁宝热电)、青海三普(600869)、厦华电子(600870)等。

网上竞价发行方式有利有弊,优点主要有:第一,发行效率的大幅提高。由于采用了计算机处理技术,以前新股发行过程中的大量工作,仅仅需要几个小时或一个工作日就完成,而且出错率很低。第二,网上发行突破了地域的限制,投资者不用再到发行地认购新股。但是,网上竞价发行同样存在一些弊端:一方面由于当时的市场条件还很不成熟,容易造成竞相抬价申购、新股上市后跌破发行价等问题,投资者非理性的盲目报价造成这些股票的发行价定得过高,上市后很快就跌破发行价。另一方面公平性问题比较突出,大机构往往可以利用资金优势控制发行价格,从而造成发行价格过高,如果新股发不出去,大机构又会在二级市场上进行炒作,进行投机获利。正是由于这些弊端,经过一段时间的试点后,它最终被上网定价发行方式所取代。

(2)网上定价股票发行方式正式确立。网上定价发行方式于1994年7月20日首先在深圳证券交易所推出,"粤宏远A"是第一只尝试网上定价发行方式的股票。经过"粤宏远A"的发行尝试,人们发现它继承了网上竞价发行方式的优点,还在公平性、公正性方面克服了网上竞价发行的一些弊端,因而它成为应用最为广泛的新股发行方式。

(3)上网定价方式为主与网下配售为辅的发行方式。在上网定价发行方式普遍运用的同时,一些企业在首次公开发行中采用了网下"全额预缴、比例配售"的发行方式。1996 年 12 月 26 日,证监会发布的《关于股票发行认购方式的暂行规定》规定了股票发行可以采用的三种基本方式,即上网定价发行、全额预缴款、与储蓄存款挂钩方式。网下发行只剩下全额预缴款、与储蓄存款挂钩方式两种。但这两种网下发行方式在实践中已很少使用,自此上网定价正式成为当时新股的主要发行方式。2000 年 8 月 1 日到 11 月 16 日首发的 31 只新股基本都采用上网定价发行方式,深圳股票市场新股发行基本上形成上网定价为主与网下配售为辅的格局。

(4)股票配售方式多样化。为了使股票发行方式更加灵活多样,证监会开始采用混合型模式,在采用上网定价的同时,试行按比例配售。根据配售对象的不同新股配售方式分为向法人配售、向投资基金配售、向二级市场投资者配售这三种方式。

一是向投资基金配售。为了培育机构投资者,证监会于 1998 年公布了新股发行时可以向投资基金优先配售的试点办法。这种做法对于扶持投资基金和改变一级市场运行格局有一定意义,但在新股发行中签率极低的情况下,对广大中小投资者则意味着不公平,同时也使得基金每年的分红绝大部分来源于认购新股的收益。2000 年 5 月 23 日,证监会公布了《关于调整投资基金认购新股事项的通知》,宣布废止过去关于向投资基金配售新股的全部文件,新股发行时不再单独向基金配售,同时规定基金可以作为战略投资者一般法人参与配售和上网申购,或作为二级市场的投资者参与配售,考虑到基金账户的单一性,对其新股申购的上限不作限制。

二是向一级市场战略投资者(法人)配售。1999 年 7 月 18 日,证监会发布的《关于进一步完善股票发行方式的通知》第 2 条规定,公司股本总额在 4 亿元以上的公司,可采用对一般投资者上网定价发行和对法人配售相结合的方式发行股票;第 4 条对法人的范围进行了界定,指出《通知》中所称的法人是指在中华人民共和国境内登记注册的除证券经营机构以外的有权经营人民币普通股的法人。同年 9 月 8 日证监会在《关于法人配售股票有关问题的通知》中指出,法人具体即指国有企业、国有资产控股企业、上市公司,简称三类企业。2000 年 4

月 4 日,证监会发布了《关于修改〈关于进一步完善股票发行方式的通知〉有关规定的通知》,取消了上网定价与法人配售相结合方式中公司股本总额须在 4 亿元以上的限制以及配售比例的限制,发行总股本在 4 亿元以下的也可以采用;同时取消《关于进一步完善股票发行方式的通知》中用于法人配售部分不得少于公开发行量的 25%,不得多于 75% 的限制。从而进一步扩大了该发行方式的适用范围。采用此种方式,将发行的新股分为两部分,一部分向法人投资者配售,另一部分再采用上网发行方式向一般投资者发行。参与配售的法人投资者包括战略投资者、证券投资基金和一般法人。在实际操作过程中该方式有两种模式:一是先确定上网发行量,配售和上网发行分别同时进行;二是先向法人进行配售,然后再上网发行。在这种模式下,整个发行过程实际上分两步走,即先向法人配售,根据对战略投资者和其他机构配售的结果来确定发行价格和发行规模、配售与上网发行的比例。1999 年 9 月 21 日,"首钢股份"是首只采用对一般投资者网上发行和对法人配售相结合的方式发行的股票。由于"首钢股份"的询价只在机构和法人中进行,忽视了二级市场中小投资者的意见,出现了法人配售权暗箱交易和战略投资者并不"战略"的现象。因此在随后发行的"宝钢股份"中,主承销商主动进行广泛的市场调研来确定发行价,充分照顾了中小投资者的利益。总体上来说,对一般投资者网上发行和对法人配售相结合的新股发行方式是比较成功的,这种发行方式可以使大盘股的发行更容易,降低发行人的发行风险及承销商的承销风险,在股票上市初期减缓市场的抛售压力,有利于稳定流通市场。这种发行方式还是比较符合当时的经济发展状况的,对于证券市场的稳定发展起到了不可忽视的作用。

但是这种发行方式照样存在不少问题,其中最主要的问题是战略投资者并不"战略"。由于资金的趋利性,大量战略投资者在低价获得大量股票后,马上通过各种渠道利用政策漏洞进行黑市转让,获得巨额利润,这与当初国家引入战略投资者的初衷是完全背离的。引入战略投资者在形式上与国际接轨了,但是在实际效果上却没有达到稳定市场和提高企业经营业绩的目的。这就迫使管理层不得不开始研究新的新股发行方式,在经过一段时间的讨论后,向二级市场投资者配售的发行方式开始实行。

三是向二级市场投资者配售。在引入一级市场战略投资者配售制度后,大量资金囤积在一级市场,特别是基金的优先配售政策,使广大中小投资者很难申购到新股,引起广大中小投资者的不满。2000 年 2 月 13 日,中国证监会发布了《关于向二级市场投资者配售新股有关问题的通知》中指出新股发行将按二级市场投资者的持仓市值配售。二级市场投资者根据自己在沪、深交易所的股票持仓市值,计算出可申购新股的数量,通过沪深交易所完成申购程序,进行新股申购。也就是说,新股发行时按照一定比例(一般是 50%)分为网上向二级市场投资者配售和网下向战略投资者配售相结合的方式。但是《关于向二级市场投资者配售新股有关问题的通知》中仍然规定证券投资基金优先配售发行总额的 50%,这种做法很快就在社会上引起非议,认为有失公平性,而且不利于证券投资基金的发展,于是在 2000 年 5 月证监会废除了证券投资基金优先配售的特权。

由于这种方式较好地考虑了广大投资者的利益,在当时得到了广大中小投资者的一致好评。这种方法一方面限制了高价发行的弊端,另一方面使二级市场投资者得到合理的风险投资补偿,使得高风险和高收益达到一个合适的匹配,一级市场的高收益问题也得以比较好的解决。随后的 3 月 18 日沧州大化、天津水泥首次试点向二级市场投资者配售新股,2000 年上半年已有 23 家公司采用了该种方式发行新股。但总体看来以该种方式发行新股的上市公司在发行新股的公司总数中比例较低,并且由于各种原因,在 2000 年 8 月以后已经较少有公司采用上网定价与二级市场投资者配售结合的发行方式了。

3. 股票发行定价方式规范化发展历程

(1)行政定价发展完善阶段。自 1993 年起,随着证券市场的新股发行已经开始步入正轨,各项规章制度都在这一时期开始建立健全,一直到 1998 年,深市新股发行定价方式基本上采用相对固定市盈率的行政定价方式。这种方式主要有两个关键因素:每股税后利润和发行市盈率。即:发行价格 = 每股税后利润×市盈率。对于每股税后利润的计算先后进行了 3 次变革,而市盈率基本上控制在 13—16 倍之间。

(2)准市场化定价阶段。1998 年 12 月 31 日《证券法》颁布,其中第 28 条规定:"股票发行采取溢价发行的,其发行价格由发行人与承销的证券公司协

商确定,报国务院监督管理机构核准。"对于新股发行定价方式,明确提出不
再实行行政定价。自此新股发行定价开始由行政定价向市场化定价方式
过渡。

这一时期,新股发行定价方式的改革明显加快。关于新股发行定价的规章
制度在这一时期先后颁布实施,新股发行定价的市场化框架也开始形成。这是
对新股发行方式和定价方式的重大改革,允许制定一个发行价格区间,这打破了
原来的单一定价模式,而且首次引入战略投资者概念。

表 7 - 7　深沪两市平均发行定价对比表

市场年度	平均发行价格(元)	平均发行市盈率(倍)	平均上市首日收益率(%)
1998 深	5. 52	14. 13	129. 32
1998 沪	5. 62	14. 10	134. 57
1999 深	6. 24	16. 60	125. 39
1999 沪	6. 15	17. 30	104. 71
2000 深	8. 42	27. 04	158. 74
2000 沪	7. 83	27. 86	152. 48

资料来源:兴业证券公司网站;《核准制下一级市场收益率演变趋势及投资策略》,经整理。

市场化程度较高的的竞价试点也带来一些问题,由于市场股票供需结构失
衡,市场化的竞价方式所带来的只是一级市场发行市盈率大幅提高,二级市场
股价严重被扭曲,投机泡沫愈演愈烈。从表 7 - 7 中我们可以看出,市场化定
价方式除了带来发行市盈率的提高以外,对于抑制二级市场高溢价现象并没有
太大的作用,深沪两市平价发行市盈率不断攀升,首日收益率也居高不下,深
圳股票市场发行定价市场化改革并没有达到预期成效。2001 年 3 月 17 日,新
股发行核准制正式实施,公司公开发行股票并上市,必须改制辅导满一年,由
证券公司推荐,发行审核委员会审核,发行人和主承销商确定发行规模、发行
方式、发行价格,并由证监会核准,自此深圳股票市场发行定价市场化改革正式
开始。

三、股票交易市场规模在规范中不断壮大

1. 股票交易市场规范发展历程

1995 年 10 月至 1997 年 8 月这一时期,深圳股票市场双向扩容,在发行规模扩大的同时,股票交易规模也在不断扩大,上市股票数量、成交量、成交额、股票市值等指标屡创新高,市场运行在规范中不断前行。

1996 年,随着市场的日益走强,交易量不断放大。日交易金额由年初的 1.74 亿元猛增加到年末的 84.8 亿元;最高日成交金额 212 亿元,最高日成交笔数 182.9 万笔。全年股票、基金总成交金额达到了 13313 亿元,超过了前 5 年成交额的总和,平均每天成交金额 53.90 亿元,为上年日均成交金额的 11 倍。

而在接下来的 1997 年 8 月至 2000 年 8 月这一时期,深圳股票交易市场规模持续扩大。1997 年深圳证券交易所上市股票 399 只(A 股 348 只,B 股 51 只),上市股票成交量 1344 亿股(A 股 1305 亿股,B 股 39 亿股),上市股票成交金额 16958 亿元(A 股 16744 亿元,B 股 214 亿元),上市股票市值 8311 亿元(A 股 8121 亿元,B 股 189 亿元),上市股票流通市值 2691 亿元(A 股 2528 亿元,B 股 163 亿元)。

1998 年深圳证券交易所上市股票 454 只(A 股 400 只,B 股 54 只),上市股票成交量 1026 亿股(A 股 1007 亿股,B 股 19 亿股),上市股票成交金额 11158 亿元(A 股 11113 亿元,B 股 45 亿元),上市股票市值 8879 亿元(A 股 8773 亿元,B 股 106 亿元),上市股票流通市值 2798 亿元(A 股 2703 亿元,B 股 95 亿元),深证综合指数最高为 441.04 点,最低为 310.83 点,年末收盘于 343.85 点。

1999 年深圳证券交易所上市股票 504 只(A 股 450 只,B 股 54 只),上市股票成交量 1372 亿股(A 股 1321 亿股,B 股 50 亿股),上市股票成交金额 14354 亿元(A 股 14223 亿元,B 股 130 亿元),上市股票市值 11890 亿元(A 股 11726 亿元,B 股 164 亿元),上市股票流通市值 3964 亿元(A 股 3728 亿元,B 股 137 亿元)。

2000 年,深圳证券交易所上市股票 557 只(A 股 499 只,B 股 58 只),上市股票成交量 2320 亿股(A 股 2247 亿股,B 股 74 亿股),上市股票成交金额 29452 亿元(A 股 29249 亿元,B 股 203 亿元),上市股票市值 21100 亿元(A 股 20859 亿

元,B 股 241 亿元),上市股票流通市值 7606 亿元(A 股 7405 亿元,B 股 201 亿元)。从 1997 年 8 月至 2000 年 8 月底,深圳市场共有 167 只股票上市,其中 A 股 161 只,B 股 6 只。

总体来说,从表 7-8 可以看出,在 1995 年到 2000 年这一期间深圳证券市场上市公司数目、上市证券数目不断攀升,初具规模的全国性市场形成,A 股、B 股无论股本数量上还是流通金额也都相应稳步增加。

表 7-8 深市股票流通情况表

项目 \ 年份	1995	1996	1997	1998	1999	2000
上市公司数目	135	237	362	413	463	514
上市证券数目	192	299	429	483	540	596
股票	161	270	399	454	504	557
A 股	127	227	348	400	450	499
B 股	34	43	51	54	54	58
股票总发行股本(百万股)	26739	43954	79586	106501	132870	158099
A 股	24048	39948	73837	99786	125920	149225
B 股	2691	40068	5749	6715	6950	8872
股票总流通股本(百万股)	10513	15876	27506	36121	45793	58433
A 股	8378	12577	22530	30153	39752	51441
B 股	2135	3299	4976	5968	6042	6992
股票市价总值(百万元)	94862	436457	831117	887973	1189070	2116008
A 股	87686	413243	812174	877391	1172691	2085943
B 股	7175	23215	18943	10582	16379	30065
股票流通市值(百万元)	35122	145829	269095	279815	396428	760619
A 股	29589	126695	252822	270310	382753	737742
B 股	5533	19134	16272	9505	13675	22877

资料来源:《深圳证券交易所市场统计年鉴》(2000),中国金融出版社 2001 年版。

从表 7-9 可以看出,在 1995 年到 2000 年这一期间深圳证券市场总交易日保持平稳,总成交金额急剧增加,总成交股数、日均成交股数都有较大增幅。

表 7－9　深市股票成交情况表

项目＼年份	1995	1996	1997	1998	1999	2000
总交易日	244	247	243	246	239	239
A 股	244	247	243	246	239	239
B 股	235	238	235	238	232	231
股票总成交金额（百万元）	93299	1221736	1695866	1115814	1435382	2945279
A 股	91596	1203205	1674497	1111349	1422336	2924898
B 股	1704	18530	21369	4465	13046	20380
总成交股数（百万股）	19148	143126	134434	102615	137201	232073
A 股	18657	139093	130529	100708	132150	224715
B 股	491	4033	3905	1907	5051	7358
日均成交股数（百万股）	78.48	579.46	553.23	417.13	574.06	971.02

资料来源:《深圳证券交易所市场统计年鉴》(2000),中国金融出版社 2001 年版。

在 1995 年至 2000 年这一期间,深圳证券市场成交额不断推上新的历史最高水平,从表 7－10 可以看出,深市历史成交金额最高的月份都出现在 2000 年 2 月和 3 月,成交金额最高记录的前六位,无论是月还是日都是出现在 1999 年到 2000 年期间,而且从 1991 年深圳证券市场诞生开始到 1995 年很少有能进入成交额最高记录排名前列的,这说明深圳股票市场在 1999 年和 2000 年这两年间有了井喷式发展,真正成为全国性的交易市场。

表 7－10　深市股票成交金额最高记录(1991—2000 年)

排名	时间	月成交金额（百万元）	排名	时间	日成交金额（百万元）
1	2000 年 3 月	464577.95	1	2000 年 2 月 17 日	42862.14
2	1999 年 6 月	448702.65	2	1999 年 6 月 25 日	39242.71
3	2000 年 6 月	360982.62	3	2000 年 2 月 15 日	34698.42
4	2000 年 4 月	328324.12	4	2000 年 2 月 16 日	32433.15

续表

排名	时间	月成交金额 （百万元）	排名	时间	日成交金额 （百万元）
5	2000 年 8 月	324861.97	5	1999 年 6 月 29 日	31219.37
6	2000 年 2 月	317207.89	6	1999 年 6 月 30 日	30851.56
7	1996 年 11 月	308965.64	7	1995 年 5 月 17 日	29894.73
8	1997 年 4 月	284680.82	8	1999 年 6 月 28 日	29788.00
9	2000 年 7 月	271545.69	9	1999 年 6 月 24 日	29768.00
10	1997 年 5 月	271503.21	10	2000 年 2 月 21 日	28046.39

资料来源：《深圳证券交易所市场统计年鉴》（2000），中国金融出版社 2001 年版。

2. 股票交易行情及原因分析

（1）跌宕起伏的股市行情。

1995 年 10 月至 2000 年 8 月这一时期，深圳股票市场行情可谓跌宕起伏，大起大落。

1995 年深证综合指数最高为 169.66 点，最低为 112.63 点，年末收盘于 113.25 点；深证成份指数最高为 1415.23 点，最低为 982.80 点，年末收盘于 987.75 点。

1996 年，深证成份指数从年初的 987 点上升至年末的 3215 点，升幅达 225%，最低点 924 点，与最高点 4522 点相差 3598 点，波幅为 389%。在全年 247 个交易日中，行情振幅在 100 点以上的达 76 天，持续走阳在 7 天以上的达 3 次，最长走阳时间达 10 天。全年从行情启动到持续走强，深圳股票市场都充分体现了主战场的特点。

1997 年，深圳证券市场跌宕起伏，深证综合指数最高为 520.25 点，最低为 295.44 点，年末收盘于 381.29 点；深证成份指数最高为 6103.62 点，最低为 2985.40 点，年末收盘于 4184.84 点。东南亚金融危机中断了 1996 年的牛市，从 1997 年 8 月起，深圳证券市场开始走弱，政府逐步出台金融宏观调控的政策与措施，政策上的不断刺激使得深市走势扑朔迷离，大起大落。

从 1997 年 8 月 1 日至 10 月 27 日这一阶段，深市进入了利好刺激下的震荡时段。在承前段时间的大幅度上涨后，开始受亚洲金融危机和香港股市大幅下跌的影响,深成指由 1997 年 8 月 1 日开盘的 4541 点跌至 1997 年 9 月 23 日的最低 3661 点,跌幅为 19.38%。随后政策面向好,党的十五大胜利召开,中国人民银行再次降低存贷款利率,《证券投资基金管理办法》顺利通过等。深圳成份指数从 1997 年 9 月 23 日最低的 3660 点上扬至 10 月 27 日最高的 4755 点,涨幅为 39.92%。深圳综合指数在这一时间收盘在 393.89 点,涨幅为 1.97%,深圳日均成交量为 4.27 亿股,成交额达 50 亿元,平均每股成交价格为 10.54 元。

在 1997 年 10 月 28 日至 1999 年 5 月 17 日这一阶段,东南亚金融危机的长期负面效应逐渐显现,深圳股票市场转为低迷,盘面不断下挫。尽管政府继续出台了一系列的利好影响,包括人民银行决定降低金融机构存、贷款利率、首批证券投资基金的推出、降低印花税等,深成指直到 1998 年 6 月 10 日才首次跌破 4000 点,并由此进入一个加剧下跌的过程,深成指在 1999 年 5 月 17 日最低点位 2521 点,由最高点下跌了 47.29%,当日深成指收于这一阶段 2547 点,下跌了 45.57%,下降幅度较大。深综指在这一阶段收于 311.97 点,下跌了 20.8%,跌幅远小于成份股指数。深市日均交易量为 4 亿股,比前一阶段下降了 6.32%;日均成交金额为 42.18 亿元,比前一阶段下降了 6.27%,但平均成交单价却比上一阶段略高。

在 1999 年 5 月 17 日至 6 月 30 日这一阶段深市开始了大盘急剧上升的逆转时段。决策层认为股票市场的持续低迷不利于整体经济的发展,政策面的重大利好不断发酵,股票市场开始在短期内急剧上升,这是以网络股为先导、科技股为中坚、重组股垫后的突发性行情。1999 年 5 月 19 日下午,深圳股票市场的行情突然启动,自此股指连连攀高,成交量也屡屡刷新。中国证监会有关领导甚至《人民日报》都发表有利于股票市场的文章,同时也推出了一些实质性的利好,如中国人民银行降息、证券公司增资扩股的获得批准等,政策的明朗无疑给大盘注入了兴奋剂。6 月 29 日,深证综合指数创下了两年来的新高,最高为 528 点,成交量为 23.18 亿股,成交金额达 312.19 亿元。6 月 30 日,深证成份指数创下了 4896.04 点最高位,成交量放大到 22.89 亿股,以当天收盘计算,深成指在短短的半个月内上涨了 84.62%。深综指在这一时段收于 507.17 点,上涨了 62.57%,涨幅较成份股指数小。深市日平均成交量达 14.93 亿股,成交金额为

156 亿元,是上一阶段的 372%,但平均的成交价 10.48 元,甚至比上一阶段还低,说明股票是普遍上涨,而且以低价股为主。

在 1999 年 7 月 1 日至 12 月 28 日这一阶段,深市开始了上一阶段暴涨后的回调阶段。自 1999 年 7 月 1 日《证券法》实施后的整个下半年,深圳股票市场以横盘整理为主,波动幅度略有减少,期间虽有资金供给面和股票供给面双向扩容等利好政策,但市场反应平静,走势惯性下探至"5·19"行情以来深证成份指数的最低点 3284.79 点。深成指收于 3342.40 点,跌幅为 28.93%,平均成交单价为 11.60 元,比上一阶段上涨了 5.74%,整个市场日均成交量为 4.89 亿股,日均成交金额为 55.64 亿元,分别下跌了 67.23% 和 64.44%。

而在 1999 年 12 月 29 日至 2000 年 8 月 31 日这一期间,深市开始缓慢回升。这一时段行情的主要特点是在初期上升急促,之后平稳上涨。2000 年 2 月 14 日,受新股发行向二级市场投资者配售的重大利好消息刺激,深圳股票市场出现了自 1996 年 12 月恢复涨跌停板制度以来最大的单日涨幅,深圳成份股指数和综合指数分别上涨了 9.36% 和 9.07%,深圳股票市场大盘接近涨停板,成交金额也达到了 200 亿元,热点集中在网络股上。之后,市场虽有反复,但总体还是向上,先后引发了国企股和资产重组股的行情。深成指收于 4826.30 点,比上一阶段上涨了 44.40%,成份股平均成交股价为 14.46 元,上涨了 24.66%。深综指收于 617.42 点,上涨了 55.78%,日均成交量为 11.33 亿股,成交金额为 141.32 亿元,分别上涨了 131.70% 和 154.99%。

(2)原因分析

一是市场规模扩张,行情火暴。一方面是股市供求的重大变化。1996 年以后的深圳 A 股流通市场快速扩容,1999 年比 1996 年可流通股本总数高出 1.82 倍,流通市场规模的扩大使出现过分投机的可能性逐渐降低。另一方面是证券市场的扩大。尤其以债券市场(以国债为主)的快速扩大,使债券收益率和股票投资回报相互制约,这也限制股票市场的过度投机。1996 年、1997 年市场行情的火暴使市盈率过高,处于远离正常水平的高位,遏制了股价未来向上的空间。股指的长时间回落在很大程度上可以看做是对前期过高市盈率的过度反应的修正。

二是政府政策的干预作用。监管当局的举措与市场反应具有非常强的关联性,1996 年 1 月 22 日,深综指盘中最低点 105.34 点。1996 年 12 月 12 日,深综指盘中最高点 476.72 点。1997 年 12 月 16 日,人民日报发表特约评论员文章《正确认识当前的股票市场》,再次强调证券市场有风险。1996 年 12 月 26 日,深综指盘中最低点 294.80 点。受人民日报评论员文章的影响,股指暴跌。1997 年 5 月 13 日,深综指盘中最高点 520.25 点。1997 年 5 月 5 日证监会决定 1996 年新股额度增加 50 亿元,股指在 5 月 8 日大幅下跌后急速反弹向上,于 1997 年 5 月 13 日达到深综指的历史最高点。1997 年 5 月 16 日,证监会将 1997 年发行规模确定为 300 亿元,股指连续下挫。1997 年 9 月 29 日,深综指盘中最低点为 323.77 点。1997 年 9 月 24 日,三大证券报同时刊发《消除疑虑增强信心》的评论文章,推动股指反弹。1998 年 8 月 18 日,深综指盘中最低点 310.83 点。1998 年 8 月 19 日,《证券投资基金配售新股规定》出台,推动股指大幅反弹。1999 年 5 月 17 日,深综指盘中最低点 308.30 点。南斯拉夫大使馆被炸,股指下挫。随后股指反转,发动了著名的“5·19”行情。1999 年 6 月 30 日,深综指盘中最高点 528.63 点。6 月 15 日,《人民日报》就证券市场发表题为发表《坚定信心,规范发展》的特约评论员文章,指出证券市场处在恢复性发展阶段。1999 年 7 月 1 日《证券法》实施,市场人士理解为扩容信号,股指下跌。1999 年 12 月 27 日,深综指盘中最低点为 394.76 点。1999 年 12 月 26 日,中国证监会发出通知,要求主承销商筹建证券发行内核小组,实行证券发行申请材料主承销商核对制度。市场理解为扩容信号,股指下挫。2000 年 11 月 24 日,深综指盘中最高点为 656.21 点。以上特定日期与证券发行监管具体事件和制度安排的对应性显示,在股指突破底线时,监管部门的通常做法是暂停新股发行、推动更多机构参加新股配售或者干脆发表利好的评论员文章。而触及高限时,则采取增加股票供应、新增股票发行额度、改革发行制度、安排大项目发行等具体方法。毋庸置疑,它们的目的都一样,都是通过证券供求关系的调节来实现政府的行政目标。表面上看起来,证券供求关系的调节是很市场化的手段,但如此配合政府的目标,上述手段最后只是披上行政干预的市场化外衣,其实质就是政府的行政调节。理所当然,监管当局与投资者重复博弈的结果是,投资者会预期到政府的调控时间和具体手段。不仅如此,那些消息灵通的“庄家”还能利用这一博弈获得无风险套利,监管部门旨在保护中小散户的证券供求调控最终被市场利用。更为重要的是,证券市场融资能力难以有效发挥,促使很多优质的上市资源流向海外证券市场,不利于深圳证券市场的长远发展。

三是证券市场多方博弈的结果。很显然当时我国证券发行监管与西方成熟市场的证券发行监管存在显著不同。首先,为防止"坏孩子"进入证券市场,监管部门承担了实际上的实质性审查。其次,证券发行监管过程中用行政目标直接替代证券发行监管的原因,并决定证券发行监管的内容。再次,在对证券发行监管的原因认识不够深刻之时,以行政干预的方式,调控证券的供求关系,以达到政府的对应目标。然而,好的出发点未必有好的结果。这样做的结果是,在重复博弈的作用下,扩容则证券市场闻声下跌,反之则上涨。证券市场承接新发行证券的能力得不到有效放大,对证券市场融资而言,证券发行监管无异于作茧自缚,调控证券供求关系的证券发行监管往往被市场人士所利用。在政府监管部门与市场各方博弈的过程中,监管者往往最终成为市场的俘虏,实际上并不能起到稳定市场的作用。

表7-11 证券发行监管与市场表现对比表

日期	深综指涨跌幅 (%)	证券发行监管举措
2000年3月16日	-4.75	2000年3月14日转配股上市,3月17日股票发行核准程序办法发布,核准制正式实施
2000年2月14日	9.07	证监会改革股票发行方式,向二级市场投资者配售新股
1999年9月9日	6.03	允许法人配售股票及买卖二级市场股票
1999年7月1日	-7.89	《证券法》正式实施,被市场视为扩容利空
1999年6月16日	5.68	6月15日,人民日报发表特约评论员文章,认为当时的行情是恢复性行情
1998年8月19日	5.87	证券投资基金配售新股规定出台
1997年9月24日	6.42	三大证券报同时刊发《消除疑虑增强信心》一文,唱多市场
1997年6月6日	-6.72	人民银行禁止银行违规资金入市
1997年5月22日	-9.67	严禁国有企业、上市公司炒作股票

续表

日期	深综指涨跌幅 （%）	证券发行监管举措
1997 年 5 月 16 日	-9.28	1997 年发行规模确定为 300 亿元
1997 年 5 月 8 日	-5.87	5 月 5 日监管部门宣布,1996 年新股额度增加 50 亿元
1996 年 12 月 16 日	-10.05	人民日报发表评论员文章《证券认识当前的股票市场》,打压证券市场,控制证券市场风险
1994 年 8 月 1 日	31.29	1994 年 7 月 30 日,权威人士发表讲话,宣布年内暂停各种新股的发行与上市,有选择地对资信较好的证券机构进行融资,逐步吸引外国基金投入 A 证券市场

由表 7 - 11 可以看出,证券发行监管调控的结果是,扩容导致股指大幅下挫,反之,股指飙升。其后果是证券市场的融资能力受到很大的制约,监管举措最终被市场俘获。不少人士认为,当时中国证券市场还是一个"政策市"。若从积极的角度看,"政策市"表明政府一直在调控和干预证券市场,政府的政策到目前为止还未失去其作用力。"政策"在市场参与者各方均有相当高的威慑力和信用。但问题是,国外虽然也调控和干预证券市场,不同的是,发达市场监管当局干预证券市场主要采取的是经济的、市场化的手段,而非中国证券监管当局通常所采用的,最为凌厉的行政调控手段。从客观的角度来看,"政策市"的结果是,市场往往能逼迫监管当局出台相关的证券供给调控政策。这在行情极度低迷,证券市场融资力基本干涸时尤其奏效。表 7 - 11 所列示的诸多证券供给调控事件均以市场的大起大落告终,政府调控政策悄然被市场俘获,稳定市场必须从技术上、制度上加以规范,行政调控效果并不理想。

3. 股票交易市场规范化管理措施及改进方向

（1）涨跌幅限制措施。1996 年 12 月 16 日,为了抑制股市过热,深沪证券交易所对所有上市股票及基金交易实行涨跌幅限制,规定除上市首日的证券外每只证券交易价不得超过前一日收市价的 10%。

1998 年 4 月,深沪交易所对财务状况异常公司实行特别处理,财务状况异常的标准是最近两个会计年度的净利润为负值或最近年度的每股净资产低于股票面值,对特别处理的上市公司在名称前加 ST 字样,涨跌幅限制为 5%。

1999 年 7 月,深沪交易所对连续 3 年亏损而暂停上市的公司,在每周五为其提供特别转让(名称前加 PT),涨跌幅限制为 5%,且仅在收市时集合竞价一次。对于 PT 类的股票,其涨幅限制为 5%,跌幅则没有限制。

深沪两市股票价格的每日涨跌幅度是否合理,从设置初期股市出现连续 3个跌停板,以及从 1997 年 5 月股市创新高及 1999 年在政策主导下的井喷行情来看(从 5 月 19 日至 6 月 28 日上海综合指数上升 60%、深圳成份指数上升85%),可发现涨跌幅限制措施和其设置之前比较而言并不能对股市大幅波动起多大抑制作用。

(2)股票停牌制度。它是对交易的一种强制中断,使市场提防或警戒涉及个股的非常事件,1998 年 6 月公布的深沪交易所上市规则中规定,当股票交易异常波动时交易所可在收市后决定对其实施停牌,直至有关当事人作出公告后的当天下午复牌,而异常波动条件如下:其一,股价连续 3 日达到涨幅或跌幅限制;其二,股票连续 5 个交易日列入股票基金公开信息(即成为每日收盘时涨跌7% 以上的前五名);其三,股价振幅连续 3 日达 15%;其四,股票日成交量与上月日均成交量相比连续 3 日放大 10 倍;其五,交易所或证监会认为属异常波动的其他情况。而且临时停牌时间长短取决于上市公司何时公告,但交易所并不对公告信息质量予以审查,由此可知股票停牌制度还只是一种事后措施,并没有针对交易过程进行监控,其稳定市场功能也值得探讨。此外当时两个交易所还没有针对市场的交易中断措施,因而对市场系统风险的防范仍需加强。

(3)成交档位限制措施。当时深圳股票市场投资理念较缺乏,仍需要采用成交档位限制措施,新股上市首日开盘价相对于发行价的波动幅度不得超过 15元,开盘后每次成交价格相对于前一次成交价格不得超过 5 元。股价涨跌幅限制及临时停牌措施在证券市场中具有相当重要的稳定功能,但仍然存在许多不足,而成交档位限制措施因为限制较为宽松形同虚设。正是上述制度的缺陷导致了证券市场稳定措施作用不明显。在当时上市公司平均股价为 10 多元的情况下,深沪交易所对每次成交价不超上次成交价 5 元或 15% 的规定过于宽松,似乎没有什么稳定作用。特别是当时国内市场的股价从 4 元到 100 元的都有,适用同样的升跌档位标准显然不合时宜。

　　（4）做市商制度的可行性分析。深圳证券市场交易的基本特征是委托驱动、交易所主机直接撮合成交。这种集中交易、集中清算、委托驱动、电脑撮合的交易制度和交易方式是非常先进的,对于保证证券市场的快速发展与高效运转起到了积极作用。但是随着市场的发展,怎样才能既保证市场流动性的提高,又能够维护市场的稳定,要实现这一目标必须不断改进和完善证券交易制度与交易方式。国外证券市场实行做市商制度的经验表明,这种制度是提高市场流动性与稳定市场运行的有效手段之一,做市商制度依靠其公开、有序、竞争性的报价驱动机制,提高了证券交易的效率,该制度有其独特的优势。

　　一是做市商制度顺应了证券市场发展的内在要求。可以说如果没有现行委托驱动交易制度,就不会有证券市场的快速发展,也不会有目前初具规模的深圳证券市场。这种证券交易制度是当前证券市场的主导交易制度,但是也有其局限性,特别是在缓解由于大宗证券交易可能引起的价格波动,提高市场交易不活跃的证券的流通性方面,这些问题表现得比较突出。深圳证券市场发展对于市场的深度、对于市场的流通性都提出了新的要求,探讨做市商制度也正是顺应了深圳证券市场进一步规范的内在要求。毋庸讳言,在证券市场上存在着"做庄"现象。"做庄"现象一方面在一定程度上活跃了市场,但是另一方面由于这种"做庄"现象是无序的,透明度很低,庄家的身份也不明了,可能是券商,也可能是一般企业投资人,甚至是个人投资者,因此这种"做庄"行为不仅使庄家自身承担的风险很大,而且庄家出于逐利动机,很可能会作出对市场稳定不利的事。应该说做庄现象的出现是有其原因的,我们的理解是,"做庄"现象是证券市场发展到一定阶段的产物。既然是阶段性的产物,就有其一定的合理性,同时又有进一步提高和规范的必要性。我们不难在证券市场的日常运行和经常出现的现象中寻找出尝试或推行做市商制度的理由,当然,"做市商"制度绝不是"做庄"现象的合法化,而是一种被国际证券界普遍认同的规范的交易制度。做市商制度有着严格的运作程序和监管程序,监管部门或交易所对做市商资格认定有明确的条文规定,符合条件的证券商必须经过申请,注册后方能成为做市商。此外,做市商要为某一只股票做市,是公开宣布的,做市商对于市场的参与,对于证券的报价和交易都是严格按照有关规定进行的。因此,可以说做市商制度是规范发展证券市场的重要手段,它并非是对现行交易方式的简单替代,而是必要的补充和完善。

二是做市商制度对券商提出更高要求。从做市商的特点、所承担的责任与义务等来看,做市商显然不是一般的证券商。其资本金实力、公司研究能力等能否保障其在履行做市商义务的同时,承担因库存股票的市场价格变化等带来的风险,这是做市商制度能否顺利实行的关键所在。国内券商普遍面临的一个问题是规模小,资本金不足,库存有价证券的能力很有限。因此,考虑到实行做市商制度时,应同时将逐步放开券商的融资融券业务统筹起来安排。试行做市商制度必须首先对券商行为进一步规范化,作为做市商的公司只能是那些运营规范、资本实力雄厚、自营规模较大、熟悉上市公司与二级市场运作而且风险自控能力比较强的证券商,一流的证券商的存在是做市商制度正常运行的前提条件。

三是做市商制度必须严格监管。做市商制度的推行必须严格按照统一的游戏规则来进行,并且有严格的监管体系。因此在试点之前,应在充分考察、借鉴其他市场实行做市商制度利弊的基础上,先拿出一整套关于做市商制度的具体操作办法,如做市商选择标准与申请程序、做市商的权利义务、做市商的风险防范措施、交易所检查监督做市商的措施、做市商的违规罚则等。

第二节　在规范中不断发展的深圳债券市场

一、国债市场在规范中稳步前行

1. 国债现货交易市场在规范中发展历程

(1)走向鼎盛时期的国债现货交易市场。

从1994年下半年开始,国家开始对各地分散的证券交易场所进行清理整顿,将国债交易集中到上海和深圳两个证券交易所进行,场内市场快速发展,国债期货交易也异常火暴。

1995年,上海证券交易所爆发"3·27"国债期货事件,同年5月18日,中国证监会正式关闭国债期货市场,国债期货试点因各方面条件不成熟以失败告终。

自此,深圳债券市场由原来现货市场、期货市场和回购市场三足鼎立,演变为以
国债市场为主、企业债券为辅的市场格局。从表 7-12 可以看出,1995 年 6 月
起,作为我国第二大国债市场,深圳国债市场发展迅速。1995 年,深圳国债市场
上市交易数目 13 只,总成交金额达 7732.38 亿元,占深圳债券交易总额的
86.45%,其中现货交易额 10.76 亿元,期货交易额 7644.70 亿元,回购交易额
76.92 亿元。1996 年,深圳国债市场上市交易数目 18 只,总成交金额达 636.35
亿元,占深圳证券交易总额的 4.56%,其中现货交易额 66.86 亿元,回购交易额
569.48 亿元。1997 年,深圳国债市场上市国债数目 18 只,市场总成交额达
1078.24 亿元,其中现货交易额为 114.34 亿元,回购交易额 963.90 亿元。

表 7-12　1995—1997 年深圳国债市场概况表

年份 项目	1995	1996	1997
上市国债数量(只)	13	18	18
总成交额(亿元)	7732	636	1078
其中:国债现货(亿元) 国债回购(亿元) 国债期货(亿元)	10 77 7645	67 570	114 964

资料来源:《中国证券业年鉴》(1998),新华出版社 1999 年版。

从表 7-13 可以看出,1996 年深圳国债现货市场的交易额为 66.86 亿元,交
易券种除长期附息国债外,还包括 3 个月短期国债。

表 7-13　1996 年深圳国债现货市场成交情况表

单位:百万元

名次	代码	国债	成交面值 (百万元)	占市场 比重(%)	累计 (%)	代码	国债	成交金额 (百万元)	占市场 比率(%)	累计 (%)
1	1967	967	2225.32	34.7772	34.7772	1967	967	2289.63	34.0893	34.0893
2	1968	968	2105.24	32.9007	67.6778	1968	968	2071.03	30.8348	64.9241
3	1966	966	1412.87	22.0802	89.7581	1966	966	1685.52	25.0950	90.0191
4	1961	961	138.74	2.1682	91.9263	1953	953	133.43	1.9866	92.0057
5	1953	953	113.73	1.7774	93.7037	1961	961	129.78	1.9322	93.9380

名次	代码	国债	成交面值（百万元）	占市场比重（%）	累计（%）	代码	国债	成交金额（百万元）	占市场比率（%）	累计（%）
6	1951	951	113.38	1.7719	95.4757	1951	951	120.57	1.7952	95.7331
7	1965	965	105.35	1.6465	97.1221	1965	965	97.35	1.4495	97.1826
8	1963	963	65.95	1.0307	98.1528	1963	963	72.01	1.0721	98.2547
9	1962	962	53.07	0.8293	98.9822	1962	962	51.06	0.7602	99.0149
10	1964	964	36.81	0.5753	99.5575	1964	964	36.08	0.5372	99.5521
11	1925	925	0.07	0.0012	100.0000	1925	925	0.12	0.0017	100.0000
12	1933	933	—	—	100.0000	1933	933	—	—	100.0000
13	1935	935	—	—	100.0000	1935	935	—	—	100.0000
14	1942	942	—	—	100.0000	1942	942	—	—	100.0000
	累计	—	6398.79	100.000	—	累计	—	6716.55	100.000	—

资料来源:《深圳证券交易所市场统计年鉴》(1996),中国金融出版社1997年版。

1996年,深圳国债现货交易市场有以下特点:

一是国债现货市场交易重心转移。随着国债现货市场中保值券种的交易品种日益减少,保值券种在国债现货市场中的市场份额也在减少,而非保值券种的市场份额却在逐渐增加,国债现货市场的交易重心移向非保值券种。

二是交易品种期限多元化和发行时间有序化,形成了市场交易偏重于中长期品种的市场倾向。1996年发行的国债,一方面是交易品种期限结构多元化,引起收益率水平多元化;另一方面是同一期限的交易品种,由于发行时间先后不同,导致发行的票面利率不一致,存在明显的利差空间。如1996年3月10日发行的三年期国债利率水平为14.5%,而8月6日发行的三年期国债利率水平为11.83%。此外,受当年两次降息的影响,中长期利率水平变化幅度较大,导致国债价格波动的幅度明显增加,从而使国债现货市场交易明显偏重于中长期。从1996年度967和968两个国债品种的交易所占的市场份额,就可以窥见一斑。

三是从交易的活跃区间分析,市场与宏观经济密切相关。具体表现如下:第一,宏观经济景气度的影响力。央行宣布从1996年4月份起取消保值贴补储蓄,加上每月公布的保值贴补率从高位逐渐下移,这在相当程度上影响了国债现货市场中保值券种的走势,改变了保值券种在1995年的坚挺走势。第二,二次降息激活了国债现货市场交易。由于利率水平普遍下调,国债现货市场中交易品种收益率水平偏高和价格偏低的特点凸显,从而导致现券品种的价格强劲上扬。尤其是第二次降息,成为刺激国债现货市场交易的主要因素。第三,由于发行时间不同,受降息影响,各国债品种之间产生了明显的利差空间。如1996年第一期三年期国债利率水平为14.5%,不仅超过了后来发行的三年期国债的利率水平(10.96%),也超过了七年期国债和十年期国债的利率水平(分别为8.56%和11.83%),客观上为国债现货市场交易提供了套利机会,也成为影响国债现货交易的重要市场因素。第四,股票市场的逐渐红火,吸引了债券市场的资金和注意力,影响了国债的现货交易。1996年9月份以后,债券市场和股市相互交替的特征十分明显。第五,回购市场的快速发展,通过现货和回购之间的套做,吸引了更多机构投资者的参与,进一步推动了国债现货市场的交易。

1997年上半年,随着股市的大涨,大量银行资金通过交易所债券回购方式流入股票市场造成股市过热。1997年6月,根据国务院统一部署,人民银行发布了《中国人民银行关于各商业银行停止在证券交易所证券回购及现券交易的通知》(银发[1997]240号),要求商业银行退出深圳证券交易所债券市场,将托管在交易所的债券全部转到中央结算公司,并通过全国银行间同业拆借中心提供的交易系统进行交易。

从1997年年初到5月期间,深圳国债现货市场总体上呈现缓慢攀升,日成交金额维持在10亿元到20亿元之间。5月22日,严禁国有企业和上市公司炒作股票的政策出台。6月初,关于禁止银行资金违规流入股市的法规颁布。这些举措沉重打击了股市的违法投机行为。自此,国债市场因其收益率高、风险低、流通性好而受到青睐,并在资金面的配合下,走入了上升通道。

1997年深圳国债现货市场有如下特点:一是全年现券总体表现为价格上升、收益率下降,其中零息平均单利收益率从年初的11.53%降到年底的6.42%,附息平均复利收益率从9.58%降到6.93%。收益率向下的主要原因是受当年央行下调利率的影响,同时也反映了国民经济持续增长以及物价总体水平下降的宏观经济的良好态势。二是参与市场的机构投资者增加,商业保险和各种养老保险基金进一步发展,这些基金资产大部分以现货债券的形式存在。

此阶段深圳国债现货交易市场迅速发展的主要原因有以下两点。

一是交易所债券流通成为主流。1995 年 5 月 17 日,因为国债期货"327"事件和"319"事件暴露出当时尚不具备开展国债期货交易的基本条件的客观现实,中国证监会发出《关于暂停全国范围内国债期货交易试点的紧急通知》,将开市仅两年半的国债期货市场关闭,导致国债现券交易陡然萎缩。当时,财政部和监管部门将实物券流通中频频发生的买空卖空问题,归因于场外市场的存在,并认为记账式债券是证券交易所才可能拥有的特性。于是在 1995 年 8 月,政府关闭了所有的场外债券柜台交易市场,证券交易所变成了中国唯一合法的债券流通市场。从 1996 年开始财政部逐渐增加了证券交易所市场的债券发行量,此举极大地刺激了交易所债券市场的流动性,1996 年证券交易所债券成交量比1995 年增长了近 10 倍。同时,随着债券回购交易的规范和发展,初步形成了现在所看到的证券交易所债券流通市场体系。交易所债券流通市场当时已成为债券交易的主要场所之一。

二是国债发行方式市场化探索。1996 年是我国国债市场发展取得诸多突破的一年,这体现在以下几个方面:第一,财政部将国债以往的集中发行改为月度滚动发行,加大了发行的频度。第二,国债品种走向多样化。1996 年首次对短期国债试行贴现发行,增设了 3 个月的短期国债,首次发行 10 年期国债和 3年期的附息国债,全年发行的共有 3 个期限品种。第三,在承购包销的基础上,对可上市的 8 期国债进行了招标发行。第四,1996 年发行的国债以记账式为主,逐步使发行走向无纸化,运用证券交易网络提高了效率。第五,中国人民银行首次向多家商业银行总行买进国债,开始了公开市场业务操作,使市场的宏观调控功能得到了强化。1996 年 1 月 6 日,财政部利用深圳证券交易所电脑系统首次进行了国债招标发行,这一方式,开创了我国以市场化方式发行国债的先河。上市国债采取招标发行方式是中国国债发展史上的一个重大进步,它克服了此前历年简单地以银行存款利率确定债券发行条件的不足,使国债发行更加贴近市场,促进了国债市场的发展。

1997 年,我国国债发行以巩固、规范和完善为原则,把面向个人投资者作为发行工作的重点,在努力降低发行成本的基础上,遵循市场规律,运用市场机制,采取招标发行方式顺利完成了 2412 亿元的国债发行任务。这对于保证国家经济建设和财政政策的执行发挥了积极作用。具体特点如下:其一,在品种设计、期限结构、发行条件等方面充分考虑了广大个人投资者的需求,适合居民个人购买的凭证式和无记名国债占全年国债发行总量的 85%。同时还推出专用账户等便民措施,方便个人投资者购买在证券交易所上市的记账式国债。其二,顺利完成了到期国债的兑付工作,维护和提高了信誉。全年共兑付各类到期国债本息 1800 多亿元,为保护投资者的利益、保证顺利发行打下了良好的基础。其三,市场要素继续得到培育和完善。一级自营商队伍由原来的 50 家扩大到 53 家,以一级自营商为代表的各经营机构发挥了市场中介作用,成为连接发行主管部门和市场投资者的纽带,国债现货交易市场得到了有力的推动。

(2)交易所国债现货市场急剧萎缩。从 1997 年至 1998 年,国债发行并未在 1996 年的基础上继续在市场化道路上发展。这两年的国债主要向居民发行,使可流通比重下降,市场规模亦呈萎缩趋势。1997 年 9 月至 2000 年 8 月,由于受国债期货交易暂停、商业银行在证券交易所及证券交易中心从事国债回购和现货交易停止、全国国债交易市场格局变化等因素的影响,深圳交易市场国债交易规模急剧萎缩。

统计资料显示①,1997 年深圳交易市场上市国债共 18 只,其中现货 9 只,回购 9 只;交易总成交量为 1073626 万张,其中现货 109720 万张,回购 963906 万张;交易总成交额为 1078.25 亿元,其中现货 114.34 亿元,回购 963.90 亿元。1998 年深圳交易市场上市国债共 16 只,其中现货 7 只,回购 9 只;交易总成交量为 3523 万张,其中现货 117 万张,回购 3523 百万张;交易总成交额为 365.55 亿元,其中现货 13.25 亿元,回购 352.30 亿元。1999 年、2000 年深圳市场国债交易规模进一步萎缩。1999 年深圳交易市场上市国债共 22 只,其中现货 13 只,回购 9 只;2000 年有深圳交易市场上市国债共 16 只,其中现货 7 只,回购 9 只。在这一时期深圳证券交易所国债现货市场急剧萎缩,回购市场也大幅下滑。

从表 7-14 可以看出,到了 2000 年年底,伴随着国家债券管理政策的调整,

---

① 参见《深圳证券交易所市场统计年鉴》(2000),中国金融出版社 2001 年版。

特别是银行改革的突破,银行间交易市场开始成为债券交易的主体,深交所债券市场仅存的交易债券无论数量上还是票面金额上都显著减少,至此一度兴盛的交易所债券市场让位于银行间债券市场。

表7-14　深交所2000年年底上市债券情况

类别	债券数量(只)	债券数量比重(%)	票面总额(亿元)	票面总额比重(%)
国债	16	76.19	1086.40	95.43
企业债	2	9.52	22.00	1.93
可转债	3	14.29	30.00	2.64
合计	11	100.00	1138.40	100.00

资料来源:《深圳证券交易所市场统计年鉴》(2000),中国金融出版社2001年版,经整理。

从1995年10月到2000年8月,债券市场按发行主体分类的基本情况如表7-15,交易主要集中在交易所进行,其中深交所国债总成交金额相比上交所很有限,这与当时国家规定的国债交易政策不无关系。而企业债完全集中于交易所进行交易,深交所成交金额相比上交所也处于劣势,而金融债完全集中在银行间市场进行。

表7-15　按发行主体分类的债券市场情况(1995年10月—2000年8月)

债券类别 单位	国债		企业债		金融债		合计	
交易市场类型	总成交金额(亿元)	比重(%)	总成交金额(亿元)	比重(%)	总成交金额(亿元)	比重(%)	总成交金额(亿元)	比重(%)
银行间	286.49	1.28	—	—	196.24	100.00	482.73	2.13
上交所	21724.01	97	66.14	81.07	—	—	21790.14	96.11
深交所	384.81	1.72	15.44	18.93	—	—	400.25	1.77
合计	22395.31	100	81.58	100.00	196.24	100.00	22673.13	100.00

资料来源:《深圳证券交易所市场统计年鉴》(2000),中国金融出版社2001年版,经整理。

从1995年10月到2000年8月,债券市场按交易方式分类的基本情况如表7-16,债券现货交易主要集中在交易所进行,银行间市场份额非常小,而回购交易银行间市场比重有所扩大,深交所交易规模虽然在总体上来说所占比重不大,但其回购交易规模远远要大于现货交易规模。

表7-16　按交易方式分类的债券市场(1995年10月—2000年8月)

交易方式 交易市场	现券交易		回购交易		合计	
	总金额 (亿元)	比重 (%)	总金额 (亿元)	比重 (%)	总金额 (亿元)	比重 (%)
银行间	482.73	2.13	10936.36	26.05	11419.09	17.66
上交所	21790.14	96.11	27014.68	64.34	48804.83	75.48
深交所	400.25	1.77	4035.27	9.61	4435.52	6.86
合计	22673.13	100.00	41986.31	100.00	64659.44	100.00

资料来源:《深圳证券交易所市场统计年鉴》(2000),中国金融出版社2001年版,经整理。

从表7-16可以看出,直到2000年8月,债券交易仍主要通过场内市场进行。2000年8月以后,伴随着人民银行制定的市场发展政策措施逐步到位,银行间债券市场进入了快速发展轨道。特别是2002年债券结算代理面向非金融机构开放,以及准入备案制的实施,众多非金融机构投资者进入市场,银行间债券市场参与者数量迅速增长,债券交易量也开始大幅增加。2001年,银行间债券市场年交易量首次超过交易所债券市场,之后一直保持着70%以上的市场份额,债券市场以场外市场为主的格局初步形成,交易所债券交易趋于平淡。

2. 回购市场不断规范

1995年下半年,深圳债券回购市场进入快速发展时期,成交金额不断放大,超过了现货市场的成交金额,成为当时深圳债券市场上新的增长点。详情参见表7-17。

表7-17　1996年深圳债券市场回购成交情况表

序号	代码	品种	全年成交金额(百万元)	占回购成交比重(%)
1	1800	R-003	17175.42	30.1598
2	1801	R-007	19683.66	34.5642
3	1802	R-014	6119.65	10.7465

续表

序号	代码	品种	全年成交金额（百万元）	占回购成交比重（%）
4	1803	R－028	3500.62	6.1470
5	1804	R－063	320.67	0.5631
6	1805	R－091	640.79	1.1252
7	1806	R－182	632.66	0.4086
8	1807	R－273	13.45	0.0236
9	1809	R－004	9260.89	16.2620
合计			56948.12	100.0000

资料来源：《深圳证券交易所市场统计年鉴》（1996），中国金融出版社1997年版。

1996年，深市债券回购交易主要有三个特点：一是回购交易品种的收益率波动幅度加大。二是回购交易品种的期限结构更加完整。在原有回购交易品种的基础上，新增了期限更短的3天回购交易品种，并恢复了180天回购交易品种，回购市场品种日趋多样，回购交易品种的收益率水平也日趋丰富。三是回购市场的交易主要集中于短期品种，与现货交易的重心在中长期的市场特点恰恰相反。这一方面反映了回购交易融通资金的市场特点，另一方面也反映了回购市场的规模狭小。

1997年6月份，以中国人民银行要求商业银行退出债券回购市场这一事件为标志，深圳回购市场先盛后衰。1997年1月至6月，深圳债券回购市场的单个交易日成交量和单个交易日回购利率均创出历史新高，7月至9月，深圳债券回购市场成交量大幅萎缩，回购利率也有逐步回调之趋势。

1997年后深圳债券市场的规范管理举措虽多，但主要集中在三个方面：一是规范托管方式。1997年4月10日，财政部颁布了《中华人民共和国托管管理暂行办法》，并于6月10日批转了中央登记结算有限责任公司的《实物集中托管业务（暂行）规则》。这些办法和规则都是规范和稳步发展市场的重要行政法规。政府主管部门希望通过规范托管行为，以达到完善监管机制，促进全国统一市场的形成，以及防范和化解金融风险的目的。与此同时，这些办法和规则还明确了中央登记结算有限责任公司作为市场自律组织在风险控制中的重要地位，为刚刚开始起步的全国统一的托管系统提供了制度保障。二是及时处置历史遗留问题。1999 年,财政部同中国人民银行制定了《国家债券收款单清理移交办法》,对 1982 年至 1998 年期间以收款单形式发行的到期未兑的国债进行了全面清理,并规范了这部分国债的兑付办法。三是构筑防火墙。1997 年由于银行信贷资金通过国债回购进入股票市场,中央银行要求所有的商业银行停止在两个交易所以及各地证券交易中心的国债回购和现货交易,同时开通了仅有少数商业银行总行及其授权分行参加的银行间债券市场。这样就形成了银行之间交易的债券市场和其他投资者参与的交易所债券市场两个分割的市场。

市场分割虽然降低了宏观风险,但也导致了一些问题。首先分割的流通市场进一步降低了债券的流动性。市场上可流通的债券规模本来就不大,再加上市场的分割,具有交易需求的主体之间的交易行为难以实现,债券的流动性也就更差了。在交易所中,债券价差比股票小,普通投资者的买卖数量不多,特别是对个人投资者来说,只有在场内买卖不仅不方便,而且成本也较高。商业银行等金融机构的买卖数量比较大,无法在场外进行交易,场内交易的效率较低,又不能满足商业银行调剂储备头寸的需要。由于缺乏场外交易,也就不存在场内外之间的竞争,限制了市场的效率。在基本是场内交易的情况下,不管是大宗交易的银行等机构投资者,还是小额的个人投资者,都需要通过经纪商在场内买卖,已经有金融机构抱怨说,当需要购买时,往往需要几十个卖盘才能满足需要。而个人投资者在需要购买债券时由于数量比较小,经纪商往往又不愿意代理,场内交易的成本又比较高,从而使得个人投资者事实上被排除在外,严重限制了他们购买债券的积极性。同时,分割的市场不利于形成均衡的收益率,每个分割的市场上的收益率都难以准确地反映市场上的资金供求关系,这在一定程度上不利于中央银行进行宏观调控,也不利于合理地运用财政政策。

二、企业债券市场的规范发展

1. 企业债券市场在规范中发展历程

(1)深圳企业债券市场缓慢发展期。

1995 年 10 月至 1997 年 8 月,是深圳企业债券市场缓慢发展期。虽然此阶段外部环境并不差,如 1995 年,《中共中央关于制定国民经济和社会发展"九五"计划和 2010 年远景目标的建议》提出了扩大债券股票融资的战略,明确指出要积极稳妥地发展债券融资,这在政策上为深圳企业债券市场的发展注入了新的动力。国家当年下达了 130 亿元企业债券发行计划,接着 1996 年、1997 年分别安排了 250 亿元、300 亿元的企业债券发行计划。但从总体上看,深圳企业债券市场的规模并没有大的发展。更值得注意的是,在这一段时间内我国企业债券的实际发行规模在总体上低于计划发行规模,而且年发行总额甚至出现下跌趋势。这说明,如何在企业债券市场进行准确定位基础上发展企业债券市场,如何适应国有经济改革以及非国有经济的发展实现企业债券市场的创新,如何发展企业债券交易市场,如何通过企业债券市场的发展促进企业财务结构的改善等,这些都是摆在我们面前亟须予以回答的问题。

(2)深圳企业债券市场交易活跃期。

从 1997 年 8 月至 2000 年 8 月,深圳证券交易所挂牌的企业债券(包括可转换债券)交易活跃。统计资料显示①,1997 年深圳证券交易所上市交易企业债券 2 只,上市总额 35 亿元,市价总值 40.85 亿元,成交量 228.21 万手,总成交金额 257.78 百万元。1998 年深圳证券交易所上市交易企业债券 2 只,可转换债券 1 只;企业债券和可转换债券的上市总额为 37 亿元,其中企业债券 35 亿元,可转换债券 2 亿元;企业债券和可转换债券的市价总值为 50.89 亿元,其中企业债券 45.48 亿元,可转换债券 5.41 亿元;企业债券和可转换债券的总成交量 161 万手,其中企业债券 78 万手,可转换债券 83 万手;企业债券和可转换债券的成交总金额 29.67 亿元,其中企业债成交金额 9.37 亿元,可转换债券成交金额 20.30 亿元。

与此同时,从表 7 - 18 中可以看出,企业债券换手率总体上逐年增加,交易市场从冷淡到相对活跃,企业债券上市面值有所增加,成交额开始攀升。尽管如此,企业债券成交额总量与国债成交金额还是股票成交额相比规模很小,企业债券发展明显低于预期,没有达到其应有的规模。

---

① 参见《深圳证券交易所市场统计年鉴》(2000),中国金融出版社 2001 年版。

表7-18　企业债券年换手率情况表

项目 \ 年份	1995	1996	1997	1998	1999	2000
企业债券上市面值（百万元）	646.61	597.73	521.0	676.93	778.63	861.63
企业债券年换手率(%)	1.17	0.244	3.47	9.01	11.98	26.46
企业债券上市面值（百万元）	600	100	3500	3700	5900	5200
企业债券成交额（百万元）	23.04	29.97	257.78	936.73	215.01	136.62
国债成交金额（亿元）	7732.38	636.35	1078.25	365.55	790.50	2086.90
股票成交额（亿元）	932.99	12217.36	16958.66	11158.14	14353.82	29452.79

资料来源:《中国证券期货统计年鉴》(2001),百家出版社2001年版;《深圳证券交易所市场统计年鉴》(2000),中国金融出版社2001年版,经整理。

　　不过需要指出的是,1997年8月至2000年8月深圳企业债券市场虽然进入了交易活跃期,但规模并没有扩大,甚至有所缩小,如表7-19和表7-20。

表7-19　企业债券与股票、国债发行规模比较表

单位:亿元

年份	1995	1996	1997	1998	1999	2000
企业债券发行额	301	269	255	148	158	83
股票发行额	86	294	853	778	893	1527
国债发行额	1511	2126	2412	3809	4015	4657

资料来源:《中国证券期货统计年鉴》(2001),百家出版社2001年版。

表7－20　2000年8月底深圳债券市场企业债基本情况表

代码	111010. SZ	111011. SZ	111012. SZ	111013. SZ
名称	深平南	中铁963	中铁965	中信983
发行总额（亿元）	1.00	20.00	15.00	7.00
期限(年)	3	3	5	3
发行价格	100.00	100.00	100.00	100.00
票面利率（发行参考利率）(%)	13.5600	11.0000	12.0000	6.5000
上市日期	1995年6月30日	1997年10月31日	1997年10月31日	1999年8月30日
到期日期	1997年9月14日	2000年1月20日	2002年1月20日	2001年11月16日

资料来源:《深圳证券交易所市场统计年鉴》(2000),中国金融出版社2001年版,经整理。

2. 企业债券市场进一步规范发展的制约因素分析

分析起来,当时深圳企业债券市场有行无市、日渐冷清的原因是多方面的。首先,从管理角度分析,企业债券的发行长期沿用行政审批、额度管理的做法,当时企业债券融资制度主要是严格的行政审批制,企业发行债券一般要经过项目、额度审批和发行审批这些行政管理程序。由国家计委负责项目审批和额度审批,人民银行决定债券利率。由于审批周期长,导致发行成本上升,企业发行债券的积极性下降。其次,从投资者角度看,当时机构投资者们依然没有摆脱片面迷恋股票投机的陷阱,购买企业债券的投资者,也基本上以储蓄为目的从而降低了企业债券市场的吸引力。再次,从债券本身的技术特点看,上市企业债券的期限结构及票面形式过于单一,使得企业债券的优势无法体现。最后,从市场结构来看,企业债券市场缺乏有效的做市商制度、缺乏科学标准的报价系统、托管交割与兑付资金对接制度不健全等,这些因素都限制了深圳企业债券市场的发展。

3. 企业债券市场在不断规范和发展中创新

(1)积极活跃二级市场。

二级市场是债券市场的生命线,没有二级市场,发行市场也难以获得较大发展。在二级市场发展战略上,首先应扩大上市企业债券的规模,增加交易品种。在统一的托管结算系统和场外交易市场尚未建立以前,应将企业债券主要集中于证券交易所交易,降低交易成本。凡符合上市标准的企业债券均应鼓励上市交易,国家可在上市过程及上市费用上给予一定的优惠措施,企业债券交易品种除了现货外,还可增加回购等业务,这对于活跃二级市场,提高企业债券的流通性极为有利。

为了适应发展中的新形势、新问题,要坚持不断创新,可以积极探索发展企业债券的柜台交易和做市商或自营商制度。企业债券市场客观上不可能如股票市场那样活跃,因此企业债券在证券交易所的交易,事实上只是起到一个挂牌和标价作用,真正发展企业债券交易市场,应当是开展柜台交易,引入做市商制度。比如,台湾债券交易市场在 1973 年以前曾是店头交易为主,但由于石油危机造成债券持有人纷纷脱手,证券做市商难以承接而被政府暂停。而 20 世纪 80 年代后,恢复柜台交易的呼声渐高,政府通过制定规范法规后重开柜台交易,这一历史经验值得我们借鉴。

(2)进行可转债发行的探索。

1994 年 3 月,国家主管机关在北京召开 B 股可转换债券研讨会,决定在深圳、上海各选一家公司试点发行 B 股可转换债。1994 年 10 月,南玻集团被批准为试点企业。1995 年 6 月,组成由瑞士银行担任主承销商的承销团,6 月、7 月分别在香港和瑞士召开推介会,并于 7 月 4 日至 5 日正式发行。1995 年 7 月,"深南玻"在瑞士成功发行了 4500 万美元 B 股可转换债券,成为中国企业首次在境外发行的可转换债。从 1995 年 9 月 4 日第一笔到 1997 年 9 月 29 日最后一笔,总有 88 笔可转换债券申请转股,每笔都得到及时处理。到 1998 年 8 月 30日共有 3226 万美元的债券申请转为 B 股,1998 年 8 月 31 日余下的 1274 万美元的债券持有人行使了回售权。至此,南玻 B 股可转换债除 3226 万美元转为 B 股外,余下 1274 万美元已全部清偿。1997 年,国务院正式颁布《可转换公司债券管理试行办法》,决定在当年首次在中国大规模发行可转换公司债券,额度达 40亿元,这是我国第一次引进西方国家金融市场上具有转换股票期权性质的债券制度。

(3)出台规范市场的一系列举措。

为了规范企业债券的上市行为,经中国证监会批复同意,深圳证券交易所于

1996 年 6 月公布《深圳证券交易所债券上市交易规则(试行)》、《上市协议》和《债券上市公告书》,对企业债券的上市作出了规定。企业债券上市的具体条件如下:债券经国家计委和中国人民银行批准并公开发行;债券期限在 1 年以上(含 1 年);累计债券总额不超过净资产额的 40%;债券的实际发行规模不低于 1 亿元人民币;最近 3 年平均可分配利润足以支付公司债券 1 年的利息;债券的利率不得超过国务院限定的利率水平;债券筹资投向符合批准使用用途;债券面值达人民币 1000 元以上的持有人不少于 1000 人;债券经信用评估机构评估,信用等级不低于 A 级;债券须有担保人担保;债券发行结果经深交所确认。《深圳证券交易所债券上市交易规则(试行)》还对企业债券的上市程序及有关费用作出了详细规定。

1998 年,企业债券市场主管部门先后下发了一系列通知,对《企业债券管理条例》的若干条款进行补充和完善,如进一步规范了企业债券发行申报材料及担保函的标准格式;加强了对债券承销商的管理;对企业债券发行方式进行了创新;按监管职责的不同划分了中央企业债券和地方企业债券的发行审批权限;进一步强调指出债券发行前必须经过人民银行总行认可的机构进行信用评级。

同年,人民银行在审批企业债券发行时,主要从以下方面进行了规范:第一,随着中国人民银行分支行体制的改革,对企业债券的审批及监管权限作了相应调整。中央企业债券和 2 亿元以上的地方企业债券由人民银行总行会同国家计委审批,2 亿元以下地方企业债券由人民银行分行会同省级计委审批,其中,发债主体所在省不设人民银行分行的,由该省省会城市中心支行会同省级计委审批。第二,加强了对企业债券承销商的管理。承销企业债券须经人民银行批准,承销公开发行的企业债券超过 5000 万元的,应当组织承销团。承销商上年末净资产在 1 亿—2 亿元的,所包销企业债券不得超过 5000 万元;净资产在 2 亿—5 亿元的,所包销企业债券不得超过 1 亿元;净资产在 5 亿—10 亿元的,所包销企业债券不得超过 2 亿元;净资产在 10 亿—15 亿元的,所包销企业债券不得超过 5 亿元;净资产在 15 亿元以上的,所包销企业债券不得超过 10 亿元。第三,企业债券发行前,各承销商应将所有承销网点的债券销售规模及时报告发行地所在的中国人民银行支行,接受其监督检查,并将包销情况报中国证监会(证管办、特派员办事处)备案。第四,规范了申请公开发行企业债券报送材料的标准格式,明确发行申报材料应包括发行申请书、投资项目可行性及风险分析报告、发行人和担保人经审计的近三年的财务报表、发行章程、承销协议及承销团协议、担保函、债券信用评级报告等。第五,规范了担保函的标准格式。明确担保函的主要内容应包括以下内容:被担保债券的种类、数额,债券到期日,担保方式,担保期限,担保人的财务信息披露,债券的转让或出资,主债务的变更,担保函的生效等。其中,为进一步防范债券兑付风险,明确担保方式为连带责任担保;担保范围包括债券本金及利息、违约金、损害赔偿金、实现债权的费用和其他应支付的费用;担保期间为债券到期日之日起两年。为充分保护债权人利益不因担保人变动而受损害,要求债券到期前一旦担保人发生分立、合并、停产停业等足以影响债券持有人利益的重大事项,债券发行人应在一定期间内提供新的担保,债券发行人不提供新的担保的,债券持有人有权要求债券发行人、担保人提前兑付债券本息。

1999年,为了进一步理顺企业债券管理体制,国务院决定由国家计委统一负责企业债券市场的监管。按照新的管理体制,企业要发行债券,应向国家计划部门提出申请;国家计委在国务院确定的企业债券发行规模内,根据国内市场情况下达企业债券发行计划;列入发行计划的企业在发行债券前,应向国家计委或授权省级计委提交发行申请文件,由国家计委或授权省级计委审批发行。

为防范兑付风险,中国人民银行和国家计委联合发文,进一步强调各部门要充分认识企业债券兑付风险的危害性,建立和完善各种责任制,切实担负起督促、协调企业落实偿债资金的责任,及时化解、消除偿债工作中的矛盾和问题,定期监督检查发债企业偿债计划执行情况,提前督促债券将要到期的企业尽早落实偿债资金。建立企业债券偿债基金的地区,要充分发挥偿债基金的协调、调度作用;没有建立企业债券偿债基金的地区,要主动向当地政府汇报情况和反映问题,防患于未然。同时,鉴于企业债券承销商承担着代理企业债券兑付工作,对保证企业债券到期及时足额兑付负有一定责任,因此,企业债券承销商应督促企业按照偿债计划认真落实和合理调度偿债资金。另外,对企业债券兑付问题,担保单位要负连带责任,一旦企业债券出现暂时兑付困难,担保单位要真正落实各种担保事宜,拨付偿债资金,保证企业债券到期及时兑付。企业债券兑付必须贯彻谁发债谁负责,谁用钱谁还债,谁担保谁负连带责任的原则。

从债券市场发展历程来看,相关管理当局对企业债券市场的行政干预较多,计划色彩较为浓厚。可以说,2000年以后深圳企业债券市场能否持续规范健康发展,最重要的因素就看是否注重发挥市场的作用,发挥中介组织的作用。在建立符合我国社会主义市场经济需要的深圳企业债券市场的这个过程中,我们必须坚持法规先行、规范发展的方针,充分发挥市场机制的作用,这是深圳债券市场重新振兴的基础。

第三节　在规范中不断发展的深圳基金市场

一、基金市场在规范中的发展历程

1. 基金市场在规范中平稳发展

证券投资基金是一种利益共享、风险共担的集合证券投资方式,即通过发行基金单位,集中投资者的资金,由基金托管人托管,由基金管理人管理和运用资金,从事股票、债券等金融工具投资。从表7-21可以看出,1995年10月至1997年8月,深圳投资基金市场基金数量一直保持在10只,总发行份数20.58亿份,流通规模19.49亿份,但成交量和成交额却逐年不断放大。1995年,深圳投资基金市场的上市及联网基金成交量为134.58亿份,成交额204.51亿元。1996年,深圳投资基金市场的上市及联网基金流通市值57.78亿元,成交量346.28亿份,成交额1069.12亿元。1997年,深圳投资基金市场的上市及联网基金成交量17315.33亿份,成交额588.38亿元。

表 7-21　1995—1997 年深圳投资基金市场情况表

项目＼年份	1995	1996	1997
上市基金数量(只)	10	10	10
上市基金份数(亿份)	20.58	20.58	20.58
上市基金成交量(亿份)	134.58	346.28	173.15
上市基金成交额(亿元)	204.51	1069.12	588.38

资料来源:《中国证券业年鉴》(1998),新华出版社 1999 年版。

1996 年 3 月 18 日,深圳证券交易所编制并公开发布了深证基金指数,编制基日为 1996 年 3 月 15 日,基日指数为 1000 点。基金指数的推出,为投资者进行基金投资提供了一个科学的参照指标,促进了基金市场的健康成长。1997年,深圳投资基金市场并没有伴随深圳股票市场的普遍上扬而同步上涨,相反,因基金板块前期炒作过高而失去应有的投资价值。深圳证券交易所上市及联网的 10 只基金中,有 7 只基金的价位跌至 2 元以下,少数基金已接近甚至跌破其净资产值,仅有"君安受益"、"南方基金"和"富岛基金"3 只基金的价格维持在 2元之上。其中,上升时段(1997 年 1 月至 5 月),受深圳股票市场强劲上扬带动,基金板块均有上升,但上涨幅度不大,已表现出疲惫之态。除少数基金走强外,大部分基金处于转弱的态势。绝大部分基金没有超过 1996 年的最高价位。下跌反弹时段(1997 年 5 月底至 8 月),深圳投资基金市场深度下调,期间有所反弹。在此时段,一系列规范市场的措施陆续出台,但由于深圳股票市场风险加大,整个大盘重心不断下移,基金板块也随波逐流,跌多涨少,弱市格局难以扭转。1997 年 7 月上旬,深圳投资基金市场暂时止跌,此后走出了近两个月的反弹行情。

2. 基金市场在规范中深刻转变

1997 年 8 月至 2000 年 8 月,是深圳基金市场发生深刻转变、迅猛发展的关键时期。1997 年 11 月,《证券投资基金管理暂行办法》出台,管理层通过吸收、合并方式对老基金进行清理和整顿,加强监管促进其规范化运作。1998年 3 月,按照新要求管理的两只新证券基金——基金金泰和基金开元发行,标志着我国证券投资基金业进入了规范发展时期。一方面，原有基金清理整顿逐步深入，君安受益、广证受益和海南银通三只投资受益券类基金到期清盘；另一方面，新证券投资基金设立并运作。经中国证监会批准，1998 年我国共有 6 只新证券投资基金发行，它们是基金金泰、基金开元、基金兴华、基金安信、基金裕阳和基金普惠。其中，基金开元于 1998 年 4 月 7 日在深圳证券交易所挂牌上市。

1999 年是深圳基金市场迅猛发展的一年。一方面，在 1998 年以前上市的老基金面临规范和改制；另一方面，新证券投资基金在 1999 年获得了快速发展，证券投资基金作为机构投资者的重要一员正式登上了中国资本市场的舞台。经中国证监会批准，1999 年深圳证券交易所新上市证券投资基金 8 只，它们是基金普惠、基金同益、基金景宏、基金裕隆、基金普丰、基金景博、基金天元和基金同盛。

2000 年是深圳投资基金市场具有重大转折意义的一年。一方面，在 1998 年以前上市的老基金经清理整顿淡出市场；另一方面，自 1998 年开始成立的证券投资基金规模不断扩大。经中国证监会批准，2000 年 1 月至 8 月，深圳证券交易所新上市证券投资基金 6 只，它们是基金景福、基金裕华、基金同智、基金裕泽、基金金盛和基金兴科。

2001 年 8 月，国内首家契约型开放式基金——华安创新证券投资基金成立，中国基金行业跨入了新的发展阶段。这一阶段的主要变化不仅在于产品的创新，而是体现出整个基金行业的管理及经营理念的一次飞跃。基金公司由过去的封闭式的内部管理转为开放式管理，工作中心也由资产管理转向资产管理与客户服务并重。这对公司内部的资源整合、对市场的把握都提出了新的要求和挑战。监管部门的思路也相应发生了变化，从原先较被动地查处违规变为鼓励创新，推动基金公司在发展中规范自己，在规范中求发展。

二、规范的基金市场基本形成

1. 老基金清理整顿后淡出市场

1997 年《证券投资基金管理暂行办法》颁布以后，随即开始了老基金的清理整顿工作。按照中国证监会提出的"对全国所有老基金的重组规范、清理整顿工作要在 2000 年 6 月底之前完成"这一要求,深圳基金市场中的广证基金、海南银通和君安受益 3 个老基金品种已于 1998 年到期清盘,天骥基金、广发基金、广证基金、南方基金、蓝天基金和华信基金、富岛基金 6 只老基金采取重组方式先后退出了证券市场。2001 年 4 月 17 日,最后一只老基金摘牌,标志着深圳市场老基金清理整顿工作圆满结束。

2. 新基金迅速崛起,规范发展

1997 年 11 月 14 日,国务院证券委员会发布《证券投资基金管理暂行办法》。这是深圳基金行业发展的突破点,它不仅标志着深圳基金行业开始步入法制规范的发展轨道,也预示着发展停滞了 4 年之久的基金业再次启动。

1998 年 3 月 27 日,首批规模为 20 亿元人民币的基金开元上网发行,并于当年 4 月 7 日在深圳证券交易所成功上市,揭开了证券投资基金规范化、专业化、规模化发展的新篇章。

1999 年,深圳基金市场在 1998 年试点成功的基础上,规模进一步扩大,并呈现出个性化和多元化的特征。当年深圳证券交易所新上市基金普惠、基金同益、基金景宏、基金裕隆、基金普丰、基金景博、基金天元和基金同盛 8 只证券投资基金。其中,基金普惠和基金同益均为 20 亿元规模,均追求"绩优成长型"投资风格;而基金景宏、基金裕隆、基金普丰、基金景博、基金天元和基金同盛这 6 只证券投资基金规模则略有放大,且投资风格多元化,如基金裕隆以追求资本长期增值为目标的"成长型"著称、基金天元以建立证券投资组合为目标的"指标股成长型"著称。

2000 年 1 月至 8 月,深圳投资基金市场上新基金继续扩容。统计资料显示,这一期间深圳证券交易所新上市基金景福、基金裕华、基金同智、基金裕泽、基金金盛和基金兴科 6 只证券投资基金。

基于老基金失败的惨痛教训,在 1997 年 8 月至 2000 年 8 月这一期间,管理层始终把规范作为新基金发展的主旋律。1997 年 11 月,出台了《证券投资基金管理暂行办法》这个比较完善的纲领性文件。1998 年 8 月 19 日,公布了《关于证券投资基金配售新股有关问题的通知》。1998 年 9 月 25 日,颁布了《关于加强证券投资基金监管有关问题的通知》,进一步完善了证券投资基金监管的法规体系。同时,中国证监会、各证券投资基金管理公司、托管银行还积极配合国务院法制办公室、全国人民代表大会财经委员会的工作,推动《投资基金法》的早日出台。随后,中国证监会发出《关于调整证券投资基金认购新股事项的通知》,规定自 2000 年 5 月 18 日起取消向基金配售新股的政策,改为由基金申购新股或作为战略投资者或一般法人参与新股配售。6 月 30 日,中国证监会发布了《关于〈证券投资基金信息披露〉指引的补充通知》,在借鉴股票通行做法的基础上,对基金年报、中报应披露内容作了进一步细化,要求基金在中报、年报中披露所有股票明细、新增或排除的所有股票明细;披露基金经理报告和监察稽核报告,披露报告期内基金运用策略及内部监察合规性措施等。中国证监会还要求基金管理公司在互联网上建立公用网站,并要求基金管理公司借鉴上市公司年报上网的做法,在证券交易所网站上披露基金的中报和年报。同时中国证监会还在加强基金现场检查力度的基础上,建立了与各公司、各托管银行间的电脑资料储备系统,以加强对基金运作的非现场监管能力,这些举措都极大了促进了基金公司规范运作。

第八章

发展调整期的深圳证券市场主体

第一节 在规范中不断发展的上市公司

一、上市公司在规范中的发展历程

1. 上市公司整体发展历程

1995 年深圳证券交易所新上市公司 15 家,总挂牌上市公司 135 家,上市公司市值 948.62 亿元,流通市值 351 亿元。1996 年深圳证券交易所新上市公司 102 家,总挂牌上市公司 237 家,比上年增加 135 家,增长 132%;上市公司市值 4364.57 亿元,流通市值 1458 亿元,分别比上年增长 360% 和 315%。1997 年深圳证券交易所新上市公司 125 家,总挂牌上市公司 362 家,比上年增长 53%;上市公司总股本 796 亿元,比上年底增长 81%;上市公司市值 8311.17 亿元,流通市值 2691 亿元,分别比上年增长 90% 和 85%,上市公司总市值占 GDP 的比重为 11.12%,比 1996 年的 6.45% 增长近 5 个百分点。在 1996 年和 1997 年两年期间,伴随着全国宏观经济向好,深圳股票流通市场行情火暴,股价高涨,深证成份指数屡创新高,成交量日渐增大。而在接下来的 1997 年 8 月至 2000 年 8 月这一时期,深圳证券市场上市公司数量的增长幅度达 41.99%,上市公司总股本增长比率为 1.08 倍,上市公司总市值增长 1.55 倍,占 GDP 比重增长了 1.09 倍。

另外,上市公司的流通市值增长也超过 1.83 倍。1998 年深圳证券交易所新上市公司达 51 家,总挂牌上市公司达 413 家;上市公司市价总值为 8879.73 亿元,占当年国内生产总值的 11.13%;上市公司流通市值 2798 亿元。1999 年深圳证券交易所新上市公司达 50 家,总挂牌上市公司达 463 家;上市公司市价总值为 11890.70 亿元,占当年国内生产总值的 14.28%;上市公司流通市值 3964 亿元。2000 年深圳证券交易所新上市公司达 51 家,总挂牌上市公司达 514 家;上市公司市价总值为 21160 亿元,占当年国内生产总值的 23.70%;上市公司流通市值达 7606 亿元。深市上市公司在 1995 年 10 月至 2000 年 8 月这一期间在规范中求发展,势头迅猛,茁壮成长,取得了可喜的成绩。

2. 上市公司兼并收购发展历程

从 1996 年开始,深圳股票市场上各种形式的资产重组活动此起彼伏。8 月 19 日,陕长岭和西安黄河两家公司合组集团;8 月 30 日,海南桂林洋农场与新大洲公司资产重组;9 月 22 日,广西虎威公司与北京阳光房地产开发公司资产重组;11 月 14 日,甬中元公司与宁波市财政局之间进行股权划拨;12 月 18 日,苏三山公司与深圳市创世纪投资发展有限公司之间进行股权协议转让;1997 年 8 月 12 日,美纶股份公司与泰达集团公司之间进行股权划拨等。

在 1998 年,深圳证券市场上市公司的资产重组主要是大规模的产业调整与升级。例如,湘中意公司全面介入以大城市水、电、路、气工程为主的现代基础设施产业;四川托普公司控股"川长征",以新兴的信息、微电子产业替代机械等传统行业;一些原本游离于资本市场之外但已形成一定规模的高新技术企业也以"借壳"、"买壳"等资本运作手段对上市公司进行兼并、协议收购甚至二级市场举牌收购,以此来重组传统行业企业、扩张高新技术产业,赢得发展先机。

1998 年 5 月 13 日,"深惠中"等 6 家公司分别发布公告,披露了它们将采取增发新股或定向募集股份方式进行股本结构调整和资产重组,公司为此进行停牌。这些公司经过一段时间的停牌后,都陆续推出了各自的资产重组方案,大多数公司的重组方案同流行的模式一样,都进行了资产置换,由其母公司将其原有的上市公司之外的优质资产置换进上市公司之内,而将上市公司一些劣质资产置换出"壳"外。最引人注目的是,这 6 家公司在进行这种置换的同时,都增发了一定数量的新股。除了按一定比例向老股东进行配售外,还划出一部分额度在交易所上网发行,这一举措突破了当时上市公司再筹资必须具备 3 年净资产收益率达 10% 条件的有关规定。

进入 1999 年,资产重组继续成为深圳股票市场一个长盛不衰的题材,并且在政府部门和市场管理部门的支持下,收效更为显著。在 1999 年证券市场上市公司资产重组的潮流中,产权方面的重组是重头戏。据统计,在 1999 年头 4 个月中出现的涉及近 100 家上市公司的约 150 起重组案例中,就有近 50 家公司的约 75 起重组是围绕着上市公司的产权转移所展开的,其中有 30 家上市公司的股权结构因此而发生了实质性的变化,导致了公司第一大股东的换位。

2000 年 8 月,华润北京置地公司通过协议方式从"深万科"原第一大股东深特发公司受让了"深万科"8.12% 股权,成为"深万科"的第一大股东。随后,万科公司董事会又发布公告,准备向华润公司定向增发 B 股,使华润公司能够更紧密地与万科公司捆在一起。由于华润公司是一家在香港联交所上市的公司,具有较强的资金实力和土地储备,而在深圳证券交易所上市的万科公司具有较好的品牌和管理优势,所以业界对万科公司的重组普遍给予较高的评价,认为这是中国地产界两大巨头实现的强强联合。显然,这种战略性并购比纯粹的"买壳借壳"有着更为深刻的意义。它将使上市公司能够以自己在资本市场上的优势实现对一些优秀企业的并购整合,使自己的行业地位得到大幅度提升,而不是简单地从上市公司原来所从事的行业中退出。

综上所述,这一时期深市上市公司的兼并收购活动有以下两种模式:

(1)政府主导型。

1994 年 9 月证监会出台的关于执行《公司法》规范上市公司配股的通知中对上市公司配股的基本条件作出了规定,即连续三年净资产收益率不低于 10%,这使得大批业绩相对较差的上市公司失去了再度融资的资格。1995 年和 1996 年亏损上市公司大量出现,其中有一部分已经连续两年亏损,根据《公司法》规定连续三年亏损的上市公司将被取消上市资格,为了保住上市公司的配股资格,避免被摘牌的命运并保住上市公司的壳资源,地方政府和各控股股东因而积极介入上市公司资产并购重组中来。

2000年6月,中国证监会发布了《关于规范上市公司重大购买或出售资产行为的通知》等相关政策,对重大规模资产出售与购买程序等作了明确规定,目的在于规范上市公司的并购行为,维护投资者权益并为上市公司的业绩稳步增长打下一定基础。这些一系列伴随问题而出台的法律法规,极大规范了发展中的深圳证券市场的并购活动。

(2)市场驱动型

1993年9月底、10月初,中国宝安集团通过二级市场收购流通股的方式取得延中实业(今方正科技)第一大股东地位,这是中国证券市场的第一起公司控制权争夺案例即"宝延事件",也是中国证券市场上第一个市场收购案,使得深圳证券市场并购活动进一步多元化。

1999年年底,国务院和证监会分别出台了以国有股减持来促进国有经济战略性调整的指导性方案和通过国有股配售方式来减持国有股的具体方案。依据财政部有关配售价格的规定,黔轮胎(000589)以4.8元进行了配售,开创了国有股退出的先河,随后出现一系列市场运作实践的创新。1999年,深圳证券市场并购的模式创新基本完成,许多在成熟资本市场上的并购模式被移植到深圳证券市场上来,这些并购模式的涌现使证券市场的资源配置功能不断加强。总体来说,2000年前证券市场中争夺股权的并购,特别是大股东的变化多以友好协议转让方式进行,股权并购活动逐步走向市场化。同时这一时期政府力量仍然起着主导作用,因此无论是股权还是控股权的过渡都比较平稳。

然而,2000年胜利股份(000407)等却上演了股权争夺战,对此监管部门在市场发生纷争时及时作出反应,不断用立法加以规范。2000年出台了《上市公司股东大会规范意见》以保护中小股东的利益,同时在2000年的股市并购中还出现了通过委托书收购等新并购模式,2000年1月,广州市通百惠股份有限公司通过竞拍成为胜利股份的第一大股东,但是胜利股份原股东之一的山东胜邦企业有限公司迅速与通百惠展开了控股权之争,3月下旬通百惠向中小股东广泛征集委托书,成为中国证券市场第一例委托书收购案例。这一期间并购业务创新成为证券市场中的热点,并购的市场化程度也越来越高,证券市场资源配置的功能越来越完善,深圳证券市场并购活动走向更加规范化发展的道路。

二、上市公司规范发展的特征分析

1. 上市公司行业种类齐全,地域分布广泛

截至 2000 年年底,深市共挂牌上市 514 家上市公司,证券种类 557 只,按行业划分,工业类 386 只,占 69.3%,综合类 63 家,占 11.31%,商业类 42 只,占7.54%;公用事业类 40 只,占 7.18%,地产类 23 只,占 4.13%,金融类 3 只,占0.54%,涵盖了各主要行业。就地区分布看,上市公司遍及西北、华北、东北、华中、华东、西南和华南七大地区的 30 个省、自治区和直辖市。深圳在全国企业资金筹措中的枢纽地位愈显突出。

2. 上市公司中国有大型企业所占比重日益增大

深圳证券市场的规范发展,为支持国有企业改革和市场经济体制建立创造了有利条件。以 1999 年为例,诸多流通盘在 2 亿以上的国有大型骨干企业得以发行股票上市,从而使深市股票平均发行量由 1998 年每家 7500 万股增加到1999 年的每家 1.05 亿股。深圳证券市场为这些优秀企业的成长、大型国有企业的改革,提供了资本市场环境和制度、机制条件。一些属于国家支柱产业的大型国有企业,如鞍山钢铁、一汽轿车等,在深圳交易所上市后一次性筹资均逾 10亿元。大型国有企业根据逐步规范的市场规则进行的改制,具有很强的操作性和示范性,也普遍地带动了中小国有企业的股份制改革,从而使计划经济向市场经济转轨过程中最关键的体制性问题得到解决。

3. 高科技企业在上市公司中所占比重明显提升

为了贯彻科教兴国战略,促进科技成果的推广应用,深圳证券市场对高科技企业实行不限指标、优先发行上市的优惠政策,并且放宽了高科技上市公司再融资条件。以 1999 年为例,共有 74 家高科技企业通过了科技部和中科院的论证确认,5 家已发行上市,另有 11 家完成再融资条件。到 2000 年,深沪两市高新技术上市公司已在境内上市公司中占有较大比重。深圳证券市场为高新技术的开发和产业化提供了长期的直接融资支持,对高新技术产业的发展已经起到了积极的推动作用。

三、上市公司规范中发展的主要问题分析

1. 上市公司质量不佳

1998 年度深市的亏损公司多达 43 家(还不包括当时没有及时披露年报的 6 家公司),其比例比上一年度上升了 50% 以上,公司的平均亏损额高达每股 0.5467 元,大大超过了以往几年的亏损水平。1999 年,深圳股票市场共有 49 家上市公司亏损,加权平均每股亏损 0.62 元。2000 年度深市 48 家亏损公司(不包括 ST 深华源)的亏损金额总计 75.89 亿元,比 1999 年度亏损额 44.57 亿元增加 70%,该年度平均每家公司亏损 1.6 亿,比 1999 年度的平均每家亏损 9687 万元增加 65%。截至 2000 年,深圳上市公司中共有 26 家 ST 公司、9 家 PT 公司,PT 公司数比 1999 年大幅增长 3.5 倍。不少上市公司呈现出"一年绩优、二年绩平、三年亏损、四年 ST、五年 PT"的特点。

不少上市公司的业绩之所以不断下滑,分析原因主要有三点:

一是上市公司制度性风险。从 1999 年开始,上市公司按要求执行新的《股份有限公司会计制度》。该会计制度要求含外资股的公司必须加大计提应收账款坏账损失准备、存货跌价损失准备以及投资减值准备,这使得一大批上市公司无可奈何地陷入亏损。如名列亏损户前茅的白云山公司,在 8.19 亿元的亏损中就有 5 亿元的准备金。多提准备金,是为了让上市公司能有效地抗衡经营风险,避免利润分配过度,说到底还是为了保护上市公司,但有些企业却因底子太薄而陷入亏损。

二是上市公司体制不健全,内部治理结构不完善。有相当部分上市公司体制不健全,缺乏完善的内部治理结构和必要的监督约束机制,第一大股东权力过大,无视中小股东利益。最典型的要数"猴王",猴王集团为"猴王 A"的第一大股东,因在人员、资产、财务上未分开等原因,长期以各种手段侵占股份公司的资产。1999 年年底,猴王集团已拖欠"猴王 A"8.9 亿元,"猴王 A"为猴王集团提供 2.44 亿元的担保,两项合计 11.3 亿元。2000 年年底,猴王集团资产总额 3.7 亿元,负债 23.6 亿元,已严重资不抵债,且累计亏损 25 亿元以上,猴王集团于 2001 年 2 月 27 日宣告破产,"猴王 A"的十多亿债权无法收回,中小股东的权益遭受

严重侵犯。同时有的上市公司董事长、总经理集于一身,董事会、监事会形同虚设。还有个别上市公司老总贪污受贿,如康赛集团董事长童施建、总经理张建萍挪用公款到深圳设点炒股,两人将1186.87万元据为己有;东方锅炉等上市公司的老总鲸吞股东的血汗钱,公司也因这些"蛀虫"而陷入困境,步入亏损,甚至走向破产的边缘。

三是上市公司投资盲目,热衷炒作。部分上市公司对外投资亏损或长期不能产生效益的主要原因在于缺乏科学的评估,缺乏必要的市场调查论证,胡乱投资,盲目扩张。典型的要数1998年多家上市公司介入网络行业,一家宣布投资网络,跟着就有多家宣布介入,在一二个月内,就有100多家上市公司投资数百万、数千万元介入网络行业,盲目跟风。自然其中不乏为迎合市场的炒作需要,配合庄家出题材,导致短时间内,盲目投资数量剧增。而这一盲目投资的结果,是造成一些上市公司严重亏损的重要原因之一。

2. 上市公司信息披露不规范

(1)信息披露的虚假性。

这是当时深圳证券市场上市公司信息披露中最严重、危害最大的问题。若上市公司披露的信息失真,特别是恶意编造虚假信息,故意保留重大信息,无疑会对证券市场产生极大的破坏作用,冲击整个证券市场存在的根基,而且也会破坏上市公司自身信誉,是对市场规范发展的极大挑战。

上市公司披露的信息必须准确、真实,不得虚假记载、误导或欺诈,这是信息披露最基本的要求。《会计法》和《禁止证券欺诈行为暂行办法》、《公开发行股票公司信息披露实施细则》等法律、法规都明令禁止公司编制、披露虚假财务会计报表。但是,深市有些上市公司的信息披露严重失实,甚至从招股说明书到临时、定期报告等信息,全都是谎话连篇。比如,轰动一时的"琼民源",1996年琼民源年报中所称的5.71亿元利润中有5.66亿元是虚构的,占总利润的99%以上;再如,银广厦仅在1999年至2000年间就虚构7.45亿元利润披露于世,公司虚假的信息披露就没有停止过而且在不断升级。公司的管理当局出于经营管理上的特殊目的,蓄意歪曲或不愿披露详细、真实的信息;低估损失,高估收益,使得上市公司财务信息不真实。

（2）信息披露的非主动性。

不少上市公司把信息披露看成是一种额外的负担，而不是把它看成是一种应该承担的义务、责任和股东应该获得的权利。特别是对于那些亏损的上市公司，总是担心自己或是失去配股资格，或是将被停牌等，因此，往往不是主动地去及时披露有关信息。产生这种现象的根本原因是，上市公司在其经营管理方面存在着较多的不愿让公众知道的负面信息，从而对信息披露产生一种回避的心理。上市公司对会计信息披露总是抱着能够少披露就少披露，能够不披露就不披露的心态，而不是把它看做一种应该主动承担的义务和股东应该获得的权利。

相对而言，临时报告披露不及时的情况更为严重。上市公司往往根据自身利益决定何时披露重大事件，倾向于有利信息及时披露，不利信息延缓披露。更有甚者，一些公司在重大事项发生后不进行专项披露，而是放在定期报告中一并刊登，也就是说，采用定期报告代替临时报告进行披露，投资者无法及时了解公司的重大信息。

（3）信息披露不充分。

披露信息内容不充分主要表现为对资金投向、前次募集资金使用情况和利润的信息披露不充分；企业偿债能力披露不充分；公司董事、监事及高级管理人员持股变动情况披露不充分；关联交易的信息披露不充分；政府有关政策变化对公司影响的信息披露不充分等。

在深圳证券市场，有许多上市公司信息披露的随意性很强，不严肃，更有甚者未经监管部门批准，就擅自决定公布涉及国家经济决策方面的重要信息，或是为造市而制造大量小道消息。这严重破坏了上市公司信息披露制度的严肃性，不利于投资者公平享有上市公司有关信息的权利，也不利于提醒投资者注意公司的新变化。有些公司披露的中期报告过于简略，无法进行财务分析与评价；部分公司的财务报告中不提供上年同期相关的重要数据等。

（4）上市公司信息披露的保密工作有待加强。

一些上市公司存在年报消息提前泄露的现象。有些上市公司的主管部门、统计、审计部门、税务或银行等在年报披露前因各种原因均要求上市公司报送年度决算的财务资料，这一做法使上市公司左右为难，既要遵守信息披露规则，又不愿意得罪上述部门,不免出现信息提前泄露的情况。众所周知,上市公司披露的信息与其股票的市场价格是息息相关的,信息往往起到价格信号的作用。如果信息披露提前泄密,这为内幕人员利用时间差进行内幕交易、牟取暴利或及时避险提供了条件,这对于普通的中小投资者而言,无疑是极不公平、不公正的。

我们分析,上市公司存在上述信息披露不规范的主要原因有以下两点:

(1)利益驱动是导致信息披露违规的根本原因与内在动力。

首先是上市的诱惑。巨大的利益诱惑。有些上市公司为了获得通过正常经营渠道永远无法得到的超额利益,从股票市场上"圈"到更多的资金,目无法纪,肆意编造虚假信息;而有些中介机构、管理部门为了从中"分得一杯羹",增加自己的收入和利益,在虚假信息生成和传播过程中也扮演了不光彩的角色。其次是配股的诱惑。上市公司对货币资金的需要是持续的,为了获得配股以达到规模扩张的目的,往往不惜包装会计数据,披露虚假信息。最后是特别处理及摘牌的威胁。深市对上市公司的退出机制作了明确的规定,为了保住"圈钱"机器,有些公司大搞财务包装,玩弄披露游戏,极大地破坏了市场规范。

(2)监督不力、法规不严是导致信息披露违规的重要原因与外在环境。

首先,监管发现问题不够及时。从已经查处的案例来看,不少在招股说明书中做假的不法行为没有及时发现。郑百文就是一个例子。在人力、物力及时间都非常有限的条件下,认真地审核众多上市公司上报的信息披露材料,是很难做到的。另外,证监会又缺乏充分有效的接触上市公司的途径,其巡回检查也因人力、物力的不足而存有漏洞。银广夏事发之前,证监会曾经作过两次巡回检查,但都没有发现问题。

其次,处罚力度不够,违规成本低廉。处罚尤其是以交易所内部批评为主的处罚方式效力不足,没有起到增加违规成本、防止再犯的效果。

最后,证券中介机构责任缺失。信息披露涉及的中介机构主要包括"三所一商"即会计师事务所、律师事务所、资产评估事务所和券商。在相关政策措施还不到位或不匹配时,中介机构普遍存在风险意识淡泊、责任心不强、执业工作粗糙、独立性差等问题。有些中介机构在信息披露问题上,和上市公司一道与监管部门周旋,从而使监管和被监管的力量发生了很大变化,在专业水平上使监管者处于劣势,这大大加强了监管的难度。

第二节　在规范中不断壮大的投资者队伍

一、投资者队伍在规范中的发展历程

1. 投资者队伍地域扩大期

截至 1995 年年底,深圳证券市场开户的投资者数量为 555 万户,其中广深地区占 53.54%。1996 年随着市场的启动和发展,全国各地都出现了积极参与深圳证券市场的好势头。1996 年共新增开户 527 万户,一年的开户数几乎相当于过去 5 年开户总和。尤其是华东、华北、东北、西北地区,增长十分迅速。比如,华东地区由 67 万户增加到 274 万户,增长 3 倍;华北地区由 11 万户增加到 64 万户,增长 5 倍;东北地区由 21 万户增加到 59 万户,增长近 2 倍。深圳证券市场受到越来越多的投资者的关注和参与。1997 年新增开户 521 万户,开户数达到 1620 万户,比上年增加近 50%,异地投资者开户数占 86.74%,比上年提高了 5.7 个百分点。表 8-1 的数据充分显示出深圳证券市场作为全国性市场的特质。

表 8-1　1991—1997 年深圳证券交易所投资者开户情况表

单位:万户

A 股投资者	项目＼年份	1991	1992	1993	1994	1995	1996	1997
	总开户数	25.69	105.05	353.27	482.99	555.04	1089.57	1609.78
	个人 机构	25.63 0.06	104.91 0.14	352.22 1.05	480.72 2.27	551.90 3.14	1085.30 4.27	1601.88 7.90
	本地总开户数	25.69	83.12	152.53	165.58	174.32	199.79	213
	个人 机构	25.63 0.06	82.99 0.13	152.30 0.23	165.27 0.31	173.56 0.76	198.53 1.26	
	异地总开户数		21.93	200.74	317.41	380.72	889.78	1407
	个人 机构		21.92 0.01	199.92 0.82	315.45 1.96	378.34 2.38	886.77 3.01	

续表

项目 \ 年份		1991	1992	1993	1994	1995	1996	1997
B股投资者	总开户数		0.3676	0.8786	1.1004	2.2289	9.3604	9.86
	个人		0.2633	0.6773	0.8008	1.8617	8.9076	
	机构		0.0952	0.1417	0.1612	0.1844	0.2246	
	基金		0.0091	0.0596	0.1384	0.1828	0.2282	

资料来源:《中国证券业年鉴》(1998),新华出版社1999年版。

总结这一时期深圳证券市场投资者的表现,可看出以下特点:

第一,1996年和1997年是当时深圳证券市场建立以来投资者数量增加最多的两年,1996年新开户数净增近541.1万户,1997年新开户数净增近521.6万户。投资者蜂拥入市的主要原因是:一是这两年深圳股票市场的暴涨行情,激起了人们投资股票市场的热情。二是此时期中国人民银行两次调低存贷款利率和停办保值储蓄等金融政策对证券市场带来的联动效应。三是宏观经济向好、香港回归和党的十五大等诸多背景和事件所产生的刺激和推动作用。在如此重大的利好背景下,不仅深圳股票市场原有的投资者谁也不愿意卖出股票、套现离场,而且新入市投资者也在不断建仓。

第二,深圳证券市场异地投资者的比重逐年增多。1995年异地投资者的比重为68.4%,1996年为80.89%,1997年为86.85%。这一时期的A股投资者遍及除台湾以外的全国各省、自治区和直辖市,B股投资者则来自78个国家和地区。在A股投资者中,深圳市的投资者最多,占20%以上,随后是广东省(不含深圳、广州)、上海市、四川省、广州市、江苏省等。这一排序在一定程度上反映了经济发展、股份制改造与证券市场发展程度的相关性。在B股投资者中,来自中国大陆和香港地区的投资者最多,其次是美国、中国台湾地区、英国、日本等。深圳证券市场异地投资者比重逐年增多的原因有三方面:一是1996年和1997年深圳证券市场行情火暴;二是深圳证券交易所的交易规则、结算系统、技术系统和基础设施等较完善,为异地投资者的发展提供了规则、制度和技术方面的支持;三是证券经营机构队伍不断壮大,证券营业网点遍布全国各地,为异地投资者的交易提供了有效平台。

第三,投资者的入市理念逐渐发生了转变,投资风险意识逐步增强。1996年年底《人民日报》特约评论员文章的发表再一次强化了投资者的风险意识,使投资者采取更谨慎的态度入市操作。1997 年,证券管理层加强了对违规事件的处理,并颁布了相关法规,这在一定程度上培养了投资者的法律意识,进一步规范了深市投资者行为。

2. 投资者队伍结构日趋合理期

1997 年 8 月至 2000 年 8 月,伴随着深圳证券市场投资者规模不断壮大,异地投资者比重显著增加,投资者结构明显改善。1997 年,深圳证券交易所投资者总开户数为 1619.64 万户(含 A、B 股投资者),其中机构投资者 7.9 万户,占0.48%;而 1998 年,深圳证券交易所投资者总开户数为 1910 万户,其中机构投资者 8.6 万户,占 0.45%;到了 1999 年,深圳证券交易所投资者总开户数为2200 万户,其中机构投资者约 11.4 万户,占 0.52%;到了 2000 年,深圳证券交易所投资者总开户数为 2843 万户,其中机构投资者约 15 万户,占 0.53%。[①]

不仅机构投资者的占比上升,而且机构投资者的实力也在不断增强。一是证券经营机构综合实力不断提高。自 1999 年 5 月 4 日中国证监会批准湘财证券公司资本金由 1 亿增至 10 亿元开始,证券经营机构增资和重组浪潮迭起,至1999 年年底,已有 11 家证券公司完成增资扩股,其合计资本金由增资前的47.63 亿元增加到 150 亿元,增长 3 倍多。深交所会员单位大规模重组和增资扩股,证券经营机构的综合实力和抵御风险的能力大为增强。二是证券投资基金整体实力不断提高。到 1999 年年底,新设基金管理公司由 1998 年的 4 家发展到 10家,深圳证券市场上市封闭式投资基金 10 只,规模 210 亿元,分别比 1998 年增长 8倍和 9.5 倍,投资基金占流通市值的比重从 1998 年的不足 1%增长至 5.4%。截至2000 年年底,在深市上市 17 只,总规模 275 亿元,比上年增长 31%。

二、机构投资者在规范中的发展历程

深圳证券市场机构投资者的发展大致经历了三个阶段:

---

① 参见《中国证券期货统计年鉴》(2001),百家出版社 2001 年版。

第一阶段,1997 年以前机构投资者处于萌芽状态。1991 年"深圳南山风险投资基金"和"武汉证券投资基金"分别设立,这是我国最早的投资基金,此后各地出现了投资基金发展的热潮。在《证券投资基金管理暂行办法》颁布之前,市场上共有 75 支基金和 47 支基金类证券,这些基金绝大多数属于契约型封闭式基金。这个时期的机构投资者以证券公司为主,虽然市场上也有一些基金,但并不是真正意义上的证券投资基金,其规模较小,投资偏于保守,很多是以实业投资为主,证券投资部分比例较小,并且这些"老基金"在 1996 年后逐渐处于边缘地带。

第二阶段,1998 年后,市场调整和机构整合更替阶段,规范化发展。1997 年 11 月,《证券投资基金管理暂行办法》出台,管理层通过吸收、合并方式对老基金进行清理和整顿,加强监管促进其规范化运作。1998 年 3 月 23 日,第一批证券投资基金启动,基金开元在深交所上网发行。4 月 7 日,基金开元在深交所上市,成为首批上市的证券投资基金之一。一些不规范的基金公司、信托公司被市场淘汰,主管部门出台了一系列鼓励机构投资者发展的政策和措施。

第三阶段,2000 年后,机构投资者快速发展、日益壮大的阶段。2001 年 12 月,财政部、劳动和社会保障部发布了《全国社会保障基金投资管理暂行办法》(简称《办法》),规定了全国社保基金可以投资证券市场,但对证券投资基金、股票的投资比例不得高于 40% ,该《办法》还对单个投资管理人管理的社保基金资产投资于一家企业所发行证券或单只证券投资基金的具体比重作了规定。2003 年 6 月,社保基金正式进入证券市场。

2002 年 11 月,合格境外机构投资者(QFII)制度引入中国资本市场,中国证监会和中国人民银行联合发布《合格境外机构投资者境内证券投资管理暂行办法》,允许合格的境外机构投资者在一定规定和限制下通过专门账户投资国内证券市场,这标志着境内证券市场开始向国外投资者正式开放。2003 年 5 月,瑞士银行成为第一支 QFII 正式登陆我国资本市场,获批准的投资额度为 8 亿美元。

2004 年年初,国务院发布了《关于推进资本市场改革开放和稳定发展的若干意见》,明确要求大力发展机构投资者;2004 年 10 月,经国务院批准,中国保险监督管理委员会、中国证券监督管理委员会联合发布并实施《保险机构投资者股票投资管理暂行办法》。这标志着我国保险资金首次获准直接投资股票市场。1999 年,保监会开始批准保险公司可以通过购买证券投资基金间接进入证券市场,同时也开始允许保险企业投资企业债券。

第三节　发展调整期的证券中介机构

一、在规范中不断发展的证券经营机构

1. 证券经营机构的规范发展历程

(1)证券市场证券经营机构的初步规范期。

1995 年 10 月至 1997 年 8 月这一时期,深市证券机构得到了快速、规范的发展,各方面实力明显提高。这其中包括,总计 373 家证券经营机构,1343 个深圳证券交易所会员席位,2400 个遍布全国各地的营业网点,有 20 多家和 40 多家证券经营机构分别担任新股主承销商和上市推荐人,有 18 家证券经营机构实施了增资改制,213 家证券经营机构实现了"银证分离",还有 23 家注册资本超 5 亿元的证券经营机构。此外,证券经营机构的自营业务也因深市 1996 年和 1997 年的火暴行情而获得了突破性发展,证券经营机构业务不断拓展,具体表现在以下方面:

一是综合类证券经营机构的规范建设。1995 年以前的综合类证券公司多凭借国内的相对垄断优势,独揽国内发行市场的承销业务、流通市场的经纪业务与自营业务,虽然较少涉及企业投资咨询、理财服务等方面,但仍然在发行市场上和流通市场上赢得丰厚的利润,处于粗放型发展阶段。1995 年 10 月至 1997 年 8 月这一时期,面对规范化程度不断提高的证券市场,综合类证券经营机构也面临着越来越大的压力。由于发行、流通市场的竞争在法制化框架内显得日益激烈,而资金自营业务又受到金融政策的严格限制,使得综合类证券经营机构的传统业务渐趋饱和,如再不设法寻求突破,大部分证券经营机构就可能面临严峻

的生存危机。有鉴于此,深圳部分规模较大的证券经营机构突破传统业务的限制,开始拓展公司并购顾问、项目融资、资产管理、公司理财等投资银行业务,大鹏证券、光大证券、华夏证券、长城证券、国信证券和国通证券等一批证券经营机构通过证券经营机构间的强强联合、产业资本和金融资本结合、银证分业脱钩以及原有证券经营机构增资改制等多种形式,先后重组,提高自身竞争力。

二是经纪类证券经营机构的规范建设。1995年10月至1997年8月这一时期,证券经营机构的竞争十分激烈,经纪类证券经营机构因其业务相对单一而面临巨大的压力。因此,这些证券经营机构迫于市场压力,不断扩展机构规模,增加业务种类。具体表现为:其一,证券经营机构不断扩大营业部规模,新增营业部网点,以增强经纪业务实力,增加经纪业务收入。其二,证券经营机构不断加大自营业务规模,开展上市公司的研究工作,以增强自营业务的能力与实力,增加自营业务收入。其三,通过证券经营机构之间的资产重组扩大规模、增强实力,用规模经济来提高业务收入。其四,随着实力的增强,证券经营机构逐步申请发行业务资格,以丰富经营业务种类,转换机构类型,提高经济效益。

(2)证券证券经营机构在规范中积极转变期。

1997年8月至2000年8月这一时期,深圳证券市场的证券经营机构经历了清理整顿和增资扩股,在市场参与格局、抗御风险能力等方面取得了一定的改善,从而巩固了长远发展的基础。但对这些机构在该阶段的经营状况进行分析,依然有许多问题亟待解决,需要进一步加以规范。

一是深圳证券经营机构清理整顿。在体制转轨时期,证券经营机构行业内部的规范化建设开始向纵深发展。首先是市场参与主体的范围得到规范。1998年6月,证券经营机构的监督职责移交给中国证监会。1998年6月22日,国务院办公厅发出《转发中国证监会清理整顿证券经营机构方案的通知》,证监会开始对证券公司、经营证券业务的信托投资公司、财政系统经营股票的财政证券公司等全面进行清理整顿,将证券经营机构的实业投资和其他非证券业务分离出去,同时将财政系统的证券机构进行清理,并入其他证券经营机构。至1998年年底,保险公司、财务公司和租赁公司已基本退出证券市场(保险公司通过证券投资基金间接入市),而兼营证券业务的机构仅存信托投资公司,深圳证券交易所的会员数量减少了 40%。接着,通过清理整顿从事证券业务的信托投资公司,实现银行业、证券业与信托业分业管理、分业经营的管理体制。此前,中国的信托投资公司共有 239 家,其中绝大多数兼营证券业务。虽然信托与证券分业经营的要求早在 1996 年已有先例,但全面清理整顿信托业直到 1999 年年初才提上议事日程。针对当时信托业的违规违纪现象,国务院于 1999 年 3 月下达命令,开始对信托业进行大规模的清理整顿,大多数信托投资公司被撤销并且进一步落实信托和证券的分业。信托公司的证券部则独立出来,符合条件的在信托公司内组建证券子公司。到 2000 年 8 月,已经有 2 家由信托投资公司整合转化而成的证券公司成立。并且证券经营机构的业务范围得以明确。一方面,逐步剥离证券经营机构的非证券类业务,提高其资产质量;另一方面,根据规模和业绩将证券经营机构划分为综合类机构、经纪类机构等,进行分类注册和分类管理。据统计,截至 2000 年年底,深圳证券交易所有会员 326 家,其中证券公司 95 家(深圳本地证券公司 11 家),其他证券兼营机构 231 家;另有 B 股市场参与者的境外特许证券经营机构 30 余家。清理整顿将证券经营机构之间的竞争纳入合法、有序的轨道,证券市场秩序大为改善、市场规范性不断提高。

二是证券经营机构增资扩股与兼并收购。伴随《证券法》的颁布实施和大型国有企业改制上市步伐的加快,始终困扰证券经营机构的资本金不足和融资渠道不畅的问题变得越来越突出,并成为制约证券市场发展的"瓶颈"。因此,积极稳妥地解决证券公司自有资本金的充实和外源资金的融资机制,被提上了重要的议事日程。

成立于深圳的君安证券曾经一度是国内最具创新意识的券商,净利润居行业之首,然而,因管理层违规挪用资金进行 MBO,原国泰证券有限公司和原君安证券有限责任公司通过新设合并、增资扩股,于 1999 年 8 月 18 日组建成立国泰君安证券股份有限公司,成为当时全国最大的证券公司,第一、二、三大股东分别为上海国有资产经营有限公司、中央汇金公司和深圳市投资管理公司。随后借助银证脱钩的契机,全国证券机构之间的增资扩股、收购兼并正式起步。在政府的安排主导下,通过兼并重组和系统内的整合,证券公司的数量、资产规模和市场占有率都大大提高,对行业的格局也产生了影响。在这一阶段,资本金的积累和扩大,构成了证券公司资本重组的主要部分,经过扩张,证券业的整体资本实力得到一次飞跃式的发展,上了一个新的台阶。

这次史无前例的证券公司大整合有着深刻的历史背景。从证券公司的主观动机看,1999 年 7 月 1 日开始实施的《证券法》,将证券业务范围划分为综合类和经纪类证券公司,业务许可证由国务院证券监督机构分类颁发,其中,综合类证券公司要求注册资本最低限额为 5 亿元,净资本不少于 2 亿元。对于资本金普遍较少的证券公司,急需增资扩股以获得综合类的牌照,这样才能从事全面的证券业务,从而在激烈的市场竞争中占得一席之地。从客观环境看,从 1999 年"5·19"行情井喷开始到 2001 年 6 月 14 日,证券市场经历了长达 2 年的牛市,深圳综合指数与成份指数不断创新高,涨幅惊人。牛市行情造成了证券业利润丰厚,这对大量实业资本无疑具有很强的吸引力,希望进入证券业,准备分一杯羹。因此券商的主观愿望和市场的客观条件两方面因素都促使了此次增资扩股浪潮的开始。

1999 年 3 月,中国证监会下发《关于进一步加强证券公司监管的若干意见》,规定开始受理证券公司增资扩股申请。5 月 24 日,经中国证监会批复同意,湘财证券有限责任公司注册资本从 1 亿元人民币增加到 10 亿元人民币,成为第一家通过增资审批的证券公司。随着增资扩股工作的完成,这些公司陆续被中国证监会按《证券法》的规定批准为综合类证券公司。1999 年 5 月 24 日,湘财证券获批注册资本从 1 亿元增加到 10 亿元,以此拉开了此番增资扩股的序幕,7 月 20 日,长城证券有限责任公司获准增资扩股,注册资本金将增至 8 亿元人民币;9 月 8 日,大鹏证券注册资本将从 5 亿元增加到 15 亿元;9 月 10 日,华泰证券(原江苏证券)注册资本从 4.04 亿元增至 8.5 亿元;10 月 18 日,国通证券再次增资扩股,注册资本由 8 亿元增至 22 亿元;11 月 18 日,广发证券注册资金增加至 16 亿;12 月 19 日,兴业证券注册资本由 1 亿元增至 9.08 亿元。仅在 1999 年内,全国各地就有 12 家证券公司先后进行了增资扩股,证券经营机构合计资本金从原来不足 60 亿元增加到 185 亿元。

在 2000 年,证券经营机构的增资扩股继续保持高涨势头,全年又有逾 20 家证券经营机构通过重组、合并、增资扩股扩大了资本金,使其经营实力出现了大幅度的增强。2000 年 8 月 16 日,由原中国华南信托等 5 家信托公司下属的证券业务部门重组而成的中国银河证券公司在北京正式宣告成立,其注册资本金超过 45 亿元,一跃而成为当时国内资本规模居于第一的大型券商。这一举措为中国信托业与证券业的分业经营、分业管理树立了一个成功的样板。

在全国性大型证券经营机构不断涌现的同时,各地方证券经营机构兼并、合并的风潮也生生不息,一些地方型券商在当地政府的支持下,通过强强联合集中优势,建立起地区内的券商龙头。另外一批期货交易所在撤销后也重新增资改组为经纪类证券公司,使证券业的分类管理走上了正轨。除了单独增加资本,另外一个途径就是通过兼并和收购,于是一些区域性的实力较强的中小券商为了加入综合类券商的行列,在地方政府的主导下,对辖区内业务类似但经营不善的小型证券公司进行兼并,形成新的区域性大型证券公司。先后有华安证券、西北证券、华鑫证券、华龙证券、齐鲁证券、渤海证券通过重组后诞生,进入综合类券商之列,企业规模实现迅速扩张。

这一时期证券经营机构的增资扩股还出现了一个引人注目的现象,那就是一些经营较好的上市公司也纷纷积极投入到证券公司的扩股活动中,有的甚至成为证券公司的大股东,如深圳机场参股国信证券的比例达到了总股本的20%。上市公司参股证券公司既体现了上市公司的实力,同时也可以使它们因此而分享中国证券市场高速成长的成果。当然,对上市公司参股证券公司应当采取必要的监管手段,尤其在上市公司对证券公司的持股比例上更应有严格的限制,以避免上市公司操纵证券公司经营的情况发生。

2. 证券经营机构规范经营状况分析

一是资产方面。1999 年增资扩股开始后,证券经营机构的总资产规模迅速扩张。就全国证券公司的总资产而言,1998 年比 1997 年仅增长 6.38%,而 1999年比 1998 年激增 35.85%,2000 年更比 1999 年增长 71.97%,达到 5298.7 亿元。增资扩股在一定程度上增强了证券经营机构的实力和抵御风险的能力,但与国际知名券商相比,规模仍然很小。此外就资产质量而言,证券经营机构的不良资产率居高不下,不良资产规模达到 555 亿元;其中国泰君安、申银万国、广东证券等机构的不良资产率最高。由于历史上的不规范经营行为,证券公司的不良资产率普遍较高,蕴藏了巨大的财务风险。这些不良资产主要形式为逾期应收款项和长期投资。据统计,截至 2000 年,证券经营机构的不良资产达到 396 亿元,其中有 58 家证券公司的净资本与各项预提准备之和甚至少于其不良资产额。增资扩股虽然在一定程度上改善了资本结构,但解决不了这些存量问题,这需要再进一步加以规范。

二是负债方面。在资产扩张的同时,1997 年至 2000 年证券经营机构的负债年增长率也分别达到 4.86%、35.52% 和 76.88%。1997 年至 2000 年总体平均的资产负债率分别为 85.66%、84.44%、84.24% 和 86.64%,流动比率分别为 1.10、1.05、1.06 和 1.07。不过,证券公司的负债主要来源于客户的结算保证金和受托理财资金,融资渠道单一;长期负债仅占很小比重,短借长用的问题严重,因而存在着巨大的流动性风险。

三是赢利性方面。在 1997 年到 2000 年期间,证券经营机构的业绩并未能与资产同比增长,反而有所下降:营业收入在 1997 年为 341.72 亿元,1998 年为 308.41 亿元,1999 年下降到 291.77 亿元;利润在 1997 年为 95.20 亿元,1998 年为 78.89 亿元,1999 年为 78.49 亿元。业绩下降的原因一方面是由于证券经营机构费用控制不力(1997 年、1998 年、1999 年全国证券公司的营业费用分别为 99.46 亿元、114.05 亿元、123.20 亿元,分别占当年营业收入的 29.10%、36.98%、42.23%),另一方面是部分证券公司借增资扩股之机消化了以前年度遗留下来的部分不良资产。

2000 年起,深圳证券市场空前活跃,股指与交易量均创出新高,因而证券经营机构的业绩大幅提升:当年实现营业收入 535.31 亿元,利润 200.77 亿元。其中,收入主要来源于手续费收入和自营收入(占总收入的 77%),证券发行和利息收入的比重较低;与国际券商相比,收入过分集中于传统的经纪业务,竞争还停留在较低层面上。此外,证券经营机构的委托理财业务迅猛发展,但所牵涉的市场秩序有待规范,其中隐含的风险也亟须关注。

四是市场结构方面,指标显示行业集中度较高。根据表 8-2 所示,总资产、总负债、净资产、营业收入、利润总额、净利润和经营现金净流量等多方面指标排名前 10 位的证券经营机构集中在国泰君安、南方证券、华夏证券、申银万国、海通证券、中信证券、广发证券、国信证券等 15 家大型券商,而且前"10 大"经营机构的指标合计数占市场总数的比重普遍在 50% 以上。

表 8 - 2　前"10 大"证券经营机构指标合计数占市场总数的比重(1999—2000)

单位:%

项目　　　　　　年份	2000	1999
总资产	50.23	50.28
负债	51.39	51.48
净资产	48.58	50.31
营业收入	51.66	50.88
利润总额	54.45	58.76
净利润	56.50	61.34

资料来源:《中国证券期货统计年鉴》(2001),百家出版社 2001 年版。

　　五是挪用客户结算保证金的问题依然严重。证券公司总资产的一半以上由客户的交易结算保证金构成,挪用客户结算保证金长期成为困扰市场稳健发展的问题。据测算,1997 年年底时约有 46 家证券公司挪用客户结算保证金 229.6 亿元,占当年年末全部证券公司客户结算保证金的 23.30% ;1998 年年底时约有 49 家证券公司挪用客户结算保证金 186.6 亿元,占当年年末全部证券公司客户结算保证金的 18.16% ;1999 年年底时约有 48 家证券公司挪用客户结算保证金 166.88 亿元,占当年年末全部证券公司客户结算保证金的 9.93% 。这说明,在体制转换时期,在监管部门的努力下,客户结算保证金挪用金额和比例逐年降低,但问题仍然严重。在 2000 年度,深圳证券行业进一步加大了规范治理的力度,情况才有较大改观,这一问题才得以缓解。

二、在规范中不断发展的深圳证券交易所

1. 在规范中奋起直追的深交所

　　由于 1995 年以前对某些问题的认识障碍,再加上当时市场高速发展过程中规范往往要让位于发展,这些体制性原因使得 1995 年年初的深圳证券市场发展

速度开始有所放缓,市场建设没有明显突破,市场人气不足,日成交量开始萎缩,不少深圳经济特区的证券经营机构甚至陷入困境。如何重振深圳证券市场,进一步发挥证券市场的积极作用,这是摆在特区证券实务界和理论界的重大课题。

1995 年 10 月 21 日,深交所新领导班子到任。中国证监会 160 号文任命庄心一为总经理,张育军、黄铁军任副总经理,戴文华留任副总经理。深交所在进行市场架构和人事调整的基础上,推出了一系列的搞活市场的重要举措。深圳证券交易所本着"市场至上,服务为本"的服务理念,坚持"优质、方便、快捷、效率"的服务标准,形成了以交易所为主体,各异地服务中心为支点,市场服务小组和技术服务小组为补充的全方位市场服务体系。

在市场监管方面,深交所努力健全规章制度、理顺业务流程,力求做到市场运作和业务管理程序化。一方面,根据国家有关法律、法规和市场实际,深交所制定、颁布了有关市场运作、市场管理的规章制度 21 项。在主要环节,如买空卖空、股份管理、交易清算等建立业务制度和操作流程,初步实现了标准化、自动化、程序化,有效避免了人为因素的影响。经过近一年摸索,在所内基本上形成了一套以监管例会为纽带,事前、事中、事后监管相补充,集发行、交易、存管、结算于一体的跨部门监管体系。在监管手段方面,建立了自动化的即时监控系统,实现了在交易前端进行券商卖空监控、B 股不合规账户禁买,在交易过程中个股价格波动超界报警、单笔成交超量报警、换手率超百分比报警、交易结束后对各项成交量和成交额的统计分析、股东超比例持股监视、证券商和股东排名分析等各种功能,为履行监管职能增加了有效的手段。另一方面,把握市场动态,注重实时监管,认真查处市场运作中的异常情况:一是顶住压力,清理透支。不仅杜绝了人为透支,而且彻底解决了历史遗留下来的透支问题。二是严禁买空卖空,发现一单处罚一单,有效控制了这类违规行为的发生。三是对超比例持股坚持实行了专人检查,常抓不懈,在现行账户体系内消除了机构账户超比例持股现象,个人账户超比例持股问题也逐步减缓。四是采取果断措施,解决了境内人士 B 股开户的老问题。1996 年 6 月 25 日严格规范开户手续以后,没有发生一起违规开户现象,原有不合规账户新的买入也得到了彻底制止。在新股上网发行中,严格处理了占号申购新股的违规事件,及时制止了两起窃卖股票的案件。

2. 在规范中大步前行的深交所

随着一系列规范市场、服务市场措施的实施,深交所在 1997 年 8 月至 2000 年 8 月期间开始走出低谷,大步前行,继续沿着规范发展的道路,扫清前进中的障碍,市场功能大大增强。

一是工作重心顺利转移。证券交易所是市场运行的枢纽。在 1998 年以前,发展问题一直是深交所面临的头等大事。1998 年以后,随着市场规模的扩大和功能的增强,国家逐步把证券市场纳入了宏观管理的轨道,并逐步赋予了证券市场新的使命。强化监管、化解风险、规范发展已成为交易所这段时间的主要任务。在这种局面下,交易所既要强化市场管理,防止市场运作可能出现的各种风险,又要保持市场一定的活力;既要完成配合搞好国有企业的中心任务,又要有效地遵循市场规律;既要稳步实现交易所管理体制的转变,又要最大限度地保持以往形成的工作特色和连续性。在这种形势下,深交所面临着工作重心转移,工作方式重新调整、角色重新转换、功能重新定位的问题。

二是市场功能逐步增强。首先,市场规模持续扩大。衡量市场规模的主要指标,三年来持续大幅增长。上市公司数由 1997 年 7 月底的 339 家,上升至 2000 年 8 月底的 503 家,增长 48.38%;总股本、总市值、流通股本、流通市值三年间分别增长 115.82%、156.99%、125.45% 和 175.57%;投资者开户数由 1489.89 万户上升到 2663.08 万户,增长 78.8%。值得一提的是,这一期间深圳证券市场上市大型企业数量增多。据统计,全国 500 强国有企业中有 90 多家在深交所上市,这些大型企业管理有方,经营稳健,主业明确,市场份额大,为证券市场发展奠定了牢固的基石,大大提高了证券市场在国民经济中的地位。另外会员运作开始走向正轨。在 373 家会员中,有 18 家实行了增资改制,213 家实现了银证分业。其中,注册资本超过 5 亿元以上的有 23 家,表明证券经营机构的实力与抗风险能力都有了明显提高。

其次,市场功能大为增强。集资功能方面,1997 年,上市公司通过深市筹集资金总额达到 479.43 亿元,是 1996 年的 3.27 倍,超过前 6 年的总和。从 1998 年年初到 2000 年 8 月,深市累计筹资达 1100 亿元。一些属于国家支柱产业的大型国有企业,如鞍山钢铁、唐钢股份、一汽轿车等,一次性筹资均达 10 亿元以上。配置功能方面,产生了股权重组、收购兼并、资产转让、资产置换等不同模式,证券市场成为优化资源配置的重要渠道。

最后,全国性地位更加巩固。1997 年,深圳新上市企业占全国的 58.14%,新上市总股本占全国的 53.92%,股票、基金成交总额占全国的 55.66%。与此同时,"深圳以外"的力量越来越占据主导地位。例如,异地投资者开户数占 86.74%,比上年提高了 5.7 个百分点;异地交易金额占总成交额的比重为 67.29%,比上年增长 10.61 个百分点。1998 年至 2000 年,深圳市场各项主要指标均占全国市场的一半左右,全国性市场地位得到巩固。

三、在规范中不断发展的深圳证券登记公司

1.深圳证券交易所收购深圳证券登记公司

深圳证券登记有限公司成立于 1991 年 1 月 24 日,最早的深圳证券登记公司是独立于深交所的公司,专门负责深交所上市股票的托管、会员的结算业务,当时深圳证券市场一直是证管办、交易所和登记公司三足鼎立。这一格局是历史形成的,在证券市场发展的初期起到了一定的积极作用。但随着市场的发展,这种"三足鼎立"的架构逐步暴露出职责不清、环节太多、成本过高等弊病。在这种情况下,经深圳市政府决定,1996 年 9 月 16 日深圳市证券委第三次会议研究决定,深圳证券登记公司更名为深圳证券结算公司,并入深圳证券交易所,成为深交所的全资附属公司,并于 1996 年 9 月 18 日,深圳证券交易所全面收购深圳证券登记公司,改制为深交所全资附属的深圳证券结算公司。

深交所和登记公司合并后,深圳证券市场各方进一步明确了各自的职责:即证管办接受国家证券主管部门和市政府的领导,作为证券市场的主要部门,对深交所进行监管、管理。深交所作为市场组织者,是具体执行机构,提供交易设施,保证市场正常运行,根据业务规则监管会员和上市公司。证券登记公司是不以营利为目的的中介服务机构,为深交所服务。到 1995 年年底,深交所基本上已将登记公司纳入了运作框架之内。这一市场架构的调整,理顺了内在关系,减少了工作环节,提高了工作效率,为下一步搞活和振兴市场奠定了体制基础。

2. 深圳证券结算公司并入全国证券结算系统

2000年6月,中国证监会在向国务院的汇报中,第一次提出了组建全国集中统一的证券登记结算公司的建议。

根据《证券法》《公司法》等有关法律法规的规定,在2001年9月21日,深圳证券结算公司又从深交所独立出来,与上海证券结算公司一起合并到新成立的中国证券登记结算有限责任公司。改组后的中国结算深圳分公司开始为中国证券市场的快速发展提供安全、高效的证券登记结算服务,迈入历史发展的新阶段。

四、在规范中不断发展的其他中介机构

本篇提到的其他证券中介结构是指除了证券公司、证券交易所和证券登记公司以外的,与证券市场关系密切的律师事务所、会计师事务所、资产评估机构、证券投资咨询公司、信用评级机构等。

截至2001年年底,活跃在深圳证券市场上的其他中介机构包括417家具有证券从业资格的律师事务所,77家具有证券从业资格的会计师事务所。这些证券中介机构为上市公司提供中介服务,对于维持证券市场正常运转,维持证券市场的诚信秩序,保护投资者,促进证券市场的繁荣稳定,起到了举足轻重的作用。

由于公司治理结构的缺陷以及我国还不完善的市场经济体制,其他证券中介机构运作中尚有许多不规范的地方,主要表现在以下两个方面:

一是助推公司虚假上市。为达到上市的目的,有些拟上市公司在上市过程中伙同会计师事务所和律师事务所造假,一起为根本不具备上市条件的公司提供虚假的证明文件。在这种虚假上市的过程中,会计师事务所、审计师事务所、律师事务等往往心存默契,协调运作。

二是帮助公司财务造假。在激烈的市场竞争中,证券中介机构为保住和扩大市场份额、争取或稳定已有客户,在竞争中必然相互压价,为了保持一定的利润空间,一些中介机构放弃最基本的职业操守。以会计信息为例,其失信行为主要表现在协助公司信息披露违规和盈余管理两个方面:信息披露违规行为指的是违反会计信息披露规则、会计准则、会计制度或其他相关财务会计规定的行

为。同时,监管机构出于国有情结(国有控股公司),再加上民事赔偿的技术复杂性,还有广大投资者股权的分散性,中小投资者的弱势地位和"搭便车"行为等原因,在实际操作中监管部门、司法部门对证券中介机构和公司的处罚往往限于行政和刑事方面,民事赔偿方面应该说还只是刚刚起步。深圳证券市场的中介机构实际上还很难充分发挥其作用,中介机构的规范性建设任重而道远。

第九章

发展调整期的深圳证券
市场的交易技术与服务

第一节　在规范中不断升级的市场交易技术

　　深圳证券市场是深圳特区改革开放进程中经济领域重大制度创新的产物。而新制度能否如创新者期望的那样顺利运行,具有很大不确定性。特别是当时国内不具备成熟市场经济运作规范的条件下,加上计划经济习惯思维的束缚,大多数制度创新不得不依赖于政府强制推进,这种创新属于强制性制度创新,中央政府进行各种制度设计构想,给予各种特殊政策或试错权,地方政府并将其强制实施,协调有关部门积极推行试点并予以推进。这种强制性制度创新招致失败的可能性并不低,"摸着石头过河"风险不容小觑,所以说,深圳证券市场的成功不仅在于制度设计的科学性上,而且在于特区经济建设者扎扎实实夯实深圳证券市场的基础建设上,比如,在硬件方面在一开始就与国际先进交易技术看齐,并不断优化升级改造,交易系统、通讯网络技术等硬件方面,硬件系统一直走在前列,并在证券市场服务、证券理论研究等软件配套方面也毫不松懈,做了大量卓有成效的工作。这些努力使得试点中的深圳证券市场生存了下来,发展了起来,并在 1995 年至 2000 年这段时间里高速的扩张,成为一个规模较大的、运行规范的新兴资本市场。

一、交易结算系统不断优化

1995—2000年,深圳证券交易所一直不断对交易系统和通讯系统进行改造、扩容和优化升级。在1996年经过改造扩容和优化升级,交易系统日综合处理能力在以前的基础上提高2倍多。在1997年4月30日,深圳证券交易所完成对结算系统的改版升级,满足了最大撮合能力下的结算需求。基本上取消了出市代表在交易大厅用电话接受报盘、利用交易大厅电脑终端手工输单的操作方式,无形化市场与电子化交易模式定型。自此,深圳证券交易所整个交易结算系统由三大部分组成:其一是会员营业部的柜台系统,由全国各地券商根据深圳证券交易所颁布的接口规范开发形成;其二是连接柜台系统与中央撮合主机的通讯网络,由卫星网络和各通讯体系组成;其三是中央撮合主机,由多台容错计算机并联组成;其四是中央登记结算系统,由实时开户网络系统、股票无纸化托管结算系统、证券资金电子化结算系统、业务凭证电子化管理系统组成。2000年6月30日,以第二交易结算系统正式启用为标志,实现了深圳证券交易所从单机运行向双机并行运行的跨越,并为深圳证券交易所适应新的交易方式的变化和未来创业板的推出打下了基础。这次飞跃已经把技术系统的日处理能力提高到了2000万笔。

深交所交易结算系统的设计,开始就具备高起点的特征,并经过多年的不断改进和完善,基本上适应了深圳证券市场参与人数多、成交量变化大、行情波动幅度大、市场发展快、创新业务需求强的特点,从硬件上为深圳证券市场成为全国性市场提供了客观条件。

二、交易通信网络升级扩容

1995年后,深圳证券市场异地会员大批涌现,形成了异地会员数量多、分布广、通信条件严重不一的局面,大大束缚了证券市场的发展步伐,使得交易所与全国各地的通信瓶颈问题上升为市场发展的焦点问题。对于如何建立一个覆盖全国的证券交易通信系统,主要考虑两种方式:一是利用地面线路;二是利用卫星通信技术。当时全国地面线路尚欠发达,总体建设水平不高,网络覆盖面小,使用范围窄,各地区通信条件和质量又存在很大差异,可靠性不高,未形成全国性的网络服务体系,以上诸多方面因素均无法满足证券市场对通信实时性、可靠性的要求。深圳证券市场通信技术不得不转向技术成本比较高的卫星通信技术。

1995 年 10 月底,完成高速单向卫星行情、资讯广播网扩容工程(第一期),11 月 2 日,正式向证券商和投资者实时传播深股行情、买卖盘、成交和公告等资讯,加快了深股行情买卖盘的传播刷新速度。1996 年,两网建成开通后,随着证券市场的不断拓展,单、双向网的优越性越来越为广大券商和投资者所认同。两网规模迅速扩大,卫星通信网很快发展成为异地券商与深交所之间的通信大动脉。

但是单向卫星广播网只能单方面向券商广播证券交易信息,而不能接收来自券商的委托报盘,仅有单向网还不能实现真正意义上的交易自动化。所以,深圳证券卫星通信有限公司在建设单向广播网的同时便开始筹划建设"既可以接收券商买卖委托,又可以向券商传输行情、成交结果和买卖盘等信息"的双向卫星通信网。1997 年,双向卫星通信网完成了第一次扩容,扩容后系统可容纳小站 2000 个。经过几年的发展壮大,该网如今已发展成为一个集行情、买卖交易、信息于一体的多功能卫星网。

深圳证券市场卫星技术的应用不仅为深圳证券发展提供了硬件支撑,对于中国资本市场发展也有着重要意义。第一,将卫星通信技术应用于证券市场在当时是一个创举,对推动证券市场的发展起到了不可低估的作用,特别是在当时技术水平并不发达、发展前景并不明晰的条件下,在地面通信网尚不发达的情况下,运用卫星技术进行深圳证券市场行情等信息的实时广播,为异地股民提供了一个与深圳股民平等的竞争环境,有力地促进了"公开、公平、公正"原则的实现,为深圳证券市场向全国进军提供了有力的技术支持。第二,证券数据通信的特点是下行数据量大,上行数据量小,而卫星通信可以实现多址连接,适合以广播的方式向用户群实时传输大量信息,既节约成本,又提高了效率。所以,单向卫星广播通信在现代证券交易行情的传播中有着无可替代的作用。在双向卫星网建成以前,大多数券商都要靠电话申报委托来参与交易,而通过双向网,用户不但可以接收到深交所发出的股市行情、成交结果、买卖盘等信息,还可以向深交所发送买、卖委托。在委托下单后 2 秒钟之内便可以收到成交回报,这就大大方便了异地券商的业务操作,使深圳证券市场证券交易自动化进程走出了关键的一步,为深圳证券市场向"无形席位"发展奠定了技术基础。

深圳证券市场走向全国成为必然,这对通信系统提出的要求也越来越高,深圳证券通信公司在 1999 年 11 月就开始着手筹建新的通信中心,原通信主站将作为灾难备份中心,保留原有通信设备并存储镜像数据以便在紧急情况下启用。随后连接证券通信中心、深圳证券交易所和灾难备份中心的城域网(简称为"三点光环")工程开始设计、实施。最终深圳证券通信中心一期工程于 2001 年 7 月建成,该项目为提高深圳证券市场通信能力、确保证券通信安全发挥了重要作用。二期工程将采用多项当前先进技术,以满足新市场条件下证券行业的技术特点和安全性要求。

总之,深圳证券市场得以迅猛发展,深圳证券卫星通信有限公司和证券卫星通信网的诸多工作是功不可没的。在地面光纤网不断发展的今天,卫星通信与地面宽带网是相得益彰的互补通信手段,走"星地互补"、"星地互备"的道路将将是深圳证券通信网络的主要发展方向,二者会越来越好的为众多投资者和证券经营机构提供服务。

第二节　在规范中不断优化的市场服务

一、市场成本不断降低

在交易结算制度方面,深市从 1995 年第四季度着手改革,经过半年的努力,到 1996 年 5 月中旬全部完成。深市借鉴沪市的经验,先后完成了统一全国账户卡、统一股份明细管理、就地清算体系和转托管 T+1 到账的技术改进。改进后的集中托管与清算模式不仅保留了深市原有模式安全性方面的优势,而且在提高效率、降低成本方面有了根本的转变,交易费用不断降低,1995 年 10 月起,深市大幅调低了证券上市和登记费用。经过调整,深市收费平均下降了近60%。交易手续费降至3.5‰,比上海的4‰低12.5%。同时,在深交所、登记公司和证管办让利的基础上,证券商在交易手续费中所占的比例有所提高,由占成交额的3.226‰提高到3.3075‰。作为补充措施,1996年4月,深交所所属的深圳证券卫星通讯公司大幅下调了卫星通讯网的收费标准,卫星双向通讯站建站费由35万元调整到30万元,且可五年分期付款;双向通信站运行费由每年7.88万元降至6万元;对一个双向通信站下互联互通营业的新的分支,服务费由每年10000元降至5000元。由此,深市由原来的交易成本相对较高的市场转变为一个具有低成本优势的市场,极大地调动了上市公司、券商和投资者等市场各方面参与深市的积极性,顺利使得深市走向全国。

二、市场服务不断创新

自1995年10开始,本着"市场至上,服务为本"的原则,深交所不断进行市场服务体系的创新,发挥特区金融窗口的示范职能。在市场服务体系的建设上,紧密围绕投资者、上市公司和证券经营机构的需求,不断推出新的举措。深市在1995年年末成立了以深交所和证管办领导带队的市场服务小组,分赴全国各地了解情况,收集意见和建议,推介深圳证券市场。1996年新年伊始,深交所专线服务电话正式开通,并设立了专门的服务部门,充分了解和听取各地投资者及有关部门、机构对深圳证券市场的需求、意见和建议,架起了交易所和市场各方参与者进行沟通的桥梁。在信息发布制度上,深市于1995年1月开始实时发布成份指数及9项分类指数。

从1996年起,《证券时报》由邮局发行改为自办发行,覆盖面和对市场的影响力迅速提高。1996年5月18日,深交所在北京首次开展了"深圳证券市场北京服务周"活动。之后,这种综合宣传推介深市的活动覆盖了全国几乎所有的省市,服务周的内容包括介绍深圳证券市场发展概况及交易结算方式,评析深市热点问题,现场处理投资者开户手续,与证券商座谈等。通过全面的市场推介,大大加深了各地上市公司、证券商和投资者对深市的认识。从1996年5月至11月,深交所共在全国22个省市举办了市场服务周活动。从1996年8月开始,市场服务周举办到哪里,哪里的股票就出现一轮上涨行情。当时的市场人士评论说,深交所举办的市场服务周是宣传队,是播种机,是深市崛起的宣言书。这些服务创新的具体举措使得深市在全国影响力大大增强。

三、理论研究先行一步

深交所一直担当特区证券市场理论研究和人才培养的工作,把理论研究作为推动市场创新、市场发展、市场定位和市场走向的基础。深圳证券交易所已形成比较完备的证券研究和理论创新能力,为证券市场发展献计献策,发挥智库的作用,培养出大量紧缺的证券人才,成为证券行业的"黄埔军校"。

在理论研究方面的工作主要有五个方面:(1)针对证券市场中存在的重大问题进行专题研究,研究工作主要由深交所综合研究所和博士后工作站的研究人员承担;(2)编辑出版《证券市场导报》,发表有关中国证券市场理论与现实问题的高水平论文,促进我国的证券研究工作,编辑工作主要由深交所《证券市场导报》编辑部负责;(3)设立博士后工作站,探索引进、培养和造就高层次证券研究人才新途径;(4)开展会员研究成果评奖活动,推动和鼓励证券商开展研究活动,推出高质量的成果;(5)设立"深圳证券交易所论坛",围绕中国证券市场具有前瞻性和现实性的重大问题,为海内外专业人士提供一个进行高层次对话和交流的平台。

第十章

深圳证券市场在规范中
求发展的阶段性思考

第一节　深圳证券市场规范发展的特征分析

一、深沪证券市场平衡发展格局逐步形成

在深沪交易所划归中国证监会直接管理前,深沪交易所的竞争在很大程度上影响着中国证券市场的发展格局,主要体现为深沪市场的强弱转换。从1990年12月深沪交易所设立开始至1997年年底,这种强弱转换始终是中国证券市场发展进程中的一个显著特点,如1991年至1992年是深强沪弱阶段、1993年至1995年是沪强深弱阶段、1996年至1997年则又是深强沪弱阶段。而这种强弱的转换及差距又往往十分巨大,如1994年至1995年沪强深弱阶段,深圳市场甚至有时日成交量仅是沪市的十几分之一,整个期间深沪成交比平均约为1比3;而在1996年至1997年深强沪弱阶段,在一段时间内深圳市场的成交量一度是沪市的几倍。而如何在竞争中处于强势地位、不断拓展辐射范围,也是当时深沪市场的重要目标之一。为此,深沪交易所和当地政府采取了一系列措施进行竞争,努力能够占得上风,这种竞争在一定程度上呈现出某种非良性的特点。中国证监会直接管理深沪交易所后,为抑制交易所间的竞争,推动交易所角色的转换,强化市场监管,防范和化解市场风险,中国证监会采取了一系列措施,特别是

发行企业上市地采取分配制,企业不再有上市地的选择权,发行和上市时间由中国证监会决定等,交易所的角色已由市场的组织和发展者,转变为单纯的政策执行者。正是在此背景下,深沪市场顺利从强弱转换时期过渡到总体上平衡发展时期,如表10-1所示。

表10-1　1997年8月至2000年8月深沪市场主要市场指标对比

市场指标	深市			沪市		
	1997年7月	2000年8月	增加比例(%)	1997年7月	2000年8月	增加比例(%)
综合指数	385.45	617.42	60.18	1189.76	2021.20	69.88
上市公司数	339	503	48.38	359	526	46.52
总股本	698.96	1508.51	115.82	857.55	1752.48	104.36
流通股本	242.66	547.08	125.45	247.90	569.31	129.65
总市值	7802.15	20050.98	156.99	8418.26	23495.43	179.10
流通市值	2564.69	7067.50	175.57	2301.42	7224.20	213.90
开户数	1489.89	2663.08	78.80	1615.00	2745.99	70.03

资料来源:《中国证券期货业统计年鉴》(2000),百家出版社2001年版(经整理)。

从表10-1可以看出,除个别数据外,深沪主要市场指标的增量在这三年间的差距基本上维持在10%以内,这充分表明深沪市场平衡发展的格局已经形成。

二、市场运行体制不断走向规范

随着中国证监会直接管理深圳证券交易所,深圳证券市场内部的管理构架和运行体制也开始发生了重大变化。深圳地方政府在市场发展中的决策和主导地位开始逐渐淡化,中国证监会及其派出机构深圳证管办成为深圳证券市场的主要监管者。就深交所而言,面临着工作方式重新调整、角色重新转换、功能重新定位的转变,这一系列转变无疑促进了深圳证券市场的规范化。尤其在1998年以前,明确发展问题一直是交易所的头等大事,"发展是硬道理",必须在规范中求发展,深交所提出了"市场至上,服务为本"的工作理念,并采取了一系列具有开创性的发展市场的举措。1998年,随着国务院证券委员会的撤并,中国证监会成为市场监管的核心,为了适应证券市场管理体制变革和清理整顿的要求,深交所的核心任务已经从发展市场转变为监管和规范市场为主,规范中求发展,才能使深市发展得更加健康、更加持续,同时强调交易所既是市场设施和市场技术的提供者,也是市场活动的组织者,更是市场秩序的维护者,并积极探索和建设强化市场监管与规范监管制度、监管手段、监管技术和监管方式,成为一线监管的核心力量。

与此同时,深圳证券市场外部关系也不断得以理顺。1995 年经报请国务院同意,中国证券业协会和即将组建的中国期货业协会划归国务院证券委员会和中国证监会归口管理,而此前的证券业协会是由人行归口管理的。尽管证券市场上市公司的经营活动仍由人民银行归口管理,中国证监会将开始着手结合证券业与银行业、证券业与信托业分业经营、分业管理政策的实施,对证券公司进行业务管理。首先进行的是券商资格审查,经重新确定后颁发承销或自营业务资格证书,证监会将监督券商严格执行自营业务与代理业务的人员、资金、账户分开的原则,加强对其日常业务活动的监管。接下来,针对各地擅自开办证券交易中心、盲目开展柜台交易业务,致使其设立标准、管理制度、上市标准等各不相同,在内部管理、信息披露等方面存在诸多问题,证监会决定要严格加以清理整顿,加强市场的规范运作。而上述权限,过去一直是央行的监管范围。最后主要由证监会把握股票的发行和上市权,这一点已经通过详细的规则加以确定,这些举措进一步巩固了证监会的监管主导地位。

中国证监会切实从制度上建立起新型的纵向垂直型集中监管体系,深圳证券市场外部关系逐渐理顺,主要体现在两个方面:一是从 1995 年起,深圳新股发行与上市必须严格执行全国统一的发行审核条件和审批程序,报中国证监会复审,统筹安排发行,深圳同各省、自治区、直辖市和计划单列市一样,年内只准向中国证监会报一家企业复审,一改过去那种自定规模、自行审批的做法。会议还决定 1995 年后,国家不再单独给深圳下达 B 股发行的规模。二是进一步理顺证券交易所管理体制,强化证券交易所的自律性监管。证券交易所承担着一线监管的重任,没有交易所的规范化运作,就无规范化市场可言,因此必须加强对证券交易所集中统一领导,严格规范交易所行为。为加强对证券交易所的领导,对交易所内发生的重大违规行为,如未能能采取有效措施加以制止而造成严重后果的,将追究主要负责人的相应责任。其重要手段是将证券交易所的人事任免权主要由中国证监会控制,地方政府不再起决定性作用。

三、市场风险防范建设大大加强

在1997年亚洲金融危机中,亚洲很多国家的证券市场乃至整个金融体系遭到重创,但由于当时中国证券市场的开放程度不高等原因,当年我国的证券市场并未受到很大影响。但是金融危机给了我们一定警示作用,特别是我国证券市场规模已经发展一定阶段,风险也开始集聚。1998年,深圳证券市场各类股票基金成交额达到1156.98亿元,比1997年锐减34.06%,跌幅显著,而同期深圳综合指数、成份指数跌幅分别为9.82%、29.52%,市场动荡不安情绪四起,金融危机影响显现。一级市场上市公司数量有相当幅度的增长,截至1998年年底,在深圳证券券交易所挂牌上市公司总数达414家,比1997年年底增加51家,增幅达14.09%。投资者总开户数达1711.72万户,比1997年年底增加291.70万户,增幅达15.26%。[①] 一方面市场行情低迷,而另一方面上市公司和投资者迅速扩容,这些都增加了深圳证券市场不稳定的因素,对市场监管和风险防范提出了更高的要求。

正值危机爆发并迅速蔓延的情况下,1997年11月17日,中央召开了第一次全国金融工作会议。这次会议的目的是正确估量当前经济、金融形势,充分认识进一步深化金融改革和整顿金融秩序,防范和化解金融风险的重要性和迫切性,明确做好这项工作的总体要求、指导原则、主要任务和重要措施。中国证监会于1998年1月召开了全国证券监管工作会议,确定了体制转变时期我国证券市场改革与发展的主要目标与任务,即高举邓小平理论伟大旗帜,认真贯彻党的十五大精神,按照中央经济工作会议和全国金融工作会议部署,继续贯彻"法制、监管、自律、规范"的八字方针,紧紧围绕服务国有企业改革与发展,积极稳妥发展证券市场,深化证券体制改革,整顿证券市场秩序,提高市场监管水平,防范市场

---

① 参见《深圳证券交易所市场统计年鉴》(2001),中国金融出版社2002年版。

风险,更好地促进国民经济持续、快速、健康发展。1998年8月26日至28日,中央金融工委和中国证监会又召开了"全国证券期货工作会议",传达贯彻《国务院批转证监会证券监管机构体制改革方案的通知》,部署证券监管机构体制改革工作;传达贯彻《国务院关于进一步整顿和规范期货市场的通知》,研究期货市场整顿和规范工作中的具体政策问题,并对今后期货市场清理规范工作作出安排。经过接下来两年多的规范整顿和法制建设,深圳证券市场运行秩序明显好转,防范和化解风险的能力进一步增强,深圳证券市场整体上已经具备了规范发展的良好基础环境。

四、成为服务国有企业改革的重要平台

当时因受亚洲金融危机影响下,加之国内管理体制本身存在的诸多问题,国有企业经营状况整体不佳,甚至有些老牌国企已经举步维艰。决策层意识到证券市场在为国企脱困融资方面的重要作用,证券市场被赋予"国企融资场所"的重大历史使命,成为国企建立现代化企业制度的重要推进力量,股票市场在国民经济发展中的地位陡然提升,特别是为国企改革服务的立场逐步明确。同时证券市场被列入了国家中长期发展规划,这标志着中国证券市场试验阶段的结束,开始在新的时期发挥其重要的历史任务,中央政府开始有意识地推动证券市场和证券融资在国民经济中的结构性作用。

在这一时期深圳证券市场的主要任务是,为国有企业改革服务,积极探索为国有企业改革和三年脱困服务的新形式和新途径,并努力促进国有企业特别是国有大中型企业建立现代企业制度,完善公司内部治理。1997年,深市新上市股票平均流通股本6100万股,高于全国新上市股票平均规模11%,在新上市公司中,属于机械、冶金、电子、化工、建材等基础和高新技术行业的比例达82%,国家处于控股地位的企业占58%,一批属于国家支柱产业的大型国有企业,如一汽轿车、鞍山钢铁、唐钢股份等发行上市;1998年和1999年国有大中型企业的比重继续稳步增加,1998年新上市股票平均总股本2.61亿元,比1997年增加26.7%,1999年新上市公司平均总股本3.21亿元,比1998年增加26.9%,其中新上市公司中国家股处于控股地位的占76.9%,一批如首钢、华北高速、天津汽车等国有大型

企业发行上市,深圳市场在深化和推动国有企业改革中的作用明显提高。①

1998 年后,深圳证券市场在中国经济改革和社会发展中的重要性大为增加,支持国有企业改革、加快科技创新、实施西部开发战略等,都需要证券市场的稳定发展。深圳证券市场从来没有承担如此重大的任务,也因为重任之驱,深圳证券市场正展现一个全新的发展图景。

五、深圳市高新技术板块构建思路明晰

党的十五届五中全会明确指出,体制创新是科技创新的保证;要建立风险投资机制,发展资本市场,形成有利于高技术企业和新经济增长的投融资环境,支持高新技术产业化。为落实党中央决议,切实贯彻科教兴国战略,促进科技成果的推广应用,国家对高新技术企业发行上市实行了优先扶持的政策,对高新技术企业实行不限指标,优先发行的优惠政策,并且放宽了高新技术上市公司再融资的条件。深圳证券市场作为社会主义市场经济的重要组成部分,改革开放的排头兵,应该而且能够在贯彻中央决定,加强技术创新,在支持高新技术产业发展方面,发挥更大的作用。1998 年 1 月,时任国务院总理的李鹏同志主持召开国家科技领导小组第四次会议,会议决定由国家科委组织有关部门研究建立高新技术企业的风险投资机制总体方案,进行试点。1999 年 1 月,深交所向中国证监会正式呈送《深圳证券交易所关于进行成长板市场的方案研究的立项报告》,并附送实施方案。1999 年 3 月中国证监会第一次明确提出"可以考虑在沪深证券交易所内设立科技企业板块"。1999 年 8 月,《党中央、国务院关于加强技术创新,发展高科技,实现产业化的决定》出台,深交所迅速成立了高新技术板工作小组,从交易所的角度,针对对高新技术板块做了很多基础性工作,比如高新技术板市场的市场总则、市场组织、保荐人、公司治理、上市条件与程序、信息披露、交易与监管、股份存管与结算、认股权证制度等进行了系统研究,并提出了具体建议方案向证监会上报。

---

① 参见《中国证券期货统计年鉴》(2001),百家出版社 2001 年版;《深圳证券交易所市场统计年鉴》(2001),中国金融出版社 2002 年版。

在 1999 年,深圳证券市场 52 家新上市公司中,高新技术企业 16 家,比例约占 30%,清华紫光、浙大海纳、航天科技等高新技术企业通过深圳市场平均筹集资金 4.57 亿元,累计筹资 77.66 亿元,占深市当年发行筹资总额的 1/3。同时,还积极鼓励上市公司利用资金优势,通过收购兼并、资产置换或股权转让等多种形式转向或涉足高新技术企业,实现了上市公司规模和公司业绩的大幅增长;一批高新技术企业通过证券市场资本运作,成功借壳上市,实现了企业自身发展过程中的飞跃。截至 1999 年年底,深交所高新技术上市公司达 78 家,比 1998 年增加 1 倍以上。

深交所对高新技公司进行了大量的信息收集、市场调研以及企业上市培训工作,了解上市公司资源状况,对 1000 多家高新技术企业进行了调查统计,2000 年上半年,先后在全国 17 个省市举办了 33 期高新技术企业上市培训班。与此同时还着手进行技术系统准备,于 2000 年 6 月 30 日成功建成深交所第二交易结算系统。这些在准备高新技术板时所做的及时的、行之有效的诸多工作,为之后的中小企业板块、创业板的推出在技术准备上打下了坚实的基础。

第二节 深圳证券市场规范发展的原因分析

一、正确处理好市场规范和发展的辩证关系

证券市场的规范与发展本应是相互作用、相互促进的矛盾双方,但在实践中,似乎是规范延缓了发展的脚步,而发展仿佛只有脱离规范的束缚才能更快。长期以来,经济理论界总是在"在发展中规范"和"在规范中发展"两个问题之间争论不休,摆在决策层面前的主要问题就是如何妥善解决证券市场发展和规范的矛盾,害怕进入"一抓就死,一放就乱"的怪圈。客观上讲深圳证券市场作为社会主义市场经济的重要组成部分,就当时的规模来看,它不是太大,而是太小,还需要进一步发展,发展才是硬道理,通过发展证券市场来筹集更多的建设资金,促进国有企业建立现代企业制度,以适应改革开放和加快经济建设的需要,

这是深圳证券市场的历史使命。

深圳证券市场中存在的缺陷和问题,是发展过程中出现的不和谐的音符,应该在发展过程中不断加以规范来求得解决,以规范来寻求更稳健、更长远的发展,以规范促发展。并且证券投资是所有投资手段中相对来说风险较大的一种,如果没有完善规范的市场,则证券投资风险不但无法控制,而且会大大强化。风险加剧的结果则必然导致大量中小投资者的惨重损失和极少数机构和操纵者获利暴发,从而使市场扭曲,不仅不利于资本市场资源配置功能的发挥,还会带来社会动荡因素的增长。所以为保护中小投资者利益,努力控制市场风险,保证金融市场有序运转,必须要有一个规范的市场,使市场各方严格按规则行事,可控的风险尽可能减小。在战略上证券市场的发展和规范是相辅相成,不可偏废的,互相支持,互相促进的。但这并不排除在短期内两者有所侧重,在市场发展初期,往往是侧重于发展,当市场获得了一定的发展而又暴露了较多缺陷成为限制发展的因素时,则又应侧重于规范市场。这符合事物发展的辩证统一规律。根据当前证券市场的实际状况和深圳特区经济改革实践的发展历程,在市场得到初步发展以后,应当把建立规范的证券市场作为工作重点,不规范甚至就无从发展了。从另一种意义上看,规范也是发展,有规范才有更好的发展。规范市场的过程就是提高市场质量的过程,就是将市场由不成熟发展到成熟的过程。如果我们把前面提到的"发展"看成是证券市场外延规模的扩大,那么这里的"规范"是证券市场的内涵规模的扩大。只有在一个规范的高质量的市场内,才会实现证券市场运作的高效率。因此"规范"和"发展"本是证券市场发展中质和量的统一体,是统一不可分割的整体。

当时的深圳证券市场发展得还欠规范,并不成熟,迫切需要在规范中发展特区稚嫩的证券市场。具体而言,要在以下五个方面加以规范:

一是规范上市公司。要使得上市公司从根本上按照建立现代企业制度的要求改造企业治理结构,提高企业效益。比如,许多公司建立时动机不纯,只是为了筹钱,而没有建立现代企业制度的组织形式,或有其名而无其实。所以此时正式市场发展的关键就是要搞基础建设,包括软件和硬件两个方面,重点要从制度来规范上市公司,健全董事、监事会制度,及时、公开披露信息,最重要的是要创建绩优公司,给股东以高回报,使股民可以进行中长期投资。特别要规范上市公司,国家股、法人股必须逐步上市流通,这也是搞活国有企业的一条重要途径。对于国有股,国家应有选择持股,并降低国有股持股比例,只对关系国计民生的重点企业持股,做到有收有放,有所为有所不为。

二是规范投资者。特别是机构投资者是证券市场最应规范的对象。投资基金的问题应予考虑,使老百姓可以作为间接投资者进入股市,同时大量的游资也有了出路,国家股、法人股也可以通过基金入市。所以应该培育真正的机构投资者,而不是那些拿公家钱盲目炒作的投机客。要培养正确的投资理念,不随意跟风炒作,过分投机,使市场大起大落。

三是规范市场中介。如证券交易所、证券公司以及律师、会计师、审计、咨询机构迫切需要加以规范。深圳证券交易所是从地方逐步发展起来的,受地方法规的约束,有些地方各自的交易规则等都不统一,所以应规范交易所,建立统一的全国性市场。对于证券公司、证券服务机构也应有个规范,要制定规则,对于符合市场规律的东西都应允许做,但要规范。

四是规范政府行为。政府是市场的管理者,对市场实施宏观调控。政府的政策应该具有稳定性、连续性和透明度。尽量多用市场经济手段调控,从直接调控向间接调控过渡,维护证券市场稳定。

五是完善证券市场结构。建立中央、地方、场外三级交易场所,深圳证券市场要以完善中小企业板块建设为突破口,积极为建立"创业板"创造条件,不断推进多层次资本市场体系建设。

二、制度创新是市场规范发展的基础所在

从制度经济学角度分析,深圳证券市场的产生、发展与规范表现为一种证券市场制度不断创新的过程,即证券市场的制度安排由均衡到非均衡再到新的均衡的演变过程。深圳证券市场制度创新作为一种特殊"产品",同样需要有市场,并取决于制度创新的供求双方的动态博弈并实现均衡。

按照动力、方式和过程的不同,制度创新可划分为两种基本形式,即诱致性变迁和强制性变迁。成熟的市场经济国家一般采用的是诱致性变迁模式,变革

首先是个人或集团发现了制度的外在利润时,为获取外在利润而自发倡导、组织和实行的创新,并要求政府提供相应的制度安排。政府则根据制度创新者与其他利益相关者的力量对比以及自身利益考虑进行决策,制度创新一旦作出就会导致相关制度的整体性变迁,在降低组织实施成本的同时实现制度供给的规模经济。如果创新的初始者是集权性政府,由于政府主体的政治力量以及在社会资源配置结构上的绝对优势地位,因而在参与制度创新的博弈中,政府主体是决定制度变迁方向、速度、形式和战略安排的主导力量,从而决定创新的基本方式是自上而下的供给型变迁。而深圳证券市场的产生发展作为我国融资制度改革的试验田,并没有走西方国家证券市场自然发育的道路,而是选择了跨越式超常规发展模式,就在于政府扮演着主导作用并提供制度变迁的方案,具体实施和控制证券融资的组织化、制度化进程。

因此,深圳证券市场作为一个发展中国家新兴证券市场的典型,基本上采取的是强制性变迁模式,这是由国家推动证券市场发展的"路径依赖"以及创新动力、创新方式所决定的。深圳证券市场发展的每一步,面对不断显现的各种内在矛盾与外在压力,政府强制性的制度创新除需防范制度创新本身引致的风险(如创新的制度设计因与现实脱节而遭到失败)外,需要将解除政府"隐性担保契约",提高寻租者的寻租成本或降低其寻租的预期超额收益作为制度创新的两大目标。政府对市场及其参与主体的隐性担保和各利益主体针对政府而展开的寻租活动,这是深圳证券市场的制度风险源头。无论是深圳证券市场制度的创设本身,还是运行过程中管理层对市场的行政性、政策性干预,都渗透着政府的意图,体现着政府的价值取向与宏观经济政策偏好,当股市走向与政府偏好相背离,政府就会干预市场。因此,我们可以将政府与市场及其参与主体视为一个契约,政府在其中起着一种隐性担保作用,这也是政府运用行政性手段调控市场价格的根本原因。所以,对当时的证券市场制度创新来说,要消解制度缺陷,降低制度风险,通过制度创新途径提高证券市场效率,应该采取标本兼治的措施:治本就是解除政府对证券市场的隐性担保契约,将本该社会承担的风险从政府手中分散出去,实现市场风险社会化,使政府监管部门成为证券市场的裁判员;治标的措施是降低上市公司、机构投资者等利益主体的预期寻租收益,提高其寻租成本,从而化解其机会主义行为动机,抑制投机炒作等不良风气。最根本的建设在于不断加快市场化运行机制,理顺政府与市场关系,这应该是当时深圳证券市场制度规范的关键所在。

三、政府对证券市场理念的战略性转变

在深圳证券市场试验期间,由于其影响不大,试点范围小,地方政府也担当起了主导市场发展的责任,地方的简约立法确立起具有各地方特色的监督管理方式。深圳政府相继出台了证券法规,但是在国有经济成分的股份制改革问题上,造成了各地监管程度不一,监管方式也存在着一定差别。地方政府还是主要偏重对发行股票企业的审批和监管,以有利于企业吸收社会流动资金、促进地方经济发展,而缺乏对股票交易市场的规范,更不用说对投资人的保护了,市场很不规范。

1996年3月17日,全国人大八届四次会议通过《国民经济和社会发展"九五"计划和2010年远景目标纲要》(以下简称《纲要》),股票市场首次写入《纲要》,其中,在用词上用"积极稳妥地发展"取代了"试点"的字眼,将股票市场定位于"社会主义经济的重要组成部分"。深圳证券市场从试验阶段到其在社会主义市场经济中地位的正式确立,政府对证券市场的理念战略转变,从其对证券市场监管的具体措施变化可以体现出来,政府监管从注重"托市"、"压市"转变为尊重市场机制;从对投资者损失的"漠视"转变为鼓励投资者主张民事索赔;从对机构、大户的"宽容"转变为对违法违规者的坚决追究;从对媒体的管制、引导转变为鼓励媒体发挥监督功能;从过度依靠政府管理转变为倡导市场自律;从习惯于监管市场转变为坦然接受市场监督;从竭力强化手中的审批权转变为向市场"放权让利";从"求稳怕乱"转变为在发展中规范。随着深圳证券市场的不断发展,政府对市场监管的认识发生了很大变化。比较突出的理念变化在于:一是在市场内部注重对各个行为主体的合规性进行监管;二是在监管制度上,突出了程序性监管,减小了行政审批的力度;三是在金融市场之间加强了监管合作;四是在监管体系方面发挥了派出机构和交易所的一线作用。而随着国务院证券委员会的撤并,集中统一的监管体系的建立,以及各项政府部门法律法规的出台,特别是证券法的出台,这些都体现出政府对深圳证券市场提出了更高的规范

发展的要求,真正切实保护投资者利益,维护深圳证券市场长治久安。

深圳证券市场从试点到积极发展,在曲折中前行,有起有落,但无可争辩的是其发展前景十分广阔。证券市场的发展有利于人民币汇率的合理估值,有利于国内券商进行调整重组,有利于国有企业改革,有利于社会的安定团结,有利于解决当时社会经济发展中所面临的一系列难题和历史遗留问题,有利于增加财政收入,有利于缓解银行的压力,有利于刺激市场和消费需求。随着改革开放的深入,国民收入的分配结构已经开始发生了深刻的变化,由此带来的储蓄主体与投资主体分离的趋势更加的明显,如果储蓄不能够顺利转化为投资,则需求会进一步地不足,传统的计划经济条件下投资储蓄渠道无能为力。而通过资本市场则可满足这一要求;再者金融结构的实质性转变也有利于金融市场直接融资的发展;同时发展资本市场还能够从宏观上降低整个经济运行的风险。证券市场的发展,开辟了国民经济新的储蓄投资转化渠道,并且作用越来越重要,效果会越来越好,有充足的理由认为应当进一步大力发展深圳证券市场,继续拓宽直接融资渠道,增加居民财产性收入。

四、"八字方针"成为深市规范发展的指引

1995 年 10 月,时任副总理的朱镕基同志代表国务院提出了中国证券市场发展的"八字方针",即"法制、监管、自律、规范"。"法制"是指加强立法和严格执法;"监管"是指中国证监会和交易所要加强市场监管和风险控制,"自律"是指证券经纪机构和上市公司要加强自律管理;"规范"是指证券交易所要面向全国、服务全国,依法加强统一管理。这八字方针揭示了证券市场发展过程中各因素之间的相互影响关系。八字方针的四个方面相辅相成,相互作用,缺一不可。其中,规范是目的,法制是基础,监管和自律是手段。证券市场的规范化是八字方针的核心,而要实现证券市场的规范化,就必须依靠法制、监管和自律,法制、监管和自律围绕实现规范化的目的而展开。"八字方针"的提出,标志着我国证券市场发展的指导方针形成。在"八字方针"的指引下,国家证券主管部门加快了证券市场的规范化、法制化进程,深圳证券市场规范发展的脚步加快。

特别是在 1996 年 12 月 16 日,通过发表《人民日报》特约评论员文章《正确

认识当前股票市场》,宣布1996年新股发行规模100亿元和实行涨停板制度等措施,及时控制住了股市的过度投机。文章分为"股市因何出现暴涨"、"股市有涨必有落"、坚持"八字方针"规范证券市场、"进一步抑制过度投机"四个部分,其中这篇文章的第三部分再次重申了1995年国务院提出的关于证券市场发展的"法制、监管、自律、规范"八字方针。根据"八字方针",中国证券监管部门把制定法规、加强监管、规范市场,保护投资者利益,促进证券市场健康发展作为主要任务。这些国家战略层面的评论员文章反映了党中央对证券市场规范发展的重视,深化了我们对八字方针的理解,对深圳乃至整个中国证券市场的规范发展起到了不可估量的影响。

五、证券法成为深市规范发展的牢固基石

要正确处理好规范同发展的关系,在规范中求发展首先必须坚持以法律法规为准绳,规范证券市场发展。规范是发展的前提,要充分发挥深圳证券市场的积极作用,就必须坚持"法制、监管、自律、规范"的八字方针,把防范风险、趋利避害放在首要位置,坚持在规范的基础上发展,在积极规范而又不冒进的原则下,各项法律法规相继出台,证券市场法律法规制度建设成为实现证券市场直接监管的重要手段和依据。截至1998年,证券市场的法规制度建设已经取得很大成就,证券法规体系框架已露端倪。然而,证券市场发展快速,早期颁布的部分法律法规已难以适应证券市场快速发展的现状,尤其是统一规范全国性证券市场行为的《中华人民共和国证券法》迟迟未出台,对有关上市公司组织和运作、信息披露、法律纠纷等问题缺乏完善的法律规定,证券监管部门的法律地位、监管职责和相关义务不够明确,致使市场波动较大,监管效率不高,阻碍了证券市场的进一步发展。因此,证券市场迫切需要有一部详细的可操作的全国性法规。

1998年年底,酝酿已久的《中华人民共和国证券法》正式由全国人民代表大会常务委员会审议通过。证券法的出台具有重要而深远的意义:第一,它标志着证券市场在社会主义市场经济中的重要地位得到了法律确认,有利于进一步统一各方面的思想认识,更好地发挥证券市场在促进改革开放和现代化建设中的积极作用。党的十五大明确规定了股份制是社会主义公有制的一种实现形式,

实行社会主义市场经济必然会有证券市场。《证券法》把这一实践成果以法律的形式固定下来,对于保持证券市场的长期稳定发展至关重要。第二,它标志着证券市场法制建设进入了一个新的阶段。新中国证券市场诞生以来,根据证券市场发展的实际需要,相继颁布了250余件证券法规和规章,但体系不够合理,内容不尽完善,而且有些规定不能充分满足市场要求,亟须制定一部综合性的基本法律加以总结和规范。《证券法》的出台,使这种状况得到根本改观,使证券市场法制建设迈上了一个新台阶。第三,有利于规范证券市场,防范和化解市场风险。遵照"法制、监管、自律、规范"八字方针,从中国实际出发,认真借鉴并学习国际经验,证券市场取得了不少重要的监管和防范风险的经验,《证券法》充分体现了党中央、国务院关于证券市场建设和防范化解市场风险的有关精神,并把证券市场监管经验上升为法律形式,为证券市场的长治久安奠定了基础。第四,有利于深化改革,进一步培育和发展证券市场。这部法律具有实践性和前瞻性,为证券市场留出了充分的发展空间。第五,它使投资者特别是中小投资者合法权益的保护具有了法律依据。《证券法》明确规定了证券监管机构的执法手段和权限,规定了证券违法行为的法律责任,为查处证券违法行为,维护证券市场秩序,保护投资者合法权益提供了有利的法律武器。

　　《证券法》是发展法、促进法、规范法,《证券法》是证券市场持续健康有效地运作和发展的根本保障,是市场规范的基础,它必将对市场经济建设和国有企业改革产生重大和深远的影响,这是一部"功在当代,利在长远"的大法。当然应该指出,立法不等于法制,法制不等于法治。但是立法是执法的依据,有了《证券法》作为基石的深圳证券市场将在规范中稳健前行。

第三节　世纪之交的深圳证券市场

一、1999 年深市进入规范发展新阶段

　　1999 年,对于深圳证券市场来说,是极不平凡的一年。以《证券法》的实施

为标志,深圳证券市场结束了试点阶段,迎来了证券市场规范发展的新阶段,决策层充分认识到健康稳定发展的证券市场有利于经济改革的深化,证券市场在经济体系及政府经济决策中的地位显著提高。回眸 1999 年,证券市场在不断规范中发展,市场规模不断扩大,市场主体步入结构调整,制度创新和市场建设新举措频频推出,成绩斐然。一系列有利于证券市场发展的政策措施的出台给人们留下的是喜悦,是理性的思考,更多的则是信心和希望。1999 年,深市二级市场跌宕起伏,沸沸扬扬,全年走势仍呈整体向上的趋势。深市综合指数、成份指数双双创出历史新高,成交量及成交金额均突破历史纪录;既有五月份以前的清淡平常,价低量缩,也有"5·19"行情的波澜壮阔、汹涌蓬勃的恢复性上涨,还有 6 月 30 日之后的持续低迷,逐波盘跌。同时资产重组和高科技股此起彼伏,相互呼应,继续成为股市的两个亮点,给深圳市场以生机和活力。股票市场的运行环境及相关政策发生了重大变化,深市与人们的日常经济生活联系日益紧密,孕育着蓬勃的生命力,开始进入规范发展的新阶段。

二、规范的深圳证券市场在新千年会有更大的发展

自 1999 年 7 月起经过半年多的规范调整之后,深圳证券市场在新千年开始进入了新一轮的稳定前行时期。结构调整和制度建设是 2000 年深圳证券市场面临的主要任务,主要表现在以下几个方面:其一,在 1999 年试点的基础上,将加快调整和规范上市公司的股权结构,通过转让配售和回购等渠道减持国有股,并削减在某些产业、某些上市公司的股权比重,从而提高国有资产的流动性和增值能力。在国有股、法人股转配股上市流通逐步实施的基础上,会进一步探索国有股转让配售和回购之外的国有股流通的新渠道。其二,大力培育符合条件的高新技术产业的公司上市,深圳证券交易所已经制定出高科技板块的有关上市规则和具体运作方案,为鼓励和扶持高科技企业发展,开始着手创业板的准备工作。其三,加快深市上市公司产业结构的更替和升级,这是深圳证券市场进行结构调整最为重要的任务。深圳证券市场的上市公司,产业技术水准相对来说要低一些,有部分的上市公司所处的产业缺乏成长性。实现这些上市公司的产业更替和产业结构升级,是证券市场结构调整所必须优先考虑的问题,是证券市场

可持续发展的客观要求。解决这一问题的基本途径有两条：一方面是存量上市公司的产业更替和升级，主要通过收购和兼并等方式来完成；另一方面是改善和提高增量上市公司的产业技术水准及其成长性，则主要通过恰当的产业政策指导和符合市场化原则的证券发行制度来实现。其四，按照《证券法》的要求，继续推进证券经营机构之间的重组与整合，加快综合类券商和经纪类券商的分立，完成证券业与信托业的分离。对证券经营机构进行结构性整合，这也是2000年深圳证券市场结构调整的任务之一。其五，理顺证券市场的资金来源，建立规范的证券融资渠道，有条件地打通证券与银行、证券与保险、资本市场与货币市场的资金融通关系，以提高资金的运行效率，活跃证券市场。其六，进一步规范上市公司的信息披露工作，加强对上市公司信息披露和会计数据真实性的监管，严厉打击编制、散布虚假信息的违规违法行为，切实保证市场的透明性和广大投资者的正当利益。维护上市公司信息披露和会计数据的真实性，这是深圳证券市场制度建设的基本目标之一。

在规范中求发展，在不断规范中坚定前行，积极创新。透过深圳证券市场这几年来的风风雨雨，我们看到的是一个不断走向成熟的市场。市场各参与主体，从证监会到交易所、从上市公司到证券经营机构、从投资者到各市场中介机构，在经历了市场的洗礼、锤炼之后逐步变得理性、成熟。证券法的正式颁布实施标志着证券市场的监管法律、法规体系上了一个新的台阶，是证券市场十年发展的里程碑，也为证券市场长期稳定发展增加了一枚重要的信心砝码。十年的实践充分证明，只要以邓小平理论、科学发展观为指导，认真贯彻党中央、国务院的方针政策，按照市场经济的规律和要求规范发展证券市场，深圳证券市场完全可以在国民经济中发挥更大的作用。

在过去十年间，初具规模的深圳证券市场对于提高社会资源配置效率；促进国民经济结构调整、现代金融体制改革及社会主义市场经济体制的建立，发挥了重要作用。在新世纪里，为了更好地发展证券市场，我们需要认真总结十年来的成就和经验，分析存在的问题，研究在新形势下规范和发展的措施。与成熟市场相比，证券市场在立法、监管、规范等方面还有待进一步加强，要针对市场规范化程度不够、操纵市场和欺诈投资者行为时有发生、监管人才和手段不足、市场国际化程度有限、市场层次、品种单一及结构不完善等问题研究解决办法。在新形势下的规范和发展过程中，要把握好三个关键：其一，要加强证券市场法律建设，在依法治市的基础上，加大对证券市场的规范力度。要根据市场需要，补充和完善现有的法律法规体系，同时面对不断出现的新事物、新情况，积极研究监管办法，为市场的发展和规范提供良好的法律保障。其二，入世后竞争加剧，我们要有清醒的认识，要在加快证券市场发展、鼓励竞争和创新的基础上，不断推进市场化进程，坚持让市场机制发挥作用。积极培育机构投资者和有竞争力的证券公司提高上市公司质量，逐步实现深圳证券市场向成熟市场的过渡，让深圳证券市场在国际竞争中占据一席之地。其三，要切实转变监管理念，把保护投资者利益作为监管的首要任务和目标，其重点是保护中小投资者的合法权益，这是国际资本市场的共识，要从制度保障、加强投资者教育、加大监管力度和社会监督等方面入手，增强投资者信心，将保护投资者利益落到实处，这是深圳证券市场长久发展的客观要求。

自 2000 年年初监管部门提出超常规培育机构投资者以来，机构投资者队伍开始迅速壮大。这在深圳证券市场 10 年的发展历程中是十分罕见的，机构投资者增速比率明显高于个人投资者，证券投资基金总规模迅猛增加，成绩斐然。2000 年以来，证券市场实行发行上市核准制，上市公司的退出机制也将启动，上市公司质量得到明显改善，为证券市场稳定、健康、规范发展打下坚实的基础。并且开始允许券商以股票质押融资，鼓励保险资金、社会保障基金入市，开始设立中外合资的证券投资基金管理公司，以及研究引入"合格的外国机构投资者"等政策措施，这些举措不仅将极大地增加市场的资金供给，还将使中国证券市场在市场化、国际化方面迈上一个新的台阶。

进入新世纪，《中共中央关于制定国民经济和社会发展第十个五年计划的建议》站在历史的新高度，放眼世界，规划中国的发展，提出经济和社会发展目标、战略布局、重点任务，描绘了我国第十个五年经济和社会发展的壮丽蓝图。尤为值得一提的是，该《建议》强调要"规范和发展证券市场"，并提出证券市场要"支持高新技术产业化"，要"鼓励国有大中型企业通过规范上市、中外合资和相互参股等形式，实行股份制"，要"培育和发展机构投资者"，要"加强市场监督和上市公司信息披露"以及"适应跨国投资发展趋势,积极探索采用收购、兼并,投资基金和证券投资多种方式利用中长期国外投资"等。这些精神为深圳证券市场的进一步规范发展指明了方向,并必将展示其多层次资本市场的发展蓝图。

第四篇

发展和规范中不断深化的深圳证券市场

——多层次资本市场探索创新期

如果搜索中国资本市场近年热门的词汇，"多层次资本市场"一定是榜上有名。随着中小板市场的稳健运行、代办系统的扩容和创业板市场的推出，深圳多层次资本市场的轮廓逐渐浮出了水面。从我们掌握的资料来看，国内较早提出多层次资本市场概念的可能是王国刚(1996)，但真正给予多层次资本市场以较为明确和较为准确定义的可能是施东晖(2001)，他指出：多层次化是指一国证券市场体系形成某种分层结构，不同层次的市场对应不同规模企业的不同融资成本和风险，使证券市场通过层次细分来最大限度地实现资本市场供求均衡。最早将多层次资本市场概念上升到政策高度的是党的十六届三中全会(2003)，在党的十六届三中全会审议通过的《中共中央关于完善社会主义市场经济体制若干问题的决定》中，第一次明确提出"要建立多层次资本市场体系"。自此，多层次资本市场体系研究成了我国资本市场理论研究的一个热点。在此背景下，身处中国多层次资本市场体系建设前沿的深圳金融理论工作者更有责任担负起谋划多层次运作体系的职责。

激发我们对多层次资本市场热情关注的动因是什么？归纳起来主要有三点：一是理论的需要。与成熟市场所不同的是，一方面因为我国多层次资本市场的构建是一个由政府主导的自上而下的行政推动过程，另一方面因为我国作为新兴加转轨的市场，需要创造构建多层次资本市场的一系列基础性条件，因此，需要我们从理论的高度界定多层次资本市场的边界，设计多层次资本市场的发展路径，创造发展多层次资本市场所需要的基础性条件，描绘出多层次资本市场发展的蓝图。二是国内现实的需要。在我国20多年的资本市场发展过程中，并不是没有经历多层次化方面的探索，甚至可以说是经历了多次探索，但大多收效甚微，最终往往是落得一个主板市场一统天下的结局。也正是因为千军万马过独木桥的现实，迫使我们不得不一而再地把研究的视角延伸到多层次资本市场。三是国外经验的诱惑。通过对国外成熟资本市场的考察和了解，我们发现，以美国、英国和日本为代表的国际资本市场，之所以能长期执世界资本市场之牛耳，除了有强大的经济实力做后盾以外,还有一个重要原因是因为其普遍建立起了完善和发达的多层次资本市场体系。在发现了这样一个成功秘密之后,我国理论界和实际部门很自然就要发出进行制度性借鉴的呼声。

本篇以深圳多层次资本市场探索创新期作为历史背景,着重探讨了深圳只有借助于多层次资本市场这种垄断性的稀缺资源,才有可能为经济腾飞带来难以想象的竞争力、影响力、聚集力、辐射力和推动力的原因;通过回顾深圳多层次资本市场推进的艰苦历程,剖析了导致深圳多层次资本市场工程进展迟缓的障碍因子;运用普遍性结合特殊性的研究方法,论证了深圳构建多层次资本市场体系的面临的种种挑战;采用分兵突破的研究思路,提出了分层次完善深圳资本市场体系的创新思路。

第十一章

深圳构建多层次资本
市场的历史背景

第一节 "经济特区"已再难承载
深圳继续腾飞的重任

谁都无法否认,深圳前 20 年的经济腾飞主要得益于"经济特区"这一事实。然而,20 年后,如果依然依赖"经济特区"这一引擎助推经济发展,则有可能难以为继。

一、"经济特区"等于优惠政策的时代已一去不复返了

在我国改革开放的一个很长时期内,"经济特区"的含义可以简略地描述为:拥有优惠经济政策的地区。深圳正是由于头顶着"经济特区"这一光环,所以,才拥有经济腾飞所急需的优惠的土地政策、资金政策和税收政策以及宽松的法律环境;才有了国内外资金、人才、技术和企业的源源不断流入;才筑就了深圳"一夜城"的往日神话。但随着经济特区原有的优惠土地政策、资金政策的清理,特别是"两税合一",使得深圳挥手告别了税收优惠这个经济特区最后的一个特殊政策,深圳的竞争力明显开始弱化。

更令人忧虑的是,与其他竞争实力相当的对手相比,深圳经济前行至少背负

着三大更为沉重的包袱：一是在流动性过剩的大背景下，时下深圳是中国经济泡沫化程度较高的地区之一，要素价格的快速上涨和高房价带来的高生活成本已成为阻止人才、资金和企业流入的屏障，自然也就构成了人才、资金和企业外迁的重要动因。二是在人民币不断升值的背景下，深圳作为一个外向型经济成分和外贸依存度较高的城市，受冲击的程度要远高于上海和天津。三是与上海相比，深圳城市规模和经济腹地狭小，扩城困难，呈现出先天不足和后天乏力的态势。

二、"经济特区"的稀缺性程度大大降低

在我国改革开放的大部分时间里，"经济特区"的头衔曾被深圳、珠海、汕头、厦门、海南等少数地区长期垄断，但随着上海浦东新区、天津滨海新区以及成渝、长株潭、武汉城市圈等综合配套改革试验区的诞生，经济特区的稀缺性已大为降低。且继它们之后，全国各地相继还有 17 个省、市提出申报各类试点的要求，相信未来还会有更多"新特区"涌现，以至于"经济特区"的有限资源出现僧多粥少的局面。

同时，"经济特区"的含金量也在不断降低。一个地区即使费尽九牛二虎之力获得了特区身份，也不意味着优惠政策滚滚而来，中央给予的"最大特权"只是在制度创新方面先行先试，而在经济政策方面所享受的待遇均是"三没"政策：即一分钱资金优惠没有、一个项目没有、一条财税优惠政策没有。

三、设立"经济特区"的原有目的已开始转向

当初中央设立"经济特区"的目的是让一部分地区率先发展起来，实现的手段是采取特殊政策和灵活措施吸引外部资金进行开发建设。

但今天，构建和谐社会的理念成为了经济社会发展的主流，设立"经济特区"的目的，一是要破解城乡二元结构矛盾，统筹城乡发展。如近期获得综合配套改革试验区资格的成渝、长株潭和武汉城市圈等无一不是典型的"大城市带大农村"的地区，国家希望通过它们的探索，在城乡一体化的户籍、就业、社保、教育、卫生、养老保险、社会救助等制度建设方面走出一条新路。二是要通过构

建城市圈带动中西部地区的发展,尽快打造中国经济社会发展新的重要增长极,以弥合地区间的发展差异。

很显然,在上述两个方面深圳几乎是无能为力的,因为深圳既没有农民、农村和农业问题,无所谓城乡二元结构矛盾和城乡统筹发展问题;深圳也不属于中西部地区,直接带动中西部地区发展的作为极为有限。

四、"经济特区"的发展前途受到新的制约

从外部制约因素考察,在经济全球化的大潮下,通过优惠的土地政策、资金政策、税收政策和宽松的法律环境来支撑经济增长的老路有悖于 WTO 的规则,特别是对于仰仗优惠的土地政策、资金政策、税收政策和宽松的法律环境连续多年创造全国进出口额第一的深圳来说,更容易成为国际贸易摩擦的重点攻击对象。

从内部制约因素考察,地区之间均衡发展的理念日益成为主流,在有些人看来,已经率先发展起来的深圳即便是出现了短暂的衰落也不值得大惊小怪,反而是消除地区间经济发展不平衡问题的必然选择。

在内外双重压力之下,深圳经济发展已丧失了往日的政策基础,目前的深圳堪称是国内城市经济发展中最困惑的城市,正处在一个十分重要的转折关头:要么,躺在过去的成就上吃老本,从根本上丧失作为全国排头兵的地位;要么,寻找新的突破口,去成就下一个辉煌。

第二节 多层次资本市场为深圳特区 发展插上了腾飞的翅膀

只有借助于多层次资本市场这种垄断性的稀缺资源,才有可能为深圳经济腾飞带来急需的竞争力、影响力、聚集力、辐射力和推动力。

一、拥有多层次资本市场的深圳可以收到比过去特区更特的功效

如果说"经济特区"的价值在日见贬值的话,那么,多层次资本市场则是一种成色十足的垄断性和稀缺性资源,它的形成至少可以为深圳经济腾飞带来五股合力:

一是竞争力。由于在多层次资本市场的布局中,国家极有可能采取的是"只此一家,别无分店"的策略,因此,一旦拥有这样的市场,深圳的竞争力将无与伦比。

二是影响力。由于多层次资本市场的发展既可以依托本地区的经济和产业,也可以依托外地经济和产业支撑;既可以主要服务于本地经济,也可以主要支持外地经济和产业。因此,拥有多层次资本市场的深圳,不仅可以成为中国南部举足轻重的经济中心,而且可以成为大中华地区,甚至全世界具有影响力的经济中心。

三是聚集力。多层次资本市场较之于单层次资本市场更能满足各类筹资者、投资者和市场中介的不同需求,会形成巨大磁吸效应,意味着大量资金、人才、技术、信息和企业的聚集。

四是辐射力。有了多层次资本市场,可以使深圳突破本地经济和区域经济的羁绊,把发展的触角延伸到全国,甚至是全世界。

五是推动力。发展经济学和现代金融理论所进行的大量实证研究都证明,所有形式的金融资产都具有一定的流动性,并通过资本市场的中介与分配作用,形成乘数效应过程,带来产出、投资、消费、税收、财富呈倍数增长。可以说,就金融而言,深圳未来的发展空间充其量也只是一个区域性金融中心,但从多层次资本市场来看,深圳未来的发展空间远不只是一个区域性中心,至少是一个全国中心,如果发展路径选择得当,甚至有可能成为一个国际中心。所以,一旦拥有多层次资本市场,就可以使深圳的"窗口"做得更大,"桥头堡"做得更高,"跳板"更富有弹性。

二、多层次资本市场可以帮助深圳解决经济腾飞中所面临的一系列现实问题

深圳作为一个没有传统工业基础、资源相对匮乏的城市，在取消一系列优惠政策之后，要想继续抢占经济增长的制高点，不可避免地会遇到许多瓶颈，我们认为，这些瓶颈的突破，无一不需要借助于多层次资本市场。

第一，筹措巨额长期经济建设资金需要借助于多层次资本市场。经济继续腾飞，必须有相应的长期建设资金的稳定持续投入。这种资金投入，单靠间接融资是远远不够的，必须大力发展直接融资。而多层次资本市场的建立，可以使深圳近水楼台先得月，安排更多的本地公司上市，从而筹措到经济快速增长所需要的巨额长期经济建设资金。

第二，企业改革与发展需要借助于多层次资本市场。深圳工商企业众多，它们大多需要仰仗发达的多层次资本市场建立现代企业制度和自我约束机制与激励机制。同时，多层次资本市场的存在与其说是在银行体系之外给深圳企业提供了另一种筹资的渠道，还不如说是为那些有活力企业的成长壮大提供了一条快车道。因为发达的多层次资本市场，可以为深圳企业上市、并购重组搭建一个可以超越空间限制的广阔的运作平台。

第三，经济结构转换需要借助于多层次资本市场。经济结构调整是以促进产业结构的合理化和高度化、改善企业的市场适应性和竞争力、提高新技术的自生成能力和商业化能力为最终目标的。为了达到这些目标，通常都将产业结构、技术结构、企业结构、产权结构等作为调整对象，通过这些领域的升级、整合、转化，实现整体经济结构的升级和优化。在上述领域的结构调整中，尽管离不开政府的政策引导，但更多的是借助于多层次资本市场调节。

第四，产业结构调整需要借助于多层次资本市场。产业是具有相同特征的企业的集合，产业结构调整归根结底是不同种类企业的市场进出问题。通过多层次资本市场，使有效益、有竞争力、市场成长性好的企业得到资本而成长壮大，使没有效益、成长性差的企业无法得到资本支持而受到抑制或者被淘汰，这种市场作用最终将带来产业结构优化的结果。因为投资者以自利为前提的投资活动

必然会刺激市场资源向位于优势产业中的企业倾斜。

第五,技术创新需要借助于多层次资本市场。在经济发展的不同阶段,驱动经济增长的动力是不同的:在经济发展的初级阶段,驱动经济增长的动力是要素,其竞争优势主要来自于廉价劳动力和自然资源,企业间的竞争主要是价格竞争;在经济发展的中级阶段,驱动经济增长的动力是投资,竞争优势的重要来源是生产的效率,企业间的竞争主要依靠资本的投入和生产的效率;在经济发展的高级阶段,驱动经济增长的动力是创新,竞争的优势主要来自于创新产品在全球的竞争能力,企业能够推出创新的、处在全球经济前沿的产品,经济中存在强有力的、支持创新的制度和激励机制。目前深圳的经济增长正处在由资本驱动向创新驱动过渡的阶段,以技术进步推动产业升级是经济结构调整的重要内容。但是,技术的创新与商业化本身是一项高风险的活动,加之创新型企业规模普遍较小、发展前景不明、信用积累和担保资产缺乏,很难取得银行贷款。为解决这一难题,美国纳斯达克找到的有效方法就是建立发达的多层次资本市场,让多层次资本市场与创新活动结成广泛的互动关系。

第六,金融结构调整需要借助于多层次资本市场。金融是深圳的支柱产业,但金融也是受经济周期波动影响最大的行业之一。在其周期性发展过程中,结构调整是一种常态。无论是金融企业上市、再融资、金融机构之间的兼并、重组,还是不良金融资产的出售都离不开发达的资本市场。

第七,促进储蓄向投资转化需要借助于多层次资本市场。深圳是国内储蓄率较高的城市之一,金融机构的存款余额长期大于贷款余额,并呈逐渐增长的趋势。高储蓄率本身并不是问题,问题在于如何将储蓄转换为有效率的投资。如果建立起了完善的多层次资本市场和拥有资本充裕的创业投资机构,全社会的投资行为就会向有利于技术吸纳和成长导向型企业倾斜,并产生数倍的引导带动功能,形成良性的储蓄—投资循环流程,并最终成为深圳工业基础改善和经济竞争力提升的最活跃因素。

第八,强化深圳在珠三角乃至国内的金融中心地位需要借助于多层次资本市场。在构建金融中心的进程中,深圳与上海有一个明显的差异就在于:上海在发展金融中心的过程中,从没有受到同一地区其他城市的挑战,而夹在香港和广州之间的深圳则腹背受敌,前有号称中国面向世界窗口的香港的拦截,后有华南门户、珠三角枢纽的广州的牵制,甚至在 2005 年两会期间,有人主张将深圳证券交易所迁到广州。如果多层次资本市场能够落户深圳,因其垄断性和唯一性特征,就可以自此打消香港和广州对深圳股市中心的觊觎。

第九,推动深港实质性融合需要借助于多层次资本市场。资本市场实质性融合是深港实质性融合从低级阶段向高级阶段飞跃的主要标志,而深港资本市场融合的前提是要构建融合的平台。就目前而言,深圳股市尚不是深港实质性融合的理想平台,因为目前的深圳股市与香港股市尚不是一个等量级。只有构建起了发达的多层次资本市场,深圳股市与香港股市才具有互补性和平等性,才有可能成为香港眼中的理想融合平台之一。

第十,阻止深圳股市走向边缘化需要借助于多层次资本市场。虽然在 A 股市场的发展初期,深交所与上交所曾难分高下,但自 1998 起,A 股市场表现出明显的沪强深弱的特征。随着中行、工行、建行、中石油等一大批大盘蓝筹股陆续登陆沪市,深圳股市边缘化的程度进一步加剧。形成这种局面的原因固然可以列举出许多,但我们认为,一个重要原因就在于沪深股市同质化。要想扭转这一不利的局面,深圳股市必须另觅他途,将发展的重心放在多层次上,除了要继续办好主板市场以外,还要特别关注主板市场以下的两大空白市场,即创业板市场和代办系统的拓展。可以预料,差异化竞争策略的实施,将会为深圳资本市场找到无穷的新的增长点。

此外,即使是实施和谐社会的发展战略也离不开多层次资本市场。如多层次资本市场的发展,会造福于众多的中小企业,可以解决就业问题、消费问题、民生问题,带动更多的人共同富裕。

三、多层次资本市场是深圳经济总量的重要组成部分

长久以来,人们把多层次资本市场只是简单地视作为一个融资场所或融资工具,其实,多层次资本市场不仅仅是一个融资场所或融资工具,更重要的是它是经济总量的一个组成部分,在 GDP 构成中将占有相当的比例和贡献。这主要表现在:

第一,它可以成为深圳经济中的一个庞大产业。多层次资本市场是投融资产业和服务性产业,且它可以从一般的第三产业演变成以产业化、工程化和信息化为主要特征的龙头产业,甚至可以演变成深圳现代金融业的核心。

第二,它可以成为深圳金融业中的上游产业。多层次资本市场的繁荣和壮大不仅可以带动投资银行、会计师事务所、律师事务所、资信评估公司、投资咨询业等中介业的发展,而且可以带动传媒业的发展。

第三,它可以成为深圳金融业中的朝阳产业。因为未来资本市场发展主要表现为规模扩张和结构优化两个方面,包括通过细分市场体系,发展市场层次,健全产品线,实现证券产品类别的量的扩张;通过创设新的市场机制,发展衍生品市场,连通产品线,实现资本市场质的提升。而这些又与资本市场制度创新、产品创新和市场创新等密不可分,几乎涵盖了资本市场发展的所有问题。所以,无论是规模扩张和结构优化都需要借助于一个健全的多层次资本市场。

第四,它是占地少、消耗低,但人均产值高的产业,最能体现科学发展观和效益的要求。

第十二章

深圳多层次资本市场
探索的过程

第一节　深圳资本市场走向多层次化的曲折历程

一、深圳资本市场的单层次时代

1. 深圳资本市场进入单层次时代的历史背景

严格地说,深圳进行多层次资本市场探索并非始于21世纪,早在20世纪80年代就已经展开了多层次资本市场的探索之旅,并一度出现了证券交易所、场外交易市场和产权市场并存的局面。但直至20世纪末,也未取得实质性进展。2000年之前,管理层之所以将单层次而不是将多层次资本市场作为深圳的选择,其依据主要有两点:一是认为构建多层次资本市场不具备社会基础。那时,不管是普通百姓,还是管理层,均对股份制和资本市场的精髓缺乏足够的了解,他们更熟悉的是计划经济的那一套运作机制。二是认为构建多层次资本市场不具备市场基础。如发展柜台市场,首先需要有大量的股份公司方可成行成市,但当时股份公司却为数不多,多为国营企业改制,从严格意义上看其并不属于股份制,容易出现股权分置,这种现象使得柜台交易容易走上弯路。加之,1997年年底中央金融工作的重心是整顿金融秩序、防范金融风险,所以,中央金融工作会议决定关闭非法股票交易市场。从1998年开始,管理层打出了三个组合拳:一是关闭柜台市场。鉴于柜台交易市场普遍存在缺乏上柜标准、没有规范的交易和监管制度、市场秩序很乱等问题,1998 年,中国证监会根据中央金融工作会议的决定,强行关闭了场外交易场所,代之以上海、深圳两家证券交易所统一交易。二是关闭产权交易市场。由于担心拆细交易和非上市公司股权交易难于规范和监管,易引起金融风险,特别是担忧产权交易市场会分流主板市场的资金,打乱国家通过股市融资的计划,1998 年,国务院办公厅发布 10 号文《国务院办公厅转发证监会关于〈清理整顿场外非法股票交易方案〉的通知》,把涉及拆细交易和权证交易的产权交易所视为"场外非法股票交易"场所而明令禁止。三是严厉打击证券黑市交易。以至在随后颁布的《证券法》中明文规定,依法上市交易的股票必须集中在证券交易所挂牌。任何游离于这两个交易所的股权交易被定义为非法交易。根据这一精神,管理层对自发的黑市交易进行了全面清理和取缔,此后,又根据国务院《关于做好股份有限公司规范工作的通知》等文件精神,对未上市的股份有限公司的股票进行集中托管,至此,深圳资本市场进入了只此一家(证券交易所),别无分店的时代。

2. 单层次使深圳资本市场呈现出千军万马过独木桥的现象

即使是在资本市场发达的西方国家,如果资本市场是单层次的,其容纳量也是极为有限的,根据世界交易所联合会 2008 年的统计,一个国际性的证券交易所容纳的上市公司数量大体为 1000—3000 家。如纽约证券交易所的上市公司数量为 2600 家左右,东京证券交易所为 2300 家左右,英国伦敦证交所为 2900 家左右,德国法兰克福证交所为 1000 家左右,成立于 2000 年的泛欧证交所为 1500 家左右。在深圳,单层次资本市场给拟上市公司带来的瓶颈就更为严重,这是因为:

第一,原有的单层次市场主要是为那些处于已经产业化了的和产业化过程中的大中型企业服务的,诸多的中小企业被排斥在了主板市场之外。如 1992 年的《股份有限公司规范意见》和 1994 年的《公司法》就充分体现了这一特点,把上市公司的门槛规定为:上市公司要具有 5000 万元以上注册资本、净资产占总资产的比重不得低于 30%、有三年经营业绩且平均的资本利润率不低于同期银行利率等。如果说在 1997 年以前实行"额度控制"的条件下还有一些小盘股

（首次发行股票数量在 2000 万元以下）的话，那么，1997 年以后新上市公司的股票发行量就基本属于中大盘股。而且，十年间新上市公司绝大多数都属于传统产业的范畴，同时也是这些产业中的大中型企业。

第二，原有的单层次市场主要以支持国有大中型企业为重心，大量的非国有企业被排斥在资本市场之外。在深交所成立后的长达十年时间内，股票发行以"指标控制"为基调，从指标形成、分配、下达到上市公司选择、申请材料上报、审批、通知书下达，都基本上按计划经济的那一套程序来运作的，且都有政府部门的直接介入。由于搞活国有大中型企业是考核各级政府政绩的一项重要指标，所以，各级政府在得到有限的股票发行指标之后，很自然的将选择重心在放在国有企业中。原有的单层次市场一直被国人扣有"为国有企业脱贫解困"的帽子，而实际情况也确实是如此，500 多家上市公司中的绝大多数都属国有企业改制上市范畴，可以说存在严重的所有制歧视。

深圳单层次资本市场的瓶颈不仅体现在上市公司家数、行业分布和所有制布局上，而且还体现在融资规模上，其结果是，全国数百万家筹资企业，数千亿资金，甚至数万亿投资资金都挤到交易所这个独木桥上，导致股市经常"供不应求"。

二、深圳资本市场的多层次雏形时代

自 2000 年以来，深圳资本市场建设迈出了关键几步，呈现出重新迈向多层次化的趋向。具体表现在：

1. 让主板市场内部拉开落差

2004 年 5 月 17 日，经国务院批准，中国证监会正式批复，同意深交所在主板市场内设立中小企业板，并核准了中小企业板实施方案。自 2004 年 5 月 27 日正式启动中小企业板开始，深圳证券交易所与上海交易所有明确的分工：上海证券交易所主要为成熟的大型企业提供上市服务；深圳证券交易所以发行小盘股、主要为中小型企业提供上市服务为己任，从而在一定程度上消除了两大证券交易所之间的同质竞争问题。

自中小企业板开板以来，为保证中小企业板在规范的状态下运转，深圳证券交易所出台了一系列规章和管理办法。2004 年 5 月 19 日,公布《中小企业板块交易特别规定》、《中小企业板块上市公司特别规定》和《中小企业板块证券上市协议》。2004 年 7 月 11 日,深交所贯彻"从严监管"的原则,就信息披露中的违规行为对江苏琼花高科技股份有限公司及相关人员予以公开谴责。2004 年 8 月 10 日,深交所发布《中小企业板块保荐工作指引》。2004 年 12 月 30 日,发布《深圳证券交易所中小企业板块上市公司诚信建设指引》。2005 年 3 月 1 日,深交所发布《中小企业板块上市公司董事行为指引》。2006 年 1 月 12 日,深交所发布《中小企业板投资者权益保护指引》。2006 年 7 月 13 日,深交所发布《中小企业板上市公司募集资金管理细则》。2006 年 11 月 30 日,深交所正式发布了《中小企业板股票暂停上市、终止上市特别规定》,并于 2007 年 1 月 1 日开始执行。2007 年 5 月 18 日,深交所发布《中小企业板上市公司控股股东、实际控制人行为指引》。2007 年 7 月 23 日,深交所发布《关于在中小企业板实行临时报告实时披露制度的通知》,从 2007 年 8 月 6 日起中小板上市公司临时报告增加午间披露时段。2007 年 8 月 10 日,深交所发布《关于进一步加强中小企业板股票上市首日交易监控和风险控制的通知》。2008 年 1 月 21 日,发布《深圳市场首次公开发行股票网下发行电子化实施细则》。2008 年 2 月 4 日,发布《中小企业板上市公司募集资金管理细则(2008 年修订)》,同时发布《中小企业板上市公司临时报告内容与格式指引第 9 号:募集资金年度使用情况的专项报告》。2008 年 2 月 8 日,发布《中小企业板上市公司保荐工作评价办法》。2008 年 4 月 28 日,深交所和中国结算深圳分公司共同发布《关于进一步规范中小企业板上市公司董事、监事和高级管理人员买卖本公司股票行为的通知》。2008 年 12 月 8 日,修订了《中小板保荐工作指引》。

同时,为促使中小企业板稳健运行,深交所推出了一系列积极举措。2005 年 12 月 1 日,深交所开始发布中小企业板指数,指数基日定为 2005 年 6 月 7 日,基日指数为 1000 点。2007 年 11 月 19 日,深交所决定对中小板系列指数进行完善,将中小板 100 指数(代码:399329,简称:中小板指)作为中小板市场的主要指数。2006 年 5 月 22 日,由华夏基金与深圳证券交易所、中国建设银行联合推出的中小板股票基金(ETF)开始正式发行。2008 年 4 月 11 日,首家通过深交所网下发行电子平台以及中国结算深圳分公司登记结算平台进行网下发行的江苏鱼跃医疗设备股份有限公司网下发行工作结束,标志着深市首发新股网下发行电子化的成功实施。截至2009年12月31日,中小企业板上市公司数量达到327家,总股本794.13亿元,流通股本380.49亿元,总市值16872.55亿元,流通市值7503.57亿元,平均市盈率51.01倍。

2. 设立代办股份转让系统

为妥善解决原STAQ、NET系统挂牌公司流通股的转让问题,2001年6月12日,经中国证监会批准,中国证券业协会发布《证券公司代办股份转让服务业务试点办法》,正式启动了代办股份转让系统,俗称“三板市场”。该系统由中国证券业协会履行自律性管理职责,委托深圳证券交易所对股份转让行为进行实时监控,对证券公司代办股份转让业务实施监督管理,由证券公司以其自有或租用的业务设施,为非上市股份公司提供股份转让服务。为解决退市公司股份转让问题,2002年8月29日起退市公司也纳入代办股份转让试点范围。

2006年1月,启动中关村科技园区报价转让业务试点工作,并专门成立了非上市公司监管部。2009年6月,为完善市场功能、提高市场效率、总结试点经验、加强对投资者的服务,中国证券业协会对中关村科技园区非上市股份有限公司股份报价转让试点现行制度及其配套规则进行了调整,发布了《证券公司代办股份转让系统中关村科技园区非上市股份有限公司股份报价转让试点办法(暂行)》,并于7月6日起正式实施。相对于2006年制定的旧制度,此次新制度调整主要在五个方面加以完善,包括对投资者实行适当性管理、调整挂牌公司的条件、完善转让交易结算制度、完善信息披露制度和改进股份限售制度安排。截至2009年12月底,进入代办系统转让的公司有100多家,它包括:(1)从原STAQ、NET转入的公司,共9家。(2)退市公司40家,股票44只(其中,有5只是B股)。(3)中关村非上市股份报价转让系统,共有59家挂牌公司。

可以预见,随着代办股份转让系统功能的完善,它必将对全国50多个高科技园区的四万多家的高科技企业形成强大的吸引力,使代办股份转让系统成为创业板和主板的优质企业蓄水池。

3. 让产权交易市场老树发新枝

早在 1993 年 2 月,原深圳市体改委和市投资管理办公室就共同组建了全国第一家企业性质的产权交易所,从事企业产权转让、拍卖、资产评估、产权纠纷调解、股权登记托管、信息发布和服务业务,特别是为国有企业产权转让服务。但因国家国有资产管理局 1994 年 4 月 25 日转发了《国务院办公厅关于加强国有企业产权交易管理的通知》,深圳产权交易所不得不按通知要求,暂停了企业产权交易市场和交易机构的活动。

经过多年沉寂,从 2000 年开始,深圳产权交易市场出现了新的转机。一是 2000 年 9 月,将原产权交易所改制为事业性质的"深圳市产权交易中心",使其成为由国资局管理、属财政全额拨款的事业单位,主要负责办理国有和集体产权交易手续。使产权市场不仅要为企业产权变动作中介服务,而且要成为防止国有资产流失和防止腐败的屏障。二是在 2000 年 10 月,第二届中国国际高新技术成果交易会举办期间成立了深圳国际高新技术产权交易所。它是由 9 家股东发起设立,属于自负盈亏的"市场导向型股份制企业法人"体制模式的股份有限公司,在领导体制上实行董事会领导下的总裁负责制;在运作模式上实行交易商席位制和专业服务机构入场制。它是为科技成果作价入股、中小科技企业产权存量和增量的转让以及创业投资的退出构建的新的投融资平台。

值得一提的是,中国(华南)国际技术产权交易中心以及深圳国际高新技术产权交易所在多年实践探索的基础上,根据国务院批复的《深圳综合配套改革总体方案》和深圳市政府 2008200 号文批准,于 2009 年 10 月 9 日,设立全国首家区域性非公开科技企业柜台交易市场。所谓区域性,是指目前这个市场只接受珠三角地区的企业前来挂牌。所谓非公开,是指进入这个市场的投资者有严格的门槛限制,机构投资者要有 100 万元以上的注册资本,个人投资者要能证明自己拥有 50 万元以上的金融资产。对于进场挂牌的企业或项目,深柜市场也设有门槛,以保障投资者合法权益。目前深柜市场的交易品种主要有四类:一是企业股权交易。包括中小企业股权私募融资、股权流动性交易。二是技术产权交易。包括各种专利技术、专有技术、软件著作等技术产权交易,交易方式有一次性成果转让、受益权分割交易、募集资本化交易、技术使用权交易等。三是私募投资基金募集权益交易。四是文化产权及其他产权交易。深柜市场的上市条件既低于中小企业板,也低于创业板。其挂牌交易的条件是:有限责任公司注册资本不低于人民币 200 万元,股份有限公司实收注册资本 500 万元以上;主营业务突出,持续经营两年以上,具有良好的成长性;企业经营规范,最近两年内无重大违法违规行为。交易所采取交易商制度,企业申请挂牌后,由交易商(主要由投资机构、创投公司组成)进行尽职调查,出具尽职调查报告,供合资格投资人进行投资参考。其宗旨是,致力于为中小企业和科技成果转化提供包括私募融资在内的综合金融服务,为深交所创业板、中小企业板培育更多上市资源。深柜市场的建设,是继创业板之后,深圳多层次资本市场建设的又一里程碑,也使深圳乃至广东省率先构建完成了包括深交所主板、创业板、股份代办转让市场(三板)、区域性深柜市场在内的完善的多层次资本市场体系。

4. 进行创业板市场的探索

受美国纳斯达克成功经验的影响,为解决高新技术企业及中小企业融资难题,从 1999 年开始,深圳展开了长达十年的创业板市场探索之旅。

1999 年 1 月 15 日,深交所向证监会正式呈送《深圳证券交易所关于进行成长板市场的方案研究的立项报告》,并附送实施方案。

1999 年 3 月 2 日,中国证监会第一次明确提出"可以考虑在沪深证券交易所内设立高科技企业板块"。

1999 年 8 月 20 日,中共中央、国务院出台《关于加强技术创新,发展高科技,实现产业化的决定》称,要培育有利于高新技术产业发展的资本市场,逐步建立风险投资机制,适当时候在深圳证券交易所专门设立高新技术企业板块。

1999 年 9 月,时任中国证监会主席周正庆撰文明确指出:"根据《中共中央国务院关于加快技术创新,发展高科技实现产业化的决定》,将尽快在深圳证券交易所设立高新技术板块。"

2000 年年初,新一届中国证监会领导班子到任后,对高新技术板块的政策思路进行了修正,提出了"第二交易系统"的政策构想,并将建立创业板的方案上报给了国务院。

2000 年 2 月 21 日,深圳证券交易所高新技术板工作小组成立,以做好高新技术企业板的各项准备和建设工作。

2000 年 4 月,刚履新不久的中国证监会主席周小川提出,对设立二板市场已做了充分的准备,一旦立法和技术条件成熟,我国将尽快成立二板市场。

2000 年 5 月,国务院授权中国证监会负责组织实施,中国证监会高层也对外表态:争取在 2000 年内推出创业板。并且,为配合这一规划,自 2000 年 10 月起,深圳证券交易所停止新股发行。

2000 年 6 月 30 日,深交所第二交易结算系统正式启用。

2000 年 9 月 18 日,深圳证券交易所设立创业板市场发展战略委员会、国际专家委员会两个专门委员会和发行上市部等八个职能部门,标志着创业板市场的组织体系基本建立。

2000 年 9 月,中联重科上网发行后,深交所停止在主板市场发行新股。同年 10 月,深交所宣布,创业板技术准备基本就绪,深交所通过巨潮网首次正式发布了《创业板市场规则咨询文件》,面向社会各界广泛征求意见和建议。

2000 年 10 月 20 日,深交所向各会员单位发出《关于创业板系统全网测试的通知》。

2002 年 11 月,深交所向中国证监会建议,采取分步实施方式推进创业板市场建设。

但由于以纳斯达克为代表的全球创业板市场遭受网络股泡沫破灭的重创,使创业板市场的系统和非系统风险暴露无遗。从系统风险来看,纳斯达克指数从最高峰时期的 5000 多点跌到了 1200 点,跌幅达 70% 以上;其他国家和地区的创业板市场的表现更差,如德国新市场因遭遇投资者信心危机不得不关闭,香港创业板市场虽然没有关闭,但一直处在生死线上挣扎。从非系统性风险来看,在创业板市场上市的企业规模普遍较小,股价被人为操纵的可能性更大;在创业板市场上市的企业历史更短,破产的几率更高;在创业板市场上市的企业套现的愿望更强烈。从这些风险的角度考虑,管理层不得不打消推出创业板的念头。

2007 年,为抵御国际金融危机的冲击,深圳创业板市场建设又一次被提上了重要的议事日程。2007 年 8 月,国务院批复以创业板市场为重点的多层次资本市场体系建设方案。

2007 年 8 月 22 日,《创业板发行上市管理办法》(草案)获得国务院批准。

2008 年 3 月,国务院总理温家宝在政府工作报告中指出,优化资本市场结构,促进股票市场稳定健康发展,着力提高上市公司质量,维护公开公平公正的市场秩序,建立创业板市场。

2008 年 3 月 17 日,证监会主席尚福林在全国证券期货监管工作会议上表示,2008 年将加快推出创业板,积极发展公司债券市场,力争多层次市场体系建设取得突破。完善制度体系与配套规则,争取在上半年推出创业板。

2008 年 3 月 22 日,创业板 IPO 管理办法意见稿发布,向社会公开征求意见。

2009 年 3 月 31 日,证监会发布《首次公开发行股票并在创业板上市管理暂行办法》,自 5 月 1 日起实施。

2009 年 5 月 8 日,深交所发布创业板上市规则(征求意见稿)。

2009 年 5 月 14 日,证监会发布新发审保荐办法。

2009 年 6 月 5 日,深交所发布《深圳证券交易所创业板股票上市规则》,自 7 月 1 日起施行。

2009 年 7 月 15 日开始,投资者开始办理创业板开户。

2009 年 7 月 26 日,证监会受理创业板发行上市申请。

2009 年 8 月 14 日,证监会第一届创业板发行审核委员会成立。

2009 年 9 月 13 日,证监会宣布,于 9 月 17 日召开创业板首次发审会,审核 7 家企业上市申请。

2009 年 9 月 17 日,首次发审会召开。

2009 年 9 月 21 日,首批 10 家公司开始集体招股。

2009 年 9 月 28 日,第二批 9 家公司开始招股。

2009 年 10 月 9 日,第三批 9 家创业板公司发布招股说明书。

2009 年 10 月 30 日,28 家创业板企业同时挂牌上市交易,标志着深圳创业板市场终成正果。截至 2009 年 12 月 31 日,创业板上市公司已达 36 家,总股本 34.60 亿元,流通股本 6.48 亿元,总市值 1610.08 亿元,流通市值 298.97 亿元,加权平均股价 46.53 元/股,平均市盈率 105.38 倍。

第二节　深圳多层次资本市场建设为何进展缓慢

在深圳近20多年的发展过程中,多层次资本市场建设虽然已取得了一些成果,但离发达的多层次资本市场建设目标仍然有不小的差距。为何几乎与我国资本市场发展同时起步的深圳多层次资本市场建设呈现出明显的滞后性? 我们分析,主要有以下几个原因:

一、受制于认识层面的干扰

长期以来,至少有两个片面认识阻碍了深圳多层次资本市场的建设进程:

1. 对资本市场本质特征认识肤浅

现代资本市场运行过程的特性主要表现为无边界、大交易、多品种和风险定价等,而理论界和实际部门总是试图为资本市场构筑起高高的围墙,即以证券交易所为中心、已上市的企业群体为半径,划出了一个人为的边界圈。市场中大量未上市企业以及其他投资形式注册成立的企业都在半径之外。虽然资本市场的金融衍生物不断产生并满足上市企业交易需要,但未上市企业更需要有合法的交易场所实现股权(产权)、债权、知识、技术产权,甚至企业应收货款等新交易品种以某种权利的形式进行交易。并且只有包括了资本市场所有存量特别是包括了大量场外资本存量的多层次的资本市场结构,在市场交易中才能真正实现市场特有的风险定价机制。我们只有正确理解资本市场发展规律和本质特征,只有承认资本市场的多层次结构是符合市场需求的现实选择,把场外交易市场(主要是产权交易市场)通过科学的制度设计将其纳入资本市场,然后规范其发展,才能形成蓬勃发展的多层次资本市场景象。

2. 对企业发展现状认识肤浅

深圳创业板之所以经历了长达十多年的时间才能化茧成蝶,是因为理论界存在着"不必要论"和"条件不具备论"。他们认为,中国的企业研发水平还没有达到技术的最前端,大量的高技术企业根本没有自己的核心技术,因为前沿技术的开发投入很大,即使该项技术过了关,拿到了专利,产品能够在市场上存活的也就只有十之一二。在美国创业板上市的企业,应该是已经通过天使投资、创业投资等资金支持,开发出了专利产品,需要融资的是产品市场运作的费用,而中国这样的企业还很少。同时,靠创业板来解决中小企业的融资难题也不合适。就企业的成本而言,上市是企业最昂贵的一种融资方式。认为"解决这个问题,最重要的是要建立民营中小银行"。

二、受制于计划经济思想的影响

我国宏观经济管理者长期受计划经济管理理念的影响,而计划经济的特点就是政府配置资源,而金融是受政府垄断最为严重的领域。故此我国的资本市场必然是有别于成熟市场经济国家,甚至反其道而行之,即一开始就建立了适合大企业的、最高层次的、全国性的交易所,适合一般企业的、初级层次的、区域性的股票市场建设则无人问津。虽然国人早就知道寡头垄断市场的结果是高成本低效率,但要从政府配置资源转到市场配置资源需要过程,尤其是金融这一计划经济控制的最后堡垒转变的难度更大,过程更长。虽然"国九条"发布已经数年,但人们关切的多层次资本市场特别是场外交易市场的相应政策却姗姗来迟,这实际上是计划经济长期影响的结果。

三、受制于狭窄的资本市场功能定位

1. 受制于帮助国有企业脱困的目标

深圳建立资本市场,特别是建立股票市场的重要初衷是帮助国有企业脱贫解困,这使得公司债券、政府债券和股票三大资本市场基础性产品几乎都是围绕为国有企业脱困这个单一目标运作。这样的服务宗旨是不需要多层次资本市场的,因为国有企业,特别是国家重点扶持的国有企业大多是大中型企业,只需建立集中性的高层次资本市场就可以满足这些企业的筹资问题。而低层次的、区域性的资本市场则是帮助中小企业融资,建设这样的市场与帮助大中型国企脱困关系不大。

2. 受制于圈钱的市场功能定位

毫无疑问,融资是资本市场的重要功能之一,但在深圳资本市场的早期,时常把这一功能运用到了极致,甚至即把股票市场上每年的融资额当成干部考评的一个重要考核指标,而很少考虑如何保护投资者的利益,很少考虑如何运用这个市场对资源进行优化配置。其实,资本市场更重要的功能是优化资源配置,特别是在资金稀缺的情况下,更要把扶持的重点放在那些未来发展前景比较好、有科技含量的、未来股票的附加值可能更高的企业上。竭泽而渔式的疯狂圈钱,不仅大大损害了资本市场的声誉,使多层次资本市场无法拓展,而且也使主板市场本身的发展难以为继。

四、受制于众多的行政壁垒

1. 受制于政出多门

多年来,深圳资本市场中的资本品被各种不同的行政机构进行了条块分割,涉及资本市场资本品种的行政主管部门众多,对多层次资本市场不同部门有不同的理解,都可以制定市场交易规则和对市场实施监管。例如,证券市场监管部门认为,资本市场包括主板、创业板、股份转让代办系统,只有它们才是合法的,才是自己监管的对象。科技部门对资本市场的理解是"在有条件的地区,地方政府应通过财政支持等方式,扶持发展区域性产权交易市场,拓宽创业风险投资退出渠道。支持符合条件的高新技术企业发行公司债券"。国务院国资委规定"企业国有产权转让应当在依法设立的产权交易机构中公开进行,不受地区、行业、出资或者隶属关系的限制。国家法律、行政法规另有规定的,从其规定"。此外,地方政府时常想尽千方百计试图对辖内资本市场施加影响。如既建立了产权交易所,从事国有企业产权的挂牌转让,又成立了高新科技产权交易所,为科技型中小企业的权益转让提供平台。这些产权交易所实际上起到了一定的场外交易市场的作用,但没有统一的监管,也没有统一的跨地区的交易平台。条块结合形成的、强大的行政壁垒,使资本市场的属性被严重扭曲了,资本市场发展空间被大大限制了,满足交易主体不同需求的市场制度不能尽快形成有效供给,人们期望多年的多层次资本市场运行体系自然也就成了"海市蜃楼"。

2. 受制于严厉的行政管制

一个市场体系的核心构成要素无外乎有三：一是筹资者或产品；二是投资者或资金；三是交易的场所。于是，多样化的筹资者或产品，多种偏好的投资者或资金，以及多种类型的交易场所之间的不同组合，就构成了多层次的市场。在这一点上，多层次资本市场与多层次普通商品市场之间并没有太大的差别。既要有高档的超级市场，也要有很多的路边店。相比而言，深圳资本市场是一个典型的超级市场，而缺少路边店，这一切源于过度的行政管制。

首先是产品管制。股票主板市场上，股票的发行数量、发行价格都在严格的管制之中，虽然询价制度开始放松了价格管制，但是数量管制仍然十分严厉。债券市场上，产品管制更加严格，如企业债券、短期融资券的发行额度控制，债券产品的发行价格（利率）控制等。对产品的管制的结果，必然是产品的短缺和单一。

其次是投资者准入的管制。股票市场的机构投资者主要以基金公司为主，QFII 的准入处于严格的审批之中，银行、保险公司的准入也受到各自主管部门的严格控制。私募集金还在水面之下运行。即使基金公司，公司和产品的审批也相当严格。

最后是交易场所的管制。深圳证券交易所实际上已经异化为准政府监管部门，而不是完全的市场参与主体。

因此，虽然我们早就有了主板市场、中小板市场、创业板市场、三板市场等名词和概念，但是，低层次资本市场融资的总量和比重始终无法实现有效的突破。

五、受制于对多层次资本市场风险的顾忌

在 2000 年年初，中国证监会将深交所定位于开拓创业板市场，之后进入紧锣密鼓的准备状态。2000 年 10 月，证监会负责人宣布"创业板市场筹备已进入倒计时"。但直到 2009 年下半年创业板才由理想变为现实。深圳创业板市场诞生的时间一拖再拖的原因虽有很多，但我们认为，最主要的原因是由于决策层对创业板市场风险的顾忌。1997 年爆发的亚洲金融危机，虽然中国由于资本项目管制成功地抵御了危机的直接侵袭，但日本和韩国两个存在大量不良金融资产

国家经济在危机中受到的巨大影响已给我们留下了十分深刻的印象。自从国务院将 1998 年定为"金融风险年"以后,系统性金融风险始终是决策层在改革和发展决策时重点考虑的因素。加之,进入新千年后全球创业板市场整体性陷入了萧条之中,先是 2000 年上半年,美国纳斯达克股市暴跌。后是 2002 年 8 月 15 日日本纳斯达克公司致信日本大阪证券交易所,宣布于 2002 年 10 月 15 日终止双方早先签署的商业合作协议,撤出"纳斯达克日本"证券交易市场。大阪证券交易所决定将"纳斯达克日本"改名为"日本新市场",今后由其独自负责经营管理。再是德国证券交易所宣布,2003 年年底关闭以吸纳科技股及新经济股为主的德国股票交易创业板市场,对在市场中交易的 264 只股票予以重新安排。"创业板推出后对全局性金融风险的影响"成了创业板市场推出时间始终难以确定的根本原因。特别是在近年来的讨论中,经济理论界有一种流行的"创业板市场比主板市场风险更大"的说法,这种观点更加重了决策层面的顾虑,使开办创业板这个关系到中国创业投资体系建设、经济结构调整及总体金融改革进程的关键性举措迟迟不能出台。

六、受制于法律法规的缺失

1. 未上市公司法律地位界定不清

由于特定的历史形成背景和独特的运行机制,我国的未上市公司从严格意义上讲是一种不规范的公司形态,之所以不规范,很重要的一点就是没解决好股权交易的定位问题。以定向募集公司为例,按照原国家体改委颁布的《股份有限公司规范意见》的规定,定向募集公司的募股对象严格限于内部职工和社会法人,但在实际发行过程中,内部职工股却大量流入社会成为社会公众股,社会法人股也仅以法人名义购买而在事实上却为个人所持有,从而形成了"内部股公众化"、"法人股个人化"的现象,定向募集公司在事实上变成了社会募集公司。鉴于此,国家体改委于 1994 年 6 月通知立即停止定向募集公司的审批,并停止审批和发行内部职工股。1994 年 7 月,我国《公司法》正式实施。按照该法的规定,以募集方式设立的股份有限公司只有社会募集一种,定向募集公司已经失去了存在的法律依据。这实际上使 20 世纪 90 年代初期大量出现的定向募集公司和内部职工股成了必须依法重新予以规范的历史遗留问题。在《公司法》中,发起设立的股份有限公司虽然有其合法地位,但由于缺乏有关发起设立人资格及有关募股方面的具体法规,导致除原发起企业和社会法人外,内部职工也普遍以发起人身份入股,从而变相地成了"定向募集公司"。至于股份合作制企业,由于股权不能自由转让以及决策权与出资多少无关,实际上只能算是一种不规范的、带有过渡性质的企业制度。

2. 未上市公司监管体系不明

由于未上市公司的法律界定不明确,很多未上市公司涉及国有企业的改制问题,因此,发改委、国资部门、证券监管部门和工商行政管理部门都可以对未上市公司进行监管。同时,由于多头监管,也存在互相扯皮、监管缺位的问题。例如,地方产权交易所是由国资部门审批设立的,其中的业务也包括未上市公司股份转让。而根据《证券法》的规定,股票作为证券的一种形式应当在证券交易所挂牌交易,国务院证券监督管理机构依法对资本市场实行监督管理。可事实上,证监会从来没有审批过任何一个机构来从事未上市公司的股票交易业务。这就意味着,证监会对于产权交易所从事未上市公司股份转让业务的行为既可以采取默许的行为,也可以采取打击的举措。

3. 未上市公司股份转让无法可依

《公司法》规定股东持有的股份可以依法转让,同时又规定股东转让其股份,必须在依法设立的证券交易场所进行。但依照《证券法》设立的证券交易场所只有上交所和深交所,而这两个交易所仅进行上市公司的股份转让、股票交易业务,并不开展未上市公司的股份转让、股票交易业务。《公司法》和《证券法》也是对上市公司的股份转让、股票交易进行了规定,而对于数十倍于上市公司的众多未上市股份有限公司的股份转让问题则没有规定。并且,工商行政管理部门和证券监督管理部门分别作为公司和证券的监管部门也没有对未上市公司的股份转让设立行政许可。

此外,法规之间不协调也阻碍了多层次资本市场向前推进。如《公司法》规定,有限责任公司的股东有优先受让权,这就与国务院国资委、财政部颁发的《企业国有产权转让管理暂行办法(三号令)》中规定公开挂牌广泛竞价有冲突。

七、受制于逆世界潮流而动的资本市场发展路径

纵观西方发达国家的资本市场发展历史,基本上都是从场外交易市场发展而来的。比如,众所周知的 NASDAQ 市场系统就是 20 世纪 70 年代初期时在原来 3000 多家柜台交易的基础上利用电子技术联网而形成的,而这 3000 多家柜台交易网点在 NASDAQ 市场之前已经存在了很长时间(而且远远早于纽约证券交易所),能够满足早期创业资本的退出需要。所以,即使没有开设 NASDAQ 系统,众多中小企业照样可以通过柜台交易市场、区域性的股票交易所和并购市场实现融资。而我国的情况恰恰相反,建立股票市场的初衷就是为了国有企业改革而不是像西方市场经济国家为了满足私营企业扩大融资的需要,这样的出发点必然会导致我国资本市场的畸形发展。在我国资本市场发展过程中,为大型国有企业服务的主板市场率先建立,而能够为广大中小企业融资服务的场外市场和二板市场尤其是场外交易市场则迟迟都没有出现,这种情况必然会造成我国中小企业的融资困境。

第十三章

深圳构建多层次资本
市场面临的挑战

第一节　深圳构建多层次资本市场的切入点亟待厘清

一、资本市场的概念亟须重新疏理

在汗牛充栋的经济学和金融学著述中,由于研究者所站的角度和所处的场合不同,往往给予资本市场以不同的定义。如果把这些定义由窄到宽加以排列,举其要者有:

1. 资本市场 = 股票市场

股票市场因其规模较大,影响较深而为投资者最为熟悉。故一提到资本市场,人们便马上想到股票市场,甚至联想到证券交易所①。国内较早研究多层次资本市场的学者王国刚(1996)就曾基于股票市场来研究多层次资本市场的问题。

2. 资本市场 = 股票市场 + 产权交易市场

资本市场是指交易双方对从企业所有权派生出来的股权或产权的价值形态进行交易的场所。它既不同于金融市场,因为它不包括金融市场中的银行借贷

---

① 参见邢天才著:《中外资本市场比较研究》,东北财经大学出版社2003年版,第3页。

和金融机构之间的拆借;也不同于证券市场,因为它剔除了证券市场中占相当大比例的债券市场(可转债除外)①。

3. 资本市场=股票市场+债券市场

从西方已形成的市场类型看,细分的资本市场一般指证券市场,包括证券发行市场和证券流通市场两大内容。人们习惯性地将股票市场视为资本市场,是因为股票市场在当今资本市场中具有重要的地位和影响②。近年来研究多层次资本市场比较活跃的学者王开国(2001)主张,除股票市场以外,还应该把债券市场,甚至衍生产品市场等纳入资本市场的体系。

4. 资本市场=长期资金市场

资本市场是和货币市场相对应的一组概念,它们之间的划分标准只是时间期限的不同,资本市场是指期限在1年以上的中长期资金借贷市场。相应的,融资期限在1年以下的称做货币市场。由于中长期的资金融通大多被企业用于扩大再生产而非短期的资金周转,因而该类金融市场就被称之为资本市场③。

5. 资本市场=长期金融市场

资本市场是买卖中长期金融工具、实现较长时期资金融通的场所。包括长期资金借贷市场、长期债券市场和股票市场。在资本市场上,资金供应者主要是储蓄银行、保险公司、信托投资公司及各种基金和个人投资者;资金需求方主要是企业、社会团体、政府机构等。资本市场的长期资本既包括公司的部分所有权,如股票、长期公债、长期公司债券、一年以上的大额可转让存单、不动产抵押贷款和金融衍生工具等,也包括集体投资基金等长期的贷款形式,但不包括商品期货④。

6. 资本市场=资金交易市场

如斯蒂格利茨认为,资本市场是指"取得和转让资金的市场,包括所有涉及

① 刘纪鹏:《现代企业制度与长期资本市场》,《中国企业报》1995年2月7日。
② 陈玉洁:《新闻对话:资本市场需要冷处理》,《中国资产新闻》1997年2月21日。
③ 郭振乾等主编:《金融大辞典》,四川人民出版社1992年版,第1839页。
④ 李扬、王国刚著:《中国资本市场的培育与发展》,经济管理出版社1991年版,第32—33页。

借贷的机构"①。资本市场的内容既涵盖了信贷市场、股票市场、债券市场和外汇市场,也包括了期限在一年以内的货币市场。此时,无所谓货币市场与资本市场之分。

7. 资本市场=与经济实体面相对应的货币面

在经济学教科书中,资本市场是一个与产品市场和劳动力市场相对应的概念,指的是与经济的实体面(the real world 或 the real economy)相对应的货币面(the monetary world 或 the real monetary economy)。② 此时,资本市场是被视为与产品市场、劳动力市场相并列的三个市场之一,宏观经济均衡也就是产品市场、劳动力市场和资本市场的均衡。但在经济增长理论中,资本市场是一个被视为与土地、劳力和技术等相并列的要素市场之一,其价格由货币市场的供求关系决定③。"调节资本供给量和资本需求量相等的资本价格是利率"④。在我国政府文件中,通常也是把资本市场划入要素市场的范畴,并将其视为与土地市场、劳动力市场、技术市场和产权市场平起平坐的概念。

我们认为,理解资本市场要把握两点:

首先,要打破期限的框框。因为把期限作为界定资本市场定义的标准目前面临着较大的挑战。一方面由于金融创新浪潮的兴起,传统的期限概念已变得越来越淡化。如长期债券可提前偿还的做法使短期与长期的传统划分方法已不再像过去那样受到人们的重视。另一方面由于金融混业经营的全面开花,货币市场与资本市场乃至证券市场与信贷市场的传统划分方法正在逐渐失去其原有的价值。

其次,要从未来融资证券化大趋势的角度确立资本市场的定义。其实,融资证券化的现象早在 20 世纪 80 年代就已经露出了苗头,如在 1985 年国际金融市场融资额就一举超过国际信贷市场融资额,在今天看来,这一趋势则越来越明显,即便是过去约定成俗的银行信贷业务,如住房抵押贷款也出现了证券化的趋

---

① 参见(美)斯蒂格利茨:《经济学》(上),中国人民大学出版社 1997 年版,第 16 页。
② 参见(美)斯蒂格利茨:《经济学》(下),中国人民大学出版社 1997 年版,第 26 页。
③ 参见(美)P. 萨缪尔森、W. 诺得豪斯:《经济学》,华夏出版社 1999 年版,第 170 页。
④ 参见(美)迈克尔·帕金:《微观经济学》,人民邮电出版社 2003 年第 5 版,第 295 页。

势。证券融资的地位之所以越来越高,其原因就在于:第一,以证券作为融资的工具,对资金供应者而言,其权利和义务更容易受到法律的保护,可从心理上获得较之于信用贷款更高的安全保障,从而乐于让渡出自已盈余的货币资金。第二,以证券作为融资工具,资金供应者无须要等到到期才能把投资的资金收回来,随时可以通过发达的证券二级市场将其予以变现,且并不影响筹资者长期使用资金。第三,以证券作为融资工具,对于宏观调控者而言,有利于利用证券的流动性运用经济手段进行宏观调控。

基于上述两点分析,我们对资本市场定义的看法是:(1)就资本市场的概念而言,资本市场是买卖证券以融通资金的场所或机制。之所以把资本市场视为一种场所,是因为只有这样才与市场的一般含义相吻合;之所以同时又把资本市场视为一种机制,是因为资本市场上的融资活动既可以在固定场所进行,也可以不在固定场所进行,如果不在固定场所进行的融资活动就可以理解为一种融资机制。(2)就资本市场所包容的内容而言,有广义和狭义之分。从广义上来看,资本市场既包容了证券化的资本市场,如股票市场、债券市场、证券投资基金市场以及由此衍生而来的金融衍生产品市场,也包括非证券化的生产资本市场,如产权市场。从狭义上来考察,资本市场一般局限于证券化的资本市场,即证券交易场所,包括证券场内交易市场和场外交易市场。

至于长期被许多人视为资本市场大半壁江山的中长期信贷市场,我们是不主张将其纳入资本市场研究范畴的。理由有四:第一,我国银行信贷市场长期受计划经济的影响,尚未彻底走上市场化的道路。第二,通过证券市场配置社会资源具有更高的效率,且我国传统的间接融资为主的融资方式已积累了巨大融资风险,需要将资本市场发展的重心放在证券市场的发展上。第三,信贷市场不像证券市场那样具有明显的层次性特征。第四,信贷市场和证券市场有不同的运行规律,应该另外进行专门研究。

二、多层次资本市场的内涵亟待澄清

1. 多层次资本市场主要是解决纵向结构多元化问题

在常人眼中,几乎没有什么可以像华尔街那样充满魔力。从纽约证券交所巍峨的门柱到繁忙的交易大厅,从纳斯达克市场遍布全球的交易网络到高科技股的点石成金,以华尔街为象征的美国资本市场在200余年的历史中创造了无数辉煌。那么,是什么原因使美国的资本市场具有如此的广度和深度?我们认为,美国资本市场发展主要表现为规模扩张和结构优化两个方面,规模扩张反映的是资本市场量的发展,结构优化反映了资本市场质的提升,所以,结构优化问题历来是资本市场研究的一个重要分支。而资本市场结构优化有两条路径:一是横向多元化。即通过市场结构和工具创新,增加不同种类的市场和金融商品。二是纵向多元化。即不以新市场和新金融工具开发为前提,而是针对同类型市场和金融工具展开的。在许多西方学者看来,多层次资本市场问题就是一个横向市场结构问题,因为在现代西方金融学的研究文献中,我们所能看到的与"多层次资本市场"相对应的最为接近词汇是"证券市场结构"(Securities Market Structure)概念。令人费解的是,资本市场纵向多元化(也就是资本市场多层次化)始终是发达西方国家资本市场发展的重要线索之一,为何多层次资本市场问题迄今尚没有上升到西方资本市场理论体系的高度?之所以如此,我们分析,其主要原因就在于,西方多层次资本市场体系的确立不是人为的,而是一个由市场主导的适应市场客观需要自下而上自然形成的:一是多层次资本市场是适应筹资者客观需要而自然演进的结果。由于不同发展阶段的筹资企业其规模、经营状况、赢利水平以及风险程度不同,要求构建不同层次的资本市场满足其不同的融资需要。并且,这样的资本市场结构既可以将各个层次中的优秀筹资者向上一层次输送,又可以将各个层次中的劣等筹资者淘汰到下一个层次,从而保证了各个层次资本市场的筹资者的质量。二是多层次资本市场是适应投资者客观需要而自然演进的结果。由于不同投资者的风险偏好的差异性,决定了需要构建不同的资本市场满足其不同的投资者需求。如养老金、保险基金等。并且,资本市场经过长期发展已为多层次资本市场体系的形成和完善提供了制度性条件,使多层次资本市场理论研究的重要性显得无足轻重。受此影响,国内许多学者也大多把多层次资本市场问题研究的重点放在了横向市场结构问题上,比较典型的做法有:

(1)以"多结构"替代"多层次"。在研究多层次资本市场的过程中,许多学者把研究的中心放在了横向结构上,时而讨论股票市场,时而讨论债券市场;时而讨论证券市场,时而讨论产权交易市场;时而讨论原生产品市场,时而讨论衍生产品交易市场;时而讨论发行市场,时而讨论流通市场;时而讨论现货市场,时而讨论期货市场;时而讨论全国性市场,时而讨论区域性市场;时而讨论场内市场,时而讨论场外市场。

(2)以"多板块"替代"多层次"。在研究我国多层次资本市场进展时,有人把2004年推出的"中小企业板"视为我国多层次资本市场建设的重大突破。其实,中小企业板入市标准与原有沪深上市公司一样遵从相同的《公司法》,不可能与其他上市公司有所差异。充其量也只不过是在排队等候审批的时候,给那些技术含量高的中小企业以优先上市顺序罢了。试想,深圳主板市场本来就是最高层次的市场,怎么可以在其之内又孵化出一个"多层次"市场来呢?

应该承认,证券市场结构概念包含了多层次资本市场的许多内容,资本市场多层次化(纵向多元化)有助于资本市场横向多元化,如多层次资本市场的形成,必然使资本呈现出既有一级市场,也有二级市场,既现货市场,又有期货市场,既有原生产品市场,又有衍生产品市场,既有地方性、区域性市场,也有全国性和全球性市场,既有场内市场,也有场外市场,既有证券资本市场,也有非证券资本市场,既有主板市场,又有二板市场和三板市场,这样的景象无疑是一个多层次资本市场的必要特征。但资本市场横向多元化毕竟不等于资本市场多层次化,两者的口径有较大的差异,且研究的重心有很大的不同。差异有四:一是多元化是从横向展开的,并以开发新的金融工具为前提条件的;多层次化是从纵向展开的,针对的是同一类金融工具。二是多元化表面上看是市场的创新,但本质上是金融工具的创新,即便是新发行市场和交易市场的出现,也只不过是金融工具创新的结果;多层次化纯粹是市场的创新,其结果是出现更多的新市场。三是多元化发展所形成的资本市场各个子市场之间多数情况下是平行的,具有竞争替代关系;多层次化发展所形成的资本市场各个子市场之间的关系具有明显的递进和互补性。四是横向多元化和多层次化解决问题的立足点是不同的,多元化所要解决的问题是资本市场结构的合理性问题,而多层次化所要解决的是水平高低的问题,如同时大力发展A股市场与B股市场、债权市场和股权市场,也许能够有助于实现资本市场结构多元的目标,但它无助于实现资本市场多层次化的宏愿。看来,单纯沿着横向多元化这条线索来研究多层次资本市场问题是不恰当的。

况且,在深圳,把多层次资本市场研究的重点放在纵向多元化而不是结构多元化上与西方国家有不同的意义。一方面因为深圳多层次资本市场的构建是一个由政府主导的自上而下的行政推动过程,而不是像西方国家那样是一个由市场主导的适应市场客观需要自下而上自然形成的;另一方面因为深圳作为新兴加转轨的市场,需要创造构建多层次资本市场的一系列基础性条件,因此需要我们从理论的高度界定多层次资本市场的边界、设计多层次资本市场的发展路径、创造发展多层次资本市场所需要的基础性条件、描绘出多层次资本市场发展的蓝图。

2. 资本市场层次无关市场发展的重要性和规范性

所谓多层次资本市场是指按照一定的标准将整个资本市场划分为若干个等级,由此决定了有些市场是高层次或高标准市场,有些市场是低层次或低标准市场。其目的不在于以此来评判市场的优劣,而在于满足不同企业的融资需求和不同投资者的投资需要。在这里至少要澄清两点:

第一,市场等级的高低与市场的重要性不存在必然联系。在国内,有一种观念,认为资本市场层次与资本市场的重要性是一一对应的,即资本市场层次越高,在国民经济中的地位也就越高,就越应该获得优先发展。其实,成熟资本市场的多层次发端于自由资本主义时期,因此,最先得到发展并不是高层次的主板市场,而是分散的、低层次场外市场,并且按照由低到高的逻辑发展思路自然演进。我国多层次资本市场始建于计划经济向市场经济过渡时期,国家在很大程度上左右着各类市场的发展空间,最先得到发展的是高层次的主板市场,但随着主板市场的进一步发展,其他市场如果不及时跟进的话,就会危及主板市场发展基础,所以,高层次资本市场与低层次资本市场应该是一视同仁的,无所谓孰重孰轻,甚至不排除,在低层次资本市场受到多年压制之后国家应该采取优先发展低层次资本市场的策略。

第二,市场等级的高低与市场的规范程度没有必然联系。有人片面地认为,低层次资本市场是不规范的市场,只有高层次资本市场才是规范性市场。但从实际情况看,低层次资本市场虽然在上市标准上低于高层次资本市场,可能对企业的入市条件作出相对宽松的规定,但并不意味着,与高层次资本市场相比,它们的规范程度更低,甚至它们在信息披露和市场监管等方面比高层次资本市场的要求更为严格。因为在现实的资本市场上,企业存在的普遍心理是:越是好公司越是会频繁而严格地披露相关信息,因为它们不希望公司价值被打折扣;越是差的公司则越不愿意披露信息,因为它们希望通过浑水摸鱼卖个好价。所以,从保护投资者利益出发,在成熟资本市场上,对低层次资本市场的上市公司的可流通股比例、大股东的持股期限、每笔交易金额的约束、做市商制度、信息披露等方面的监管比高层次资本市场更严格。

三、度量资本市场层次的尺度亟待选定

在确立了多层次资本市场研究的出发点和侧重点之后,更深层次的问题就是确立度量资本市场层次的标准。按照纵向多元化的思路,划分资本市场层次的标准,至少有以下几个候选思路:

1. 按市场深度分层

按市场深度研究资本市场层次的线索有以下几条:

(1)按交易工具分层。

从交易工具上理解,多层次资本市场应该由原生(传统)工具市场和衍生工具市场构成,前者如股票市场、债券市场、基金市场等。后者如股票期货市场、股票期权市场、股指期货市场、可转换债券市场、存托凭证市场、认股权证市场、认沽权证市场、备兑权证市场等。按交易工具分层的必要性似乎是显而易见的,如人们在谈论美国多层次资本市场体系时往往会提到以芝加哥商业期货交易所为代表的交易场所提供的各种金融衍生品的交易,它不但为美国整个社会提供了各种风险不一的投资产品,满足了对投资风险有不同偏好的各类投资者需求,其交易量也已大大超过股票、债券的现货交易量;更重要的是,它为资本市场提供各种可供选择的避险工具,使得市场出现单边市(无论是上涨还是下跌)时,能够在很大程度上化解市场的系统性风险。这也是为什么纳指和道指分别在遭受

网络股泡沫破灭、"9·11"和百年一遇的金融危机打击后,美国资本市场运行总体上仍能保持稳定、健康态势,没有重蹈1929年大萧条的重要原因。但按交易工具分层的最大困难就在于遵循目标的矛盾性。即从集中性特征来考量,金融衍生品交易所理应归类于资本市场的高层次,但如果按风险性标准衡量,金融衍生品交易所应该归类于低层次资本市场。

(2)按交易方式分层。

根据交易方式的不同,现代金融学教科书往往将资本市场区分为现货市场和期货市场。现货市场系指当期就发生款货易手的市场,这个市场的重要特点是一手交钱一手交货。按照惯例,现货市场的交易往往是当天成交当天就付款;有的是当天买进,次日就要交割。期货市场系指交易成立时不发生款货易手,而是在交易成立后约定日期实行交割的金融市场。期货市场把成交与交割分离开来,这就给投机者投机提供了方便。按道理,在证券期货交易诞生30多年之后,交易方式应该成为资本市场分层的一个重要方法,然而,迄今按交易方式给资本市场分层的思路并没有得到操作部门的认可,究其原因,主要在于人们更多的是把证券期货交易视为一种金融工具,而不是把它视为现货市场的对照面,因而无法取得类似于商品期货市场独立于商品现货市场的地位。

(3)按交易场所分层。

按交易场所将资本市场分为场内市场和场外市场是最早和最传统的划分方法,这种方法之所以在资本市场发展初期受到人们的普遍推崇,其原因就在于场内市场和场外市场的界限泾渭分明。如场内市场是集中的市场,场外市场是分散的市场;场内市场是有形的、有固定场地的市场,场外市场是无形的、没有固定场所的市场;场内市场是正式的有组织的市场,场外市场是非正式的自由市场;场内市场是成本高昂的市场,场外市场是成本低廉的市场;场内市场是交易和清算技术先进的市场,场外市场是交易和清算技术相对原始的市场;场内市场是上市标准较高的市场,场外市场是上市标准较低的市场;场内市场是投资风险较低的市场,场外市场是投资风险较高的市场等。

然而,随着时代的变迁,场内市场和场外市场之间的界限变得越来越模糊:一是集中与分散的界限日益模糊。以纳斯达克为代表的场外市场的集中程度已不亚于证券交易所。二是有形无形的界限日益模糊。如纳斯达克,按其法律定位,应该将其视为一个场外市场,但按其运行特点判断,又可以将其视为证券交易所。三是高成本与低成本的界限日益模糊。由于现代通讯和电子技术同时被广泛运用到场内市场和场外市场,加之场内市场和场外市场之间竞争的加剧,场内市场和场外市场交易成本的落差正在不断缩小,呈现出趋同的趋势。总之,随着证券交易场所走向虚拟化、规模化、电子化,特别是竞争的加剧,场内市场与场外市场的传统界限大多已经或者将要消失,目前硕果仅存的界限可能只有一条,即场内市场是上市标准较高、投资风险较低的市场;场外市场是上市标准较低、投资风险较高的市场。此时,对场外市场的概念要作与时俱进的重新阐释。在早期英文文献中比较常见的是把场外市场称为柜台市场(over the counter,OTC)。的确,这种理解强调了交易制度的特点,但随着场内市场和场外市场交易制度分野的消失,我们应该从非交易所市场(Off-Exchange)的角度理解场外市场,只有它才能更准确地反映当代场外市场的新特点。也正因为如此,场外市场的发展空间主要在两大领域:一是满足标准化程度低的金融工具发行和交易的需要。如资产证券化产品在美国有6万亿美元之巨,但因其标准化程度低而不被证券交易所接纳,只能在场外市场交易。二是满足标透明度低的金融工具发行和交易的需要。如一些知名度低、发行量少的金融工具只能在场外市场交易。

2. 按市场空间分层

按空间范围分层可能是一件十分容易做到的事情,如按空间范围的大小,可以将资本市场分为地方性市场、区域性市场、全国性市场和全球性市场四个层次。历史上,按空间范围分层是一种重要的分层方法,之所以如此,有三个原因。

一是由于市场分割。因受交通和通信条件的限制,最初的资本市场不得不呈现出区域性特征,据资料考证,在19世纪,美国曾存在着上百家区域性交易所。

二是由于自然演化。任何一个发达资本市场的形成必然要遵循由小到大,先区域后全国乃至全球的发展规律,甚至无须政府太多地去特意构筑。并且,地方性、区域性市场是构成全国性市场和全球性市场的基础,按空间构筑多层次资本市场体系的思路它看似简单但却蕴涵着市场经济的精髓,它既体现了我们常说的"筛子理论",也渗透了顺其自然的事物成长变化规律。

三是由于投资者就近投资的偏好。资本市场的投资者往往愿意投资于自己身边熟悉的上市公司的股票,也只有这些股票投资者才能真正体会到其全部价值,这也就是为何在交通和通信条件已大为改善的今天仍然存在着许多区域性和地方性资本市场的原因,也能解释为什么已登上国际性资本市场宝座的东京股票市场对外国上市公司,甚至是国际著名上市公司给予冷遇的原因,即使是在资本市场迈向全球化的背景下,仍然有某些国家在进行资本市场本土化的尝试。如2001年7月,身披国际资本市场头衔的伦敦证券交易所,为了加强上市公司与本地投资者之间的联系,居然建立了一个"Landmarket"。但规律性的现象则是随着交通和通信条件的改善,特别是市场一体化理念所带来的冲击,一些分散的地方性和区域性市场交易量持续萎缩,竞争力、辐射力和影响力不断下降,其生存正面临着极大的挑战,有些甚至在频繁的并购、整合中逐渐变成了历史的陈迹。而全国性市场和全球性市场则凭借其规模优势乘机开疆辟土,风生水起,正在逐渐侵蚀着原本属于区域性和地方性资本市场的领地。

3. 根据证券化程度分层

根据资产的存在形式,多层次资本市场可以划分为证券化资本市场和非证券化资本市场两个层次。其中,证券资本市场又可依次分为主板市场、二板市场和三板市场等多个层次;非证券化资本市场按空间范围的大小有地方性、区域性和全国性市场之分。由于证券化市场和非证券化市场的区别不仅体现在证券程度上,而且还体现在交易的对象上,如果说证券化资本市场的交易对象是仅限于标准化的证券的话,那么,非证券化资本市场不仅有标准化合约的股权交易,还有非标准化的交易方式,如协议转让、竞价交易、招标转让、合作开发等。

按证券化程度给资本市场分层,在境外比较罕见,但在我国则比较能够得到大多数人的认可,可以说,在我国经济体制改革以来的大多数时间里,如果说我国也存在着多层次资本市场现象的话,那么,中国资本市场只有两个层次,那就是上海交易所、深圳交易所为代表的主板市场和各省一些产权交易市场。之所以呈现这种局面,是因为我国管理层把资本市场的形态简单分为两大块:一大块是证券化的资本，应建立沪深证交所这样的虚拟资本交易场所满足交易的需要；另一大块是实体资本，如企业整体产权、企业部分经营性资产以及大专院校、科研院所、企业以及个人的科技成果等，应建立产权交易所满足其交易的需要。

4. 根据风险程度分层

从理论上看,可用风险收益对比值作为资本市场分层的尺子,如在股票市场系统性风险既定的条件下,可根据多种股票贝塔值的大小将所有股票精确地分成高风险类股票、中等风险类股票和低风险类股票。这种方法十分简单,对于投资者或研究者来说也许是可行的,但如果用于构建一个国家的整个股票市场体系则缺少操作性,理由是:

第一,股票市场的系统性风险是不确定的,在存在着系统性风险的前提下,按贝塔系数确定股票市场的层次是没有意义的。

第二,以风险收益对比值的大小作为资本市场分层的尺子涉及一个普遍接受标准的问题,究竟多大贝塔系数的股票是高风险的股票,多大贝塔系数的股票是低风险的股票,是一个因人、因时和因地不同而不同的问题,如果连高低标准这一点都无法达成共识的话,要想将其应用于多层次资本市场研究是十分困难的。

第三,如果以官方确定的风险收益对比值作为多层次资本市场分层的依据,那么就意味着行政性选择取代了市场性选择,这有悖于资本市场风险自负和自由选择原则。

第四,各种股票风险收益对比值无时无刻不是处在变化之中的,而多层次资本市场结构则是处在相对稳定状态,如果以风险收益对比值作为分层依据,最有可能出现的问题将会是:相对稳定的多层次资本市场结构无法及时满足多变的风险收益对比值的需要。

当然,这并不是说风险收益对比值对多层次资本市场研究没有任何指导意义。实际上,现实的多层次资本市场的划分尺度大多或多或少地与风险收益对比值有关。如发行上市标准是划分资本市场的最常用标准,一般而言,成熟企业具有较低的收益和较低的风险,而初创型企业则往往具有较高的收益和较高的风险。即使是按空间的大小将资本市场划分为全球性、全国性、区域性和地方性市场,其中同样包含着风险收益对比值的元素,因为地理空间的差异往往导致信息不对称性差异,从而不同市场往往存在着风险收益对比值的差异。

5. 根据价格形成方式分层

根据价格形成方式的不同,可以将资本市场的层次分为:

(1)报价市场。报价市场有两种:一是一对一议价市场。它是场外市场价格形成的早期形式。二是做市商市场。它是证券买卖价格均由做市商给出的市场。在此市场上,买卖双方并不直接配对成交,而是与做市商进行交易,从做市商手上买进卖出证券,通过做市商的报价驱动大大提高了资本市场的流动性。

(2)竞价市场。即证券买卖价格由证券买卖双方竞争形成而不需要做市商介入的市场。

在场内市场和场外市场界限分明的时代,是采用报价驱动,还是采用竞价驱动曾经是区分场内市场和场外市场的一个明显标志。因为竞价方式只适合于流动性高的市场,而场外市场由于标准较低、流动性较差,从而阻止了竞价方式的引入。证券交易所通常采用的是集合竞价的拍卖,场外交易通常采用的是做市商造市、报价,更低一级的市场则采用一对一的谈判,在 OTCBB 市场则只提供报价服务,不提供交易服务,就是个信息平台。

但随着时代的发展,无论是报价市场内部议价市场与做市商市场之间的地位,还是报价市场与竞价市场之间的关系,均发生了很大变化。首先,议价市场与做市商市场的地位发生了明显变化。虽然一对一议价市场所依赖的平台发生了革命性的进步,如早期价格的形成主要依赖财经媒体,而今则主要依赖电子通讯手段和互联网络。但仍然无法让一对一议价市场空间摆脱受挤压的命运,其生存空间已被逐步缩小到非标准化金融产品交易市场、私募证券市场和地方性、区域性市场。而做市商制度不仅被广泛运用于西方的一些全国性和区域性的场外市场,而且也是西方发达国家场内市场的主导性交易制度。其次,报价市场与竞价市场之间的关系发生了明显变化。传统上,竞价方式是场内市场的专利,但随着时代的变迁,这一界限已不再是神圣不可打破的,如日本的 JASDAQ 在1991—1998 年采用的就是被视为场内市场专利的委托驱动交易制度。从而出现了混合化的趋势,即证券买卖价格既可以由委托买卖双方决定,也可以由做市商给出。它包括两种模式:一是在同一市场内将证券分为两大板块,一个板块采用报价驱动,一个板块采用委托驱动,同一种证券必须在两者中作出一种选择,要么采用报价驱动,要么采用委托驱动。二是在同一个市场内所有证券一视同仁,既可采用报价驱动,也可采用委托驱动。混合化趋势形成的主要是动因是竞价市场和做市商市场都希望吸收对方之所长,克服自己之短,竞价市场希望引入做市商制度提高市场的流动性,而做市商市场希望通过引入竞价制度提高市场的透明性。

6. 按发行方式分层

按发行方式的不同,资本市场的层次可以分为公募发行市场、私募发行市场和定向募集发行市场。表面上看,按发行方式不足以对资本市场分层,因为按发行方式进行分层似乎只涉及发行市场和筹资者。但从本质上分析,按发行方式分层既涉及发行市场,也涉及流通市场,既涉及发行者,也涉及到投资者,这是因为:

第一,按发行方式分层涉及投资者分层。不同的发行方式为区分不同风险识别能力和风险承受能力的投资者提供了基础,参与公募发行的投资者往往是风险识别能力和风险承受较差的投资者,参与私募发行的投资者往往是风险识别能力和风险承受较强的投资者。

第二,按发行方式分层涉及到流通市场。股票无论采取何种方式发行都存在一个流通的问题,以此为基础,往往容易将资本市场的层次分为公募市场和私募市场,并根据发行人的风险大小制定不同的监管要求。

需要指出的是,按发行方式给资本市场分层,在不同的国家受重视的程度是有差异的。在许多西方国家,私募发行因其具有广泛的便利性而受到了应有的重视,其融资额在美国要占整个融资额30%以上。而在我国,私募发行则长期未能取得合法的身份,因而难说存在着一个合法的非公开发行资本市场。

7. 按规模、产业属性和成长性分层

传统上,世界各国习惯于按数量制定一个统一的上市标准,这样做的好处是容易量化,操作简便,并且,规模、产业属性和成长性等往往能够决定上市公司的风险特征,所以,以规模、产业属性和成长性作为分层标准既解决了规模、产业属性和成长性差异性问题,又迎合了股票的风险收益性特征。正因为如此,以美国纽约证券交易所与纳斯达克为代表的两类市场,在规模、产业属性和成长性方面的差异十分明显,而在其他方面的差异性则在不断弱化,甚至不断消失。

需要指出的是,按规模、产业属性和成长性分层并不是完美无缺的,其面临的主要烦恼有三:一是随着资本市场竞争的加剧,全球证券交易所上市标准呈现出普遍降低的趋势。二是以纳斯达克为代表的二板市场也培养出了一大批蓝筹股,传统的大小和成长性概念已变得越来越淡化。三是由于不同产业的不同属性很难用一个统一的标准去框定,如一个资产规模在 10 亿元以内的钢铁企业只能算是一个没有规模效益的小企业,而一个相同规模的网络企业则可以称得上是庞然大物。

8. 按流动性分层

站在投资者的立场上分析,流动性是投资的生命,由于流动性的高低反映了流动性风险的大小,按市场规模、盘子大小、交易及时性以及换手率等指标确定资本市场层次结构不易引起分歧,因此,按流动性分层既受到投资者的普遍欢迎,也日益受到西方成熟市场的普遍青睐。

9. 按推动力量分层

在经济发展水平既定的前提条件下,资本市场层次划分在很大程度上受一国是采取集中还是采取分散管理体制的影响。在美国,地方政府在证券的发行标准、发行程序、发行管理以及交易上享有较广泛的立法权和行政权,这为地方性和区域性资本市场的发展提供了有利条件。

而在目前的中国,地方政府无权根据本地需要制定差异化的证券法或公司法,地方性和区域性资本市场的发展很难有太大的空间。

10. 按监管要求分层

对于不同层次的资本市场,监管对象范围和严格程度也不同,比方美国交易所交易最为严格,监管对象囊括了和上市证券有关的各个方面,包括证券发行人,上市公司,及其高级职员和董事、会计师、律师等,均给出了严格的信息披露要求,而在纳斯达克市场,监管重点则主要是会员和做市商。

此外,还可以按上市成本分层。在美国小额市场挂牌的公司,只需要交纳很少的挂牌费用就能上市,从而大大节约了企业的上市成本。

第二节 深圳构建多层次资本市场的分级方法亟待达成共识

一、多层次资本市场分级方法扫描

对于我国现实的资本市场究竟应该如何分级,理论界和实际部门的意见并没有统一,就笔者所知,至少有以下几种意见:

1. 二级划分法

持二级划分法的观点的人士认为,资本市场层次宜粗不宜细,资本市场层次划分越细,使各个层次的标准确定越困难,市场监管越难以进行。像我国这样一个强调资本市场相对集中管理的国家,将资本市场市场划分为两个层次就足以满足现实需要。二级划分法又具体分为三种思路:一是将资本市场分为场内市场和场外市场;二是将资本市场分为全国性市场与地方性市场;三是将资本市场分为证券化资本市场和非证券化(产权)市场,如图 13-1 所示。

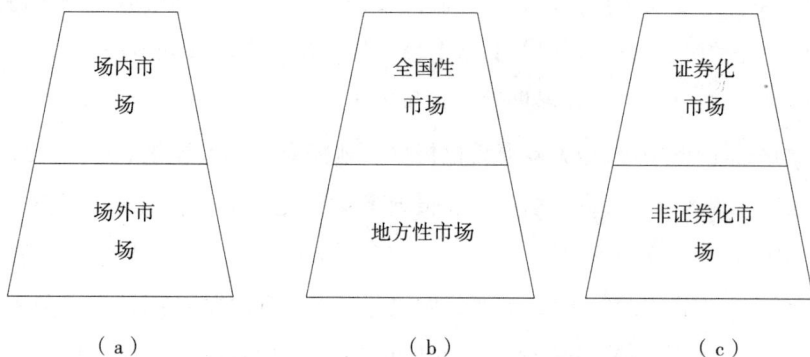

图 13-1 资本市场层次二级划分法示意图

2. 三级划分法

赞成三级划分法观点的学者认为,国外成熟资本市场大多是将资本市场体系划分为三个层次的,我国资本市场要想在未来的国际竞争中赢得一席之地,也必须借鉴资本市场发达国家的经验,将资本市场层次划分为主板市场、二板市场和三板市场,如图13-2所示。

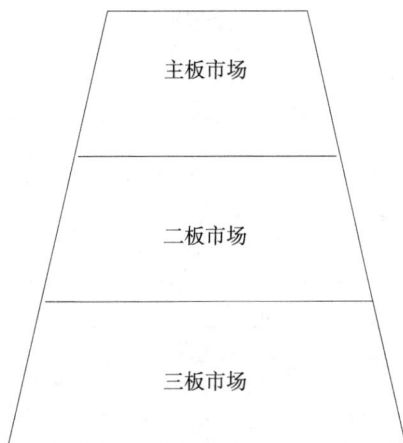

图 13-2 资本市场层次三级划分法示意图

3. 四级划分法

在主张四级划分法观点的人士看来,我国资本市场层次结构的划分,无疑要借鉴西方国家的成功经验,但也不能脱离中国具体的国情,较为科学的方法应该是将国际经验与中国的国情结合起来,将资本市场层次划分为主板市场、二板市场、三板市场和产权交易市场,如图13-3所示。

4. 五级划分法

主张采用五级划分法的观点认为,我国经济在地区之间和企业之间的差异甚大,用过粗的市场分类标准难以满足不同地区、不同企业的融资需求,合理的分类方法是将资本市场层次划分为主板市场、创业板、三板市场、大区域产权交易市场和地方性产权交易市场,如图13-4所示。

5. 六级划分法

建议采用六级划分法的观点认为,五级划分法虽然是一种较为详细的划分

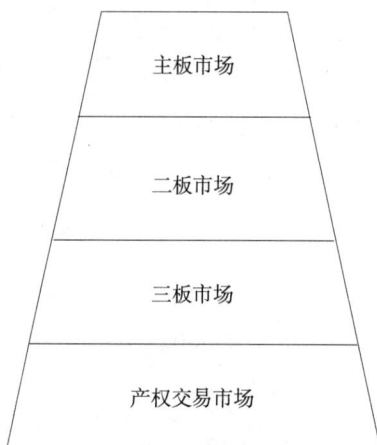

图 13-3　资本市场层次四级划分法示意图

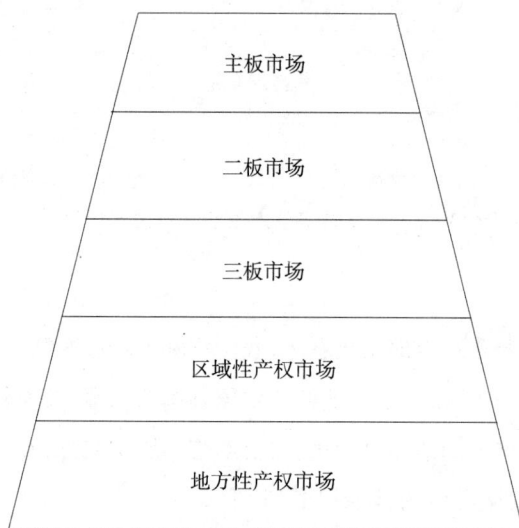

图 13-4　资本市场层次五级划分法示意图

方法,但它忽略了中小企业板与原有主板市场之间的落差,因此,更为科学的划分方法应该是将中小企业板市场从主板市场中独立出来,按图 13-5 所示的框架构建我国的多层次资本市场体系。

6. 七级划分法

力推七级划分法的观点认为,六级划分法虽然解决了中小企业板与原有主

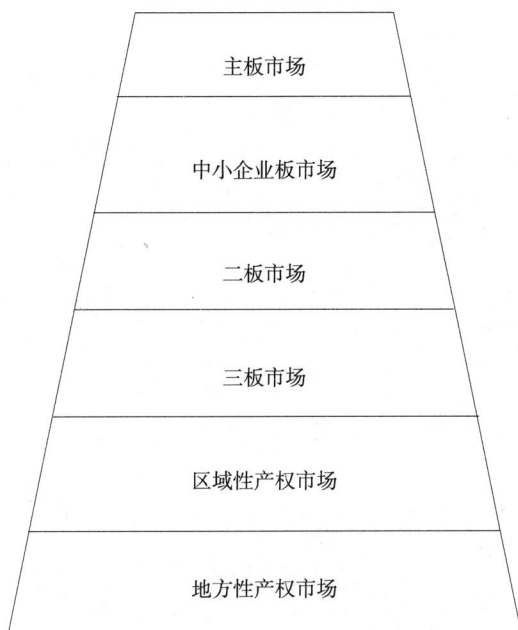

图 13 - 5　资本市场层次六级划分法示意图

板市场之间的落差问题,但它忽略视了主板市场有全国性主板市场和地方性主板市场之分的问题。全国性主板市场无论是集中性程度上,还是上市标准上都远远高于地方性主板市场,如果考虑全国性主板市场与地方性主板市场在集中性程度和上市标准上的落差,持七级划分法观点的学者主张我国的多层次资本市场体系按图 13 - 6 所示的框架构建。

二、深圳多层次资本市场分级方法的确立

1. 划分深圳资本市场层次的原则

(1)相对集中原则。

从世界范围考察,无论是场内市场,还是场外市场都呈现出集中化的趋势。首先,证券交易所呈现出集中化的趋势。因为就区域性(地方性)交易所而言,按照电子通讯技术的发展程度和证券交易所的整合化趋势,已经没有再设的必要。成熟市场的情况完全印证了这一判断。如加拿大证券市场整合为分工明确

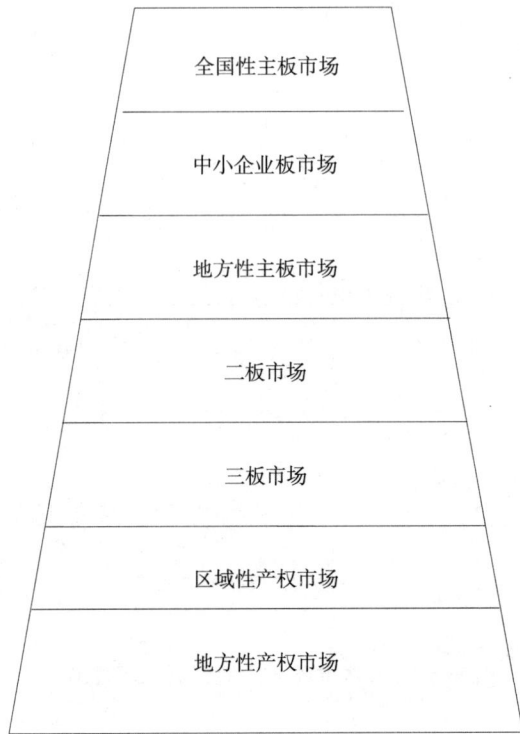

图 13 - 6   资本市场层次七级划分法示意图

的四家全国性交易所,地方性交易所向全国性市场靠拢;日本的地方性交易所处境艰难,正逐步走向合并;美国的五家地方性交易所交易十分清淡,有成为附属的期权交易市场或创新产品市场的趋势。其次,场外市场也呈现出了集中化的趋势,如纳斯达克已由典型的场外市场演变成场内市场、由本土市场演变成国际化市场。所以,我们不主张我国构建多层次资本市场实行遍地开花的政策,特别是不主张在两家全国性的证券交易所之外再建若干家地方性的证券交易所。因为这样既有悖于全球证券交易所集中化趋势,也难以形成规模效益,更不便于市场监管。

(2)对称化原则。

即资本市场的层次划分要与不同类型筹资企业的不同筹资需求和不同类型投资者的不同投资需求相对应,实现资本市场层次与企业筹资需求和投资者投资需求"无缝对接"。首先,资本市场的层次划分要与不同类型筹资企业的不同筹资需求相对应。既能满足初创企业的筹资需求,又能满足成熟企业的筹资需求;既能满足大型企业的筹资需求,又能满足中小型企业的筹资需求;既能满足传统企业的筹资需求,又能满足现代企业的筹资需求。其次,资本市场的层次划分要与不同类型投资者的不同投资需求相对应。既能满足投资型投资者的投资需求,又能满足投资型投资者的投资需求;既能满足战略型投资者的投资需求,又能满足财务型投资者的投资需求;既能满足价值型投资者的投资需求,又能满足成长型投资者的投资需求。与之对应的监管部门也应建立多层次的监管体制,针对不同市场设置监管部门,全国性市场应由中央级的监管部门来监管,地方性的市场应由地方性的监管部门来监管。

(3)既有分工,又有竞争原则。

所谓分工是指每一层次的资本市场都有自身的特点,不能简单重复。所谓竞争是指每一个层次的资本最好不是唯一的,每一层次的资本市场不宜开成精品店,应实行一板多市或一市多板模式。

(4)粗细有度原则。

首先,深圳资本市场层次结构的划分不宜过粗。因为如果过粗将既不符合多层次的含义,也会使多层次资本市场构建工作失去其应有的作用。其次,深圳资本市场层次结构的划分也不宜过细。因为如果层次过多,将会给多层次标准的制定带来麻烦,特别是制定多层次的监管标准不易。况且,在中国经济转轨时期,标准的高低是相对的和可变的,今天处于低标准的筹资者,可能随着经济的发展和公司基本而的变化,过不了多久可能跨入了高标准的行列,因此,制定过细的等级标准实无必要。

2. 划分深圳资本市场层次的方法

根据上述四个原则,我们认为,深圳多层次资本市场的理想架构,应该是分成四个层次:

(1)主板市场。

它由深圳证券交易所现有市场构成,是为比较成熟的企业 IPO 和再融资的全国性市场,它代表了我国资本市场层次的最高标准。我们认为,在主板市场上市除应满足新修订的《证券法》所规定的条件,如股本总额不少于人民币 3000 万元、公开发行的股份达到公司股份总数的 25% 以上(公司股本总额超过人民币 4 亿元的,公开发行股份的比例为 10% 以上)、连续三年赢利、最近 3 年无重大违法行为,财务会计报告无虚假记载等以外,还应对净资产、营业额、流动性、公司治理等指标作硬性规定。

在主板市场的设计上,我们有两个重要的政策主张:第一,不主张将中小企业板作为一个独立于主板市场的单独层次。因为目前中小企业板实行的是"两个不变"的政策,即无论是上市规则,还是法律法规,中小企业板与原有的主板市场都是一致的,不存在上市标准和监管标准上的落差。第二,不主张在全国性主板市场之外再单独建立地方性的主板市场。主要理由有三:一是全球举凡设立地方性主板市场的国家,其地方性主板市场的处境都异常艰难,地方性主板市场地位普遍呈现出日渐衰落的趋势;二是主板市场集中化的趋势日益明朗,逆潮流而动设置地方性主板市场已不切合时宜;三是建立地方性主板市场会给证券监管提出挑战。

(2)创业板市场。

它是为高新技术企业和中小企业提供融资服务的全国性市场。关于创业板市场的设计,我们主张:第一,不能没有赢利要求。有一种代表性的观点认为,世界上所有的创业板都有一个非常重要的理念,那就是:对上市公司没有盈赢利要求。无论是中国香港、新加坡、美国、英国的创业板,对赢利都没什么要求。故我国的创业板市场也不应对申请上市公司的赢利作限制性要求。对此,笔者不敢苟同。大家知道,根据我国的国情,中小企业有数千万家之多,即使除开不赢利的,赢利的企业亦会有上千万家,如果不赢利的企业可以上市,对于创业板市场的容纳量将会是一个极大的考验,所以,我国的创业板市场不宜照搬国外的做法,而应根据国情,对创业板市场上市公司的赢利状况和能力作出硬性规定。第二,不宜遍地开花。美国和英国创业板市场的成功很重要的原因就在于集中使用创业板资源,提高了筹资和投资效率,日本创业板市场失败的重要原因就在于创业市场重复建设,产生不了规模效益和优势。第三,从严监管。由于市场风险高,因此执行的监管制度较为严格。需要聘请具有保荐资格的机构担任保荐人。

信息披露更为全面,不仅满足高层次市场要求,同时还要披露活跃业务活动及业务目标;披露频率加大,要求上市公司提供季报。

(3)三板市场。

它是全国性多层次资本市场体系中最基础的层面,是一个为非上市股份公司提供股份转让服务的场外市场。新的《公司法》对非上市股份公司予以了界定,股份公司可以通过公开募集的方式设立。这些公司需要有股份转让的渠道。另外创业企业在成长初期往往无法实现赢利,不适合上市面向公众投资者。三板市场可以给此类公司提供股份交易转让平台,甚至实现定向募集的融资。其主要功能有二:一是垃圾桶功能。即它是主板市场和二板市场退市公司的避难所。二是孵化器功能。即它是主板市场和二板市场的黄埔军校,是上市公司的培育基地。其挂牌交易的公司可以有三类:一是主板市场和二板市场的摘牌公司;二是达不到在主板市场和二板市场上市标准的公司;三是主板和二板的上市公司因出于上市成本、交易活跃性和信息披露等方面的原因而主动申请到三板交易的公司。

(4)产权交易市场。

反对将产权交易市场作为一个独立层次的学者有两点理由:一是放眼全球成熟的资本市场,没有一个国家把产权交易市场作为多层次资本市场体系的一个独立层次;二是产权交易市场与三板市场同属场外市场(OTC 市场),应与三板市场置为同一个层次。我们的观点是,产权交易市场应该是深圳多层次资本市场体系中一个不可或缺的组成部分。依据有三:

第一,将产权交易市场排斥在深圳多层次资本市场体系之外不符合我国国情。发达的西方国家普遍将产权交易市场排斥在多层次资本市场体系之外,是因为股份制是其占绝大多数的企业形式,企业的产权与证券是合二为一的,或者说是公司实现了股份化、产权实现了证券化,因此,产权交易与股权交易通常是同时进行的,只要建立起多层次证券市场就能解决企业股权转让问题,不存在我国目前意义上的单独的实物型产权交易市场。而在我国则不同,数据统计显示,截至 2009 年年底,我国中小企业的数量超过 5000 万户,其中,完成股份制改造的不到千分之一,能在主板、二板和三板市场上市的不到万分之一,大量非股份制企业和实物型产权的存在需要我们开辟专门的产权交易市场来满足其产权流动的需要。同时,有些金融工具,如风险投资、私人权益资本等,虽然不是以股票形式出现,但从经济含义来看,它们与采用股票形式的证券化资本没有本质的区别,都是股权资本,它们的区别只是市场表现和法律表现形式有所不同。与此相联系的股票非公开转让、企业(项目)购并、项目出售、资产证券化、企业清算等均属资本市场的范畴。因此,构建我国的多层次资本市场,不仅应该只针对证券化的市场,而且也应该包括与实物型产权交易市场、新创企业初始发展阶段要求相适应的产权交易市场;既包括了虚拟资本形态的资本市场,如证券市场等,也包括实体资本形态的市场,如企业整体产权、企业部分经营性资产、大专院校、科研院所、企业以及个人的科技成果交易市场等。

第二,产权交易市场与三板市场虽然存在着一定程度的交叉,但不能简单替代。应该承认,产权交易市场与三板市场存在着一定的共性,如都以非上市公司的股份作为交易对象,都可以采用现代化的电子交易技术,通过电脑通讯网络把会员和投资者连接起来等。但也有很多的不同:首先,三板市场的股权是证券化的股权,而产权市场交易的是非证券化的股权,既适合各种经济类型的企业,也适合各种类型的资产,包括有形资产和无形资产;三板市场交易的是非上市股份公司的股份,而产权交易市场既可以交易非上市股份公司的股份,也可以交易非股份公司的产权,无论国有或非国有、境外或境内,只要产权清晰,都可以进场交易。可见,产权交易市场比三板市场具有更大的开放性和包容度。其次,三板市场交易的股权可以拆细,而产权市场交易的股权不能分拆。再次,三板市场是一个全国性市场,集中程度更高,而产权交易市场是一个区域性市场,具有一定的分散性。最后,三板市场以连续竞价为主,对交易清淡的股票采用做市商制度,市场主要对做市商进行监管,而产权交易市场是以非连续竞价为主。从这个意义上分析,产权交易市场的标准更低,程序更简单,企业信息披露要求更全面、迅速。

第三,将产权交易市场作为深圳多层次资本市场的一个独立部分有助于完善我国资本市场的层次体系。如果说主板市场、二板市场和三板市场是集中性全国性市场的话,那么,产权交易市场就是一个分散性的区域性市场。虽然随着交易技术的进步,产权交易市场呈现出一定的集中化趋势,但其地区分割的现象不会彻底消除。如果说主板市场、二板市场和三板市场是"条条"型市场的话,那么,产权交易市场就是一个"块块"型市场。事实上,我国中小企业民间资本向产权交易所靠拢的趋势很明显。究其原因,一方面是因为整个社会对产权市场的需求在不断增加;另一方面随着区域性产权机构的知名度和公信力的加强,特别是在国有产权转让项目进场交易的示范效应作用下,中小企业更加敢于,也更愿意通过产权交易平台寻找投融资的方向。

总之,笔者讨论的多层次资本市场主要是围绕交易场所来展开的,所谓建立多层次资本市场体系,是指建立由主板(交易所)市场(Main Board Market)、二板(创业板)市场(Second Board Market)、三板(代办股份转让系统)市场和产权交易市场等多个层次分明、界限明确的市场,以满足不同层次企业的融资需求以及不同投资者的投资需求。多层次资本市场应当能够适应不同行业、不同经营业绩、不同规模、不同赢利水平的各类企业的筹资需要。在多层次资本市场形成的过程中,政府主管部门应当顺应市场发展需要,为市场提供良好的硬件和软件环境以及界定各种市场的服务功能。同时,各个层次的资本市场之间并不是彼此隔绝的,而是存在着升降互动机制的,即当三板市场和产权市场挂牌的公司满足了创业板和中小板上市的要求时,它们就可以升级到创业板和中小企业板;反之,当创业板和中小企业板上市公司不能满足持续上市条件时,则要降级到三板市场和产权交易市场。

第三节 深圳构建多层次资本市场的思路亟待跳出迷局

一、是尊重历史,还是面向未来

1. 从微观向宏观自然演进是多层次资本市场成长的一般规律

从历史的角度考察,资本市场发达国家的多层次资本市场无不是通过自然演进而形成的。

(1)多层次资本市场大多经历了一个由低级到高级的循序渐进过程。

17世纪初,东印度公司等早期的股份公司设立之后,英国的股票交易开始流行。而最早的有组织的证券交易市场,是1792年始建的纽约证券交易所。在这200多年间,场外交易、柜台买卖是资本市场的唯一层次。各地各类证交所经过几十年的竞争与合并,才奠定了今日纽约证券交易所的基础。而今,全球交易量最大的NASDAQ股票市场也是由最初的"粉单"场外交易市场,逐步到柜台交易,而后才到全美电子自动报价系统,故此完整含义的纳斯达克应该包含有四个层次的市场:纳斯达克全美市场体系、纳斯达克小市场体系、OTCBB和粉红单市场。整个演进过程是从小到大,并没有图大弃小。由此可见,区域性的场外交易和柜台买卖,作为最低层次的资本市场而存在,发挥着不可替代的功能,区域性、多层次市场是构成全国性市场的基础。一言以蔽之,资本市场发达国家的多层次资本市场无不是以民间资本为主逐步发展起来的,成长大多经历了一个由微观到宏观、由低级到高级、由小到大、由区域到全国乃至全球的发展过程,如图13-7所示。

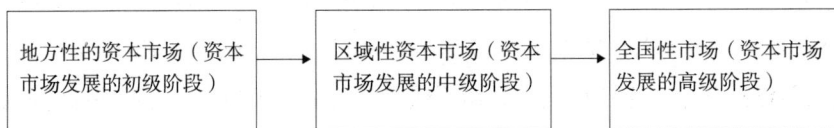

图13-7 发达国家资本市场发展过程示意图

其中,美国的多层次资本市场更体现出了由微观到宏观的发展规律,如图13-8。

图13-7和图13-8清晰地告诉我们,发达国家资本市场一开始是自然地诞生于民间,并且多个地域同时并存,市场机制与供求关系一直发挥着调节作用,任何人开设的公司都能自由在市场上进行股权融资与股权交易,只要设立的公司符合相应交易所的上市条件,任何人都可以买卖市场中交易的股票。随着经济发展,一些小型市场相互竞争而不断整合和兼并,从小市场自然发展为大市场,最后出现了集中性的全美大型市场,所遵循的规律是:由低级的资本市场发

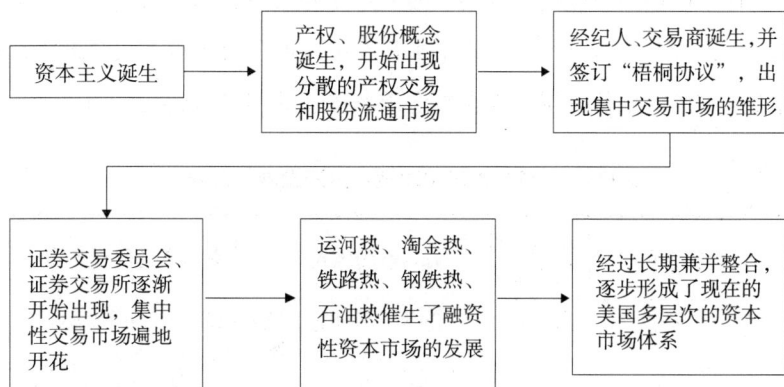

图 13‑8 美国多层次资本市场推进路线图

展到高级的资本市场;由弱小的资本市场发展到强大的资本市场;由无形的资本市场发展到有形的资本市场;由分散的资本市场发展到集中的资本市场,进而发展到高度集中的证券交易所;由区域性的资本市场发展到全国性的资本市场;由国内资本市场发展到全球性的资本市场;由货币交易的市场发展到筹集资本的市场;由现货市场发展到期货市场;由投机性市场发展到投资性市场;由不完善市场发展到规范性市场。在这个过程中,政府并不是市场的主导,其作用是极其有限的,推动资本市场发育的力量主要来自民间,只是到了市场发展某些关键阶段,政府才给予恰当的引导与规范。资本市场发达国家之所以将微观层面作为多层次资本市场发展的逻辑起点,究其原因大概有以下两点:

第一,从企业的成长规律来看,在市场经济条件下,它们大多要经历从小到大、从初级到高级的发展过程,与之相适应,多层次资本市场的发展思路也必然要按照从低级到高级的发展过程来展开。只有首先将多层次资本市场的重点放在微观的层面上,才能最大限度地满足初创企业融资的需要。

第二,从资本主义的发展过程来看,往往要经历一个由自由竞争到国家干预的发展过程,与之相适应,多层次资本市场的发展思路也必然要按照从低级到高级的发展过程来展开。

(2)多层次资本市场是适应客观经济发展需要而自然演进的结果

第一,资本市场的市场地位和层次的变迁紧跟客观经济发展的步伐。自 16 世纪资本主义生产方式产生以来,资本主义经济发展大致经历了三个阶段,与此相适应,资本市场的地位和层次也大致经历三次大的调整,如表 13-1 所示。

表 13-1 资本市场层次适应经济发展的历程

时间	经济中心	主导经济发展的资本形态	资本市场地位	资本市场层次特点
17 世纪	荷兰	商业资本	金融市场补充	场内市场与场外市场并举,场外市场为主
18、19 世纪	英国	产业资本	金融市场两大融资方式之一	场内市场与场外市场并举,场内市场为主
20 世纪	美国	知识资本	金融市场主导	场内市场与场外市场并举,创业板市场呈后来居上之势

表 13-1 的资料至少表明三点:

一是资本市场是客观经济发展的产物。一方面,资本主义生产方式的出现导致了资本市场的诞生。如 16 世纪产生了资本主义生产方式,17 世纪便有了资本市场。另一方面,资本市场中心随着经济中心的转移而转移。如 17 世纪荷兰率先建立了资本主义生产方式,成为了世界上第一个经济中心,决定了荷兰成为了当时最早的资本市场中心;18、19 世纪英国产生了资产阶级革命和产业革命,成为世界上最有效率和发展最快的国家,随着世界经济中心由荷兰向英国转移,资本市场中心也相应地从荷兰转移到了英国;20 世纪美国超越英国而成为了全球经济的领头羊,与此相适应,美国资本市场也同时取代了原本属于英国的全球资本市场中心的地位。

二是资本市场地位随着经济的发展而不断提高。在商业资本主导经济发展的时期,一切生产都是围绕贸易进行的,而贸易所需的资金周转快,所需的资本较少,对资本市场的需求比较有限,在金融市场中起主导作用的是间接融资,资本市场这种直接融资方式既不可能,也无法胜任金融市场融资主角的任务。17 世纪荷兰的阿姆斯特丹号称当时的全球金融中心并不是靠庞大的资本市场称雄,而是靠无人能及的庞大货币市场和当时资本主义世界最大放款人而著称。

在产业资本主导经济发展的时期,一方面企业对于流动资本的需求继续增加,另一方面对固定资本的需求急剧增加,不仅为间接融资,而且也为资本市场打开了广阔的发展空间。此时,资本市场赢得了与间接融资平起平坐的地位。在知识资本主导经济发展的时期,货币运动主体逐步脱离物质经济而独立,制造业中心出现了与金融中心分离的趋势,服务于高新技术和风险投资的资本市场日益在金融市场发挥出更大的能量。

三是资本市场的层次随着经济的发展而不断创新。经济发展的过程不仅是资本市场地位提升的过程,而且也是资本市场层次完善的过程。在商业资本主导经济发展的时期,虽然荷兰人很早就认识到股票市场具有募集生产资金、优化资源配置、吸引公众参加管理等功能,于 1609 年率先在荷兰的阿姆斯特丹建立了世界上第一家证券交易所和率先推出了第一家上市公司,但并没有将资本市场的功能发挥到极致,从整体上看,仍以分散的场外交易为主。在产业资本主导经济发展的时期,尤其是 19 世纪初,工业化和基础设施建设对规模化和规范化的资本市场产生了巨大需求,使伦敦证券交易所不仅是英国,而且也是世界上最重要的证券交易所。同时,由于存在着数量众多的中小企业,因其在规模、经营业绩及稳定性等方面不能满足伦敦证券交易所的上市要求,因此,还存在着层次相对较低的资本市场,如区域性的证券交易所和场外柜台市场。在知识资本主导经济发展的时期,以新型的知识服务业、信息产业为主体的高技术产业逐步成为主导行业,美国作为全球高新技术产业的中心,特别是硅谷在高新技术产业中的主导地位,对风险投资产生了巨大的需求,由此促进了以风险投资为重要依托的创业板市场的发育与形成。虽然今天我们还不能断言,纳斯达克已经战胜了纽约证券交易所,但就其发展速度而言,已远远地将纽约证券交易所抛在了后头。

(3)资本市场层次结构的变迁紧跟筹资者和投资者客观需要的步伐

首先,从适应筹资者的客观需要来看,根据美、英、日等国创业投资界的研究成果,新创企业的发展通常要经过种子期、初创期、幼稚期、产业化和市场化五个不同的自然发展阶段,新创企业只有经历了以上五个完整的阶段,才能完成一项产品的产业化和市场化过程。在企业发展的不同阶段,无论是对融资的需求量,还是对投资者的吸引力都是不尽相同的。种子期是创业者的乐园,除可得到政府的一部分支持以外,会吸天使资金的介入;在初创期、幼稚期和产业化阶段,可以吸引战略投资者的目光;在市场化阶段,则可申请进入主板市场上市,或吸引商业银行的介入。如果仅仅设置一个标准、一个规则、一个层次的市场,往往只能满足企业在某一个发展阶段的融资需求。由于不同发展阶段的筹资企业其规模、经营状况、赢利水平以及风险程度不同,要求构建不同层次的资本市场满足其不同的融资需要。并且,这样的资本市场结构既可以将各个层次中的优秀筹资者向上一层次输送,又可以将各个层次中的劣等筹资者淘汰到下一个层次,从而保证了各个层次资本市场筹资者的质量。其次,从适应投资者的客观需要来看,由于不同投资者的风险偏好的差异性,决定了需要构建不同的资本市场满足其不同的投资者需求。

总之,发达国家多层次资本市场体系的确立不是人为的,更不是单靠哪个政府干预形成的,而是适应市场客观需要而自然形成的,它能够充分满足市场经济体制下差异化的融资需求和投资需求,实现资源的合理配置。

2. 从宏观到微观是深圳多层次资本市场成长的特色

我国一些经济理论界人士和宏观经济决策者总是有意无意地忽略发达国家多层次资本市场由微观到宏观的成长历程,对于发达国家多层次市场结构以及众多多层次市场之间的相互作用总是采取视而不见的态度,眼睛里总是盯着长大后的主板市场,仿佛那就是资本市场的全部。当有了这种狭隘的思维模式之后,我们就不难理解为什么中国资本市场没有沿袭前人的发展思路,从一开始就以孤立与垄断市场的面目出现,没有股份制在民间的微观孕育过程,没有民间的多市场发展过程,突兀地就将少量上市公司面对全国的投资者,在政府管理层的控制与引导下发展到今天(没有自发孕育过程,没有地方性的多市场),而基本上是由政府主办和推动的,导致我国资本市场在其成长过程中,依政府的偏好或工作重点而摇摆。尽管中国资本市场曾出现过自发性的场外交易市场(如成都红庙子市场等)和有组织的柜台交易(如早期的上海静安股票柜台交易等),也有发展到一定规模的地方性或区域性的交易市场(如淄博市场等地方性交易中心),但最终以自上而下的强制性制度安排替代了自发的诱致性制度创新。其结果是:第一,无论是高技术产业还是传统产业,大量中小企业缺少权益资本的融资通道,难以把握机遇迅速做大。大一统、高门槛要么使高成长型的中小企业得不到资本市场的支持;要么迫使高成长企业寻求境外上市,影响科技创新及产业化发展,导致国内可投资的优质资产减少。第二,供求关系一直处于严重失衡与扭曲的垄断状态,股价长期严重高企。

3. 宏观与微观并举是深圳多层次资本市场的未来发展之路

在多层次资本市场建设的路径方面,因各个国家面临不同的情况,故市场的建立和发展过程也不一致。就场外市场来说,美国等发达国家场外市场先于交易所市场发展,而且运作较为成熟,而新兴国家和发展中国家场外市场的发展一般都晚于交易所市场,通常的模式为先建立全国性的交易所市场,然后再构建创业板市场,最后设立电子公告栏市场。之所以如此,是因为多层次资本市场的拓展在发达国家是一个自然演进的过程,而在新兴国家则是一个制度模仿和学习的过程。一般说来,越高级的制度形式越容易模仿,越低级的制度反而越难模仿。美国从第一个证券交易所的建立到推出纳斯达克市场,共用了200多年的时间,期间建立了全国性的证券交易所、Pink Sheet市场、第三市场和第四市场等,场外市场贯穿整个资本市场的发展过程。而大部分新兴国家和发展中国家只用了50年左右的时间,基本上是在全国性交易所市场的发展经验基础上,直接建立创业板市场。因此,我们认为,深圳多层次资本市场建设既要尊重历史,也要把握未来。

要尊重历史,就不能把所有的精力放在宏观上。因为把所有精力放在宏观上,会使资本市场发展建立在沙丘上。我国地域宽阔,经济发展水平很不平衡,建立一两个全国性的统一市场不能解决企业不同层次、不同需求的问题,特别是经济落后地区、中小企业的融资需求得不到满足,非上市公司的股权无法流动。并且,建立多层次的资本市场本身就是在强调突出主要服务于中小企业的分层次的中小资本市场体系,也就是金字塔的下面基础部分,尤其是场外市场。更何况我国地方政府承担着发展地方经济、扩大就业、稳定社会的重要职责,把一部分精力放在微观资本市场上,可以为地方经济发展提供金融支持。

要尊重历史,就不能让多层次资本市场体系建设完全由政府主导。因为多层次资本市场体系建设完全由政府主导的结果,一是会把主要精力放在完善主板市场方面,其他市场的发展得不到足够重视,或者是围绕主板而展开,比如中小企业板块沿用了主板的交易规则,代办股份转让系统为主板承担退市机制,严格限制场外交易;二是总是试图将多层次资本市场纳入统一的规则之下,采取高标准严要求,自然也就制约了中小企业的一些融资渠道。

目前微观资本市场建设的关键点,一是要破除禁止一切场外交易的禁忌;二是要将区域性的产权交易市场纳入到资本市场的监管范围和程序之中或者是地方获得中央监管部门的豁免待遇,将监管权下给放地方政府,由地方政府实施监管之责。

要把握未来,就不能把所有的精力放在微观上。因为把所有精力放在微观上,与资本市场的未来发展趋势不符,会拉大深圳高层次资本市场与发达国家的差距,无法形成后发优势。

要把握未来,就要调整发展资本市场传统思路。深圳资本市场自设立以来就负有为国企解困的使命,这种状况不仅造成资本市场发展目标的多元化和发展方向不清,而且也带来了政策取向的矛盾。2004 年 2 月发布的《国务院关于推进资本市场改革开放和稳定发展的若干意见》,对资本市场的作用进行了重新定义,这是一大进步。笔者认为,就本质意义来说,资本市场的核心功能只有一个,就是提高全社会的资金配置效率,促使资金向最有效率、最有竞争力的企业流动。为了实现这一目标,资本市场发展战略、市场组织和市场结构、市场运行规则以及监管体制,都应以培育规范的、无歧视性的、高度竞争和高效率的市场为目标。如果为了实现政府的某些特殊要求而人为地限制资本市场的范围和市场主体,则必然会破坏资本市场的内在运行规律。

二、是走向分割,还是走向统一

1. 分割还是集中:发达国家资本市场的角力

由于美国经济规模庞大,政体上采用联邦制,再加上崇尚自由竞争的经济理念,因而资本市场长期处于高度分割的状态。19 世纪时美国的股票交易所达到250 余家,到 1900 年时仍有超过 100 家交易所在运作。20 世纪 60 年代,随着第

三、第四市场交易规模日益扩大,美国资本市场仍然呈现出明显的分割状态。20世纪70年代以来,由于通信技术进步和自然竞争的结果,美国的资本市场有逐渐向纽约证券交易所和纳斯达克集中的迹象。但由于目前美国国内存在纽约证券交易所和纳斯达克两个全国性市场、美国证券交易所和波士顿证券交易所等6个区域性交易所、多达12家的ECN以及数量众多的其他另类交易系统,使美国资本市场的分割现象仍然十分突出。

资本市场被分割的弊端是,市场分割使一个股票的供需状况被分散在多个交易中心内,即流动性分散在不同的市场中心,结果是降低了整个市场的流动性、透明性和定价效率,进而破坏股市的资本配置功能,导致投资者委托可能不会在最优的价格和成本下执行,破坏了经纪商对客户应尽的"最佳执行"(Best Execution)义务。为克服因市场分割带来的弊端,发达国家各个层次市场内部呈现出明显的集中化趋势。在美国,纽约证券交易所和纳斯达克都通过合并结盟来扩大证券交易系统的连接性。在日本,各个层次市场内部也呈现出明显的集中化趋势。在1999年之前,日本国内除了东京证券交易所这一全国性证券交易所以外,还有7家区域性和地方性证券交易所,但自1999年开始,东京证券交易所先后兼并了新泻、广岛、京都等证券交易所,使日本证券交易所的数量由8家减少到5家,目前能够与东京证券交易所相抗衡的地方证券交易所仅剩下大阪证券交易所。同时,场外市场,如日本的(OTC)柜台交易市场,也经历了集中、分散再集中的过程。在英国,资本市场虽有主板、二板和三板三个层次,但每个层次的市场都具有唯一性。从17世纪初到20世纪80年代中后期,英国各地出现很多证券交易所,高峰时期达到30余家。1967年,英国各地交易所组成了7个区域性的证券交易所,1973年,伦敦证券交易所与设在英国格拉斯哥、利物浦、曼彻斯特、伯明翰和都柏林等地的交易所合并成大不列颠及爱尔兰证券交易所,各地证券交易所于20世纪80年代后期停止运作,目前英国的主板市场只剩下伦敦证券交易所这一全国性证券交易所。

对于发达国家资本市场今后究竟是走向统一,还是走向分割,不同的利益集团有不同的看法:华尔街投资银行巨头们认为,应该快速统一。他们认为,在市场高度分割的环境中,由于网上经纪商经常将客户委托进行内部对盘,致使传统券商在交易所公开揭示的买卖委托无法得到执行保障,因而需要建立统一的限价委托记录,以便提供一个低成本、公平、迅速和透明的交易方式。但以嘉信公司为代表的网上经纪商则强烈反对中央限价委托记录,他们认为,市场分割是"市场民主化"的表现,而强制性地将市场联结起来将阻碍技术创新和市场竞争。纽约证券交易所和纳斯达克市场则认为,应该逐渐走向统一。既要保留现有市场结构中的合理成分,又要利用信息技术来完善现有的市场基础架构,为投资者提供更加多元化的委托选择机制。美国的金融学者往往是自由竞争的信仰者,强烈地反对中央限价委托记录。在他们看来,市场分割并不是竞争的必然结果,而是竞争程度不够的表现,市场自由竞争是形成最佳市场结构的唯一途径。

2. 分割还是集中:深圳资本市场的选择

为了适应股份交易及各种投融资活动需要,我们认为,深圳资本市场应采取集中与分散相统一、全国性与区域性相协调的资本市场体系。

(1)高层次市场宜实行高度集中的体制。

即对高层次的资本市场应实行严格的准入制度,通过规模效应提高国际竞争实力。目前有不少人以高层次资本市场数量有限(仅有上海、深圳两家证券交易所),缺乏充分竞争所需要的客观条件为由,主张高层次资本市场大扩容,并建立竞争规则,允许企业自由选择上市地点,由此产生的竞争压力将会创造无限的制度创新的想象力,每个交易所都会想尽办法让优质公司在自身的交易所上市,这种冲动可以转化为资本市场制度建设的原动力。我们认为,这种观点是有失偏颇的,因为目前的高层次资本市场既有来自境内同行的竞争,也有来自境外同行的竞争。并且,证券交易所不同于一般企业,有其"公益性"特征,过度竞争既会提高交易成本,也有可能由此而引发紊乱。

(2)低层次市场宜实行分散的体制。

由于低层次资本市场交易标的的多样性、社会竞争的复杂性和企业需求的差异性以及地区经济发展的不平衡性等,决定了低层次资本市场只能是分散的市场。对于开办这样的市场,应该设置相对较低的门槛,低层次的资本市场应当有足够数量,以体现充分竞争,迫使低层次的资本市场不断地完善自己的规则,改善服务质量,不断地改进交易技术。强调低层次资本市场彼此竞争,也许会带来一些"乱",但"乱"是可以通过制度创新及改革来治理的。需要指出的是,在低层次资本市场强调竞争,但并不是排斥市场间的相互协作,完全可以通过电子竞价系统的运用,密切各交易机构之间的联系与合作,以促使交易规则、信息披露、执业标准等高度统一,这将极大地提高市场化规范运作水平,更能使有限的资源在更大的空间得到优化配置,使低层次资本市场的价格发现功能得以进一步提升。

但不管是集中性的市场,还是分散性市场都要着力营造资本市场发展的宽松环境。因为深圳多层次资本市场体系的建设进展之所以比较缓慢,一个重要原因是相关部门管制较多。且多层次资本市场体系建设主要是由政府主导,而政府部门的主要精力放在了完善主板市场上,或者是围绕主板而展开,其他市场的发展没有得到足够重视。比如中小企业板块沿用了主板的交易规则,代办股份转让系统为主板承担退市机制,严格限制场外交易。政府主导资本市场的建设,主要是为了集中资金和防范风险,不得不制定较高的上市标准,其结果是,不仅政府部门期待的过滤投资风险、引导资金流向、振兴主板市场的愿望没有如期实现,而且将许多中小企业拒之于资本市场的门外。同时,过于严格的行政管制阻碍了市场的良性竞争局面的形成,压抑了市场主体的内在创新动力和积极性,使我国资本市场无法形成有效的金融工具、金融技术的创新和提供机制。在这种情况下,市场出现了同一级别或水平上的数量扩张,但却没有层次提升和升级性的市场发展。随着市场规模不断扩大,运行机制渐趋成熟,管理经验不断累积,深圳资本市场发展亟须从行政导向转换为竞争与创新导向,依靠市场主体的自我竞争、自我创新、自我发育、自我重组功能的发挥来推动市场的深化发展。决策部门应该转变观念,给予市场主体更多的选择权,并由他们自担风险。具体思路有三:

第一,放松对金融产品的管制,变发行审批之类管制措施为备案。发行的市场化可以在局部先行试验,尽快解决监管部门介入过多、行政管制干预市场定价机制的发挥、发行周期长且成本高、上市公司优质资源大量流失海外等问题。比如,尽快放松创业投资股权发行、上市的管制,放开直接投资领域的行政管制,支持自主创新;大胆尝试放开企业债发行,引入不同行业、规模、信用等级的发行人;发展股票期货等衍生产品。

第二,放松对交易场所的管制,还交易所市场参与者的本来面目。比如,尽快完善创业板的交易机制,鼓励、支持区域产权市场交易,完善交易平台和交易方式,解决多头管理问题,实现统一监管,提供创业投资退出渠道;尽快完善代办股份转让系统,形成有效的场外柜台交易网络。

第三,放松投资者市场准入、投资领域的管制。目前多元化的投资者群体未能形成,机构投资者发展慢、行为雷同,仅仅以基金公司为主的机构投资者,难以发挥稳定市场的作用。鼓励、规范私募基金;尝试放宽保险等金融机构投资者市场准入;加快法规配套,发挥产业基金在创新投资、风险投资中的作用。

放松金融市场的管制,营造自由、创新的金融市场环境,才能真正打造中国多层次的资本市场体系,扩大直接融资在全社会融资总量中的比重,化解银行的风险。

三、是着眼于条条,还是着眼于条块结合

近年来,管理层把更多的精力倾注在主板市场、中小板市场、创业板市场和三板市场的构建上,这些市场系全国性市场,可以归属于条条性质的多层次资本市场。其实,对于深圳资本市场层次来说需要补充的不仅仅是条条性质的多层次资本市场,而且也包括块块层次的多层次资本市场。而块块性质的资本市场主要是指现存的产权交易市场。

所谓"条块结合"有两种情况:一种是指既有地方性的、区域性的场外市场(由产权交易所发展而来),又有全国性的统一的场外市场(由现在的代办股份转让系统演变形成),这样实际上是在场外交易市场的内部形成了全国性的和区域性的两个层次市场。广大的中小企业能够在全国市场上市的则在全国市场上市,不能在全国市场上市的则可以在地方市场中先进行融资和培育,待达到条件后再进入全国市场,进而再升入二板和主板市场;反之,在全国性场外市场中运营恶化而不再符合有关条件的中小企业则转入地方性场外市场继续交易。

另外一种则是指将现有的"条"、"块"都纳入全国联网的场外交易系统中,形成全国统一的场外交易市场,解决中小企业的融资问题。但是,无论哪种形式

的"条块结合"都必须要在现有基础上进行一定改进。最基本的要求是:在目前的股份连续性交易基础上,赋予代办股份转让系统发行新股的功能,设置一定的上市挂牌标准,使得广大中小企业有发股上市的可能;在目前的企业股权整体或者部分转让的基础上,允许产权交易所对非上市公司的股份进行拆细,实现标准化的证券交易。

无论是着眼于条条,还是着眼于条块结合,都有四项紧迫的工作要做:

(1)要进行法律调整。

有关多层次资本市场的法律至少有《公司法》和《证券法》。对于前者来说,一是要重新认识和定义股份公司。在市场经济国家,股份公司不过是资本的若干组织形式之一,私募设立股份公司无须政府批准(我国台湾地区对实收资本达 5 亿新台币的公司强制其公开发行),有些国家甚至公募设立也无须政府批准。二是要大幅降低股份公司的设立门槛。目前中国大陆设立股份公司的最低资本金要求是 1000 万元人民币,而台湾仅为 100 万新台币,约折合人民币 25 万元。在德、法、意等欧洲国家,股份公司的最低资本金大多仅合人民币几十万元,美国一些州甚至没有最低资本金要求。相比之下,我国设立股份公司的标准过高,存在着严格行政管制。根据国家工商总局规定,股份有限公司设立登记需国务院授权部门或者省、自治区、直辖市人民政府的批准文件,募集设立的股份有限公司还应提交国务院证券管理部门的批准文件,导致股份公司的数量过少。目前中国大陆股份公司的数量没有确切统计,估计总数不超过 1 万家。而仅在台湾一地,股份公司数量就接近 16 万家。三是要严格区分股票的"公开发行"和"交易所上市"。目前在我国公开发行股票必须经过证监会批准,形成公开发行=股票上市。事实上,两者是不同的,公开发行的股票没有必要非要通过交易所流通。对于后者来说,调整的关键在于打破禁区,允许建立和发展场外交易市场,并使事实上已经存在的大量私募活动合法化。对各地现有产权交易市场,则应允许其对股权交易证券化。

(2)要调整监管模式。

资本市场监管是为企业服务的,企业的多样性从根本上决定了资本市场和资本市场监管应当是多层次的,而不应当是当前行政管制下的单一监管模式,所以,监管模式由集中监管转向分层监管,由单一监管转向多元化监管是满足多层次资本市场客观发展需要的必然选择。如美国对不同层级资本市场的监管方式和严密程度是不同的。在市场宝塔的顶端,全国性证券交易所的交易活动受到了最严格的监管。监管采用的是法律规范、集中式的证监会监管、舆论监管以及行业自律相结合的监管模式,无论是上市公司,还是交易商、中介机构以及各类专业人员,都受到了全方位的监督。随着宝塔层级的降低,来自外部的监管力度也逐级下降。纳斯达克市场主要由全美证券交易商协会负责监管,除对上市公司有一定的要求之外,监管侧重于做市商;OTCBB 则主要对做市商的报价信息和交易活动进行监管,对上市公司没有挂牌要求,监管仅限于要求上市公司向美国证监会提交财务报告;位于最底部的粉红单市场则几乎没有来自政府部门的监管,基本上完全依靠行业自律进行治理。

这种分层监管体制的最大优点就是,可以节约监管成本,提高监管效率,将有限的监管资源用于保证对最有可能影响公众利益的市场的监管。尽管某些市场几乎没有任何具体的监管,完全依靠市场参与者的自我约束来维持交易秩序,但在严格而完整的法律特别是民事追究制度的约束下,挂牌公司、证券商和其他中介机构的行为还是得到了有效约束。

相比之下,由于我国尚未建立起这种分层监管的体系,资本市场的监管责任几乎完全由证监会承担。受监管成本和能力的限制,管理层不得不对开放新的市场领域十分谨慎,从而进一步固化了资本市场的畸形结构,使得中国资本市场长期仅有交易所一个层次,不仅降低了资本市场的融资效率,而且加大了市场风险。

(3)要明确监管对象。

自从国务院机构改革以后,谁来对非上市股份公司进行监管和指导,几乎成了一个政策真空地带。而《证券法》赋予中国证监会的职责非常明确,非上市公司股票的转让似乎不在其分工范围,从而使其长期处于十分尴尬的境地。因此,中国证监会在 2001 年下达了《关于未上市股份有限公司股票托管问题的意见》,明确非上市公司股票规范管理交由地方政府进行管理和指导。然而,近几年来不断出现的非上市公司股票自发交易引出各地投资人的纠纷和投诉,中国证监会又不得不于2003年5月和2004年4月先后出台两个紧急通知,要求各地证监会派出机构严厉打击非法代理买卖非上市公司股票的行为。但面对大量的非上市公司股权合法转让的强烈要求,法律和制度的创新显得十分紧迫和必要。

(4)要完善内在机制。

多层次资本市场体系建设不只是为了追求外在形式,或多建设几个交易平台,更重要的是要培育市场的核心竞争力。从多层次资本市场内部来讲,除了建设错落有序的交易平台以外,还要致力于解决:

第一,动力机制问题。比较而言,公司制证券交易所其动力机制要优于会员制证券交易所,原因是:公司制证券交易所有助于建立完善的治理结构,有助于建立高度清晰的战略导向,有助于培育核心的商业竞争力;有助于发行股票并上市,通过引进外部股东进行融资,较低筹资成本。正因为如此,近年来证券交易所股份化改革浪潮席卷全球,全球主要的交易所几乎都已经实现了公司化改制和挂牌上市。而目前的深圳证券交易所既不是真正意义上的会员制组织,也不是股份公司制组织。它更多地是一个执行国家有关管理部门法规与行政命令的执行机构,可以说既无赢利压力,创新动力,也不承担股市边缘化的责任。解决深圳证券交易所动力机制问题的当务之急是要对深圳证券交易所进行股份制改造,以便让其从行政机构的附属中解脱出来。

第二,流动性问题。一个交易方式和交易品种过于单一的股票市场是无法分散市场风险和无法活跃市场的。无论是从组合投资的角度考虑,还是从活跃市场的角度分析都要丰富证券交易所的交易方式和交易品种。

第三,交易便捷性问题。由于历史、自然和经济的原因,我国股票市场的潜在投资者具有分散性的特点。解决这一矛盾的较好方法就是实现证券营业部虚拟化,即利用有线电视网络接收实时行情,利用 Internet/Intranet 双向功能解决股票发行、交易及个人咨询等问题,利用银行服务网络解决股民异地存取款问题,使传统的交易大厅成为历史的陈迹。

从多层次资本市场外部来看,要致力于完善企业体制、全社会信用体系、中介服务机构诚信以及创业投资、金融创新、投资人教育等市场配套问题。特别是要吸引各类筹资企业上市和发展多样化的投资人,为实现多层次融资需求奠定最基本的基础。只有吸引多样化的筹资者和投资者参与,才能充分发挥多层次资本市场的融资和投资功能,才能形成多层次资本市场的机制,包括激励机制和约束机制。

四、是发展重于稳定,还是稳定重于发展

多层次资本市场的建设,必然会触及当前经济金融体系中已经形成的利益格局,甚至会出现难以预料的金融风险,因此,构建多层次资本市场,既要强调改革与发展,也要强调稳定。

第一,要合理界定不同层次市场的功能定位。如果资本市场应当包括证券交易所市场、创业板市场、代办股份转让市场和产权交易市场等几个层次的话,那么,究竟这几个层次应当如何确定其定位,需要慎重研究。例如,究竟创业板市场要不要与中小企业板合并? 股份代办转让系统是否只需履行好退市公司"回收站"的功能即可? 如何以恰当的方式将产权交易市场的建设纳入多层次资本市场的规划之中? 如何利用现有的区域性产权交易中心资源? 这些都是利益关系十分复杂的课题。同时,要合理界定中央统一监管和地方政府监管的职能。从 20 世纪 90 年代区域性资本市场的发展看,当时的许多参与筹资的公司大部分是由国有企业转制而来,这些企业和地方政府往往把重点放在资本市场融资上,而企业改制往往被忽略,因此,许多国有企业在面向资本市场融资的同时,并没有建立起适应市场运作机制要求的多元股权结构和公司治理结构。因此,如何在中央和地方之间合理划分对于区域性资本市场的约束权力和责任,也是一个重要的问题。

第二,要保持多层次资本市场内部各子市场地位平等。业内不少人有一种误解,认为多层次资本市场内部各子市场的地位是不平等的,即高层次的资本市场是最重要的资本市场,低层次的资本市场是最不重要的资本市场。实际上,成熟国家分层次发展资本市场的目的,并不在于弄清谁是重要的资本市场,谁是次要的资本市场,而在于制定不同的上市标准、不同的发展目标以满足不同企业融资的需要。并且,在成熟国家多层次资本市场的构建过程中,最先发展的是低层

次的场外市场,尔后才是发展中高层次的创业板市场和证券交易所。因此,深圳在构建多层次资本市场的进程中宜齐头并进,均衡发展,切不可厚此薄彼。

第三,要慎重对待资本市场子市场的关闭。多层次资本市场的建立,会逐步形成风险程度存在明显差异的不同子市场,有的市场投机气氛可能会相对浓厚。同时,多层次资本市场的建设必然会对原来的计划管制形成不同程度的冲击。如果不能理性地看待这一问题,就会像1997年那样对全国的区域性市场进行清理,这样虽可赢得暂时的、局部的稳定,但是却直接制约了多层次资本市场改革的深化和资本市场增长潜力的发挥。

第四,要减少多层次资本市场推进的盲目性。深圳多层次资本市场的建设,选择的是迥异于西方成熟市场的发展道路,在这个过程中,处理好改革发展和稳定的关系显得尤为重要。据统计,早在纳斯达克市场形成之前,美国就已经有3000多个柜台交易网点所形成的场外交易市场,只不过到了20世纪70年代初,这些柜台交易网点才用计算机技术连接起来形成了纳斯达克。而当前中国的资本市场的单一性,决定了中国不太可能迅速地一夜之间在全国建立3000个区域性的市场,也不可能等待这些区域性市场的逐步整合进而形成一个更大规模的市场,而可能是一个同时推进的过程。

五、是偏重模仿,还是勇于创新

1. 国际成熟资本市场构建多层次资本市场的经验必须大胆借鉴

发达国家作为多层次资本市场体系探索的先行者,在长期的实践中为我们积累了宝贵的经验,值得我们借鉴的地方至少有三点:

(1)科学设计各层次资本市场的上市标准。

国外发达国家不同层次的资本市场之间存在着明显的差异性,这种差异性主要表现在:

一是公开性有差异。如主板、二板市场属于公开权益资本市场,企业在这类市场上要经过严格的审核或核准,股票要公开发行;三板市场类似私人权益资本市场,大多数情况下它是一个非公开的市场,对发行者没有严格的公告要求,以私募发行为主,市场相对狭窄,投资规模较小。

二是服务对象有差异。主板市场主要是为处于市场化阶段和产业化阶段后期的企业进行融资和产权交易服务的,其服务对象通常有规模很大、企业业绩稳定、市场风险较小等特点,其市场形态通常采用有形的证券交易所的形式。二板市场主要是为处于产业化前期和幼稚化后期的企业进行融资服务的,其服务对象在企业规模、经营业绩等方面通常低于主板市场,而市场风险和成长性往往高于主板市场,其组织形式并不固定,既可以采用有形的场内市场形式,也可以采用无形的现代场外市场的形式。三板市场主要是为处于种子期、初创期和幼稚化阶段前期企业提供融资服务的,其服务对象在企业规模、经营业绩稳定性等方面往往不及二板市场,并且,其服务对象在经营风险上通常也高于二板市场。

三是市场组织方式有差异。主板市场有集中的交易场所;二板市场既可以有集中的交易场所,也可以是电子报价系统;三板市场一般是电子报价系统或分散的柜台市场。不同层次的资本市场有不同的进入门槛和不同的服务对象,越往上,受众面越小,标准越高;越往下,受众面越宽、标准越低。这种差异化的资本市场体系就像是一个标准的梯子一样,如图13-9所示。

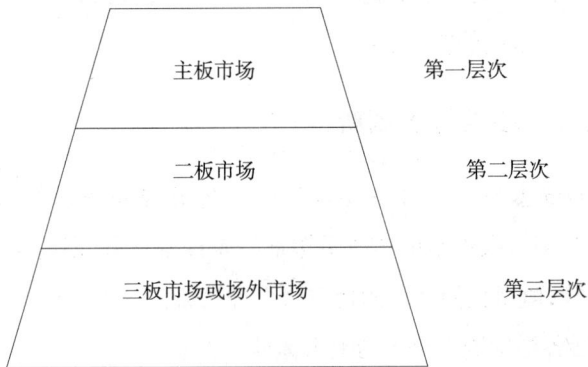

图13-9　发达国家多层次资本市场基本架构示意图

(2)强调多层次资本市场服务对象的覆盖面。

成熟资本市场的层次结构是纵横交错的,其具体表现有三:一是在主板市场内部既有统一、集中的全国性市场,又有区域性的、地方性市场(如美国、英国、日本);既有服务于大企业的市场,也有服务于小企业的市场(如日本);既有服务于传统产业的市场,也有服务于创业企业的市场(如英国)。二是在创业板市场内部既有全球性市场,也有全国性市场(如美国);既有采用场外市场形式的时候(如2004年12月以前的日本和2006年1月13日以前的美国),也有采用场内市场的时候(如2004年12月以后的日本和2006年1月13日以后的美国)。三是在场外市场内部,既有全国性的场外市场(如美国),也有地方性的场外市场。同时,全国性市场与地方性市场、场内市场与场外市场之间并不是彼此隔绝的,而是通过一定的转板和退市机制将全国性市场与地方性市场、场内市场与场外市场串联起来,形成一个完善的网状结构。由于资本市场是在分工与协作的基础上,根据不同的规模要求,不同的水准要求,设置不同的市场形式,使得不同发展阶段、不同规模、不同需求的企业都能得到资本市场的眷顾,获得平等的发展机会。

　　尽管上述经验已被成熟市场证明是有效的,但按此思路去构建深圳多层次资本市场的理念并没有得到所有人的认同,就笔者所知,至少有两种不同的建议:一是"砍头"。即深圳应致力于中低层次资本市场建设,将高层次的主板市场拱手交给上海。二是"削足"。即深圳应致力于中高层次资本市场建设,将低层次的三板和产权市场让给其他地区。我们认为,无论是"砍头",还是"削足",对于深圳来说都不是一个最优的选择。因为主板市场是深圳耗费近20年的心血才积累起来的宝贵资源,三板和产权市场是主板市场和创业板市场赖以生存和发展的基础,所以,"砍头"意味着丢掉了革命的本钱,"削足"则意味丧失做大做强的根基。并且,只要稍微了解纳斯达克成长史的人都知道,纳斯达克既不排斥高层次的主板市场,存在着大量的蓝筹上市公司,不仅收购了美国证券交易所,而且从法律上明确了证券交易所的性质;也不排斥低层次的场外市场。因而,深圳交易所应采取"一所多板"模式,既有居高端的主板,也有居中端的创业板,还有处于低端的三板和产权市场。

　　(3)保持各层次资本市场纵向之间的开放性。

　　资本市场呈现出多层次这是成熟资本市场的共性,但随着经济、技术和市场的发展,至少有三点是呈动态变化的:

　　一是资本市场层次结构的组成内容是可变的。首先,资本市场层次结构呈现动态变化是一个历史性现象。在股份制诞生之前,资源的配置和转移主要采取的是产权转让的方式,市场交易的对象主要表现为非证券化的实物资产的交易,此时,产权交易市场是资本市场的主要形态。在资本发展初期,股份制得到了空前发展,标准化的柜台证券交易市场迅速成为资本市场的主流,此时,资本市场呈现出以标准化的柜台证券交易为主,以非证券化的实物资产交易市场为辅的市场形态。随着企业融资规模的扩大和资本市场国际化,柜台交易所具有的分散性和不透明性等缺陷日益阻碍了资本市场的发展,如是促成了证券交易所这一主板市场的诞生,并迅速成为了资本市场的重要角色。伴随着知识经济时代的到来,加之有现代电子网络技术支撑,创业板市场如春潮般涌现。以最为典型的美国为例,资本市场层次结构至少经历了三次大变迁,如图 13 - 10。

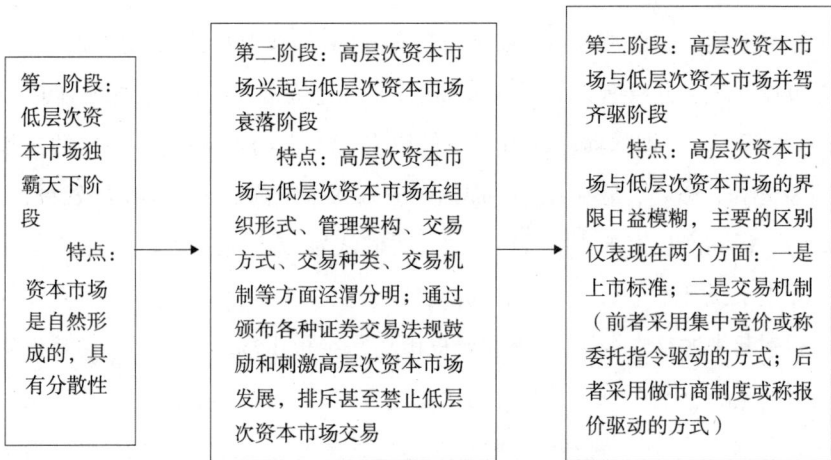

图 13 - 10　美国多层次资本市场演化路径图

其次,资本市场层次结构呈现动态变化是未来的必然趋势。在推动资本市场层次结构的动态变化进程中有两股力量功不可没:第一股力量来自于资本市场外部,即技术革新。由于电报、电话、电脑等现代发明广泛运用,引起了证券交易的巨大革命;由于计算机技术、通信技术和网络技术等信息技术革命成果的诞生,不仅从根本上改变了资本市场的运作模式、监管理念、竞争态势,而且彻底瓦解了资本市场旧的结构和市场秩序。第二股力量来自于资本市场内部,即多层次资本市场之间激烈竞争。可以说,竞争是未来美国多层次资本市场之间的主旋律。这种竞争既有高层次资本市场与高层次资本市场之间的竞争,也有低层次资本市场与低层次资本市场以及低层次资本市场与高层次资本市场之间的竞争,还有证券交易所与投资银行之间的竞争。在日趋激烈的竞争环境中,高层次资本市场运作的规模经济和网络外部性虽然得到了极大扩展,但计算机技术、通信技术和网络技术的不断革新,使各种各样的低层次资本市场,如另类交易系统如雨后春笋般不断涌现。竞争的结果必然是集中度的不断提高和各层次资本市场实力的增强。

需要指出的是,资本市场层次结构的演变方式是渐进的。在以技术和竞争为主导的市场重组过程中,资本市场的部分结构特征虽然会被变革浪潮所吞噬,但这种变化是渐进而不是剧烈的。从短期来看,自由竞争是美国资本主义经济的基本精神,因此市场整合并不会通过监管制度的强制要求在短时间内完成;相反,技术创新和自由竞争的力量将使市场分割更为严重。但从长期来看,由于规模经济和网络外部性的存在,资本市场将倾向于自然垄断。在实践中,由于存在监管制度、既得利益以及非价格竞争等竞争障碍,市场整合过程将是缓慢而艰难的。但终有一天,一个统一的、完全自动化和以委托驱动为主的交易所将会在世界范围出现。

二是资本市场各层次之间的主次关系是可变的。成熟资本市场的层次结构不是一成不变的,已有的分类模式是根据市场规模、市场影响和市场服务能力等指标确定的,随着经济发展水平和经济发展环境的变化,实体经济会对资本市场的层次结构不断提出新的要求。有可能过去是较高层次或较重要层次的资本市场沦落为较低层次或较不重要层次的资本市场,而一些过去较低层次或较不重要层次的资本市场荣升为较高层次或较重要层次的资本市场。如在资本市场发展的初期,场外柜台市场曾经是资本市场的主要,甚至是唯一的市场形式;但后来,证券交易所凭借其高效、透明等优势,逐渐占领了过去由场外柜台市场垄断的大部分市场份额,并最终赢得了主板市场的地位;随着科技革命和网络化时代的到来,交易费用更低廉、门槛更低的创业板市场大有后来居上之势,成为主板市场和场外柜台市场的重要竞争对手。

三是上市企业在资本市场各层次之间可升可降。成熟资本市场内部各个层次之间不是彼此隔绝的,而是一种自下而上或自上而下递进、递退式的关系,最高层次是主板市场,中间层次是创业板市场,最低层次是三板市场。一般来说,一个不断成长的企业,在股票市场中的融资地位也需要有一个不断升级的过程,即从三板过渡到创业板,再进入到主板;相反,一个不断衰退的企业,其在股票市场的融资舞台上也呈现出逐级下降的趋势。即从主板降到二板,再降到三板。如东京证券交易所最高层次是一部,中间层次是二部,最低层次是创业板市场。一个不断成长的企业,其在日本股票市场中的融资地位往往可以不断升级,即从创业板到二部,再进入到一部;相反,一个不断衰退的企业,其在日本股票市场的融资舞台上也呈现出逐级下降的趋势。由于存在上市门槛,中小企业不可能一步迈进"高层次"资本市场。那些新兴高科技企业只有先在"底层"资本市场中筹措创业资本,接受"层层"关照和挑选"试错",才能在成长壮大后,再迈进更高一层的市场,直至申请在一部挂牌。多个层次资本市场的同时存在,既有利于资本市场的竞争,提高资本市场效率,也有利于形成企业的筛选机制。

2. 深圳多层次资本市场体系构建思路必须有自身的特色

虽然发达国家在构建多层次资本市场问题上呈现出一些共有的特征,如主板市场都既有全国性市场,也有地方性市场,但它们因各自资本市场发展程度不同、文化观念不同,并没有互相照搬对方的模式,表现出了很大的自主性:

第一,市场布局上的自主性。英国和日本资本市场的层次结构比较简单,而美国则层次结构比较复杂;美国的主板市场是单层的,而英国和日本的主板市场是多层的;在美国和英国,创业板市场发展得比较健康,而在日本,创业市场发展得就不太理想;在美国,创业板市场的层次结构比较复杂,而在英国和日本,创业板市场的层次结构则显得比较单一;美国主板市场与二板市场之间是一种独立的平行关系,在二板市场做大的企业并不一定要上升到主板,主板市场淘汰的企业并不是自动转到二板,而是降到柜台市场,而英国和日本的创业板市场则是附属于主板市场,其发展程度和影响力远不及主板市场;对于柜台市场因为采取了不同的发展政策,其在各成熟资本市场的发展也并不平衡,如在美国,影响就较大,而在英国和日本,发展就相对落后。与美国、英国、日本等国多层次资本市场建设历程相比较,深圳无疑晚了许多,在诸多方面难免有模仿的痕迹,但深圳在许多方面应表现出一定的特色。如深圳多层次资本市场中的主板市场应该是全国性的市场;再如,在美国、英国、日本等发达的西方国家,由于股份制度是其企业制度的普遍形式,因此,企业产权与证券是融为一体的,股权交易的同时也是产权交易,无须单独设置实物型产权交易市场,而在我国,由于股份制不是企业制度的普遍形式,存在着为数众多的非股份制企业,这类企业的产权也有流动性的要求。因此,深圳多层次资本市场体系中应尽可能包括产权市场的内容,以满足实物型产权交易的需求。

第二,做市商制度上的自主性。做市商制度在美国被视为一项十分成功的交易制度,而在日本,引入做市商制度时遇到了较大障碍:首先,适用于大宗交易的做市商制度与以散户为主导的投资者结构相矛盾。其次,以经纪业务为主的日本证券公司能否通过指令性政策促使证券公司有效地履行做市商的职能,存在很大的疑问。因此,日本证券业协会采取渐进的方式引进做市商制度,于1998年12月开始,选出部分股票以报价驱动方式进行交易,作为做市商的证券公司,在开市期间,就其负责做市的证券一直保持双向买卖报价,即向投资者报告其愿意买进和卖出的证券数量和买卖价位,并且,证券市场的电子报价系统随时将每只证券的最优买卖报价通过其显示系统报告给投资者。如果投资者愿意以做市商报出的价格买卖证券,做市商必须按其报价以自有资金和证券与投资者进行交易。同时,在投资者买入证券时,如果做市商报出的价格低于投资者委托买入的价格,双方即以做市商报出的价格成交;在投资者卖出证券时,如果做市商报出的价格高于投资者委托卖出的价格,双方即以做市商报出的价格成交。在实施做市商制度的同时,日本证券业协会对 JASDAQ 市场的退出标准作了调整,股票的流动性成为一个很重要的指标,如果达不到规定的指标则必须退出市场。这样,企业在申请上市的时候自然把上市后的流动性问题作为一个重要因素来考虑,而做市商制度对促进股票的流动起到了很重要的作用,因此,在JASDAQ 市场新上市的企业基本选择了做市商的交易方式。我们认为,深圳引入做市商制度时就会遇到与日本相同的障碍:首先,做市商制度是一种适用于大宗买卖的交易手法,适合于以机构投资者为主导的市场,美国机构投资者占市场整体的 60%,而深圳股市以散户为主导,全面推行做市商制度难度较大。其次,深圳的证券公司在流通市场的主营业务也是经纪业务,在实行交易手续费自由化之后,经纪业务的竞争加剧。在这样的情况下,通过指令性政策促使证券公司有效地履行做市商的职能困难重重。因此,深圳在构建多层次资本市场的进程中宜采取渐进的方式引进做市商制度,先选出部分股票以报价驱动方式进行交易。在实施做市商制度的同时,对市场的退出标准作出调整,股票的流动性应作为退出标准的一个很重要指标。

第三,上市标准上的自主性。低标准是美国吸引全球风险企业上市的法宝,但东京证券交易所二部市场和 JASDAQ 市场的"特则股"失败的教训告诉我们,吸引高成长企业上市,不能靠一味地降低上市标准,如果一味地以降低上市标准来吸引风险企业上市,或者在原市场的基础上为风险企业特别设置上市标准,则可能出现市场整体标准下降、投资风险上升的不良效果,结果是既不能有效地为风险企业提供融资渠道,又降低了投资者对市场的信赖。因此,日本吸引风险投资企业上市的利器是成长性而不是低标准。与海外创业板相比,在此问题上,我们主张,深圳创业板应具有一定特殊性,吸引风险投资企业上市的杀手锏是成长性而不是一味地降低标准,需要将支持创新企业和保护投资者相结合,将创业板自身发展与支持创业创新的宏观环境相结合,将市场推动与创业企业扶植机制相结合。

第十四章

分层次完善深圳资本
市场体系的策略

第一节　改革主板市场

迄今为止的深圳资本市场改革,矛头大多是指向筹资者、投资者和券商、会计师事务所、律师事务所等市场中介,而很少触及证券交易场所。这倒不是因为现有的深圳证券交易所体制已先进到了没有改革的必要,而是因为经济理论界和实际部门误以为证券交易所是一个纯粹的交易场所,其交易技术的创新重于体制的创新。实践证明,这种只重视技术创新而轻视体制创新的思路至少存在着两大不足:一是无法提高证券交易所服务质量。要提高证券交易所的服务质量,就必须对现有的证券交易所运行体制进行彻底的改造,只有这样,才能将证券交易所服务工作做深做细。二是无法提高证券交易场所的运行效率。现有的深圳证券交易所内无动力,外无压力,只有通过改革,才能增强其竞争意识。那么,如何才能提高证券交易所的服务质量和增强证券交易所的竞争意识? 我们认为,"九化"是深圳证券交易所未来改革的必经之路。具体来说就是:

一、规模要走向集中化

1. 主张主板市场走向分散化的各种观点

近年来,理论界不少学者从不同角度提出主板市场分散化的观点。如有人从经济多层次角度(企业大小、现代传统、东西部),论证了在我国天津、武汉、沈阳、成都、重庆等地建立第三家证券交易所、第四家证券交易所乃至多家证券交易所的必要性。有人从打破股票交易所垄断的角度论证了摆脱"千军万马过独木桥"和改变假货、赝品充斥"精品店"的被动局面必要性。有人从投资者本地化、股票本地化、监管本地化、交易本地化和参加股东大会的方便性角度考虑,认为建区域性交易所比全国性交易所更有必要。还有人认为,建立分散化的区域性证券交易所是世界资本市场大国的普遍做法,如美国有十几家地方性和区域性证券交易所、日本和英国分别有 7 家区域性证券交易所、印度有 21 家区域性证券交易所,①发挥了地方政府和当地投资者的积极性,促进了区域经济的协调发展,中国幅员辽阔,仅两家全国性证券交易所远远不能满足区域经济发展的需要,也需要建立若干区域性证券交易所,以促进区域经济发展和满足当地投资者方便投资周边企业的愿望。

2. 主板市场走向分散化的观点不足取

第一,证券交易所多层次化与证券交易市场多层次化是两个不同的概念。证券交易市场多层次化是无可非议的,而从全球证券交易所来看,集中化的呼声和行动已远远超过了分散化的呼声和行动。为了争夺全球最大、成交最活跃、网络最发达的首要证券交易所的地位,世界各国不仅对国内原有的分散的证券交易所加以归并,而且还运用竞争和合作这两大武器,试图对证券交易所进行全球范围的整合。我国证券交易所要想应付未来的挑战,并在未来的全球竞争中赢得一席之地,所应采取的正确对策非但不是四处出击,设立多家证券交易所,反而应该是控制证券交易所的数量,尽快将上海与深圳两家证券交易所做大做强,以提高我国证券交易所的整体竞争能力。

---

① 参见徐洪才:《借鉴印度多层次资本市场经验》,《中国证券报》2006 年 4 月 3 日。

第二,交易所的集中化并不意味着没竞争,而是提升了竞争的水平和档次,将竞争的眼光由国内引向了国外。至于试图通过建立区域性证券交易所这种筛选机制来提高企业竞争力的想法更是难以成立的。因为企业竞争不仅仅是上市竞争,更重要的是它本身的产业竞争。企业强大的立足点在产业竞争上。在区域性证券交易所监管难以到位的情形下,它对上市公司的制约更少,因为企业通过上市可以廉价地掠夺公众资源。

第三,以 IT、网络为主要特征的新经济的到来,为大股东以外的公司治理主体参与公司治理提供了更为广阔的空间。信息技术的迅速发展,为这些主体更为便利地参与到公司治理中提供了可能性,比如小股东的治理问题。在传统情况下,小股东由于其参与治理的成本很高,只能放弃自己的权利或者进行权利委托;而在新经济下,现代通信手段的发展,使得小股东完全可以通过电视会议、网上投票等形式参与到对公司重大决策的表决中。随着社会经济和技术的发展,公司通过先进的通讯手段在网上召开股东大会必将变得越来越普遍;而由于网络的普及,其参与者将远远不再是主要的大股东。就是区域证券交易所最发达的印度,投资者也不可能完全投资自己身边的公司,更何况,在证券市场国际化的背景下,"隔山买牛"是一个普遍问题,而不是中国特有的现象。

第四,中国幅员辽阔不假,但真正符合主板上市标准的企业并不多。并且,地方政府的区域透明度不够,监管能力也跟不上,会出现严重的内幕交易。因为主板市场有特定要求,比如,很高的透明度,要求很好的监管能力以及风险管理的处理能力,如果到处开花,未来可能会出现很大的危机。比较典型的教训就是,我国的期货市场曾经存在 13 个交易市场,而现在则只剩 3 个了。当年 13 个交易市场实际上是疯狂赌博的市场,我们不能因为局部地区的局部利益,而满足这样的要求。

3. 主板市场走向集中化是未来的发展潮流

(1)主板市场由分散走向集中化的趋势已露端倪。

传统的证券交易所是一个高度分割的行业,表现在以下三个方面:一是产品市场分割。在大多数国家或地区,交易产品被分为现货和衍生品两大类,现货交易一般在股票交易所进行,而衍生品交易通常在期货、期权交易所进行。二是地区分割。在一个国家有多个交易所时,市场无疑是分割的。而且,即使一个国家只有一个交易所,从全球范围看,市场也是高度分割的。三是交易过程的分割。交易过程被划分为交易、结算、存管等不同的运作环节,并由交易所、清算公司和存管结算公司等不同的机构提供相关服务。这种市场分割使交易所依托本地市场,成为自然的垄断者。然而,20世纪90年代后期以来,国际资本市场的传统格局和结构已被彻底打破。全球交易所掀起了购并和整合的浪潮。表现在:

第一,国内交易所的横向(各交易所之间)合并。如美国场外交易系统NASDAQ与美国证券交易所合并成为NASDAQ-AMEX公司(1998);加拿大多伦多证券交易所、蒙特利尔证券交易所、温哥华证券交易所和阿尔伯特证券交易所之间的合并重组(1999);东京证券交易所兼并广岛和新泻两家证券交易所(2000);大阪证券交易所合并京都证券交易所(2001);澳大利亚交易所收购悉尼期货交易所(2006);纽约交易所收购电子股票交易商Archipelago,并实现了借壳上市(2006);纳斯达克收购电子交易与经纪商Instinet集团公司的Inet平台等。通过整合不同的交易产品和交易环境,吸引更多的投资者,以此形成衍生产品市场和现货市场互相促进、共同发展的局面。

第二,国内交易所纵向(现货市场与衍生品市场、交易市场与结算公司之间)合并。如法兰克福证券交易所和德国期货交易所、德国清算公司合并成立了德意志证券交易所(1994);斯德哥尔摩证券交易所和瑞典衍生品交易所合并(1998);新加坡证券交易所和国际金融交易所合并(1999);香港联合交易所、期货交易所、中央结算所有限公司、联合交易所期权结算所以及期货交易结算公司合并成立新的控股公司香港交易及结算所有限公司,并于当年6月在香港联交所挂牌上市(2000);伦敦证券交易所、伦敦清算所和Crest公司的合并(2001)等。其目的是为了提供更综合的交易流程和服务价值链,并降低整个市场的交易成本和运行风险。

第三,国际间的横向整合。纽约交易所自2000年以来,曾和多伦多、墨西哥、智利圣地亚哥证券交易所进行过并购谈判,与香港联交所和东京证券交易所也有过非正式接触。2007年3月27日,纽约证券交易所宣布买下了泛欧证交所91.42%的股份以及92.22%的表决权,并购金额高达110亿美元,并购后的

"纽约证券交易所—泛欧证交所公司"的股票于 2007 年 4 月 4 日在纽约和巴黎同时开始进行交易。2007 年 1 月,纽约证券交易所与印度国家证券交易所达成最终协议,以 1.15 亿美元收购后者 5% 的股份。同时,纽约证券交易所和东京证交所达成合作协议,将在公司股票上市、产品和电脑系统等方面进行整合,并最终可能进行交叉持股、逐步实现合并。

在国际扩张方面,纳斯达克也毫不逊色。2001 年,纳斯达克在日本成立了"纳斯达克日本"(该市场因运作成本过高,3 年后关闭),并控股了一家名为 Easdaq 的泛欧高科技股票市场,积极拓展欧洲业务。2006 年 1 月,纳斯达克发出收购伦敦交易所的意向,分别提出了两次报价。在第一次报价被拒绝后,纳斯达克通过收购伦敦交易所大股东的股票,持股已达 28.75%,成为第一大股东。2007 年 5 月,纳斯达克证券交易所并购北欧证券交易商瑞典 OMX 集团,并购后的新集团命名为纳斯达克-OMX 集团(NASDAQ OMX Group)。

德国交易所一直通过并购活动不断扩大影响,1998 年,首次对伦敦交易所提出联盟提议;2000 年,再次试图与伦敦交易所进行合并;2002 年年初,动用 16 亿欧元收购了证券清算存托公司 Clear-stream 的全部股份;2004 年 8 月,将目光投向瑞士股票及衍生工具交易集团 SWX,未获成功;2004 年 12 月,向伦敦交易所提出了 26 亿美元的收购要约,伦敦交易所认为报价过低而加以拒绝。随后,德国交易所开始和欧洲联合股市讨论合并问题,但最近德国交易所宣布退出对欧洲联合股市的收购竞争。与此同时,德国交易所又和意大利交易所探讨合并的可能。

2000 年,巴黎、阿姆斯特丹和布鲁塞尔三个交易所正式宣布合并,形成全球第一个跨国境的、单一货币的股票和衍生交易市场,即泛欧交易所(Euro next)。2003 年,泛欧交易所合并了里斯本交易所,并收购了伦敦国际金融期货交易所(LIFFE),将势力范围扩大到伦敦,成为拥有大型衍生金融产品交易所的金融机构。

(2)主板市场走向集中化为何成了一个不可抗拒的潮流。

从外部动因分析:

一是受客户需求的影响。对于世界上 2000 多家具有全球影响的公司而言,它们希望自己的股票在全球各地 24 小时都能交易,从而有助于在世界各地以较低成本筹集资金。对于进行多元化投资的机构投资者来说,它们希望获得整体性交易服务和全球性投资机会,以便能快捷、低成本地管理各种复杂的交易和投资策略。

二是受外部竞争压力的影响。交易服务提供者(如大型投资银行)、另类交易体系和数据服务商等不断以更低的成本"分食"交易所的交易业务。交易商也要求交易所调低收费。这些因素使得传统的证券交易所担心,如果它们不能使全球证券交易运作更便捷、收费更低廉,那么,上市公司、银行、证券公司、养老基金等原本属于证券交易所的大客户群,将会加入另类交易系统(ATS),或者这些客户群自己投资开设另类交易系统,从而使交易所的成交量和流动性受到损害。很多交易所不得不积极寻找出路。交易所并购被视为一项较为现实的选择。交易所的合并在短期内可以减掉昂贵的交易系统的维护费用,同时在交易量、流动性及发现价格能力方面都会有所提高。例如,纽约交易所并购欧洲联合股市,可以获得以伦敦为基地的衍生产品交易市场;而纳斯达克收购伦敦交易所,则可以将市场从高科技企业扩大到蓝筹企业。

三是受政治因素的影响。交易所跨国并购是国家利益和国家竞争的必然产物。英美等国经济发展的历史证明,资本市场充分发挥资源配置功能对国民经济发展有巨大支持作用,尤其是当代高科技企业的发展,在很大程度上是依赖于资本市场而发展壮大的,因此,资本市场已是大国竞争的重要舞台。对交易所的争夺既是大国之间在资本市场方面的争夺,也是对经济资源的争夺。

从内部动因分析,有几大冲动刺激了证券交易所走向集中:

一是节约成本的需要。如纽约泛欧交易所集团首席执行官邓肯·尼德奥尔指出,纽约证券交易所兼并泛欧交易所,新交易所的交易平台将由原来的3个整合为单一的交易平台,原有的10个数据中心缩减至4个,由此将大量降低运行成本,估计在2007—2009年期间节约3.75亿美元资金。再如,德国交易所其衍生市场和现货市场的全程运作成本(从报单到交易到清算结算)在完成整合后均下降了50%多。①

---

① 参见杨丽琳:《论交易所产业整合的动机及其影响》,《商业时代》2007年3月30日。

二是形成庞大网络的需要。交易所(或交易系统)与通讯网络相类似,具有网络外部性的经济特征。集中化的证券交易所可以为筹资者、投资者和中介创造更大的市场容量,使得参与者有机会接触到更广泛的主体。从企业的角度分析,它们会主动地选择上市公司数量众多、投资者交易活跃和中介机构能提供高品质服务的交易所挂牌上市;从投资者的角度分析,随着组合多元化和风险管理活动的日益发展,投资者更乐意选择金融产品齐全、投资者数量众多、流动性高的交易所进行交易活动;从中介机构的角度分析,其自然愿意在上市公司数量众多、投资者交易活跃的交易所从事金融服务。而交易所的跨国购并与整合正是为了显著扩大市场规模和投资者基础,增强市场的网络外部性。如泛欧交易所由于合并了三家交易所市场,2001年间泛欧交易所的交易规模呈现大幅成长并超越德国,2003年成为欧洲第二、全球第五大证券市场,其衍生性商品交易量也居全球第三。

三是获得新的利润增长机会的需要。由于一国或一个地区市场的发展容量总是有限的,因此,国际主要交易所纷纷将目光投向国外,希望通过并购来获得新的业务发展机会。同时,上市后的证券交易所其在资本市场上的筹资能力可以得到明显地增强,根据世界交易所联合会2009年年底的统计,全球所有上市证券交易所的平均市盈率在30倍左右,远高于其他传统行业20倍的平均市盈率,这就为战略购并提供了强大的资本动力。从被并购对象分析,由于全球大部分交易所已经公司化并上市,可被并购的选择对象大大增加。

四是逃避监管的需要。在安然、世通等一系列公司财务丑闻爆发之后,美国于2002年推行了公司改革法,加强了对企业的金融监管力度,抬高了公司在美国上市融资的门槛。在这种情况下,纽约证券交易所吸引全球优质企业上市的能力受到影响。如纽约证券交易所与泛欧证交所并购的重要好处之一就是可以规避美国证监会的监管。纽约证券交易所成功并购泛欧证交所后,那些因美国监管要求过于严格而不愿在纽约证券交易所上市的企业,则可以选择在NYSEEuronext上市,从而规避美国监管环境所带来的较高法律风险和成本。因为在原有两家交易所上市的公司将遵循"属地原则",在欧洲上市的公司可以规避美国严厉的《萨—奥法》的约束。

五是延长交易时间的需要。纽约证券交易所成功兼并泛欧交易所,意味着世界上第一家真正意义上的全球性的跨大西洋的交易所的诞生,实现了欧元和美元这两大货币资本市场的融合,形成了连接纽约、巴黎、布鲁塞尔、阿姆斯特丹、里斯本和伦敦6大金融市场的证券交易平台,同一只股票首次可以在两个大陆每日12小时进行交易。

(3)主板市场走向集中化的有利条件。

一是交易所的公司制组织形式使收购更简便可行。在传统的会员制形式下,要成功收购,必须经过目标交易所会员大会同意,程序复杂,成功的可能性大大降低。而实行公司制的交易所则具有开放性的股权结构,收购者只要获得足够多的股份,就可以控制目标交易所。二是信息技术的飞速发展为筹资者和投资者打破时间和空间的限制在全球范围内投融资愿望的实现提供了技术上的可能。三是经济一体化为证券交易所一体化提供了内在动力。欧元的诞生促进了欧盟内部商品和服务市场的统一,一体化的欧盟经济需要一体化的资本市场予以配合,这将会促进资本产出和劳动生产率的提高。这一转变为欧洲证券市场的跨国并购和整合提供了外部的推动力。正因为如此,目前欧洲证券市场的整合程度远远高于全球其他地区。

应该承认,受国家壁垒、规则之争、货币差异、汇率问题、交易技术水平和交易时间不同、所有权之争障碍等众多因素的影响,目前深圳证券交易所被国外证券交易所吞并的几率还比较小,但在可预见的将来,全球资本市场必将出现这样的趋势:同一地区内的不同交易所进行合并,形成洲际交易所,而洲际交易所之间则建立联网关系,使投资者从各自的界面分别进入不同的交易系统,从而形成一个全球性的交易网络。如果深圳证券交易所不主动强身健体参与国际化的浪潮,躲在国家壁垒后面以求得一隅之安,其最终命运只能是或被彻底边缘化,或在国家壁垒倒下后成为洲际交易所的俎上肉。因此,着眼于未来全球证券交易所发展大势,我国的主板市场不应该走向分散化,更不应该走向区域化,而应该是走向集中化、全球化,这种集中化并不意味着消除了竞争,而是提升了竞争的档次,把竞争的对象由国内转向国外。

二、模仿重心要走向制度化

多年来，我们把大量的精力倾注在资本市场技术元素的完善上，例如，建设豪华的证券交易大厦、引进世界上最先进的电脑交易系统、推行独立董事制、引进保荐人制、发展机构投资者、IPO 询价制等。可以肯定地说，一个专注于技术模仿而不致力于制度变革和创新的市场，即使可以短期内使某些硬指标有迅速的改进，但是随着时间坐标向前推移，后发劣势的症状无可避免。因为技术性因素对资本市场的影响是有限的、非持续的。在制度性障碍没有消除之前，资本市场的技术创新甚至会导致风险的进一步放大，如在制度性问题没有解决之前，让保险资金和社保资金大举进入股票市场，无疑会把资本市场的风险传递到更广的金融领域。同时，技术模仿比较容易，而制度模仿比较困难，如果专注于技术模仿，虽然可以在短期内收到立竿见影的效果，但会留下许多隐患，甚至最终导致整个资本市场体系构建的推倒重来。美国和英国资本市场被世人公认为全球最好的市场，美国的秘诀在于法制，英国的秘诀在于诚信。这是美国和英国资本市场能够称雄世界、决胜千里的制度武器。深圳资本市场要踩着华尔街和伦敦"法制"和"诚信"的脚印，从专业技术的学习转向管理制度的建构。

三、组织形式要走向公司化

传统的交易所在成立时普遍采取非营利的互助组织形式，其原因主要有两个：一是在交易所经营处于垄断地位下，会员制的组织方式对市场参与者的交易成本最小，会员可通过互助组织控制服务价格；二是会员制交易所适应了交易非自动化的需要，由于交易大厅空间有限，不可能将交易权给予所有投资者，因此，须对进入市场的资格加以限制，将交易资格分配给固定的会员或席位。的确，在20 世纪 90 年代以前的几百年里，会员制凭借其行会式自律管理和较低的决策成本，有效地解决了交易所的治理问题，并创造了纽约交易所式的辉煌。然而，20 世纪 90 年代以来，信息技术的发展使证券交易并不需要诸如场地、交易大厅、会员等传统的外部条件。

并且，证券交易所与证券交易所、证券交易所与交易商、经纪商、证券交易所与其他交易系统之间的多重竞争,使证券交易所传统的互助组织失去了存在的基础:一是竞争挑战会员制存在的垄断基础。首先,会员制存在的垄断基础不复存在,证券市场上交易所之间不断激烈的竞争使金融中介控制交易所服务价格的需要和能力下降;其次,激烈的竞争迫使交易所采取以获得竞争优势为导向的商业治理结构,否则,就会面临失败的危险。二是交易自动化使交易所失去采取会员制的必要。会员制是技术不发达的产物,适应了交易大厅的需要。在自动化的市场,进入市场没有任何技术障碍,投资者以打破时空的局限性在任何地方买卖任何一家交易所的股票,投资者直接交易的成本较低,从而减少了对金融中介的需求。三是会员制交易所筹资成本高,不适应交易所发展需要。为对抗另类交易系统的竞争,交易所对技术设备的投入越来越大,如纽约证券交易所在1999—2008 年的 10 年中,对技术投资超过 20 亿美元,纳斯达克计划 2008—2013 年的 6 年中对技术投资 6 亿美元。因此,证券交易所需要借助资本市场进行融资和持续性再融资。而会员制不能通过发行普通股,进行股权与交易权脱钩的股票融资。四是会员日益多元化,导致会员之间利益冲突增加,集体决策的成本上升,会员制成了落后和保守的代名词。五是会员制成为投资者进入的壁垒,限制了市场接入能力和交易量的扩大。

比较而言,公司制的证券交易所的优势越来越明显:一是有助于建立完善的治理结构。首先是所有权分散,除向原有会员配售股票外,其余的股票将发售给新投资者,使交易所的所有权和治理结构能充分反映更广泛的市场使用者的利益。其次是分离所有权和交易权,任何符合资金和能力标准要求的国内外机构均能直接进入交易系统,从而使交易所所有者和市场使用者之间的利益正式分离。最后是挂牌上市,一方面使交易所的所有权进一步分散化,另一方面又可利用资本市场的资源,便利筹集资金,同时提高交易所运营的透明性。二是通过公司这种组织结构可以促使证券交易所建立高度清晰的战略导向。由于外部股东投资于交易所的主要目的就是获取利润,因此,交易所的经营形式已趋于营利导向,而交易所管理层的主要财务目标就是赚取高于资金成本的利润,从而使证券交易所转变成为为股东创造价值的经济实体。三是通过公司制的组织结构有助于证券交易所培育核心的商业竞争力。如纽约证交所集团(NYSE Group)收购电子交易商群岛公司(Archipela-go)后共裁员逾1450人,占该集团总人数的35%,从而大大提高了纽约证交所集团的人均创利水平。四是它可以发行股票并上市,通过引进外部股东进行融资,其筹资成本较低。

正因为如此,近年来证券交易所股份化改革浪潮席卷全球,如表14-1所示。

表14-1　全球公司化证券交易所统计表

交易所名称	公司化年份	交易所名称	公司化年份
瑞典斯德哥尔摩证券交易所	1993	布鲁塞尔交易所	2000
丹麦哥本哈根证券交易所	1996	里斯本交易所	2000
阿姆斯特丹证券交易所	1997	纳斯达克市场	2000
意大利证券交易所	1997	墨西哥证券交易所	2000
澳大利亚证券交易所	1998	加拿大蒙特利尔证券交易所	2000
美国证券交易所	1998	日本东京证券交易所	2001
巴黎证券交易所	1999	日本大阪证券交易所	2001
冰岛证券交易所	1999	菲律宾证券交易所	2002
奥地利维也纳交易所	1999	匈牙利布达佩斯证券交易所	2002
希腊雅典证券交易所	1999	瑞士交易所	2002
智利圣地亚哥证券交易所	2000	新西兰证券交易所	2002
新加坡证券交易所	2000	秘鲁利马证券交易所	2003
香港联合证券交易所	2000	西班牙交易所	2003
加拿大多伦多证券交易所	2000	马来西亚证券交易所集团	2004
英国伦敦证券交易所	2000	纽约证券交易所	2005
德国证券交易所	2000		

资料来源:世界交易所联合会网站(www.world-exchanges.org)及各交易所网站。

表14-1的统计结果表明,截至2005年年底,全球主要的交易所几乎都已经实现了公司化改制,且其中的大部分已挂牌上市。

目前,深圳证券交易所既不是真正意义上的会员制组织,也不是股份公司制组织。从法律上看,证券交易所是不以营利为目的的法人,但事实上,深圳证券交易所没有自主利益的载体,因而也不是自律性管理的独立法人,这很大程度上导致了深圳资本市场创新难、产品结构单薄、服务单一、一线监管力度波动大等问题。面对全球证券交易所的公司化浪潮,我们不应无动于衷,更不能逆潮流而动。为建立高度清晰的战略导向和培养深圳证券交易所的核心竞争力,也必须将深圳证券交易所的组织结构股份化提到重要的议事日程,引入战略投资者对证券交易所进行改造,力争在三五年内完成深圳证券交易所的股份制改造和上市计划。

四、经营管理要走向商业化

在长达20年的发展历程中,深圳证券交易所始终未能把建立商业精神和增强商业竞争力作为工作的重心。对比海外证券交易所在我国境内咄咄逼人的上门营销活动,我们可以更加深切地体会到深圳证券交易所由于明显的机关化、官僚化所带来的竞争力明显下降的后果。证券交易所应当成为股市投融资活动的基础平台,而不应如同目前这样仅仅退化为一个"一线监管单位"和一个股票挂牌的"技术支持系统"。我们应当通过稳步的改革,把深圳证券交易所逐步建设成为真正的商业化机构,使之成为满足资本市场交易需要和资本市场创新需要的基础平台。随着证券交易所性质的变化,证券交易所传统的不以追求利润最大化为经营目标的经营理念也必将发生相应的改变。而要实现利润最大化,深圳证券交易所必须在如下两个方面多下多下工夫:

第一,要突破传统的服务对象。即深圳证券交易所应通过自身在金融界的影响力、市场价值以及个性化服务,来组织并创造一个证券虚拟社区,使自身和投资者、券商、电子网站等参与者进行直接联系,发展成为虚拟社区的信息枢纽和知识中心。把未来的服务对象由形形色色的投资者、经纪商、上市公司扩大到银行、信息供应商、金融网站等。

第二,要大力开拓新的增值业务。深圳证券交易所可通过与电子通讯网络、金融网站、网上经纪商等机构结成联盟,建立一个综合性的信息及交易网站,以支持不同市场参与者的投资业务。或通过在网上发布信息和发送电子邮件,快速地向客户提供各种个性化的信息产品和服务;或通过建立网上数据库为客户提供各种信息检索服务;或通过扩大结算交收业务提高服务收入在交易所收入中所占比例；或通过技术设施和交易系统的销售，拓宽证券交易所收入的来源渠道。

五、交易方式和交易品种要走向多样化

一个交易方式和交易品种过于单一的股票市场至少存在着两大不足：一是无法分散市场风险。根据美国股票市场的统计，一个机构投资者至少要持有50种以上的股票才能有效地降低股票的个别风险。二是无法活跃市场。一个交易品种单一化的市场，必然是一个投资者与筹资者单一的市场、交易方式单一的市场、投资目的单一的市场，这样的市场必然是一个呆滞的市场。因此，无论是从组合投资的角度考虑，还是从活跃市场的角度分析都要丰富证券交易所的交易品种。近年来，西方发达国家证券交易所的品种创新已达到了令人惊叹的地步，如美国证券交易所（AMEX）在1993年推出标准·普尔指数存托凭证（SPDR）的基础上，又相继推出了道·琼斯指数存托凭证、纳斯达克100指数存托凭证以及全球股市基数指数凭证等，这些新产品的交易量要占该交易所交易量的2/3。据美国期货行业协会统计，在2006—2007年，全球期货和期权交易增长了11%，而仅在美国市场的金融衍生品交易就同比增长了22%。又如法兰克福、新加坡等交易所开发出了买卖以国外股市指数和上市公司为标的物的期货、期权等衍生产品。

根据我国现时条件，我们认为，深交所至少可以在三个方面进行大胆地创新：

一是大力开拓信用交易。从国外的情况看，融资融券制度有益于增加股票市场的流通性、活跃交易。这一点已经在美日等股票市场上得到了充分的证明。根据 Hardouvelis 的研究，美日信用交易规模占证券交易金额的比重达到了16%—20%。如果我们按照15%推算，以2009年深市日均约800亿元的成交金额为基数，该制度推出后，深市日均成交金额将提高120亿元。对于信用交易可能出现的疯狂投机和暴涨暴跌的风险，我们完全可以通过从严规定融资融券的对象、融资融券的期限、融资融券的额度、保证金比率、利率水平等措施予以控制。

二是尽快做大股票指数期货交易。股票指数期货是 20 世纪 80 年代发展起来的新型投资工具,具有价格发现、规避风险和资产配置等功能,能够有效完善证券市场的功能与机制,有利于我国股票市场参与国际金融衍生市场分工与合作,为国内外金融机构提供更好的金融服务,提高我国证券市场的流动性与透明度,提高我国股票市场的风险监管能力。2010 年 4 月,我国正式推出了股指期货交易。

三是丰富基金产品。在百年一遇的全球金融风暴中,以次级债为代表的场外衍生品市场受到重挫,而以期货为代表的场内衍生品市场成为市场避险工具,交易出现了繁荣的景象;无独有偶,场外交易的开放式基金整体遭遇了大幅赎回,而场内交易的 ETF 却始终表现为明显的资金净申购。因此,基金产品场内化、金融产品交易所化正在成为当前资本市场的一种发展趋势。在推出融资融券和股指期货后,也需要交易所交易的基金作为其对冲风险的重要金融标的。所以,深圳主板要着力从国际化、指数化、结构化三个方向推动基金在交易所平台的发展。一方面要加强跨市场领域的产品合作。如推动石油 ETF、黄金 ETF 以及 REITs 发展等。另一方面要全力推动跨境指数 ETF 与 LOF 发展,利用 LOF 平台发展境外指数 ETF 产品(QDII 型的海外指数型 LOF)。再有就是要继续推动分级型基金产品的创新。如完善创新型结构化基金和连接基金等。

六、监管职责要走向单一化

深圳证券交易所作为政府控制型的典型代表,虽然建立有 19 年了,但始终未能关注建立商业精神和增强商业竞争力。交易所的公司化,意味着以利润最大化为目标,其内在赢利性和监管者角色的冲突,如何协调? 我们认为,这种利益冲突并非必然发生。为避免赢利导向和自律监管之间的矛盾冲突,特别是为避免证券交易所为增加赢利而放松监管现象的出现,有必要在发挥公共监管在股票市场监管中的主导作用的同时,将证券交易所原来所承担的部分自律监管的职责移交给法定监管机构——证监会。在此问题上,股份制改造后的伦敦证券交易所已先行一步,正逐渐将其上市监管功能移交给英国金融服务局(FSA)。同样的思路可见之于美国,全美证券交易商协会是纳斯达克资本市场的母公司,但现在已演化为一个中立化组织,不再从事证券交易,从事着对包括纳斯达克在内美国境内所有小型券商的监管。可以说目前大多数西方国家证监会和交易所权力是截然分开的,市场建设和发展、新股上市节奏的控制是由交易所负责的。交易所直接代表股市各个参与主体的利益,不可能被政府的短期目标所左右,也不可能去偏袒参与市场的某一方。因为交易所的理事会是由股市参与各方的代表组成(一些证交所本身就是上市公司),同时各主要证券交易所都已经纳入了世界市场体系,不能执行"三公"原则,就必然导致资金外流、自身受损。而证监会的任务相对简单,其职责就是按照证券法规去监管包括交易所在内的各股市参与者能否依法行事。将证监会与交易所职能分开,前者依据法律法规对包括交易所在内的所有市场参与者实行监管;后者负责在不违法违规的前提下,推动创新,发展市场。证监会对交易所、证券公司、投资基金等机构负责人只审查资格,不负责任命。交易所主要负责人由市场参与各方代表组成的理事会任命。

七、场内交易要走向虚拟化

由于受通信和网络技术的限制,迄今为止,深圳证券交易所的交易仍不得不在一个真实的环境中进行,与此相适应,券商不得不花巨资建立宽敞、安静、舒适的证券营业网点。但随着互联网日益成为证券交易所的神经中枢系统,电子门户网站、电子商务公司、软件供应商、电子通道(ISP、移动、有线网)等不断渗透到证券业,使证券交易所日益脱离物质的范畴,成为一种信息流的集合。同时,证券营业部也相应实现虚拟化,即利用网络接收实时行情,利用 Internet/Intranet 双向功能解决股票发行、交易及个人咨询等问题,利用银行服务网络解决股民异地存取款问题,使传统的交易大厅成为历史的陈迹。但就目前而言,至少有两大障碍限制着场内交易走向虚拟化的进程:

(1)交易模式分散化。这主要可以从以下几个方面考察:第一,从深圳证券交易所来看,虽然时下所使用的交易及清算系统在全球交易所中应属较先进的系统,但它充其量也只能称得上是网络时代的雏形。第二,从券商来看,目前我国大多数证券公司所采用的是分散经营、分散管理的经营模式,基本上是以营业部为单位单兵作战。第三,从投资者来看,散户为主的投资者结构,使许多投资者既缺乏采用集中化网络交易的经济实力,也缺乏集中化网络交易所必备的电脑网络知识,从而强化了分散化交易模式。

(2)技术设施陈旧化。比较明显地表现在:第一,缺少大规模计算机公司和计算机设备,使网络化、集中化交易推进的步履十分缓慢。第二,通信基础设施发展相对滞后。目前中国电信网络与互联网络的建设还正在进行,通信的可靠性保障程度较低,即便是电话线甚至 DDN 等都时常发生断线,客观上限制了证券业的集中化和规模化交易。第三,安全性和稳定性缺乏保证。由于集中化交易模式需要券商、ISP、银行等多个电脑系统的相互配合,因而对网络安全技术的要求相对较高,我国现有的软件开发商虽然对单个系统的安全性控制显得游刃有余,但对整个网络安全性的把握则缺少必要的经验和实践。虽然截至 2009 年年底我国的网民数已突破了 3.4 亿,但是网上交易的比例并不太高,究其原因,主要是对网络安全性的担心。由于对网络技术缺乏全面地了解,加之媒体对网络黑客的渲染,使人们误认为网上交易的风险大于传统交易方式。

针对上述两点不足,我们认为,推动场内交易走向虚拟化至少要在技术上进行两点创新:

(1)用集中交易模式取代分散交易模式。即在股票市场中广泛采用网络技术和网络交易。互联网正在快速渗透到世界的每个角落,集中化的网上交易也必将成为时代发展的大趋势。之所以如此,是因为网上交易有三大优势:第一,可以打破时空的限制。理论上说,券商只要拥有一个网址就可以无限扩大自己的客户群体,使任何一个区域性市场成为全国性市场;投资者可以在家中、办公室或全球任何一个具备通信条件的地方不受上班时间限制地完成股票市场投资活动,而不必拘泥于营业大厅中。第二,可以节约费用。假如从接受订单开始直到交易完成均借助网络进行,可以节约的费用有:租用、装修更多办公室的费用;营业员、调查员的费用;分支机构开设、运营费用等。同时,企业可以不通过证券公司进行直接的公募活动,可以节约相关的发行费用。第三,可以扩大服务功能。券商通过在网上发布信息和电子邮件发送,可以快速地向客户提供各种信息服务。对股民来说,不仅能够分享网上买卖股票的便利,而且可以享受功能强大的信息资讯服务,查阅丰富的金融信息和掌握全面的背景资料。

(2)用先进的技术设施取代陈旧的技术设施。第一,要广泛采用大容量的计算机。由于网络化涉及客户、券商、交易所、开户行等多个环节,只有大容量的计算机才能满足股票市场扩容和升级的需要;同时经济的飞速发展和信息化进程的加快,也只有大容量的计算机才能满足证券业追求规模效应、形成行业优势的要求。第二,要加快电信行业的发展。由于网上交易对电信市场有较大的依赖,且网上资费太高也是制约网上交易发展的一个重要因素,因此,只有加快电信行业的发展,扩大电信市场的竞争,才能缩小电信行业对网上交易的瓶颈约束。第三,要提高网络系统的安全性和稳定性。尽管深交所现时的股票交易速度并不比西方逊色多少,有些券商已经实现了客户在下单之后 3 秒钟以内就能得到回报,但在网络安全、网络设备、网络稳定性和网络信息服务方面还没有跟上国外的步伐。为缩小这方面的差距,一方面要提高计算机系统的安全性、稳定性、可靠性和防病毒能力;另一方面要不断改进软件的可靠性(如提供接受和发送数据双方的身份认证)、保密性(如加密传输数据,防止敏感信息被窃取)、完整性(如通过数字签名防止数据被篡改)、不可抵赖性(即防止发送者否认发送信息,接收者否认收到信息)等。

八、法律定位要明晰化

我国的《证券法》、《公司法》等基本法律虽然为多层次资本市场的发展提供了法律空间,但仍未能明确深圳证券交易所的职能定位。它与上海证券交易所之间究竟是分工关系,还是竞争关系,还是以分工为主、竞争为辅,或是以竞争为主、分工为辅? 二者在企业上市环节,究竟是市场导向,还是政策驱动,究竟是行政强制,还是双向选择? 是继续满足融资需求,还是满足股东交易的需求。要使市场长久健康的发展,市场的基本功能应回到股市最初形成的机理——满足股东交易需求上去。这样具体的问题在基本法层面是解决不了的,应该在国务院或证监会的行政法规和规章中对此予以明确,只有清晰地界定集中交易市场的职能和分工,才能从根本上明晰我国多层次市场体系的基本架构。

九、市场范围要迈向国际化

深圳证券交易所完整意义上的国际化至少应该包括上市资源国际化、投资者国际化以及会员国际化三方面。其中,最重要的内容是上市资源或筹资主体的国际化。因为上市资源或筹资主体的国际化不仅难度更大,而且它对投资者国际化和会员国际化有较大程度的影响,甚至发挥着决定性的作用。

近年来,随着 QFII 的引入,深圳证券交易所投资者国际化工作已取得了阶段性的成果,下一阶段的任务主要是完善现有的 QFII 制度,特别是要允许境外人民币以人民币 QFII 的形式进入深圳股票市场。目前,就中央政府而言,增强人民币的国际贸易结算货币功能,规避美元汇率风险是一种现实的选择。人民币作为跨境贸易结算货币是有市场需求的,而这个需求能得以实现必须要增加人民币的投资渠道。目前,与东盟各国的贸易之间,东盟各国是顺差国,而我国是逆差,东盟各国手中有大量的人民币头寸。允许境外金融机构、外国央行作为合格投资人投资于深圳债券市场,允许境外人民币以人民币 QFII 的形式进入深圳股票市场。而 QFII 的额度由监管部门控制,因此风险可控。

同时,未来一个较长的时间内深圳证券交易所应该把国际化的工作重心转移到上市资源或筹资主体的国际化上来。所谓上市资源或筹资主体国际化就是要在深交所建立国际板,即让境外企业在深圳证券交易所发行上市。在深圳证券交易所成功推出创业板市场之后,或许是为了缓解竞争的压力,或许是寻求高层政策支持上的某种平衡,上海证券交易所快速作出了反应,提出了创设国际板的意愿。时下,理论界和实际部门都把期待的眼光投向了上海证券交易所,以至于认定:中国的国际板非上海莫属,中国的国际板就是特指上海证券交易所的国际板。我们认为,构建国际板不仅是未来上海证券交易所的重要任务之一,也是未来深圳证券交易所的重要发展目标。理由是:

第一,迈向国际化深交所同样需要创设国际板。深圳证券交易所与上海证券交易所一样,其目标都是建设成国际一流的证券交易平台,国际板是不可或缺的一部分。因为对外国公司开放资本市场,将刺激金融服务业的成长,从而提高深圳证券交易所在国际金融市场的地位。所以,推出国际板是扩大资本市场在世界上的影响力的最好手段。

第二,优化深交所上市公司结构同样需要创设国际板。深圳证券交易所只有创设国际板,才能吸引海外优质企业来深市上市,才能优化上市资源,才能为国内投资者提供一站式的服务,给投资者更多的投资选择。同时,和境外优质企业"同台竞技",还能让深市上市公司增加竞争的压力,推动其内部管理的规范。

第三,助力深圳国际金融中心建设深交所同样需要创设国际板。深圳有领先和开放的市场经济而没有领先和开放的资本市场,这不合逻辑。只有开放的资本市场才能与开放的市场经济相匹配。

第四,增加境内金融资产定价权深交所同样需要创设国际板。如果包括世界500强企业在内的一批大型跨国企业的股份或一大批具有成长性和科技含量的中小企业都在深圳证券交易所采用人民币定价、交易,无论是在深圳证券交易所的主板,还是在深圳证券交易所的创业板开办国际板,都有助于境内形成全球资产定价中心,掌握定价权,借此提升中国在国际市场上的影响力。

第五,为外汇储备管理体制改革积累经验同样需要深交所推出国际板。深圳证券交易所上市资源或筹资主体国际化,可以增加藏汇于民、全民外汇投资的形式,改变境内资金走出去投资遇到的风险和尴尬,提高外汇资金使用效率,改变贸易顺差在境内、利润在境外的模式,将以股权投资方式更多地分享世界经济增长的利益。同时,对人民币而言,没有定价与投资功能,人民币国际化永远是纸上谈兵,如果包括一批大型跨国企业股份都采用人民币定价、交易,势必大幅提高人民币的国际地位,加速人民币国际化步伐,减少国际货币体系对美元的依赖,为人民币成为国际货币奠定基础,并可减少中国对外投资中的汇率风险。

第六,改善深圳经济结构深交所同样需要创设国际板。通过创设国际板让外国企业在深圳发行股票或存托凭证,将大幅带动深圳金融业和相关服务业的需求,给投行(股票承销)、交易(证券经纪)、银行存管、投资管理、审计、税务、法律顾问等行业创造大量就业机会。金融业作为高附加值、低污染的行业,其增长将给深圳的经济结构带来有益变化。

更何况,深圳证券交易所也同样具备了推出国际板的备件。

首先,从技术条件分析,深圳证券交易所现有交易系统的处理能力和安全性已居世界前列,推出国际板已不存在技术障碍。同时,技术接口方便未来国际国内各类参与者接入,为深圳证券交易所国际化业务的拓展打下了坚实的基础。

其次,从吸引力分析,深圳作为中国经济改革的窗口和排头兵,一直是全球关注的焦点,而经过此次国际金融危机之后,深圳股市的发展更加吸引外资企业与投资者关注。加之,随着人民币跨境贸易结算的推进,人民币国际化迈出了第一步,也为深圳证券交易所推出国际板提供了便利。

再次,从市场条件分析,截至 2009 年 12 月 31 日,深圳股市上市公司的总市值接近 8700 亿美元,深圳证券交易所具备推出国际板的市场容量。同时,在经济处于低谷和复苏时,推出国际板,投资者面临的估值风险相对较小。此外,中国拥有巨额外汇储备,国际收支双顺差,有条件承受一定量的资本流出。

况且,对于上市资源或筹资主体国际化可能带来的冲击,我们完全可以通过规则的限制来避免。所以,我们现在需要重点讨论的已不再是深圳证券交易所有没有推出国际板的必要性和可行性的问题,而是需要重点研究深圳证券交易所推出国际板的路径问题。

基于目前的条件,我们主张,深圳证券交易所应把上市资源或筹资主体国际化的重点放在三类企业上:一是香港红筹股企业,特别是作为行业龙头的红筹公司,包括中国移动、中国海油、联想集团、华润创业等。二是在内地拥有大量业务、不但将内地作为其最大的一个生产基地,甚至以中国为主要市场、且对人民币有很大需求的外国公司,包括家乐福、沃尔玛、宝洁、可口可乐、联合利华以及从事制造业的大众汽车、西门子、通用电器、IBM 等。三是香港的蓝筹股公司,包括汇丰控股、长江实业、东亚银行、九龙仓、富士康等。这类公司已在内地有很多投资,对人民币同样有着很大需求。

第二节　完善创业板市场

一、打消对创业板市场的种种顾虑

时下,深圳创业市场的帷幕虽然已经拉开,但对创业板市场未来发展的顾虑并没有完全消除。目前国内学者对创立创业板的质疑主要有四:一是认为创业板市场是主板市场的终结者。因为主板市场和创业板市场是对同一类投资者资金的争夺,推出创业板市场必然会分流主板市场的资金,在目前主板市场十分低迷的情况下推出创业板市场会使主板市场雪上加霜。二是认为不管是美国、欧洲,还是中国香港,创业板的出现都是在其主板市场发展了大约100年后,且以失败居多。内地主板市场刚刚发展了18年,设立创业板的风险太大,创业板的推出至少还需要20年。三是认为香港有了创业板,无须在一河之隔的深圳再设创业板。四是认为现有中小企业板已满足了不少创业型企业的融资需要,推出创业板是多此一举。我们认为,这些观点值得商榷。理由是:

第一,创业板市场并非是主板市场的终结者。因为主板市场和创业板市场的筹资者是完全不同的,主板市场的上市公司以传统产业为主,而创业板市场的上市公司以成长性的高科技企业为主。并且,纳斯达克的成功并没有阻止纽约证券交易所的强盛。

第二,2000年5月以后,美国纳斯达克股指持续下跌并不意味着创业板市场的失败。事实上,股市运行中,股指总是有涨有跌,股指下跌并不意味着股市失败,恰恰相反,它是股市内在机制发挥作用的结果;纳斯达克是否成功,不应以股指高低来衡量,而应以它是否有效支持了一批中小企业成长来判别。纳斯达克是一个伟大的创造,一个了不起的典范,因为它培育出了为数众多的伟大企业。仅仅因为出现过股市泡沫及2年多的行情下跌就否定这样一个世界最优秀的融资平台,是一种短视的表现。香港创业板市场的失败更不应归罪于创业板市场本身,而应该从香港自身寻找失败的原因。如香港本地高科技企业数量和规模严重不足、推出创业板市场准备不足、时机选择不当等。

第三,香港创业板不能代替内地创业板,这是两个不同的市场。一方面,由于“一国两制”的政策,致使我国现存港元和人民币两种货币体系,同时又由于人民币在资本项目下不能自由兑换,因此,香港联合交易所的创业板市场难以利用内地巨额的社会储蓄资源。另一方面,香港股票市场目前的证券化水平(证券化率)已远远高于世界上任何其他国家和地区的水平,香港股市多年来一直高度地依赖于国际上短期“热钱”的投机资金,这种不合理的资金来源结构导致市场价格剧烈波动,系统性风险过高,因此说香港股市难以高效率、低风险地为大陆高科技企业的发展提供全面的支撑和足够的长期资本供给,难以担当提供全面服务的重任。那些想要通过香港创业板实现内地创业板功能,或者把建设内地创业板的精力全部转移到发展香港创业板的思路,是一种纯技术的眼光。

第四,中小企业板本质上不同于创业板。相对主板而言,创业板一般具有门槛低、上市公司以高新技术产业为主的特点。在海外股市,创业板是风险投资机构退出投资项目的主要途径,美国纳斯达克成为不少风险投资家一夜暴富的乐园。但中小企业板可概括为"两个不变"和"四个独立"。即在法律法规不变、发行上市标准不变的前提下,在深圳证券交易所主板市场中设立的一个运行独立、监察独立、代码独立、指数独立的板块。由于四个独立是技术层面的,而两个不变是制度层面的,同国外的创业板有较大差别,除了募资金额小外,相对主板而言,中小板对中小企业没有什么特殊的优待。当前中小企业板仍然是主板市场的组成部分,门槛仍然相对较高,使一些中小公司望而却步;监管上基本拷贝了主板模式,难以满足中小科技企业的融资需求。而我国目前规模以上的中小企业达20多万家,这些中小企业在发展水平、发展阶段方面存在相当大的差异性,客观上需要通过设立分层次市场来满足其不同的资本市场需求。然而现阶段中小板只是部分地解决了层次较高企业的融资需求,资本市场缺少创业投资退出的制度安排,导致高科技创新型企业上市融资无门,大量优秀企业被迫到海外上市,造成国内优质创业型上市资源的流失。比较而言,创业板与高科技创新企业的需求更加贴近,是一项更适合于创新型企业发展的融资制度,推出创业板,不仅可以使我国各类创新型企业都能找到与企业特征及发展阶段相对应的融资场所,而且也不至于让境内资本市场在上市资源的争夺战中陷入被动境地。

此外,还有两个独特的原因会增加深圳创业板市场成功的概率:

一是创业板市场资源比较丰富。中小企业,特别是科技型企业的迅速成长为创业板市场的推出提供了大量优质的上市资源,我国创业型中小企业数量众多,仅民营高科技企业就有10万家,根据2006年9月深交所、科技部火炬中心和中小企业技术创新基金管理中心联合组织的"科技型中小企业调研小组"实地联合调研之后的《高新技术企业调研分析报告》显示,符合"最近一年净资产和总收入均超过3000万,连续两年以上赢利"标准的企业有4015家,其中,有2197家企业基本符合现有的发行上市条件;有722家企业的净资产收益率达

20%。259 家重点企业中 81.47% 的企业是高科技企业,累计拥有专利 1179 项,平均每家拥有 5.59 项,最多的有 101 项。企业平均净利润为 1440 万元,平均净资产收益率 29.38%。259 家企业最近一年收入增长率 86.21%。创业板市场对于上市公司的挑选可以做到优中选优,不会出现香港创业板市场因上市资源不足而陷入困境的问题。

二是推出创业板市场的准备工作十分充分。自 2000 年以来,深交所一直没有停止创业板市场的准备工作。即使因争论曾经一度放慢了工作进度,但准备工作一直没有停止。始终根据《国家中长期科学和技术发展规划纲要》及其配套政策的要求,依照《公司法》、《证券法》的规定,在中小企业板实践积累和参考海外市场经验的基础上,制定创业板建设规章、制度框架以及创新创业板的发审、交易、监察等设计。同时,在全国范围内培育了一大批中小企业,并对创业型企业经营运作的特点与规律有了深刻的认识,为创业板监管打下了一定基础。加之,中小企业板在深交所挂牌交易为创新型中小企业提供了良好的融资和股权交易平台,也为创业板市场运作积累了丰富的实践经验。

二、完善创业板市场亟待理清的思路

1. 创业板市场的模式

在国际上,创业板市场的模式主要有三种:一是完全独立型。即创业板本身是一个独立的证券交易系统,拥有独立的组织管理系统、报价交易系统和监管系统,上市标准和监管标准也与主板明显不同。美国的纳斯达克市场就是这种模式的典型代表。日本的 OTC Exchange、欧洲的 Easdaq 和法国的 New Market 等也是采用的这种模式。二是准独立型,也称做一所二板平行式。即创业板市场在交易制度、市场规则等方面与主板市场相同,且依托主板的交易和结算体系,有些也采用与主板相同的监管标准,所不同的只是上市标准的差异,且二者不存在主板、二板转换关系。欧洲新市场(EURO-NM)的几个成员如巴黎、法兰克福以及香港创业板等属于这种模式。三是附属型,也称做一所二板升级式。即创业板市场完全附属于主板市场,与主板市场拥有共同的交易系统和监管系统,不同的只是上市标准的差别,主板市场与二板市场之间是一种从低级到高级的提升关系。如英国伦敦证券交易所的 AIM 市场、吉隆坡证券交易所第二板市场（KLSE）、新加坡证券交易所的 SESDAQ、马来西亚证券交易及自动报价系统市场（MESDAQ）、泰国证券交易所的第二板市场等。

从目前来看,管理层比较倾向于美国模式,主张深圳主板市场和创业板市场并存 5—10 年。笔者认为,深圳创业板市场运行模式的选择应实行近期和远期有别的发展战略。就近期而言,宜选择附属型运行模式。因为深圳证券交易所采用的是高度现代化的电子交易与清算系统,完全能够独立地承担起整个创业板市场的运作任务,直接利用深圳证券交易所的现有人力、设施、管理经验、组织网络和市场运作网络,可以避免重复建设、重复投资、资源浪费的现象,从而可以为国家节省巨大的额外开支。同时,考虑到创业板市场发展初期,上市公司数量不多这一现实,采用准独立或完全独立模式可能会面临交易清淡的问题。但是从长远来看,宜向完全独立模式过渡。理由是:第一,美国纳斯达克市场之所以能够在 30 多年的时间里发展成为一个上市企业家数和成长速度均超过纽约证券交易所,成交金额和市值与纽约证券交易所不分伯仲的市场,很大程度上与其独立运作模式密切相关。把主板与创业板共融于同一交易所而采用两套完全不同的上市标准和监管手段,将加大管理成本和管理难度。第二,用发展的眼光看,长期采用像英国 AIM 市场那样把创业板上市公司向主板升级过渡的做法既不符合日趋成为我国经济增长主力军的高科技企业的实情,也使创业板市场仅充当"跳板"的角色,使得优质企业逐渐集中到主板市场,创业板市场沦为次要市场,从而严重影响了投资者的参与兴趣和其他企业的上市意愿,减少了市场的流动性。第三,在我国有近千万家企业,上百万家公司,未上市的股份公司数万家,这样庞大的企业群仅依托深沪两个交易所远远不够。第四,建立独立的创业板市场,对于形成我国资本市场两强竞争态势十分有利。第五,从分散到统一,竞争出优势,竞争出繁荣是资本经济客观发展的必然规律。第六,建立以高科技、高成长、高风险、高收益为特征的独立市场,既有利于为高科技公司筹集风险基金,又有利于给中小投资人以警示,维护其权益,保证创业板市场的健康发展,保持社会的稳定。第七,从境外证券市场实践看,独立运作的创业板市场较依附于主板市场的创业板市场具有更高的营运质量和运作效率。创业板市场与主板市场之间存在的竞争关系,赋予了交易所强烈的竞争意识和进取精神,从而为市场的成长增添了内在动力。

2. 创业板市场的定位

这主要可以从两个层面上考察:

一是筹资主体的定位。海外创业板市场筹资主体的定位虽十分明确,但并不完全一致,归纳起来主要有以下几种模式:(1)在上市公司的规模上既有大小兼容的市场,如美国的纳斯达克市场;也有偏爱中小型企业的市场,如德国的新市场、新加坡的西斯达克市场、吉隆坡交易所的二板市场等。(2)在上市公司的行业分布上既有偏重于新兴公司的市场,如伦敦交易所的另类投资市场;也有偏爱高科技企业的市场,如韩国的科斯达克市场;既有偏重于初创公司的市场,如加拿大的企业交易所;也有偏爱成长型公司的市场,如欧洲的新市场、台湾的证券柜台买卖交易中心、香港的创业板市场等。(3)在上市公司的空间安排上既有封闭式的,如德国、韩国、新加坡、加拿大等国家的市场;也有开放式的,如美国、英国等国家的市场。我们认为,我国创业板市场的筹资主体应定位于中小成长型内资公司。之所以要定位于中小企业是因为,我国大企业只占企业总数的1%,且已安排了A、B股两个市场来为其融资服务。同时,中小企业,特别是中小民营企业是被我国金融机构长期忽视的一个群体,需要我们开辟专门的创业板市场为其提供融资服务。之所以要定位于成长型企业是因为成长性对于创业板市场而言是第一位的,高成长性是创业板市场的生存之本、立市之基。为此,我国创业板推出初期,应把上市公司的重点放在以下四个领域:首先是电子通讯领域。近年来,我国加速进行信息化建设,电子通讯类企业发展较快,创业板的推出,将为这些企业提供融资机会。其次是电脑软件领域。我国游戏软件、杀毒软件、财务软件、文字处理软件等方面已经诞生了一些出色的企业,这类企业上创业板的热情比较高。再次是互联网络领域。如果国内创业板问世,部分互联网优质公司将可能"舍远求近",优先在国内市场融资。最后是生物医药领域。随着基因工程的发展,该领域面临着广阔的市场空间。需要指出的是,我们不主张将创业板市场局限于为高科技企业服务,因为目前我国具有比较优势的产业仍集中于传统产业,且有相当比例的传统产业企业呈现出较高成长性,即便是号称高科技企业成长摇篮的美国纳斯达克市场,它虽然解决了96%的软件业、85%的半导体业、83%的通信服务业、82%的通信服务业的公司上市问题,但高科技企业在纳斯达克上市公司中所占的比重并没有人们想象的那么高,只有18%左右,而有20%是金融类企业、30%是制造和零售类企业。之所以要定位于内资型公司是因为迄今为止全球真正意义上的开放型创业板市场尚未出现,纳斯达克虽经过了三十年的发展,但上市的外资公司只有400多家,占比不到10%。香港创业板市场非本土公司虽占有70%,但这并不是主动开放的结果,而是一种迫于无奈的选择,因为香港本土符合创业板市场上市所要求的成长型公司实在太少。

二是投资主体的定位。在此问题上目前的看法并不一致:一种观点认为要定位于为创业投资者提供变现的出口。另一种观点认为要定位于为民营资本投资服务。还有一种观点认为要定位于为大众投资服务。我们认为,创业板市场是为创业投资或称风险投资设立而不是为所有投资而设立的,保险基金、社保基金和居民储蓄不应成为其投资资金的主要来源。

3. 创业板市场的容量

就笔者目前所接触的资料来看,确定深圳创业板市场容量的思路主要有三:一是认为可仿照美国场内市场与场外市场上市公司的结构来确定,即我国创业板上市公司的最初规模应向场内市场看齐,不少于1000家。二是认为我国现有的一千多家上市公司是经过了近十年的发展才有了今天的结果,平均每年新增上市公司约为100家左右,故深圳创业板市场的最初规模应以不超过100家为宜。三是认为可依照香港市场目前五十多家的规模来确定。我们认为,深圳创业板市场最初的规模不宜太小,因为容量大小对于转换我国的经济结构起不到根本性的作用;创业板最初规模也不宜太大,因为在创业板市场推出的初期,监管力量和经验相对较为薄弱,上市公司家数太多既无法保证上市公司的质量,也无法实施有效的监管。我们认为,在创业板市场推出的初期,上市公司的数量应控制在100—300家左右为宜。

4. 创业板市场的上市门槛

创业板市场上市门槛低是全球创业板市场的普遍现象,但这并不意味着深圳创业板市场也全盘效仿。因为门槛太低,创业板市场一是会演变成救济会,即拿股东的钱尽干脱贫解困的事情;二是会演变成福利会,即出现大量内部职工股;三是会演变成寻租会,即政府各职能部门会层层设立关卡,容易给腐败分子留下余地。所以,创业板市场的上市门槛不应以低标准、低要求的思路来设计,而应以高标准、严要求的思路来设计。我们建议分两步走:第一步,创业板市场的上市门槛略低于场内市场,即股本规模不应少于3000万,连续两年赢利,每年赢利不应少于300万元;第二步,创业板市场的上市门槛可大大低于场内市场,即股本规模不应低于1000万,上市前一年赢利,赢利规模不少于100万元。有人担心,在我国创业板市场推出的初期,股本规模、经营年限及赢利规模的过高要求将会使创业板市场的候选对象出现严重不足。其实,这种担忧是完全没有必要的,因为在我国目前上千万家民营和高科技企业中,具有一定规模和有高额赢利的不在个别,有些企业的税后股本利润率高达200%,甚至高达1000%。

5. 创业板市场可能面临的高风险

国内有些学者从上市公司质量、公司运行机制等角度进行对比分析后认为,创业板市场的风险将低于A、B股市场,对此我们不敢苟同。与场内市场相比:(1)创业板市场运作风险更大。如果说全球场内市场成功的喜悦远远大于失败的痛苦的话,那么,创业板市场失败的痛苦则远远大于成功的喜悦。如美国证券交易所推出的中小企业市场及英国和欧洲许多国家的创业板市场都失败了;新西兰、澳大利亚创业板市场也已宣告关闭;新加坡、韩国、中国香港等创业板市场也大多处于风雨飘摇之中。就是人们引以为榜样的美国纳斯达克市场,也陷入了深幅调整之中,从2000年年初的5000多点,跌到了2009年年底的2100多点,跌幅达50%以上。(2)创业板市场上市公司的经营风险更高。这是因为创业板市场的准入标准低、回报期长、失败率高。如纳斯达克自开市以来共安排了7000多家公司上市,而被摘牌的公司多达2000多家,摘牌比率高达30%;近五年来在美国纳斯达克成功上市的新公司只有700多家,而被摘牌的公司却多达1000多家。(3)创业板市场流动性风险和波动风险有过之而无不及。国为创业板市场的上市公司盘子普遍偏小,投资者,尤其是机构投资者进出均不方便。(4)创业板市场估值风险更大。深圳创业板前三批上市公司的发行平均市盈率分别高达55倍、83.6倍和88.6倍,经过二级市场的大幅炒作后平均市盈率高达100多倍,创业板估值整体偏高的程度透支了市场发展潜力。(5)创业板上市公司持续经营的风险。创业板公司上市后,股价的暴涨会产生巨大利益,难免会出现"藏污纳垢"之所。根据公开信息,有创业板公司在招股书中明确表示,向其增资的某创投机构是公司所在地高新区管委会推介的。火速入股的股东们更像是拥有"特权"的投机者,其更关注公司上市后的账面暴利如何快速变现,而非切实关心公司的未来成长,创业板上市公司极有可能沦为部分股东实现"一夜暴富"的跳板,由此导致公司发展存在持续性隐忧。

为降低创业板市场可能出现的风险,一是要强调券商的责任。创业板市场能否按照创业板的政策精神及投资者的意愿选择上市企业,主要在于作为保荐人(主承销商)的证券商是否把好进关口。作为保荐人,既有承销的责任,又有推荐的义务;既要对企业负责,又要对市场负责;既要对发审和监管机关负责,又要对广大投资者负责,当然也要对自己的信誉和生存负责。面对上市企业挑选的高弹性,各大证券商必须以高度的社会责任感来建立和完善创业企业的筛选、培育和保荐机制。二是要建立强制性的信息披露制度,加强对中介机构的管理。一方面要重视信息披露的真实性,充分披露创业板公司经营、赢利、成长和公司最近一年股本变动等信息,通过提高信息披露的真实性和准确性,降低创业板市场的风险;另一方面要加强对注册会计师事务所、律师事务所、评估师事务所的监督和管理,促进我国中介机构自律和业务水平的提高。此外,深交所上市委要对公司过会前六个月内进行增资扩股或控股股东转让股份的情形给予充分关注。

6. 创业板市场的前景问题

国内目前有两派针锋相对的观点:一种观点认为我国创业板市场将难逃失败的命运。因为在基础雄厚的国外,其创业板市场成功的范例就不多见,对于我国这样一个高新技术基础薄弱,仅200家创业投资公司,且组织形式极不规范的国度来说,成功的概率就更小。另一种观点则对我国创业板市场的未来前景充满了乐观的情绪。对于我国创业板市场的未来前景,我们是持谨慎乐观的态度。之所以谨慎,是因为创业板市场相对于A、B股市场而言,监管难度更大、风险程度更高。之所以乐观，是因为：第一，我国中小企业数量众多，仅民营高科技企业就有 10 万家，云集了一大批"两高六新"，即"高成长、高科技"以及"新经济、新服务、新农村、新能源、新材料、新商业模式"的企业，创业板市场对于上市公司的挑选可以做到优中选优。第二，在经济高速增长背景下，中小企业具有高成长性。第三，在流动性过剩的背景下，市场资金较为充裕。第四，各级政府对于创业板市场的推出倾注了极大的热情，且有众多的国际经验可供借鉴，成功的概率较高。我们深信，深圳创业板市场一定能够培养出一大批创新型企业，促进创新经济的发展；一定会在不太长的时间内形成一定规模，成为居民投资的重要场所之一；一定会交投活跃，流动性强，成为风险资本退出的重要通道；一定会具备超强的筹资能力，成为降低间接融资比例和解决中小企业筹资难的一条重要渠道。

7. 创业板退出机制

有三种可供选择的思路：一是按美国式的退市方法退市。即按交易的活跃性和交易的价位两个标准确定是否退市。二是按亏损式的退市方法退市。如连续三年亏损自动退市。三是按资不抵债式的退市方法退市。我们认为，在我国创业板市场按第一、第三种方法都难以实现退市，可行的方法还是应像 A、B 股市场那样，选择亏损的退市方法退市。因为在我国未来的创业板市场，上市公司仍然是一个稀缺资源，交易的活跃性和交易价格是一个不成问题的问题。同时，破产法是一个选择性法规，只要债权人不申请，退市就是一句空话，实际上，有了创业板市场债权人也不会轻易选择破产这条路。

第三节　激活三板市场

一、激活三板市场面临着重要的机遇

目前激活三板市场的有利条件有：

第一，公司法和证券法的修改和实施为三板市场提供了法律保障。新公司法和证券法实施后，原来"股份转让必须在依法设立的证券交易场所进行"的要求也将随之变为可以"在依法设立的证券交易场所或者按照国务院规定的其他方式进行",这一变化为三板市场建设打开了新的空间。公开发行证券要经国务院证券监管机构或国务院授权的部门核准,非上市公开发行股票应当进入国务院批准的其他证券交易场所转让。目前,代办转让系统正好符合该项"其他证券交易场所"的要求,将"200人以上公司"的交易监管纳入"三板",已成定局。

第二,国家自主创新战略的实施迫切要求为科技型中小企业提供一个顺畅的股份交易和转让平台,以吸引包括风险投资在内的资本投入,三板内涵的扩展正适应了这一需求。三板市场虽是股市中最低层次的市场,但也是股市中最基础的市场。如美国OTC市场处于金字塔式股市体系中塔基的位置上。许多既达不到主板上市条件,也达不到纳斯达克全国市场和小型证券市场上市要求的中小企业,往往选择在OTC市场交易,获得了最初发展的资金后,经过一段时间的发展壮大,达到纳斯达克证券市场或纽约证券交易所挂牌标准后,升级到主板或纳斯达克市场。

第三,经过多年发展,三板市场已初具规模。2001年6月,以《证券公司代办股份转让服务业务试点办法》发布为标志,代办股份转让服务业务正式启动。2004年2月,证监会下发了《关于做好股份有限公司终止上市后续工作的指导意见》,规定了退市平移机制,强制上市公司退市以后必须进入代办系统,强制退市公司平移至代办系统,是代办系统发展史上第一次功能拓展,也为代办系统迎来了发展史上的第一次大扩容。2006年,中关村园区高科技公司进入代办系统挂牌,标志着代办系统步入一个新的发展阶段,意味着三板市场"垃圾桶"形象有所改变。据中国证券业协会统计,截至2009年年底,代办系统有超过100家公司挂牌。

第四,进入三板市场的非公开发行试点公司进入门槛不高。只要具备设立股份公司满三年、有持续经营能力、治理结构完善、主营业务突出等条件的中关村科技园区企业就可以申请,再由券商负责推荐。进入三板挂牌实行备案制,并不需要相关部门审核批准。对于那些符合证券业协会规定的略低于上市公司信息披露要求的非公开发行证券,都将可能允许通过委托代办股份转让系统转让。

第五,证监会已成立了非上市公众公司监管部,正在积极将非上市公众公司的股份发行、转让、登记、托管、结算、持续监管等纳入法制轨道,研究制定非上市公众公司的管理规定,欲建立全国统一的非上市公众公司监管体系。这对于深交所代办报价转让系统来说,无疑是一个重要的发展契机。

第六,上海、重庆、西安等各地高新园区都酝酿相关代办股份转让试点企业资助办法。就中关村园区而言,对试点期间的挂牌企业给予不低于 100 万元的重大产业化专项资助和 20 万元的改制上市资助。中关村园区还实施了创投机构风险补贴和投资跟进政策,以提高创投机构投资中关村企业的积极性。科技部和深交所自 2004 年实施的"路线图"计划,打通包括天使投资、商业贷款、风险投资等各个环节,对科技型中小企业成长的各个阶段给予金融支持。

第七,主办券商制度不断完善、主办券商队伍不断壮大。代办系统成立之初,就确立了以净资产和净资本为核心的主办券商资格管理制度,规定净资产 8 亿元、净资本 5 亿元为申请主办券商业务资格的基本条件,从而将风险承受能力较低的券商排除在外,确保只有优质券商才能从事代办系统业务。此外,为保持市场平稳运行,还明确规定任何一家公司挂牌转让,都必须确定一家主办券商和一家副主办券商,一旦某证券公司不再符合资格条件,证券业协会终止其业务资格时,其原有业务即移交至副主办券商。2006 年,园区公司报价转让业务推出后,由于其与代办股份转让业务在服务对象、挂牌标准、交易方式等方面存在明显差别,代办系统新增了以主办券商业务资格为基础、同时又高于主办券商标准的新的业务资格,即报价转让业务资格。截至 2009 年年底,已有 106 家券商进行主办券商业务资格申报,其中 28 家券商取得了报价转让业务资格。

第八,股份转让方式不断推陈出新。2002 年,为了增加代办股份转让的透明度,证券业协会根据挂牌公司质量和信息披露情况,实行了区别对待的每周转让一次、三次和五次的交易制度。2003 年,为方便投资者有效报单,推出了可能成交价格的预揭示制度。2006 年 1 月,为满足私募性质的园区公司股份转让的需要,代办系统开创性地引进了意向委托和成交确认委托两种委托方式,并且每周一至周五的上午 9:30 至 11:30 和下午 13:00 至 15:00,均可委托买卖、配对成交;此外,为将投资者限定在有风险识别能力和风险承受能力的特定投资者范围内,还规定每笔委托数量应为 3 万股以上。目前,证券业协会正在研究增加第三种委托方式,即定价委托方式,以增强报价转让系统的运行效率。

第九,信息披露制度日益完善。为促进挂牌公司依法、及时、准确、全面披露有关信息,中国证券业协会近年来制定了一系列行之有效的措施:首先,开创性地利用网络媒体作为指定信息披露平台。要求全部信息应通过代办股份转让信息披露平台披露,通过其他媒体披露信息的时间不得早于代办股份转让信息披露平台的披露时间。与此同时,赋予主办券商对挂牌公司拟披露文件进行审查的权力。对公司拟披露或已披露信息的真实性可提出合理性怀疑,并据此采取专项调查等必要措施。

第十,针对三板市场交易清淡和企业挂牌动力不足的问题,推出了一系列改革举措:一是有限公司进行股份制改造后不必再等一年,即可以在三板挂牌。这一新政策出台后,已有多家企业表达出对三板的浓厚兴趣。二是对私募发行实行备案制,发行方案只要得到券商和发行人的认可即可,中国证券业协会只负责备案。三是增加"定价委托"的报价方式,同时在结算方面简化程序,提出和主板相接轨的交易和结算方案。

二、激活三板市场的重要举措

目前深圳交易所代办股份转让系统虽然是国内证券市场格局中唯一的一个全国性的三板市场。但目前仍然是一个区域性的、小量的交易平台,其影响力和竞争力还有限。国家要不失时机地督促深圳证券交易所整合股份代办转让市场,建立全国统一的股份报价转让系统,提供一个场外交易的平台。

1. 确定三板市场的布局

目前,理论界主张三板市场走向分散化的呼声很高,北京、上海和天津对于三板市场的争夺已进入了白热化,甚至其提交的建设区域性三板市场的方案已上升到了决策层面。的确,从发展三板市场这个角度看,北京、上海和天津三个城市各有自己的优势:北京的科技集中度优势明显,上海有主板市场作为依托,而天津属于新兴金融试点区。但我们始终认为,未来三板市场的发展趋势将会是集中化,而不是分散化。理由是:第一,集中化更有利于监管。让多个同类三板市场同时并存的状况是不正常的。管理层的整体思路是要建立全国统一监管下的三板市场，仅从形式上而言，代办股份转让系统扩展到一定程度就是一个全国性的 OTC 市场。第二，在网络化的时代，全国联网的难题很容易解决。第三，集中化可以节约成本，提高规模效益。考虑到场外交易市场归证监会管理，产权交易所归国资委管理，证监会即使批准上海设立全国性三板市场，也不会将其放在产权交易所进行，而会依托证券交易所来做，从而跟证券交易市场连成全国性市场。上海应以现有的上海联合产权交易所下属的股权托管中心为基础，增加股权募资和交易平台，建设区域性的股权交易柜台市场。一个代办股份转让系统远远不能满足需求，柜台交易市场的设立，对各地产权交易市场亦有提高和促进作用。目前各地产权交易市场（包括技术产权交易市场）开展的非上市公司股权交易业务，由于缺乏明确的政策界定和法律认定，处境尴尬。随着柜台交易市场的设立，一批区域性的地方产权交易机构必将纳入这个市场体系网络之中，各地的非上市公众公司股权转让业务，将在柜台交易市场统一规范管理之下，得到发展。

2. 明确三板市场的监管主体

我们认为，由证券业协会主办代办转让系统，并不恰当，因为证券业协会在证券法里面实际上是作为行业监管组织发挥作用。如果说过去因为退市公司极少，让证券业协会承担一些退市上市公司的转让监管问题并不突出的话，那么，随着一大批科技园区公司的挂牌，还让证券业协会担负全国三板市场监管的重任，我们觉得它很难胜任，因为它的利益代表首先是券商、证券公司，主要功能是行业管理而非交易管理。代办转让系统的定位应该转化，不应当由中国证券业协会监管。将代办转让系统转化为一个全国性的场外交易市场，同时各省、自治区、直辖市可以设立一个柜台，如果市场认为有必要的话，也可以在全国和各省、自治区、直辖市之间设一个大区一级的交易系统，不仅要建立标准化的交易制度、登记制度，而且要把信息系统全国联网。

3. 找准三板市场定位

有一种代表性的观点认为，从目前我国三板市场上市公司的数量来看，根本没有必要设立一个专门的市场，其交易需求完全可以通过现有的银行柜台市场来进行。我们认为建立专门的三板市场很有必要,特别是在目前银行业与证券业分业经营的背景下很有必要。未来三板市场的最终定位应该是"统一监管下的全国性场外证券市场",一方面,它较交易所市场的标准要低,风险较高;另一方面,又比区域性的场外市场标准要高,并且有全国统一监管。

4. 界定三板市场功能

2006 年以前,三板市场主要集中了两类性质的公司,一类是原 STAQ、NET法人股转让系统的历史遗留问题公司,另一类是沪深两市未能按期扭亏而退市的公司。由于缺乏基本面的支持,三板市场的功能就是充当"垃圾桶",大批个股价格低于 1 元。作为"垃圾桶",三板市场一直以来都被边缘化。在三板交易的大自然公司几次申请转入主板均铩羽而归,投资者曾经希望三板成为主板孵化器的憧憬被迫搁浅。三板市场的功能应该是孵化器。除继续履行孵化退市公司的职责以外,还要孵化高科技企业和相当数量的从地方产权交易中心退下来企业的孵化工作。也就是说,"垃圾桶"只是三板市场的一个组成部分,但绝不等同于三板市场。三板市场的内涵远远大于目前以退市公司为主的三板市场。我们说的三板市场是一个新兴市场,是一个以场外的报价系统和柜台交易为主的证券市场,是一个服务于主板和二板市场升降级制度的场所。三板市场的定位是:一是为解决达不到主板、创业板市场上市条件的企业提供股票托管流通场所,立足于为高速成长的高科技企业提供投融资服务,是为创业板市场,甚至主板市场提供优质资源的蓄水池。二是为主板、创业板上市公司的退出提供接纳场所。三是为国有银行消化不良资产以及进行资产证券化提供一个场所。

5. 选择适合三板市场的交易模式

从目前来看,至少有四种交易模式可供三板市场选择选择:一是大交易所模式。即将三板市场纳入深圳证券交易所的势力范围之内。二是小交易所模式。即按区域性证券交易所的要求在全国建立 3—4 家三板市场。三是寄卖模式。即由个别证券公司代理,寄卖。四是中央报价系统模式,全国统一的联网公开报价系统,全国联网,公开报价。比较而言,第四种模式更优。因为大交易所模式不符合三板市场分散交易的特性,容易形成垄断,形成千万家企业排队上市的局面。小交易所模式虽能满足分散交易的原则,但各区域性市场自成体系,既不利于统一监管,也不利于投资者相互参与,特别是对于证券营业部来说一下子要增加几条通讯跑道和支付多家席位费,将提高营业部的经营成本。证券公司寄卖模式受交易规模和影响力的限制,无法将三板市场做大。而采用中央报价系统既满足了分散交易的原则,又便于统一监管和统一交易。在运行模式上,三板市场可设计为一个集中统一管理的电子化报价系统,与各地方产权交易市场以及"代办股份转让系统"联结。做市商通过计算机网络报价,交易完成后将结果报告给系统,同时成立专门的市场机构负责联网的信息发布和自律监管。我国建立 OTC 市场应基于"统一互联"的原则。所谓"统一",即各柜台市场运行的基本规则、标准和程序的统一,监管主体、规则和程序的统一,登记和托管的统一;"互联"是指各个子市场按照统一的规则连通彼此信息,将各市场报价、议价成交、信息发布等集成于现代的信息技术平台上,使各市场达到充分地按标准的"互联"。坚持"统一互联"原则,能避免分散运营的主体所带来的市场混乱和风险的不可控制,便于中央证券监管机构的监管。

6. 扩大三板市场的容量

目前正在运转的代办股份转让系统还不能算做全国性的 OTC 柜台交易市场,由于基本上只限于北京的中关村高科技园区内的部分企业上市交易,涵盖面非常有限。

一是要增加上市公司的数量。按照新《证券法》规定,股份公司向累计 200 人发行股票,就算公众公司公开发行证券。据不完全统计,目前我国约有超过 1 万家"200 人以上公司"。20 世纪 80 年代股份制试点初期的定向募集公司,其股东多在 200 人以上,目前约有 3000 家,其数量为 A 股上市公司的两倍。同时,管制放宽将会出现更多新的"200 人以上公司"。三板市场今后要面向全国的非上市公众公司,可考虑采取分步推进的策略:第一步,做实中关村试点。目前主要进行三方面的工作:一是研究如何能让三板进入门槛和企业的实际规模、发展状况进一步相吻合,为三板发展提供建议;二是进一步支持园区企业进入代办系统甚至主板交易,除了作出更多的"转板"典型案例外,还将继续推进更多的园区公司到三板挂牌;三是将定向增发的案例做实。第二步,在总结中关村高科技园区试点经验基础上,扩大试点范围。可选取拥有一大批优质非上市股份公司的浦东张江、深圳高新区和重庆等 2—3 家进行试点。第三步,代办系统将逐步允许具备条件的 52 个国家高新技术产业开发区内未上市高新技术企业前来挂牌。但需要指出的是,这个市场是为规范化的、按《公司法》设立的"非上市公众公司"转让股份服务的,而不是为当年那些借股份制改革之风搭车圈钱的公司服务的,那些不规范、超范围发行的股票股权证严格禁止进入这个市场交易。

二是要完善交易制度。从发展的角度看,今后采取其他多种交易方式的空间也仍然存在,比如集合竞价、做市商制、连续竞价等。新"三板"将来也有可能成为创业板市场体系的一个有机组成部分。由于新的公司法和证券法实施发行与上市分离,交易所市场今后有可能引入无首次公开发行的直接上市制度,三板可与中小板或者创业板实现衔接,把新"三板"挂牌的公司直接引入中小板或者创业板市场,通过新"三板"市场的发展,为创业板提供丰富的上市资源,由此形成比较完备的创业板市场体系。

三是要引入个人投资者。现时三板市场的交易主要由机构投资者完成,其开户及交易程序相对复杂。其每笔委托的股份数量不低于 3 万股,投资者在报价系统通过买卖的意向性委托寻找对手方,或通过其他途径寻找买卖对手,达成转让协议后,再向报价系统提交买卖确定性委托,并由双方自行约定不超过 6 位数的成交约定号,用于成交确认委托的配对。股份过户和资金交收采用逐笔结算的方式办理,证券登记结算机构不担保交收,如若双方的资金、股份不足或被司法冻结导致交收失败,由双方自行承担风险。这样的交易方式,令不少潜在投资者,包括机构投资者望而却步。三板交易市场不接受个人散户参与交易,其定位就是机构投资者,因此,这个市场与个人散户们无缘。从这个角度看,资本市场体系的建设还需要更低层次的市场架构,设立为一般个人投资者股权转让服务的柜台交易市场,这不单是个人股权投资者的需求,也是公司股份应该可流动的本质特性的要求。应在多层次资本市场架构中设立更低层次股权转让市场,以满足个人股权投资者转让股份的需求。

7. 活跃三板市场的交易

中关村高科技园区代办股份转让系统上马以来,呈现出挂牌慢和成交清淡两大特征。为破解这两大困难,一是代办股份转让系统要增加融资功能。过去,代办股份转让系统只是一个创业资本退出的市场,不具有融资功能,因此成长中的企业没有挂牌积极性。为提高企业挂牌的积极性,要进行定向增资试点,可规定,挂牌企业的定向增资人数不超过 20 人,企业股东总人数不超过 200 人,增资后需要锁定一年才能流通。二是改进交易模式,采用电子化报单,采用定价委托,只要价格相同无论数量是否一致,都可以成交,这样就可以提高效率。三是设立非上市公司股权投资基金。借鉴成熟市场经验,研究"封闭式非上市公司股权投资基金"的可行性,这种基金类似于海外的创业投资基金或私人股权基金,专门投资于非上市公司股权,等项目成熟时退出。

第四节　整合产权交易市场

一、产权交易市场是深圳多层次资本市场的必要环节

有人认为,产权交易所股权交易是不能细分的,不能连续交易,据此认定,产权交易市场不是多层次资本市场的组成部分。我们认为,产权交易市场是深圳多层次资本市场不可或缺的一个环节。

1. 将产权交易市场纳入深圳多层次资本市场体系是世界上的一项创举

我国经济体制改革的本质,是在社会主义基本政治制度下实现平稳地由市场经济体制对原有计划经济体制的逐步置换。在经济体制置换的同时,必然伴随着产权(含股权、资产、知识产权等)的所有制结构、社会资本结构、产业结构的调整,伴随着公共财政制度的建立,伴随着科技体制特别是知识产权转让制度的重构,必然引起交易制度、方式及场所的转变。具体体现为对存量资本等的结构调整,必须进入政府有关职能部门监管下的产权交易市场,以公允市价交易的形式完成。我国目前的产权市场都是有形的产权交易市场,也就是为产权交易提供集中竞价交易的场所,虽然我们把它归为非证券资本市场,但是在西方发达国家并不存在类似的有形市场。由于经济严格按照市场方式运作、产权明晰、有

关的法律体系完备、中介机构发达以及信息渠道畅通,西方市场经济发达国家的产权转让都是在无形市场中自发进行,也就是说,西方国家的非证券资本市场采用的都是无形市场的形式。但是中国目前还不具备上述条件,所以采取了有形市场的形式。

2. 将产权交易市场纳入深圳多层次资本市场体系是满足产权流动性要求的必然选择

流动是现代产权制度的精髓,现代产权制度中法人财产权与出资者所有权这两层是可以分离的,也就是股东出资所构成的投入企业运营的资源,与出资人的权益(股权、产权)是可以分离的。出资人权益可以独立在市场中进行交换。在资本市场竞争的环境下,这部分资产可以高效率流动、可以大幅增值。为权益性资产提供流动性是资本市场的基本功能,只有资本高效流动,才能优化资源配置,才能规避风险,使资源高效率地向优势企业和企业家聚集。中国资本市场由于原始出发点、制度设计以及层次单一、容量限制等问题,远远满足不了大多数企业的股权融资和权益资本流动的需求,到2009年年底,只有1600多家企业能上市直接融资,剩下的800万户到1000万户企业通过什么渠道实现直接融资?这个话题留给了中国产权交易市场巨大的想象空间。

3. 只有将产权交易市场纳入深圳多层次的资本市场体系才能满足大量企业的改制需求

十六届三中全会决议中一个具有突破性的结论就是:股份制是公有制的主要实现形式。股份公司与有限责任公司相比,股权流动性更好。为了加速企业再造,迅速提升中国企业的总体质量,应该大力推动、加强企业的股份公司制改造。在这种改造中,国有企业应该作为启动力量或者是先导力量。除了少量关系国计民生,必须由国家控制,不允许其他性质的资本参与之外,大力提倡国有企业与民营企业、外资企业合资。人们一般都认为股份公司就是上市公司,实际上这种理解是不全面的。股份制改造只是上市前的必经之路,股份公司中最优的一批可以在股票市场上市。但任何单一市场的容量都是有限的,目前全球最大的股票交易所中的上市公司数量也不过万家,那些未上市股份公司的股权也有流通需要,如果中国出现几十万家股份公司,必然要求多层次、区域性的资本市场体系为其股权流动提供服务平台。如果通过对现有产权市场的改造和提升,在规范管理的基础上拓展其为非上市股份有限公司股权转让服务的功能,将极大地改善股份公司的运行环境,进而带动股份制经济的大发展。可以说,通过产权市场实现非上市股份公司股权的有序流转,不仅是产权市场自身发展的需要,更是贯彻落实十六届三中全会精神、大力发展股份制经济的需要。

4. 将产权交易市场纳入深圳多层次资本市场是夯实深圳资本市场基础的需要

在现代市场经济中,产权是涵盖物权、债权与股权的有机整体。相应的,产权市场就是包括物权、债权、股权、知识产权等各类产权的权益性市场,在资本市场体系中,产权市场相对于证券市场,是次一层级的市场,但它是基础性的资本市场。

一是产权交易市场的覆盖面广阔,交易内容和交易活动丰富。从产权交易市场的范围来看,一般生产要素的交易往往集中在某一有形市场内完成,而产权交易市场中的交易活动则要突破有形市场的狭隘范围,如对企业产权的载体的考察、评价以及对交易进行决策等都是在场外进行的。通过对产权交易的考察就会发现,交易行为是在比有形场所更广阔的范围内完成的。因此,产权交易市场所涵盖的范围比产权交易机构要广阔得多,而且,产权交易的内容和交易活动也复杂多样。在产权交易市场上,可以进行多种形式的产权交易,如承包、租赁、参股、拍卖、兼并、收购、股份买卖。产权交易的偿付方式也是多种多样的,如现金支付、分期付款、资产抵押、证券抵押、承担债务等等。另外,产权交易的交易活动包括卖方的促销活动,买方的调查和分析,经纪商的中介活动以及产权转让要素价格的确定等活动,比一般的实体性商品交易活动要复杂得多。

二是产权交易市场具有较强的专业技术性。产权交易市场接纳的对象不是普通的商品消费者,而是投资者和企业家。由于行业和部门不同,各种企业的技术、产品等差别比较大,因而使用者不仅必须了解其性能,而且还应具有经营管理能力。购买者和经纪人都必须具有这些知识,才能高效率地使用这一商品。因此,结合我国的现状,当前最重要和最迫切的,还是要在我国尽快推进多层次资本市场的发展,积极发展具有我国一定特色的比较分散的产权交易市场。

5. 将产权交易市场纳入深圳多层次资本市场体系的立场与准备定位于全国性统一场外交易市场的三板市场并不冲突

面对数目庞大的非上市公司群体,一个三板市场明显力不从心,势必还需要一个为市场提供服务的产权交易市场体系。并且,非上市股份公司的分布天然具有地域性特征,无论从监督还是服务的角度出发,得到地方政府支持的产权交易机构都具有一定的优势。

6. 将产权交易市场纳入深圳多层次资本市场体系是巩固改革成果的需要

20 世纪 90 年代以来,大量的非上市股份公司的股权缺乏规范的流通渠道。非上市公司股权的有序流转同样是建立现代产权制度的要求,促进其股权有序流转,仅靠目前单一的资本市场是远远不够的,必须构建产权交易市场,推动非上市股份公司股权规范、有序流转,才能优化资源配置和改善公司治理结构。

二、产权交易市场既面临着发展的大好契机,也面临着许多难题

1. 产权交易市场再生的前景有不断明朗化的趋势

第一,管理层对产权交易市场的态度有所变化。《国务院关于实施〈国家中长期科学和技术发展规划纲要〉的若干配套政策》提出:"推进高新技术企业股份转让工作。在有条件的地区,地方政府应通过财政支持等方式,扶持发展区域性产权交易市场,拓宽创业风险投资退出渠道";科技部《关于加快发展技术市场的意见》更加明确提出:"积极发展技术产权交易市场。在发展较好的技术产权交易市场开展国家高新区内未上市高新技术企业股权流通的试点工作。"党的十六届三中全会《中共中央关于完善社会主义市场经济体制若干问题的决定》,第一次提出了"现代产权制度"的理论,明确提出"大力发展资本和其他要素市场","建立多层次资本市场体系","规范发展产权交易"。

第二,一个从地方到区域、几乎覆盖全国的产权交易市场体系的形成,已经是一种谁都不能否认的客观存在。其在不断的发展过程中所产生的对国有企业改革与发展及整个社会资源配置积极的促进作用,已经得到社会各方面的认可。

第三,如果说中国产权交易市场的希望在于实现从国有资产转让市场向社

会公共资本市场的转变的话,那么,深圳多层次资本市场体系建设进程的加快,为产权市场融入统一社会资本市场体系,实现在更高层面上的发展提供了难得的历史机遇。

第四,今天的中国经济改革和资本市场发展的决策者们,已经对中国市场经济发展的具体国情和资本市场运动的规律有了更加深刻的理解。而这种经验的积累和认识的深化,必将推动政府决策程序的合理化和使政府多层次资本市场体系建设的决策更加理性。我们有理由相信,现有证券市场与产权市场的整合与创新,将成为深圳多层次资本市场体系建设路径的最终政策选择,并推动产权交易市场实现自己的再生。

第五,历史上,产权交易市场仅限于股权托管业务,非上市股份公司股权转让几成"雷区"。而新《公司法》和《证券法》已经明确了非上市股份公司股权转让的合法性。这也表明国家长期以来的禁令目前已经有所松动。

2. 中国产权交易市场边缘化的危机并没有完全解除

深圳多层次资本市场体系的建设,虽然对于一直处于法律地位缺失的中国产权交易市场来说,是一次难得的历史机遇,但值得注意的是,中国产权交易市场边缘化的危机并没有因此而完全解除。

进入 21 世纪之后,产权交易市场外在环境的改变和其作为资本市场的发展要求,使产权交易市场向公共资本市场的转变和实现产权交易的社会化、证券化、可连续性成为其发展的必然选择。而这种发展和创新行为又必然加剧与现行国家政策"不得拆细、不得连续、不得证券化"的禁止性规定的冲突,并因此加大产权交易市场被政策取缔的几率。2006 年 7 月,国家对非法股票发行和非法证券交易活动所采取的严打政策,实际上就是一个需要引起产权交易市场业界重视的信号。由于产权交易市场与证券市场长期独立存在,及其之间的体制矛盾和利益的牵制,作为主持中国多层次资本市场体系建设的证监会,实际上也只能在自己的管辖范围内,选择在证券市场内部和通过对证券市场的细分和交易方式创新来形成资本市场的多层次和交易方式的多元化,产权交易市场被中国证监会接纳并被重视、其职能领域和作用方式走向社会化和证券化的曙光尚未显露。

在产权交易市场条块分割的背景下,目前有 300 多家产权交易所,全国除少数省、直辖市、自治区没有设省级产权交易中心外,全国绝大多数省、直辖市、自治区都设有省级产权交易市场,有的省多达几十家,仅中央和省(市)两级国资监管部门认定的合格产权交易所就有 60 余家,而全年的交易量不过 2000 多亿元,还不到证券交易所一天的交易量。并且大部分产权交易量还集中在少数几家产权交易所中,大多数产权交易所只有很少的交易量。即便是人们推崇的长江流域产权交易共同市场,也仅是一种松散的协作。产权交易市场要想摆脱边缘化的困境,整合是不可避免的选择。但全国产权交易市场的统一,意味着现在的各地产权交易市场组织的独立性将不复存在,改造的进程必然会触及地方产权交易市场组织的眼前利益:中心城市的产权交易市场都希望自己能够在市场统一过程中充当中心市场的角色;地方产权交易市场则害怕在市场统一过程中失去自己的既得利益和独立性,不希望实现统一。如果说,中国产权交易市场的希望在于融入多层次资本市场体系的话,那么,一个仍然处于属地分割状态的产权交易市场既不具备融入多层次资本市场体系的条件,也不利于推动国家通过整合现有的证券市场和产权交易市场来构架中国多层次资本市场体系的政策形成。融入多层次资本市场体系的产权交易市场,必定要形成一个具有全国产权交易枢纽并与证券市场连通的中心市场平台。如果几个中心城市的产权交易市场都在竞争中国产权交易市场的中心市场,就必将延缓中国产权交易市场的统一进程,不利于在与证券市场的对话中采取一致行动,从而降低应对产权交易市场被边缘化挑战的有效性。同时,被行政权力分割和死守着既得利益的各地产权交易市场既难于实现真正意义上的统一,也不可能进行有效的制度和市场创新。而一个被行政割裂的产权交易市场是既不可能被正式的资本市场所接纳,也不可能在中国多层次资本市场的构架和政策形成中有自己的话语权。

随着国有企业改革和改制进程的加快,在现有制度模式下,作为中国产权交易市场主要服务对象的国有企业数量及可供转让的国有资产规模正在迅速下降。在现有职能定位基础上,产权交易市场的发展空间正在大大缩小。同时,产权交易涉及的因素众多,包括有土地、矿产、房产、设备、车辆等诸多因素。比如,房产和地产权证的变更,除整体评估外,房产及地产部门要重新评估并收费,增大了交易成本;多为协议转让,通常是强弱联合,多为承债式收购,并且大多要求有现金投入,安置富余人员,承接退休人员,负责设备更新等,对受让方资金压力大,潜在交易成本相当高。加之,靠政府输血而生存的产权交易市场也难以激发出创新的活力,新的市场效率优势难于形成等,都使我们感到,中国产权交易市场在经过一段暂时的繁荣后,极有可能呈现出逐步萎缩的走势。

三、整合产权交易市场的若干思路

1.布局策略的选择

(1)是单层次,还是双层次。

考虑到产权交易市场的基础性和地方性特征,我们建议,产权交易市场实行双层次布局策略。即:

一是要构建地方性产权交易市场。对于地方性产权交易市场,我们倾向于按行政区域来划分,即以省为单位组建省级联合产权交易所。将地方的积极性都调动起来,可在省会城市开设,让股权可以挂牌流通交易,由地方工商管理部门检测具体挂牌公司的注册资金是否到位,由会计事务所等中介机构把关,投资者本地化,公司本地化,上市本地化,监管本地化。同时,对省以下的产权交易市场应实行整合。目前有不少省辖范围内的产权交易市场有多达数十个之多,由于过于分散,既无法形成规模效应,也难以加强监管。因此,有必要首先在各省内进行整合,以省内最具影响力产权交易市场为龙头或为依托组建地方性的产权交易市场。对于深圳而言,目前较为迫切的任务之一是将目前实行公司制的高交所与实行事业制的产权交易中心进行整合,并将其明确地定位为区域性专营的准资本市场机构,以避免业务重叠,实现资源共享。同时,将现在每年举办的高交会、中小企业融资论坛等整合为每年一度的产权交易大会,使企业项目、资金供给方、各类中介汇集一起,形成为全国企业服务的国内最大的产权交易超市。地方产权交易市场组建完成进入正常营运后,除了充当当地产权交易平台之外,可在此基础上,发展与相邻省份产权交易机构的协作关系,他省的投资者若看好某地市场,也可投资,引入竞争后比拼的是服务、信息披露和各地公司资质,使地方产权交易市场尽可能成为区域集聚多种资本的"聚宝盆"和"资金注地"。

二是要构建区域性产权交易市场。考虑到产权交易有不受地域、部门、所有制的限制的客观上要求,仅有由地方政府主导的分割的地方市场不能在最广大的范围内实现资源的自由流动和有效配置,因此,要完善我国的产权交易行为,还必须打破市场分割,建立统一的产权交易大市场。国家可根据区域经济发展战略的需要,对全国区域性产权市场进行规划,可考虑在东北、西北、华北、华东、华中、华南、西南七大经济区域设立跨地区、跨行业、跨所有制的区域性产权交易市场,承担起中国多层次资本市场体系"产权板"建设和交易中心市场的责任,并引领产权交易市场统一和融入多层次资本市场的进程。要在详细论证、科学规划的基础上,主动加强与中国证监会等部门的沟通,通过整合现有的资本市场资源,构架起一个包括未上市公司股权托管和股票交易柜台市场(OTC)、实物资产产权转让市场和技术产权交易市场在内的大产权市场构架。其交易规则应能满足区域经济发展、企业发展和投资者的需求,避免简单建立多层次的全国性市场,尤其是要避免运用行政机制和财政资金继续建立不同层次的全国性交易市场。这种分层次的市场组织有两大好处:一是为全国数以万计的股份公司开辟上市场所和流通渠道,同时也拓宽市场空间,为广大投资者提供更加广阔的投资空间,避免各地众多公司向区域性市场拥挤的不正常状态。二是以公司的资本规模、规范程度、成长性与经济业绩作为评价尺度,让上市公司在地方和区域性市场上升级和降级,客观上形成对公司规范发展的一种激励机制。

(2)是综合性,还是专业性。

目前的产权交易市场是专业性的,主要表现为三个方面:一是普通产权交易市场与高新技术产权交易市场分设;二是产权交易市场的业务内容比较单一,是为其他非上市股份公司、有限责任公司和所有企业服务,方便企业并购的产权交易市场;三是在这个市场里,国有资产是其中最重要的一项。我们认为,产权交易市场应该是个"杂货铺",里面既有股权,又有物权和知识产权,其业务对象除了产权交易、技术交易、代办股份转让、股权质押融资、上市培育五大传统业务以外,还应该成为:一是企业债的流通转让试点平台。即它可以作为多层次债券市场的组成部分,为企业债券提供登记托管服务的业务,并且作为流通转让的试点机构。可以利用产权交易机构现有的立体信息披露系统通过会员网络、纸媒体和门户网站,面向投资者披露与企业债有关的各种信息。同时,利用产权交易机构丰富的经纪会员资源,培育有实力的投资机构成为合格的企业债做市商。二是金融不良资产的交易平台。即产权市场可以成为四家资产管理公司金融资产超市,帮助将资产管理公司的资产打包交易。三是信托受益权转让的平台。即产权交易机构利用丰富的客户资源和立体信息披露系统促进信托受益权的流通。此外,还可从事投资银行、托管、拍卖、会计审计、法律、评估等业务。

2. 管理策略的选择

(1)是靠人治,还是靠法治

我国目前的产权交易市场至今还没有一部全国性的产权交易法律、法规。虽然各有关省市相继出台了一些有关产权交易的法规、规章、政策性文件,明确了产权交易市场的范围、原则以及市场的法律地位、设立条件等,但不够全面,效力太低。法律缺位带来的后果是令人担忧的:

首先,众多产权交易所的成立及其进行的相关业务既缺乏"合法"的依据,产权交易市场的生存和其从事的业务得不到法律的保障,证券监督部门随时可以对产权交易所从事的未上市公司股份交易的行为进行打击。1998 年,在东南亚金融危机的大背景下,国家对淄博等产权交易所未上市公司股权交易活动所采取的禁止交易及一系列治理措施,就曾造成中国产权市场从 1998—2002 年长达 5 年之久的低迷和徘徊。1998 年国务院 10 号文件"不得拆细、不得连续、不得标准化"的明文规定,更成为了产权交易市场业务拓展和交易方式创新一直不敢逾越的雷池。2006 年 7 月,国家掀起的"打非"风暴,则给产权交易市场带来了深深的担忧。特别是 2006 年 9 月 14 日,中国证券业协会颁布的关于防范非法证券活动的风险提示公告中,更把一些地方的产权交易所、产权托管中心归属于非法中介机构。甚至更有人建议,"要解决好一级半市场的问题,必须先清理旧的股权交易场所"。

其次,既然无法可依,那么设立产权交易市场必然是各行其是,各个市甚至县,只要地方政府一声令下就可以建立产权交易所,有的地方甚至还有按地方官员的看法决定国有产权交易的情况,使产权交易市场变成了政策支持的产物。

再次,在产权交易所的实际运行中,哪些业务是可以合法从事的,哪些业务是禁止的,目前也没有一个统一的定论。这为产权交易所将来是否能够规范运作和长久生存埋下了隐患。

此外,法律的缺位,使产权交易所中出现的各种违规行为得不到有效的处罚和惩治,既不利于保护相关交易主体的合法利益和建立产权交易所的公信力,也不利于产权交易所的长远发展。因此,要改变我国目前产权市场人治大于法治的现状,就必须完善我国产权交易市场的相关法律法规。这可以分两步进行:第一步是各省市要根据自身实际制定产权交易市场法规。具体到深圳,就是要应尽快制定《深圳经济特区产权交易条例》或《深圳市产权交易管理办法》,对产权交易市场的功能定位、交易内容、交易结算方式、交易范围、法律责任和监管主体等进行规范和界定。不管是国有和集体产权,还是民营科技企业产权,作为准资本商品进行交易,都必须遵循相关法规进行。第二步是在总结各地产权交易市场法律法规经验教训的基础上制定全国统一的法律法规。从法规上尽快明确肯定产权交易市场是具有特色的中国式资本市场的一部分。同时,从行政分工上进一步明确对产权交易市场的行政监管职能部门及其应拥有的与制定交易制度、建设交易市场、统一集中监管、维护市场稳定、实施行政处罚等职能相匹配的权利、责任和义务。

(2)是集中监管,还是分层监管。

我国目前的产权交易市场隶属单位是不一样的,既有隶属于发改委的,也有隶属于科技局、工商局的;企业性质也各不相同,公司法人和事业法人并存。管理差别大,市场秩序较乱。我们建议,不同层次的产权交易市场监管方式和程度可不同。对于区域性产权交易市场的监管,应分为两个层面:一是中国证监会发行监管二部宏观上制定股份交易转让和信息披露制度的统一政策和规则,监管并严惩违规行为。长期以来,证监会的监管体系只管上市公司,非上市的股份公司和定向募集股份公司的监管是中国资本市场的一大盲点,我们建议,证监会应该把监管的范围扩大到非上市、非公众的 50 个股东以上、200 个股东以下的股份公司。二是中国证监会地方派出机构负责制定区域性场外交易市场具体的交易规则并参与市场的领导和管理体制,把产权交易中心对于非上市股份公司股权的转让,包括流动,包括定向私募应该纳入自己的监管范围,具体指导并参与区域性场外交易市场的开办。地方性的产权交易市场可由集中监管转向分层监管,由各地的地方政府监管或由市场实行自律性管理。为此,深圳市政府应设立权威性产权交易管理机构,负责统一管理全市产权交易市场,包括制定发展规划和相关政策规定,指导和监督产权交易机构规范运作、监督管理产权交易经纪商活动等。

(3)是行政化,还是市场化。

目前我国产权交易市场既是一个行政化的市场,又是一个市场化的市场,行政功能与市场功能相辅相成、互为支撑。一方面作为被政府赋予一定监管职能的事权主体,具有"守夜人"的职责,对国有产权转让的行为和过程行使约定的监督职能和报告义务;另一方面为产权交易行为人提供交易平台,对产权交易行为进行有效组织,提高交易效率,降低交易成本。但随着市场经济的推进,市场将逐步取代政府的行政化资源配置功能,防止国有资产流失的行政功能将逐步削弱,促进产权流动的市场功能将逐步加强。其功能应逐步从受国资委委托的国有股权转让为主,转向以产权拍卖和帮助非公众股份公司的股权登记、过户、转让、分红以及定向私募为主。市场化和企业化之路是未来我国产权交易市场发展的必然趋势。既然要走企业化之路,就必然有优胜劣汰,也必然有并购重组,这是市场竞争的结果。只有通过并购重组,才能大幅提高交易效率、充分发挥市场功能。为此,深圳产权交易市场,一是要合理分配并购重组中的跨区交易的利益,使各类产权在合理的格局下得到优化配置;二是应进一步加强会员队伍建设,加快引入投资银行机构、信用评级机构、做市商机构以及律师、会计师、评估师事务所等作为自己的会员,通过提高会员的专业与诚信水准来不断提升产权交易市场的诚信水平;三是要在产权交易市场中引入资本规模较大、经营信用良好、资源配置能力强的特许产权交易商做市,由做市商为买卖双方之间构建一个能增进透明度、加强沟通、提高诚信、扩大融资的中间责任与利益方,以解决信息不对称、时空不协调、融资不匹配等问题;四是应积极探索在市场中引入一批有相当经济规模的产权交易基金、产权信托机构或财务投资人,逐步培养出一批有专业水准和经济实力的特许产权交易商。

(4)是多头管理,还是综合管理。

按照《国务院关于落实〈中华人民共和国国民经济和社会发展第十一个五年规划纲要〉主要目标和任务工作分工的通知》要求,规范发展产权交易市场由国资委、发改委、财政部负责。但是,由于国资委履行企业国有资产出资人职责,财政部履行行政事业单位国有资产出资人职责,国家发改委履行培育市场的职责,负有企业发展、风险投资监管、创业资金引导监管等方面的职责。而产权交易市场的现行业务和许多交易品种都超出了以上三个部委的职能范围,对以非上市股份公司的股权转让为主要业务的产权交易市场进行培育和规范更是如此,我们主张,中国证监会应根据新《公司法》和《证券法》的要求,对非上市股份公司履行监管的职责。

(5)是采取"堵",还是采取"疏"的方式。

目前产权交易市场在很多方面游离于法律和监管之外,滋生出了许多活跃的"一级半"市场,经常给主板造成一定程度的冲击。市场上之所以存在那么多形形色色的产权交易市场,是因为大量的中小企业甚至是大型企业存在着迫切的融资和交易需求,对于这种需求是不能通过行政强制手段加以抑制的,只能从提供供给的角度有效满足其融资和交易需求,对非法交易场所的治理运用市场竞争的手段比运用行政禁止的手段更有效。这就需要我们在增加资本市场层次的硬件和提高交易效率,放宽上柜上市门槛的软件方面下工夫,只有增强合法交易场所的吸引力,才能迫使非法的交易场所逐渐萎缩与消亡。

3. 运行策略的选择

(1)是标准化,还是非标准化。

把产权拆为标准单位交易的"拆细交易"和非上市公司的股权交易被国务院办公厅1988年10号文明确定性为"场外非法交易",因此在现实生活中有一条不成文的规矩:产权交易只能进行非标准化的交易,即整体性的产权交易和非标准化的部分产权交易。也正是由于有这样的硬性规定,使目前我国的产权交易市场只能称为场外交易市场的雏形,还处于比较原始的经纪人市场阶段,其含义有二:一是现存的产权交易市场主要以中小企业融资为主要服务对象;二是我们现在的产权交易市场还不是真正意义上的场外交易市场,因为场外交易市场是实现了股权标准化分割的市场,单位化的股票是产权流通转让的载体,而我国目前的产权交易市场还只是停留在非单位化的状况,实行的是一对一的交易方式来实现整体或者部分产权转让、购并、出资入股等交易活动。但从长远看,笔者认为它只是目前过渡阶段的一个特殊形态,将来会向高级的市场形式,即标准化的场外市场发展。这是因为:第一,由于交易目的和交易对象的多样性,应该允许多种交易方式并存,既可以进行整体交易、部分交易,也可以拆细为标准化单位交易。从提高交易效率来看,只有向标准化方向发展,即对企业股权进行拆细和分割,才能运用电子系统进行自动撮合成交来获得交易的高效率。第二,从资本市场发展的历史看,非标准化单位的资产交易只是证券化的初期和初级形式,而标准化单位的拆细交易才是资本市场发展进程中的高级和成熟形式。如果交易品种无法拆细,也就无法进一步实现产品的标准化,从而限制了中小投资者的介入,使产权交易市场的交易量无法迅速扩大。第三,产权交易市场与证券股票市场的区别,不在于是否拆细为标准单位,而在于其上市条件和管理层次不同。第四,产权交易市场的风险性并不取决于是否进行拆细交易和股权交易,而在于监管、自律以及上市公司质量。第五,从交易所本身的生存看,只有发展成为标准化的场外交易市场,所有想要融资的企业都必须要入场才能进行交易,而且实行的是标准化的股权转让,才能依靠坐收入场费和手续费而生存。

也许有人会说,如果允许产权市场的股权产品拆细交易和标准化,则它们与沪深两大证券交易所就没有本质的不同,从而就会存在着同质竞争。我们认为,对于 50 个股东以上、200 个股东以下,净资产或者股本总额在 1000 万元以上的股份的拆细和标准化,与沪深两大证券交易所并不存在同质竞争。因为根据新修订的《证券法》规定,可以将股份公司分为三种类型:一是非公开发行公司,包括发起设立公司和向特定对象募集设立且不超过 200 人的公司;二是非上市公开发行公司;三是上市(主板、中小企业板和创业板)公司。显然,在产权市场挂牌交易的应该是非公开发行公司和不够条件在全国性场外交易市场挂牌的非上市公开发行公司。更何况产权交易市场与证券市场有一个最大的区别就在于,这里不仅有标准化合约的股权交易,还有非标准化的交易方式,如协议转让、竞价交易、招标转让、合作开发等。

（2）是重在流动，还是重在融资。

高层次的资本市场，对于企业来说，最基本的功能是筹集资金，而低层次的资本市场，最主要的功能是促使权益的流动。产权交易市场虽然可归类于资本市场，但它的主要产品是非标准化的，没有标准化的股票市场流动性那么强。在目前股份制经济相对不发达，国有企业仍以实现战略性调整和改制建立现代企业制度为主要目标的条件下，产权市场的主要功能将是以规范为主要特征的产权交易鉴证业务。而国有产权及其他各类产权进场交易的过程，实质上就是产权关系清晰化、产权主体多元化、单一所有制企业股份化的过程。在股份制经济得到充分发展的情况下，更加清晰化、标准化的股权流动重组的需求将更大，其对产权交易市场的功能要求也将发生重大变化。产权交易市场的功能将逐步向为标准化股权转让服务方面转移，形成真正意义上的权益性资本市场。

（3）是靠政府输血，还是靠自身造血。

我国目前的产权交易所，大多是政府包办的产物，其生存几乎完全靠政府输血，不仅其资本来源于政府出资，而且为了产权交易所的生存和发展大计，各地政府都采取了法规和政策方面的措施来支持其运营。很多地方政府甚至在有关产权交易所的立法中制定了强制入场的规定。应该承认，强制入场的规定有其合理性：从交易所角度讲，强制进场交易可以帮助交易所在起步阶段的成长，扩大交易所的交易量和影响度；从政府角度讲，强制进场交易有利于政府对产权交易进行统一有效的监管，防范投融资风险；从投融资者角度讲，产权场内交易有助于资源整合，信息集中公开，防范风险，降低交易者综合成本。在目前产权交易所的培育过程中，客观上需要政府有关部门的积极扶持，推动市场尽快启动，形成规模。而且在目前缺乏相关法律法规的环境下，政府的支持可以增强交易所的公信力和安全性。但强制进场交易不是长久之计。理由是：首先，产权交易本来是一种市场经济行为，强制进场与市场经济的自由原则不符，政府应该只制定市场规则，尽量减少对市场的直接干预和强制行为。其次，产权交易本质上是一种民事法律行为，强调当事人意识自治原则。强制进场将民事行为扭曲为行政管理行为，交易主体在没有享受权利的前提下要履行进场的义务，权利与义务不对等。如果以强制进场作为合同生效条件的话，违背我国合同法的基本原则。

因此,产权交易所想要长久的生存和发展下去,完全依靠政府是不现实的,必须实行公司化运作,找到一套成熟的赢利模式,依靠自身的努力形成规模和效率,找到生存的途径。

需要指出的是,多层次资本市场问题并不是孤立的,它与资本市场制度创新、产品创新和市场创新等密不可分,几乎涵盖了资本市场发展的所有问题,对于这样一个艰巨的任务,试图通过全方位研究,形成科学的理论体系,并描绘出理想的发展蓝图,奢望长期流传下去是十分困难的。关于深圳多层次资本市场建设面临的诸多问题该如何解决的讨论,绝非一时之间就能盖棺定论的。但我们有理由相信,所有前瞻性的探索都具有它的价值,所有的创新都具有它的意义。深圳多层次资本市场理论研究和现实运作无论经历多少曲折,最终总会朝着正确的方向前进。我们仿佛已经触到了深圳多层次资本市场的春天的脉动,我们似乎已经听到了深圳多层次资本市场的春日的鼓点,我们犹如已经看到了深圳多层次资本市场的春意的盎然。春风已在吹临,春雨已在滋润,春芽已在破土,深圳多层次资本市场的淅淅细雨、微微暖风、悠悠梦境的春天正在制度阳光、发展阳光和成熟资本市场经验阳光的交相辉映下向我们走来!

主要参考文献

（一）著作

1. （美）斯蒂格利茨:《经济学》（上），中国人民大学出版社 1997 年版。

2. （美）斯蒂格利茨:《经济学》（下），中国人民大学出版社 1997 年版。

3. （美）P. 萨缪尔森、W. 诺得豪斯:《经济学》，华夏出版社 1999 年版。

4. （美）迈克尔·帕金:《微观经济学》，人民邮电出版社 2003 年版。

5. （美）道格拉斯·C. 诺斯:《制度、制度变迁与经济绩效》，上海三联书店 2008 年版。

6. 周正庆主编:《证券知识读本》，中国金融出版社 1998 年版。

7. 张育军著:《中国证券市场发展的制度分析》，经济科学出版社 1998 年版。

8. 张育军等著:《转轨时期中国证券市场改革与发展》，西南财经大学出版社 2004 年版。

9. 胡继之著:《中国股市的演进与制度变迁》，经济科学出版社 1999 年版。

10. 禹国刚著:《深市物语》，海天出版社 2000 年版。

11. 王健、禹国刚、陈儒著:《中国股票市场问题争鸣》，南开大学出版社 1991 年版。

12. 夏斌主编:《中国深圳证券大全》，新华出版社 1994 年版。

13. 文杰主编:《中国股市世纪大论战》，湖南人民出版社 2001 年版。

14. 王喜义著:《中国股市变奏曲》，中国人民大学出版社 1994 年版。

15. 王喜义著:《深圳股市的崛起与动作》，中国金融出版社 1992 年版。

16. 吴敬琏顾问，刘世锦、张军扩著:《资本市场新论:与企业重组相适应的资本市场》，中国发展出版社 2001 年版。

17. 李扬、王国刚著:《中国资本市场的培育与发展》，经济管理出版社 1999

年版。

18. 卢克群主编:《中国资本市场发展的理论与实际问题探索》,中国经济出版社 2000 年版。

19. 龚浩成、戴国强主编:《2000 中国金融发展报告》,上海财经大学出版社 2000 年版。

20. 吴晓求主笔:《中国资本市场未来 10 年》,中国财政经济出版社 2002 年版。

21. 刘鸿儒著:《突破——中国资本市场发展之路》,中国金融出版社 2008 年版。

22. 王开国著:《中国证券市场跨世纪发展思考》,上海财经大学出版社 1999 年版。

23. 姚刚主编:《2000 年国泰君安研究报告》,上海财经大学出版社 2000 年版。

24. 姚刚主编:《中国证券市场风险与防范》,广东经济出版社 2000 年版。

25. 曹龙骐主编:《金融学》(第二版),高等教育出版社 2006 年版。

26. 曹龙骐著:《金融热点探索》,西南财经大学出版社 1998 年版。

27. 曹龙骐著:《金融问题前沿》,广东经济出版社 2002 年版。

28. 曹龙骐、李辛白编著:《深圳证券市场十二年》,中国金融出版社 2003 年版。

29. 郭茂佳著:《股票市场效率论》,经济科学出版社 1999 年版。

30. 周骏、张中华、郭茂佳主编:《货币政策与资本市场》,中国金融出版社 2002 年版。

31. 郭茂佳主编:《金融市场学》,经济科学出版社 2005 年版。

32. 王国刚著:《建立多层次资本市场体系研究》,人民出版社 2006 年版。

33. 邹德文等著:《中国资本市场的多层次选择与创新》,人民出版社 2006 年版。

34. 阙紫康著:《多层次资本市场发展的理论与经验》,上海交通大学出版社 2007 年版。

35. 邢天才著:《中外资本市场比较研究》,东北财经大学出版社 2003 年版。

36. 周文彰、李瑜、罗新著:《跨世纪的抉择——经济特区二次创业》,南海出版公司 1998 年版。

37. 白天主编,吴忠等著:《走向现代化——深圳 20 年探索》,海天出版社 2000 年版。

38. 彭立勋主编:《邓小平经济特区建设理论与实践》,湖北人民出版社 1994 年版。

39. 陈耀先著:《中国证券市场的规范与发展》,中国金融出版社 2001 年版。

40. 马庆泉著:《中国证券史》,中信出版社 2003 年版。

41. 龚浩成、金德环主编:《上海证券市场十年》,上海财经大学出版社 2001 年版。

42. 金德环主编:《当代中国证券市场》,上海财经大学出版社 1994 年版。

43. 高程德主编,于鸿君副主编:《中国证券市场研究》,高等教育出版社 1997 年版。

44. 周俊生主编:《21 世纪最赚钱的 100 只股票》,经济科学出版社 1999 年版。

45. 周俊生著:《涨跌板——世纪之交中国股市的嬗变》,文汇出版社 2001 年版。

46. 周俊生著:《金钱的运动——中国股市十年风雨路》,复旦大学出版社 2000 年版。

47. 周俊生著:《股市大地震》,学林出版社 2002 年版。

48. 曹凤歧著:《中国证券市场发展、规范与国际化》,中国金融出版社 1998 年版。

49. 曾康霖著:《金融理论与实际问题探索》,中国金融出版社 2001 年版。

50. 吴晓求著:《中国资本市场:创新与可持续发展》,中国人民大学出版社 2001 年版。

51. 潘英丽著:《中国证券市场规范发展问题研究》,上海财经大学出版社 2000 年版。

52. 李康主编:《中国资本市场实务动作指引》,经济科学出版社 1998 年版。

53. 何伟、张建华、蔡朝录主编:《股票发行上市辅导教程》,中国财政经济出版社 2001 年版。

54. 谷灵犀著:《谁是赢家——中国股坛大震荡》,民主与建设出版社 1997

年版。

55. 黎东明、何造中著:《中国股市——20 年大预测》,经济科学出版社 1999 年版。

56. 万国华、门耀超主编:《证券市场大趋势》,工商出版社 1998 年版。

57. 黄文新著:《必胜之路——新世纪股市展望》,中国社会出版社 2000 年版。

58. 陈白助、方星海、李扬著:《中国金融市场:改革与发展》,经济管理出版社 1999 年版。

59. 潘华编著:《中国股票上市公司》,中国经济出版社 1994 年版。

60. 张志雄著:《中国股市事变亲历记》,海南出版社 2001 年版。

61. 刘进、南安著:《中国股市内幕》,兵器工业出版社 1997 年版。

62. 王亚泰、王洪林著:《中国证券市场:问题与政策》,中国城市出版社 1995 年版。

63. 李康主编,蔡国华副主编:《中国股市波动规律及其分析方法》,经济科学出版社 1999 年版。

64. 洪晓斌著:《股市中国》,改革出版社 1997 年版。

65. 陈晓云著:《中国股票市场》,商务印书馆国际有限公司 1998 年版。

66. 杜卫华编著:《证券公司经营与管理》,中国财政经济出版社 1997 年版。

67. 卢阿青主编:《借壳上市——中国第一部沪深借壳探秘之作》,企业管理出版社 1998 年版。

68. 袁东著:《中国证券市场论——兼论中国资本社会化的实践》,东方出版社 1997 年版。

69. 刘传葵著:《中国投资基金市场发展论》,中国金融出版 2001 年版。

70. 李光荣、黄育华主编,王力、方胜平副主编:《中国二板市场——创业板市场》,中国金融出版社 2000 年版。

71. 倪尧龙著:《B 股市场——等待挖掘的金矿》,中国 B 股国际化推广(公司等)机构内部资料。

72. 刘波著:《资本市场结构——理论与现实选择》,复旦大学出版社 1999 年版。

73. 王世渝著:《中国的纳斯达克——中国创业板市场操作实务指南》,世界图书出版公司2000年版。

74. 李维雄、宋冬林主编:《中国股市最后获利良机——中国创业板》,长春出版社2001年版。

75. 曹尔阶著:《中国证券市场研究与展望》,中国财政经济出版社1994年版。

76. 魏斌编著:《中国股市新境界》,中国经济出版社1997年版。

77. 杨大勇主编:《B股运筹——B股投资与操作指南》,首都经济贸易大学出版社2001年版。

78. 晏姚主编:《B股荐写》,西南财经大学出版社2001年版。

79. 刘明清(潮汐)著:《股民起步必读》,中国社会出版社2000年版。

80. 蔡建文著:《中国股市10大悬念》,经济日报出版社2000年版。

81. 沈沛主编,许均华、李君亚副主编:《中国证券市场的回顾与展望》,中国金融出版社2001年版。

82. 中国证券业协会编:《中国证券市场发展前沿问题研究》,中国金融出版社2001年版。

83. 郑振龙编著:《中国证券发展简史》,经济科学出版社2000年版。

84. 马昌时著:《香港股票与深圳股市》,中国经济出版社1991年版。

85. 陈乃进、朱从玖、张育军:《中国证券大全》(2000),中国经济出版社2001年版。

86. 杜煊君:《中国证券市场:监管与投资者保护》,上海财经大学出版社2002年版。

87. 刘波:《资本市场结构:理论与现实选择》,复旦大学出版社1999年版。

88. 刘树成、沈沛主编:《中国资本市场前沿理论研究文集》,社会科学文献出版社2000年版。

89. 庄序莹:《中国证券市场监管理论与实践》,中国财政经济出版社2001年版。

（二）论文

1. 刘鸿儒、李志玲：《中国融资体制的变革及股票市场的地位——重新评价直接融资和间接融资的关系》，《金融研究》1999 年第 8 期。

2. 王国刚：《建立和完善多层次资本市场体系》，《经济理论与经济管理》2004 年第 3 期。

3. 王松奇等：《多层次资本市场构想》，《税务与经济》2004 年第 4 期。

4. 刘纪鹏：《现代企业制度与长期资本市场》，《中国企业报》1995 年第 2 期。

5. 周放生：《资本市场应构建金字塔式体系》，《中国经济快讯周刊》2003 年第 6 期。

6. 徐洪才：《论建立我国多层次资本市场体系的"9+1+1"模式》，《首都经济贸易大学学报》2004 年第 3 期。

7. 邵淳：《做市商制度与证券市场规范成展》，《上海金融》1996 年第 10 期。

8. 麦小茹：《关于我国多层次资本市场建设问题的思考》，《特区经济》2004 年第 10 期。

9. 陈时兴：《多层次资本市场体系建设的观点综述》，《资料通讯》2007 年第 7 期。

10. 李博楠：《论我国多层次资本市场体系的构建》，《经济师》2005 年第 3 期。

11. 李由：《我国多层次资本市场发展问题的思考》，《西南金融》2007 年第 7 期。

12. 史永东等：《我国多层次资本市场建设研究》，《深交所报告》2006 年第 6 期。

13. 邓志雄：《五大进展为产权市场发展奠定基础》，《上海国资》2006 年第 6 期。

14. 陈玉洁：《新闻对话：资本市场需要冷处理》，《中国资产新闻》1997 年第 2 期。

15. 张良：《走国际化之路产交所"合"风频吹》，《上海证券报》2007 年 7 月 10 日。

16. 徐洪才：《借鉴印度多层次资本市场经验》，《法律论坛》2007 年 4 月 3 日。

17. 阙紫康:《中国证券市场:成就、结构矛盾与驱动力》,在北京大学光华管理学院第九届全球金融年会上的演讲整理,2002 年 5 月 27 日。

18. 梁化军:《中国证券发行监管的制度变迁:理论模型与绩效检视》,吉林大学政治经济学专业博士学位论文,2007 年度。

19. 张东生著:《中国债券市场:发展与创新》,中国社会科学院金融学专业博士学位论文,2003 年度。

20. 董晓春著:《基于制度变迁的中国债券市场结构与行为研究》,复旦大学产业经济学专业博士学位论文,2003 年度。

21. 张慎峰著:《证券市场监管理论应用与创新研究》,天津大学管理科学与工程专业博士学位论文,2003 年度。

22. 赵洪军著:《转轨时期中国证券市场监管理念演变研究》,复旦大学经济思想史专业博士学位论文,2007 年度。

23. 陈荣杰著:《证券公司制度发展、治理结构与风险》,清华大学管理学专业博士学位论文,2007 年度。

24. 金桩著:《中国上市公司资产重组绩效》,华东师范大学世界经济专业博士学位论文,2004 年度。

25. 王磊著:《机构投资者、市场效率与市场稳定性研究》,厦门大学金融学专业博士学位论文,2009 年度。

26.《中国证券业统计年鉴》1993 年至 2002 年各期。

27.《证券时报》、《中国证券报》、《证券市场导报》、《上海证券报》等报刊、杂志上发表的有关文章。

28. 证监会网站、深交所网站、上交所网站、国研网站、巨潮资讯网站等相关网站。

附录

深圳证券市场大事记

　　1986—2009 年,深圳证券市场以探索建设中国特色的证券市场的智慧和勇气走出了一条曲折而光辉的道路。这里,我们以此期间深交所的重大事件为主线,对深圳证券市场的光辉历程进行描述。

1986 年

深圳市发展银行成立。

1987 年

　　5 月,深圳发展银行首次向社会公开发行股票,成为深圳第一股,其"原始股神话"推动了中国"股份制改造"运动大规模地进行。深发展的股票最初是以摊派的方式在政府工作人员中发完的。

　　9 月,深圳特区证券公司成立。

1988 年

　　4 月 7 日,经中国人民银行总行批准,深发展股票上市交易,成为中国第一个开始交易的股票。

1989 年

　　3 月 15 日,深交所研究设计联合办公室成立,简称联办。

1990 年

　　1 月 4 日,中国人民银行深圳分行发布《关于深交所筹建若干问题的意见》。

1月14日,深圳市政府在计划财政工作会议上提出:深交所要按国际化、规范化原则抓紧筹建。

1月22日,中国人民银行深圳特区分行发出维护证券市场秩序的通告。

5月8日,由综合开发研究院(中国·深圳)主办的《股市动态分析》创刊。

5月12日,由国家体改委副主任刘鸿儒带队,国家体改委和中国人民银行总行组织的考察组赴深圳考察证券市场。

5月31日,9家证券机构负责人召开证券商联席会议,决定各证券商每周开会一次,交流业务经验,分析股市动态,协商统一每周一开盘价。

7月2日,深圳市证券市场领导小组成立,其主要职责是领导和推动全市证券市场筹建和发展。

8月22日,深圳市政府任命王健、禹国刚为深交所副总经理。

9月16日,深圳市人民政府发布《关于严格禁止擅自以股票、债券等形式集资的通告》。

11月20日,深圳市证券市场领导小组决定,从即日起股票日涨幅从10%调低至5%,跌幅仍为5%,对购买股票方也开征6‰的印花税,即交易一次,买卖双方各交6‰印花税。深圳市委发文规定,党政干部、证券管理人员和从业人员不准买卖股票。

11月21日,深圳市工商行政管理局发布通告《坚决打击证券市场外非法交易》,并对再次出现的场外交易进行清理。

11月26日,深圳证券登记公司经过3个多月筹备,开始试运作。

11月14日,中国人民银行深圳特区分行通知各证券部,经有关部门共同研究,从即日起,将股价下跌幅改为2%,上升幅不变。

11月26日,深圳市长郑良玉指出,股票市场要抓紧配套法规出台,加强管理,改善服务,尽快走上法制的轨道。

12月1日,深交所正式成立并开始运作。"深安达"换发标准股票后首先进入深交所集中交易,成为深交所第一家上市公司。

1991年

3月20日,证券交易所自行开发的电脑辅助交易系统投入运行,该系统包括成交处理、行情揭示和清算分配等功能,大大提高了集中交易效率,并在此基础上陆续开通了与各证券经营机构的行情传输网络。

4月3日,深圳发展银行股票开始集中交易,至此,深圳股票全部实现集中交易和集中过户;深交所发布深圳股价指数,以4月3日为基日,基数为100;深交所开始向主管机关、新华社、电台、电视台、特区报、商报发布每日行情。

4月11日,深交所获中国人民银行正式批准成立。

5月15日,《深圳市股票发行与交易管理暂行办法》经国务院同意,中国人民银行批准,5月15日由深圳市人民政府正式颁布,于6月15日起实施。

6月1日,深圳市政府决定自即日起降低股权转让印花税税率,由向买卖双方分别征收印花税6‰降低为3‰。

7月3日,深交所经1年多筹备和7个多月的运作,举行隆重的开业典礼。《深交所章程》、《深交所业务规则》经主管机构批准,正式颁布实施。深交所主办的全国第一家证券专业刊物《证券市场导报》创刊号出刊。

7月17日,深圳市证券市场领导小组召开会议,作出两项决定:第一,在1991年至1992年内逐步推出新股上市;第二,允许机构投资者入市。

7月26日,深圳证券业电脑网络系统总体合同举行签字仪式。深圳证券业电脑化将使深圳证券交易实现同城买卖委托、适时传输、自动撮合成交、适时行情传递和无纸化过户。

8月3日,中国人民银行深圳特区分行发出《关于法人股转让问题的通知》,规定6月15日以后法人在二级市场上购入的上市公司股票均可通过证券经营机构自由转让。

12月5日,中国人民银行和深圳市人民政府颁布《深圳市人民币特种股票管理暂行办法》。

12月10日,深南玻成为首家向海外发行B股的公司,共发行1600万股,每股发行价为港币5.3元。

12月15日至22日,深交所为配合电脑自动撮合系统的采用,举办第一期出市代表电脑操作培训班。

12月16日,中国人民银行深圳特区分行颁布《深圳市人民币特种股票管理暂行办法实施细则》。

12 月 18 日,举行深圳市人民币特种股票(B 种股票)海外发行承销签字仪式。

12 月 28 日,深交所、深圳证券登记公司联合颁布《股票集中托管方案实施细则》,并决定 12 月 28 日至 1992 年 1 月 8 日首办理宝安股票集中托管业务。

1992 年

1 月 1 日,深交所开始实行一周五天交易制。

1 月 29 日,深圳证券登记公司公布《深圳市人民币特种股票登记暂行规定》。

1 月 31 日,深交所公布《深交所 B 股交易清算业务规则》。

2 月 15 日,深交所与境外清算银行举行 B 股清算交割签约仪式。

2 月 25 日,深交所正式启用电脑自动撮合竞价系统,实现了由手工竞价作业向电脑自动撮合运作的过渡;深交所通过香港德励财经公司对境外实时传送深交所 B 股行情。

4 月 13 日,深圳市人民政府颁布《深圳市上市公司监管暂行办法》。

4 月 27 日,深交所公布《深圳市二类股票上市交易管理暂行规定》。

5 月 14 日,中国人民银行深圳特区分行批复广东省证券公司等 32 家外地证券经营机构为深交所首批异地预备会员。

5 月 26 日,深圳同城证券电脑联网系统开通,首批证券经营机构通过无形席位进行场外报盘交易。中国人民保险公司深圳分公司证券部和深圳特区证券公司达成与交易所的电脑联网,首创从柜台通过多个终端直接向交易所撮合系统输入客户买卖委托,使效率大大提高。

6 月 28 日,中国人民银行深圳特区分行颁布《深圳市投资信托基金管理暂行办法》。

7 月 3 日,浙江省证券公司采用数据专线方式与深交所开通实时行情揭示,成为首家可在当地接收深圳股市行情的异地会员。

7 月 7 日,深圳原野股票停牌。

8 月 10 日,深圳发售 1992 年新股认购抽签表,出现百万人争购抽签表的场面,并发生震惊全国的"8·10 风波"。

10 月 4 日,深交所开始发布 A 股分类指数。

10 月 6 日,深交所开始发布 B 股分类指数。

10 月 19 日,深圳宝安企业(集团)股份有限公司发行 1992 年认股权证,发行总量为 26403091 张。这是中国首家发行权证的上市企业。

10 月 27 日,国务院证券委员会和中国证监会成立,刘鸿儒上任首任主席。中国资本市场纳入全国统一监管框架,全国性市场由此现成并逐步发展。

10 月 30 日,深交所发出《关于申请上市推荐人资格的通知》及《关于上市推荐人工作内容和收费标准(试行)问题的通知》,建立上市推荐人制度,以规范上市工作。

11 月 20 日,深交所首家异地上市公司——武汉商场股份有限公司股票在深交所上市。

12 月 1 日,深交所举办"发展深圳证券市场国际研讨会",来自世界十多个国家和地区的证券交易所代表等金融证券专家以及众多国内金融证券界的专家与学者与会,对如何发展深圳证券市场市场积极提出建议。

1993 年

1 月 3 日,深交所新交易大厅正式启用。交易席位由原来的 32 个增至 210个,日撮合能力由原来每日 2 万笔提高到 6 万笔。

1 月 5 日,李鹏总理视察深交所,并鸣钟开市。他还为深交所题词:"努力办好深交所,为社会主义市场经济服务。"

1 月 11 日,深交所和深圳证券登记有限公司对上市证券编码进行统一修订,并正式启用。

1 月 20 日,中国人民银行深圳特区分行行长王喜义表示,人民银行从 1993年起将不参与深圳证券市场的管理,有关工作将由深圳市证券管理委员会接替。

2 月 6 日,中国人民银行深圳特区分行公布零股交易办法,以加强柜台证券零股交易的管理。

2 月 16 日,深圳特区证券公司上海业务部与深交所正式联网,至此外地投资者可以直接买卖深圳上市公司的股票。

3月10日,海南证券交易报价中心在全国首次推出股票指数期货交易,该中心当时推出的可交易品种共8种,包括深圳股价综合指数和深圳A股指数两种指数各4个到期月份的期货合约。

3月22日,深交所B股交易改用美元挂牌,考虑到B股投资者均在境外,深圳B股市盈率Ⅱ终止公布。

3月29日,深交所正式与路透社的IND网联通,为全世界传送A、B股及债券等的即时报价。

4月1日,深圳证券管理委员会成立并开始对外办公。

4月13日,深交所的股市行情首次借助卫星通信手段传送到北京,时间滞后不超过一秒。利用卫星通信技术传送行情在我国尚属首次。

4月24日,深圳首家外资证券机构香港柏毅证券公司深圳代表处正式成立。

5月2日,深圳市人大正式颁布《深圳经济特区股份有限公司条例》和《深圳经济特区有限责任公司条例》。

5月5日,深交所从即日起调整了股价指数的编制方法,改以新股上市日开盘价作基准纳入股价指数计算为上市日的第二天才纳入股价指数计算,并以上市日收盘价为计价基础计算新股基期市值。

5月10日,深圳股票交易手续费调低,本地为交易额的4‰,异地为5‰。证券商向交易所交付经手费调低到6‰,向登记公司交付的登记费调低到4‰。

5月11日,深交所公布《A股零股交易办法》与《A股认股权证交易清算办法》。

5月12日,深交所"重大信息披露系统"正式启用,本地、异地证券商可接收交易所的重大信息。

5月17日,深交所A股交易单位统一为每手100股。

5月18日,深交所第二届会员大会召开,确立了建设亚太地区一流交易所的目标。

6月1日,深圳、上海证券交易所联合编制发布"中华股价指数"。以1992年元月4日为基日,收盘指数为100,以深、沪两地证交所所有上市股票为采样股,分别以"中华股价指数"、"中华 A 股指数"、"中华 B 股指效"同时向外界发布。

6 月 7 日,为保证境外投资者能够及时了解深圳 B 股上市公司的重大信息,以维护市场的公开和公正,深交所发出通知,对 B 股上市公司在境外公告信息的内容、时间和方式作出要求,并已开始实施。

6 月 24 日,中国证券市场 B 股国际研讨会在深圳举行。

6 月 28 日,深圳 B 股改为港币挂牌,港币结算。

7 月 2 日,深交所制定信息发布工作程序。从 1993 年 7 月 2 日开始,每星期五下午四时半至五时召开信息发布会。

7 月 10 日,深交所公布《深圳市证券经营机构自营业务管理办法》,明确所谓"自营业务"是指证券商自行买卖在深交所挂牌交易的股票、认股权证、可转换债券和其他派生证券。

7 月 28 日,深圳市政府任命夏斌为深交所总经理,禹国刚、柯伟祥任副总经理。

7 月 30 日,深交所电脑交易系统该日一举实现了从微机网络系统到 TANDEM 系统的切换,彻底解决了交易中自动撮合系统的瓶颈问题,大大提高了交易效率。全天成交 91790 笔,创下深交所开市以来最高记录。

8 月 7 日,《深交所 B 股对敲交易暂行办法》经市证管办批准生效,从 8 月 10 日起实行。

8 月 9 日,自即日起,深交所将集中交易时间更改为上午 9:30 至 11:30,下午 1:30 至 3:30。

8 月 10 日,深交所实施 B 股对敲交易。

8 月 13 日,深交所发布《深交所 B 股特别席位管理暂行规则》。

8 月 20 日,渣打、里昂、新鸿基、高诚、柏毅五家境外证券商成为深交所首批特许经纪商,可直接进场作 B 股交易。

9 月 6 日,"原野"正式更名为"世纪星源",重整工作基本结束,复牌工作进入议事日程。

9 月 30 日,中国宝安集团股份有限公司宣布持有上海延中实业股份有限公司发行在外普通股超过 5%，由此拉开了中国上市公司收购上市公司的序幕。

10 月 22 日，中国证监会就宝延事件公布处理意见，肯定宝安集团上海公司购入延中公司股票是市场行为，持股有效。同时对宝安公司在购入延中股票过程中若干违规行为作了处罚。

11 月 1 日，英国前首相希思访问深交所。

11 月 6 日，海南省《特区证券报》刊登所谓"北海正大置业有限公司"大量收购江苏三山公司股票消息，苏三山股票价格大幅振荡。此为国内出现的第一起利用传媒欺骗社会投资公众的股市欺诈案。

11 月 8 日，苏三山股价异动，深交所及时举行新闻发布会，就该事件作出声明，并忠告投资者对自身投资行为作出慎重决策。深交所会员总数突破 400 家。

11 月 11 日，深万科发布公告，称截至 11 月 10 日，已通过二级市场合计购入上海申华实业普通股 135 万股，占申华发行在外股份的 5%。

11 月 22 日，深交所推出 T+0 回转交易。

11 月 27 日，《证券时报》创刊，作为证券市场的指定信息披露报刊。

12 月 8 日，深交所行情正式通过卫星双向系统向西藏自治区首府拉萨市发送，此举标志着深圳股市登上了世界屋脊。

12 月 24 日，君安证券有限公司向国内法人机构和个人发行国库券再投资受益券，成为国内首例，为投资者再添一新的投资工具。

12 月 29 日，深交所颁布《深交所上市公司信息披露管理暂行规定》。

1994 年

1 月 3 日，世纪星源(原野)股票在深交所复牌交易。

1 月 20 日，深圳市证管办颁发《深圳市股份有限(内部)公司审批的有关规定》。

1 月 27 日，《深交所上市公司信息披露管理暂行规定(试行)》即日起正式生效。

2 月 4 日，国务院批准 1994 年股票发行额度 55 亿元;中国证监会表示:暂停审批历史遗留问题企业的上市申请。

2 月 22 日，深交所发布公告:自即日起暂停新股上市,何时恢复新股上市将视市场发展情况而定。

3月4日,深交所公布《深交所异常情况处理办法(试行)》。

3月5日,中国证监会决定暂缓执行深圳证管办有关配股流通的规定。

3月14日,刘鸿儒宣布"四不"救市政策。

3月18日,国债现货5个品种上市交易,标志着深圳国债现货市场开端。

3月21日,天骥基金、蓝天基金、富岛基金、君安93国库券再投资受益券即日在深交所上市。

3月22日,中国证监会主席刘鸿儒在深圳严厉批评某些上市公司违反证券法规盲目增资扩股,随意改变配股资金用途以及高价配股坑害股民等违规行为。

3月30日,君安证券公司代表部分万科企业股份有限公司的股东发起倡议,要求重组万科公司的董事会和公司业务结构,揭开了"君万事件"的序幕。

3月31日,深交所成功地实现了与香港渣打证券公司的直接联网,为发展海外无形市场提供了经验。

4月1日,深交所统一新通信接口规范上线工作,实现了电脑系统的标准化管理。

4月8日,中国证监会宣布一律暂停审批注册新的期货交易和经纪机构。

4月16日,深圳证券登记有限公司决定增加郑州、沈阳、乌鲁木齐、东莞、长春等九城市开展证券转托管业务。

4月20日,日本大和证券代表日本证券业协会宣布,深圳证券市场为其指定的海外投资市场。

4月27日,深交所调整交易升降单位,从原来的0.05元/档调为0.01元/档。

5月1日,深交所对证券编码实行新的编制方法,适应了上市品种不断增加的需要。

5月6日,香港联交所理事会访问深交所,这是两个交易所之间首次就加强相互合作进行的高层磋商。

5月13日,刘鸿儒透露股票发行前将安排"辅导期"。

6月25日,深交所修改B股零股交易办法,同时废止1993年3月31日发布的《B 股零股交易办法》。

6 月 27 日,我国首次通过证券交易网进行新股竞价发行。

7 月 2 日,深圳证券商协会正式成立,这是中国第一个券商的行业自律性组织。

7 月 4 日,深圳 4 只新股发行严重受阻,承销期间缴款仅达五成,这 4 只新股为南油物业、深南光、深长城和深纺织。

7 月 18 日,深交所第三次会员大会在深圳召开。刘鸿儒在会上指出,我国证券市场在规范化方面问题比较突出,促进市场规范化已成为当前的首要任务。

7 月 30 日,国务院证券委会同国务院有关部门及上海、深圳两市负责人在北京共商稳定和发展股票市场的方针大计。

8 月 9 日,深交所颁布实施《深交所国债期货业务暂行办法》、《债券回购交易暂行办法》。

8 月 20 日,深交所调整 A 股交易手续费,费率由成交金额的 4‰ 降至 3.5‰,同时,证券商收取的手续费分配比例由 88% 调高至 92.17%。

8 月 29 日,深交所调低 A 股交易手续费,由异地 5‰、本地 4‰ 统一调至 3.5‰。

8 月 30 日,深圳证券卫星通信双向网正式开通,彻底解决了长期困扰深圳证券市场的异地通信难的问题。

9 月 7 日,深交所从即日起实施买卖盘揭示,内容为买盘(自高往低)和卖盘(自低往高)各三个价位的委托数量。

9 月 8 日,深交所推出国债场外回购业务。

9 月 12 日,深交所推出国债期货交易业务,首批包括五个系列 20 个期货品种,国债市场呈现现货、回购和期货完整格局;深交所调整 B 股交易的收费标准,由原来的 11‰—12‰ 降低至 8.5‰ 左右;深圳证券卫星通信公司批准 77 家异地券商通过双向卫星通信系统传送委托数据,使异地股民的行情接收、买卖委托和成交回报与深圳股民一样便捷。

10 月 31 日,深交所将启动市场监控系统,该系统可以通过深交所证券交易电脑网络对证券市场,特别是股票市场的异常波动进行监控并发出警告。

11 月 1 日,深交所完成撮合系统优化工程,日撮合能力由 50 万笔提高至 200 万笔;深交所决定实施席位管理新规则和试行编制成份股指数。

11 月 2 日,深交所推出资金清算新方式,实行合并清算,券商间资金直接划拨,从根本上减少闲置资金,提高资金使用效率。

11 月 4 日,深交所自即日起开始计算并发布深圳股价指数和 A 股指数及 B 股指数的开市指数,开市指数用集合竞价产生的各股票的开市价计算。

11 月 9 日,深交所完成集合系统优化工程,日撮合能力由 50 万笔提高到 200 万笔。

11 月 11 日,深交所决定从 12 月 1 日起实行《深交所席位管理暂行规则》,席位费降至 60 万元,每个席位日委托量限 3000 笔以内。

11 月 18 日,深圳证券登记公司推出 B 股开户业务,投资者可直接在登记公司开立 B 股交易账户。

11 月 21 日,深圳市证管办向深交所、登记公司、各 B 股清算银行等发出《关于降低 B 股最低清算费用的通知》,再次降低收费标准,将清算费用每笔最低额由 120 港元降为 50 港元;深圳国债期货成交额首次突破 10 亿元。

11 月 22 日,深交所调整国债期货业务规则,主要内容包括设立涨跌停板制度、调整交易保证金及降低佣金、手续费等。

11 月 30 日,深交所首次披露国债期货持仓量,截至 11 月 28 日总持仓量为 4400 口。

12 月 1 日,深交所颁布实施《深交所席位管理暂行规则》及其实施细则。

12 月 3 日,深圳中央结算数据通信系统正式运行,已与 22 家异地登记机构联网。

12 月 6 日,深圳国债期货持仓量突破万口大关,达 14440 口。

12 月 16 日,深交所上海服务中心投入运转,实现异地股份和资金清算一体化。

1995 年

1 月 1 日,A 股交易手续费调整为按成交金额向买卖双方收取 3.5‰,同时调整了交易手续费中各方收取的比例。根据国务院证券委员会第四次会议精神,A 股及基金交易由 T+0 交收改为 T+1 交收。

1 月 3 日,深交所增加 1995 年 12 月份交收期的国债期货新品种,并决定在 1995 年 1 月 27 日前,继续免收交易所对券商收取的交易经手费以及投资者上交登记公司的开户费。

1 月 6 日,深圳市委宣传部等三部门联合发出《关于深圳证券市场新闻报道管理若干规定》,要求重要信息披露、重要法规公布必须事先由指定部门和报刊发布。

1 月 10 日,深圳成立财政系统国债代保管库,会员由北京财政证券公司等 13 家单位组成。

1 月 18 日,深圳决定 B 股发行面向新的行业,1995 年深圳获得 1 亿美元 B 股额度,将在仓储、石油基地、木材加工、机场等一些原先 B 股和 H 股从未涉及的行业和大型企业中分配,以吸引更多投资者投资深圳 B 股市场。

1 月 19 日,为加强国有资产管理,深圳市投资管理公司向上市公司委派财务总监,深深宝成为全国首家由国资部门委派财务总监的上市公司。

1 月 23 日,深交所试行实时发布成份股指数,设 9 项分类指数,以 1000 点为基数,包括 40 只成份股。此举使深交所的指数体系更加完善,选样及计算方法更接近国际惯例;深圳召开金融工作会议,决定今年对现有的证券经营机构进行优化组合和升级换代,促进其向规模化和专业化转型。

1 月 26 日,深圳市委书记厉有为说,深圳将组建和引进基金及投资公司,探索深港交易所联网及相互挂牌,争取深市 B 股在香港第二上市;深交所决定从 2 月 13 日起增加 1993 年 3 年期国债 1996 年 2 月份交收的国债期货新品种。

2 月 13 日,深交所 6316 期货品种推出并迅速发展为深交所国债期货的龙头品种,深圳得以在短时间内发展为全国国债期货第二大市场。

2 月 15 日,《深交所监察委员会规则》颁布执行,进一步保证了市场规范有序运作。

2 月 16 日,深交所从 2 月 20 日开始,以新证券挂牌方式实时发布成份股指数,但原发布指数方式保持不变。

2 月 23 日,"3·27"国债期货事件。

2月27日,深交所发出通知,强调加强国债期货交易风险管理,并就调高保证金,限定最高持仓额等作出新的规定。

3月1日,1995年3年期凭证式和无记名国库券发行,并首次通过深交所网络分销,深圳国债现货市场开始启动;国内首家实时报警事后分析系统正式启用,标志着深交所监察工作进入实时监控的新阶段。

3月9日,深圳证管办确定1995年工作重点:培养和扶持一批券商、基金公司;建立电脑预警和监控系统,防止操纵股市和内幕交易行为发生;吸引内地企业来深圳发行上市B股,发展B股可转换债券、认股权证等派生品种;试组中外合作基金,探索B股向境内投资者开放新途径;探索法人股流通模式,实现法人股"软着陆"。

3月22日,为了加强国债期货风险管理,深圳证券登记公司出台有关运作办法,规定国债现券可充抵期货保证金,国债回购交易需交纳抵押券。

3月27日,从即日起,深交所国债期货交易涨跌停板幅度由±1元调整为±1.5元。

4月3日,深交所调整国债期货涨跌停板幅度,由原来的±1.5元调整为±2元,另同时增设国债期货交易风险基金。

4月6日,深交所将对国债期货交易初始保证金由原来的1000元/口调高至不少于1550元/口,期货商向交易所交纳的结算保证金由原来的500元/口调高至1550元/口。

5月2日,深交所决定自5月5日起将成份股指数作为主要指数发布,原综合指数实时发布至5月底,此后至年底仅每日上、下午收市后各发布一次当日开市、最高、最低和收市指数,从1996年起不再计算和发布原综合指数及其A、B股指数。

5月5日,深交所以成份指数代替综合指数发布。

5月11日,里昂证券举办深市B股推介会,深B股将在香港直接报价;深圳市政府正式任命曾柯林同志为深交所理事长。

5月19日,深交所决定国债期货22日起协议平仓。

7月5日,深圳证券登记公司与新加坡中央存管公司签订股份托管协议,双方结算系统实现联网。

7月12日,深招港 B 股在新加坡交易所第二上市,开创了国内股票在境外第二上市的先河。

7月18日,深南玻在瑞士成功发行4500万美元 B 股可转换债券,这是中国企业首次经国家正式批准在境外市场发行 B 股可转换债券;深交所规范上市公司中期报告的编制内容与格式,同时宣布对中期报告由事先审查改为事后审查,逾期未完成的将被停牌。

7月24日,深交所将债券回购交易报价方法改为年收益率报价法。

8月21日,江铃汽车股份有限公司与美国福特汽车公司在江西正式签署江铃 B 股/ADRS 认购及联合开发等协议,根据协议,福特汽车将认购江铃即将发行的 B 股中的80%,占江铃汽车总股份的20%,并以第二大股东身份参与江铃管理和换代产品的开发、生产和销售。

9月16日,深圳市证券委第三次会议研究决定,深圳证券登记公司更名为深圳证券结算公司,并入深交所,成为深交所的全资附属公司。合并后市场运作的中间环节大大减少,证券市场体制得以理顺。

9月21日,证监会等部门公布"3·27"事件查处结果。

9月22日,深圳市证管办与深交所联合发出通知,要求各地统一深圳证券市场有关数据统计方法,并宣布对擅自编制和发布错误消息,误导和干扰市场者,将按有关规定处罚。

9月23日,深圳市物价局、深圳证管办及深交所联合发文,宣布从国庆节后大幅调低深圳证券市场收费标准,调整项目的收费平均下降近60%,市场整体费用与上海基本相同,交易手续费比上海证券市场低12.5%。

10月9日,深交所证券登记公司统一印制的深交所证券账户卡在全国发放,全国统一证券账户开始启用,为统一管理股份明细打下良好基础。

10月22日,中国证监会任命庄心一为深交所总经理,张育军、黄铁军、戴文华为副总经理。

10月28日,深圳证券登记公司改进新股托管办法,新股托管均可根据投资者的需要将股份托管到全国各地的深交所进场会员的证券营业部,不再受托管地区的限制。

11月2日,高速单向卫星行情、资讯广播网扩容工程完成,深市行情、买卖盘的广播刷新速度提高,传输速率为原来的4倍。

11月18日,深圳证管办和交易所联合组成深圳证券市场服务小组,分赴华东、西南、东北,广泛听取意见,切实改进工作。全方位的市场服务工程开始启动。

11月20日,深交所全国范围内实现转托管T+1到账的技术准备工作完成;深交所开始正式启用新的统一的证券账户号码(股东代码),股民旧卡换新卡工作亦同时开始。

11月27日,深交所交易单位由"手"调整为"股(张)",并实现实时零股交易。

11月29日,东北输变电机械制造股份有限公司通过深交所交易系统上网定价发行,这是第一家已上市H股公司在深交所上市A股。

12月18日,深圳市政府明确规定深圳证券管理机构职责,证管办是管理监督部门,交易所是组织者和执行部门,结算公司是中介服务机构。

12月23日,深交所在会员管理部基础上成立了市场服务部,实行一个窗口对外,一条龙市场服务。

12月25日,《深交所内部信息保密管理办法》颁布执行,这是加强内部信息保密管理的一项重大举措,经中国人民银行总行批准,在原深圳长城证券营业部和海南汇通证券合并的基础上重组的长城证券有限责任公司在深圳成立,由券商合并重组成立新的证券公司在我国尚属首次。

12月16日,深交所股票交易恢复涨停板制度。

1996年

1月1日,搞活证券市场被列为深圳市政府1996年五项重点工作之一。

1月6日,财政部利用深交所电脑系统首次进行国债招标发行,标志着中国国债发行开始走向市场化。

1月31日,我国首只贴现国债"961"在深交所上市交易。

3月18日,深交所编制并公开发布深证基金指数,编制基日为1996年3月

15 日,基日指数为 1000 点。

4 月 1 日,深交所结算通讯系统正式上线,该系统为实行全国股东账户通用、通过交易系统实现配股和转配、取消异地登记中心等一系列改革奠定了技术基础。

4 月 7 日,深圳证券卫星通信有限公司决定大幅度下调卫星通信网络的收费标准。

4 月 10 日,深交所发布《深交所会员买空卖空处理试行办法》、《深交所会员买空卖空内部运作程序》。

4 月 12 日,深交所决定实施上市公司董事会秘书制度。

5 月 7 日,深交所颁布《上市公司董事会秘书管理暂行办法》,进一步规范上市公司行为,保护投资者利益。

5 月 13 日,深交所推出服务新举措,在北京开展首场深圳证券市场服务周活动。全年共在全国 22 个省市举办了服务周活动,受到广大投资者的极大欢迎。

5 月 18 日,深圳证券市场股份的集中管理与清算制度一卡通用与转托管 1+1 到账开始运作。

5 月 23 日,深交所颁布《上市公司董事会秘书管理暂行办法》,并将于 1997 年 7 月 1 日正式生效。

5 月 25 日,深圳国际信托投资公司宣布筹集数亿元资金支持深市 1995 年度绩优上市公司。

5 月 27 日,《证券时报》与《中国证券报》开始发布深市绩优股股价指数,以 5 月 24 日为基准日,基准日指标为 1000 点。

6 月 6 日,深圳证券市场发展咨询委员会成立,该会属民间自律性机构,首届成员由一批实力雄厚的证券商和证券咨询机构组成。

8 月 30 日,《证券交易所管理办法》发布实施,该办法强化了证监会对证交所的监督管理,加强交易所市场管理责任,并增加了对证券登记结算机构监管的内容。

9 月 4 日,深圳证券卫星通信双向网小站伙伴备份系统正式启用。

9月5日,深交所第四次会员大会隆重召开。庄心一总经理作了题为《总结经验,励精图治,迎接深圳证券市场发展新阶段》的工作报告,提出了争创八大新优势,还制定了跨世纪发展目标:用15年到20年时间进入国际主要证券市场行列,在证券品种、成交总量、上市公司家数、会员席位数量、投资者数量及其技术水平和风险控制能力等方面,达到世界发达市场水平。

9月10日,深圳证券结算公司推出六项方便券商与投资者的措施。

9月12日,深交所推出争创服务优势、方便会员券商的七项新措施。

9月19日,深交所正式成为证监会国际组织附属会员及咨询委员会成员。

9月20日,在证监会国际组织第二十一届年会上,深沪两个证券交易所正式成为证监会国际组织的附属会员。

9月24日,《深圳市证券经营机构管理暂行办法》正式出台。

9月26日,深交所推出《深圳证券市场证券经营机构入市流程与服务标准》及《深交所证券经营机构入市服务内部流程与责任》,对券商入市提供标准化服务。

10月20日,开始筹建深交所综合研究所。

10月28日,深交所成立稽核审计部。

10月29日,深交所成立技术规划小组。

12月2日,发出《关于加强交易与开户管理的通知》,进一步贯彻《关于严禁操纵证券市场行为的通知》精神,维护深圳证券市场的正常秩序。

12月13日,发出《关于对A股和基金交易实行公开信息制度的通知》及《关于对股票和基金交易实行价格涨跌幅限制的通知》。

1997年

1月8日,中国证监会向深交所派驻督察员。

2月28日,深圳B股市场海外推介团起程赴英国、美国、日本、法国等10个国家和地区展开推介活动。

3月3日,深、沪证券交易所对股票(A股)、基金的交易实施公开信息制度。

3月5日,因投资者质疑琼民源年度报告,为了维护证券市场的正常秩序,有关部门对该公司进行调查核实,该公司股票停牌。

3月18日,深交所上网发行手续费由4‰调整至3.5‰。

4月10日,中国人民银行深圳特区分行等发出通知,严禁开设从事证券经纪业务的远程证券交易室,同时严禁期货经营机构从事证券业务。

4月15日,深交所交易系统扩容,到6月底日处理能力达500万笔,成交600亿—800亿元,可容纳1000家上市公司。

4月16日,深交所综合研究所正式成立,开始着手进行深圳证券市场运行状况、宏观经济、地区与行业经济以及市场热点问题等重大项目的研究。

4月30日,深交所完成对结算系统的改版升级,满足了最大撮合能力下的结算需求。

5月5日,深交所完成计算机系统升级模拟测试工作。

5月23日,深交所向上市公司发出通知,要求严格执行国务院证券委、中国人民银行、国家经贸委关于严禁国有企业和上市公司炒作股票的规定,深交所将对有关账户进行检查,如发现违规行为将予以处罚。

5月28日,中国人民银行深圳分行日前发出通知,加强对异地券商的管理。

5月30日,深交所完成交易系统扩容工程,日撮合能力提高到1000万笔。

6月2日,证券经营机构的出市代表"红马甲"正式退场。此举标志着深交所A股市场完全实现无形化交易模式。

6月13日,深圳市政府召开了"防范和化解金融风险"座谈会,会议指出必须采取得力措施,有效地防范和化解金融风险。

6月25日,青海百货以持有92.59%的股权完成了对青海证券公司的控股工作。这是我国首例上市公司控股证券公司。

7月26日,深圳市建设投资控股公司营造"航母","组龙工程"正式启动,将使深振业、深物业、深长城、深天地、深深房形成龙头企业。

8月6日,吉林化工决定增加发行3亿A股,上市公司提出增发A股议案,在我国证券市场尚属首次。

8月11日,深圳证券卫星通信双向网小站突破900家。

8月15日,国务院决定,将证券交易所划归中国证监会直接管理,证券交易所的总经理和副总经理由中国证监会任命,理事长、副理事长由中国证监会提名,理事会选举产生。

9 月 4 日,中国证监会任命桂敏杰为深交所总经理。

9 月 30 日,深圳市将率先推行内部员工持股制度,在全市范围内推广员工持股在我国尚属首次。

10 月 11 日,我国又一家"航母级"证券经营机构——联合证券有限责任公司在深圳开业,该公司注册资金 10 亿元,由国内 42 家大型国有企业集团联合组建。

10 月 31 日,高速单向卫星行情、资讯广播网二期主体工程完工,开始在全国试运行,深交所买卖盘、行情的广播传输速率提高 10 倍。

1998 年

1 月 1 日,深交所正式实施《深交所股票上市规则》。

1 月 20 日,中国证监会调整深交所领导班子,新领导班子为:总经理桂敏杰,副总经理胡继之、黄铁军、戴文华、张颖。

3 月 17 日,深交所发布实施《深交所证券投资基金上市规则》。

3 月 23 日,证券投资基金启动。

4 月 7 日,基金开元在深交所上市,成为首批上市的证券投资基金。

4 月 14 日,证监会处罚违规申购基金开元的机构个人。

4 月 22 日,对上市公司实施股票交易特别处理正式启动。

4 月 24 日,证券投资基金获准配售新股。

4 月 25 日,宝安连续减持延中实业。

4 月 28 日,沈阳物质开发股份有限公司(现为银基发展)因连年亏损,被列为首家特别处理的股票。

4 月 29 日,证监会依法查处"琼民源案"。

6 月 12 日,降低证券(股票)交易印花税;推出《深交所会员法人结算制度实施方案》,开始推行法人结算制度。

7 月 12 日,琼民源股票被以 1∶1 地置换成中关村股票。

8 月 7 日,深交所综合信息系统(一期工程)试用,奠定深交所智能化办公基础。

8月18日,国泰君安正式注册成立,总股本37.3亿元,总资产300多亿元,成为中国内地第一大券商,被传媒称为"航母"。

8月19日,证券投资基金配售新股规定出台。

9月7日,深交所成立结算技术小组。

9月14日,ST苏三山股票暂停上市,成为首家因连续亏损3年而暂停上市的公司。

12月2日,人民银行强调信托业务必须与证券业务分离;证监会决定停止发行公司职工股。

12月23日,深交所发布施行《深交所上市证券持有人名册管理办法》,原试行办法同时废止。

12月19日,《证券法》通过,并于1999年7月实施,是新中国第一部规范证券发行与交易行为的法律,并由此确认了资本市场的法律地位。

1999年

1月6日,琼民源股东大会召开,揭开资产重组序幕。

2月10日,辽物资成为首只摘去ST帽子的上市公司。

3月27日,证监会修改配股条件。

6月1日,B种股票交易印花税税率由4‰降至3‰。

6月3日,申请发行B股将不论所有制。

7月3日,发布实施《上市公司股票暂停上市处理规则》,交易结算系统特别转让股票处理程序开发完成并上线。

7月9日,暂停上市股票首次实行"特别转让"。

7月12日,琼民源终止上市,中关村开创置换上市的先河。

7月19日,深交所成立灾难备份系统工程工作小组,灾难备份系统工程正式启动。

7月29日,股票发行采用上网发行与法人配售相结合方式。

9月上旬,深交所发布实施《深交所数据异地备份管理办法》、《深交所对外宣传管理规定》、《深交所对外信息发布办法》。

10月20日,凭证电子化工程完成设备安装并开始测试,凭证电子化工程正式启动。

10 月 25 日,保险资金将通过证券投资基金进入股市。

10 月 26 日,蓝田违规被处罚。

10 月 27 日,国有股减持政策公布,将通过配售方式实现。

10 月 29 日,证券投资基金首次进入银行间同业市场。

11 月 1 日,基金首次面向商业保险公司发行。

11 月 12 日,《基金从业人员资格管理暂行规定》实施。

11 月 13 日,证券交易系统改版工程全面启动。

11 月 22 日,证监会放宽基金配售新股政策。

11 月 23 日,财政部出台《证券公司财务制度》。

12 月 2 日,国有股配售试点启动,黔轮胎中选。

12 月 20 日,证监会要求年报网上披露要同步进行。

2000 年

1 月 4 日,证券期货行业顺利通过"千年虫"问题。

1 月 6 日,允许券商、基金投资公司进入银行间债券市场。

2 月 21 日,为了做好高新技术企业板的各项准备和建设工作,深交所高新技术企业板工作小组成立。

3 月 27 日,深交所举办第一期证券业务国际培训班,标志着深交所涉外培训工程正式启动。

4 月 5 日,法人配售新股不再受总股本和比例限制。

5 月 1 日,经中国证监会批准,修订后的《深交所上市规则》正式颁布实施。

5 月 18 日,基金单独配售新股被废止。

5 月 21 日,酝酿筹备一年有余的深交所博士后工作站正式成立。

6 月中旬,深交所对需要经常查询、必须永久保留的深圳本地 221 万张 A 股开户凭证进行电子化处理,经过一年多的努力,基本完成了深圳本地业务凭证的电子化工作。目前,业务凭证电子化工作正向异地推开。深交所这一举措开了国内证券业业务凭证管理现代化的先河。

6 月 17 日,证交所决定"实施 PT 股票限涨不限跌"。

7月1日，深交所第二交易结算系统正式启用，进入双机并行运行。建立第二交易结算系统是深交所为提高整体抗风险能力，适应证券市场发展需要所采取的措施。与现有系统相比，新系统的日综合处理能力达2000万笔，是现有系统的3倍，具有更大的容量、更高的效率、更强的安全性、更好的扩展性和全面的兼容性。

8月17日，深交所在上海召开"深交所上海地区部分会员通信工作会议"，开始全面改造上海地区证券通信系统。

8月29日，证监会严查非法证券交易。

9月4日，中国证监会任命张育军为深交所代总经理。

9月18日，深交所设立创业板市场发展战略委员会、国际专家委员会两个专门委员会和发行上市部等八个职能部门，标志着创业板市场的组织体系基本建立。

9月19日，深交所召开《创业板市场行情另板显示技术准备会》并同时发布新版《数据接口规范》，会议要求各证券商在11月1日前务必做好创业板行情另板显示的所有准备工作，这标志着创业板证券商系统技术准备工作正式启动。

9月20日，宏源信托改组为宏源证券。

9月27日，受中国证监会委托，深交所召开了"创业板市场法规海外专家座谈会"，首次就创业板法规大范围征求意见，充分体现了创业板市场制度设计国际化和市场化的要求。

9月30日，深交所提出三年发展目标：巩固主板，发展创业板；争取成为中国证券市场的创新试验场所；进一步提高服务市场、管理市场的层次。

10月1日，国务院调整印花税中央与地方分享比例。

10月8日，财经杂志披露《基金黑幕》，引起市场震动。

10月11日，深交所举办创业板保荐人培训班，决定建立保荐人联席会议制度，进一步加强创业板相关部门与保荐人的沟通与协调。

10月12日，开放式基金试点办法出台。

10月14日，深交所副总经理胡继之在第二届高交会"高新技术论坛"上作了题为《创业板市场与深交所使命》的主题演讲，首次系统全面地公开阐述了创业板市场的功能定位、发展思路和深交所所肩负的历史使命,被视为中国"创业板"宣言。

10 月 18 日,《创业板市场规则》(修订意见稿)上网披露。

10 月 26 日,深交所举办第一期创业板市场拟上市企业培训班,共有 200 多家拟上市企业参加了此次培训。

10 月 28 日,深交所创业板技术系统全网测试顺利完成。这次测试覆盖了深交所所有会员 2600 多家证券营业部。

11 月 14 日,中国证监会党委决定,张育军同志任深交所党委书记、总经理。

11 月 18 日,深交所博士后工作站举行了首届博士后开题报告会,首批进站的 10 位博士后分别作了"创业板市场发展的国际比较研究"、"股指期货与股市价格互动关系研究"等 10 个研究课题的开题报告,这批博士后的开题具有基础性、现实性和前瞻性等特点,其研究开发对中国证券市场的发展具有重要意义。

2001 年

1 月初,深交所成立稽核审计部,承担交易所内部审计及业务稽核职能。

1 月 10 日,中国证监会决定查处涉嫌操纵亿安科技股票案。

1 月 11 日,国家科技部副部长邓楠视察深交所,胡继之副总经理向邓楠副部长汇报了深交所创业板筹备工作情况。

2 月 19 日,允许境内居民以合法持有的外汇开立 B 股账户。

2 月 23 日,深交所做好了向境内投资者开放 B 股市场的准备工作,先后公布了《关于做好 B 股证券账户开立工作有关事项的通知》、《B 股开户业务指南》、《B 股开户网点一览表》等业务公告和指引,同时就境内居民投资 B 股有关事宜发表了答记者问,并在巨潮证券信息网和深交所网站设立了专门网页。

2 月 27 日,中国证监会副主席陈东征视察深交所创业板筹备工作情况,深交所总经理室成员汇报了创业板市场筹备工作的最新进展及下一阶段的工作计划。

2 月 28 日,对境内居民开放首日 B 股全线无量涨停。

3 月 6 日,深圳 B 股指数,因中国证监会允许境内居民以合法持有的外汇开立 B 股账户、买卖 B 股股票的决定,放量打开 B 股股票涨停板。

3月7日,猴王集团破产,猴王 A 戴上 ST。

3月17日,正式实施股票发行核准制。

3月24日,"基金富岛"、"基金兴沈"、"基金久盛"宣布将合并成久富证券投资基金(简称基金久富),至此《证券投资基金管理暂行办法》出台前成立的老基金规范问题得到彻底解决。

3月29日,配股增发新办法出台,再融资门槛降低。

4月3日,证监会发布《上市公司董事长谈话制度》。

4月5日,沪深两市转配股提前一年消化。

4月中旬,为抓紧组织实施对创业企业的培训工作,深交所设立创业企业培训中心,并成立创业企业培训工作小组。

4月20日,核准制下首只新股"用友软件"发行。

4月24日,深交所发布"深交所新版数据接口规范"。

4月26日,证监会就操纵亿安科技股价案开出巨额罚单。

5月8日,深交所信息公司推出证券专业网站——中国上市公司信息网。

5月9日,中国证监会秘书长屠光绍在深交所主持召开退市工作会议。张育军总经理汇报了退市工作的准备情况及工作安排,史美伦副主席就退市工作提出了具体要求,屠光绍秘书长对下一阶段工作作了布置。

5月上旬,深圳证券通信系统成功完成新通信主站的切换工作。新通信主站集卫星通信和地面通信于一体,具备全面的系统备份手段,形成了天地互备、双星备份、通信枢纽光纤/微波互备的备份格局。新主站的通信容量和速度将比原通信主站提高4—5倍。

5月11日,证监会界定"非经常性损益"。

5月28日,全国人大常委会《证券法》执法检查组考察深交所,并与深交所有关部门进行座谈。

6月1日,B股市场对投资者进一步扩容。

6月11日,深交所召开新版接口规范全国技术工作会议,来自各会员单位负责人及技术人员和部分软件、柜台系统开发商近500人参加了会议。

6月15日,PT 粤金曼股票被终止上市。

6月15日,中国证监会副主席陈东征视察深交所,张育军总经理就创业板市场筹备等工作进行了汇报。

6月15日,香港证券及期货事务监察委员会主席沈联涛先生一行考察深交所创业板市场筹备工作情况。共分宏观政策及法律问题、发行审核与上市监管、监察、交易系统与执行、中介机构、投资者教育5个小组进行了座谈。

6月15日,中国证监会秘书长屠光绍考察深交所退市工作。

6月中旬,深交所退市工作顺利进行,分别向PT东海、PT中浩、PT吉轻工、PT南洋发出同意给予宽限期的决定,并向PT粤金曼发出不给予宽限期的决定。

6月29日,证监会确定新会计制度相关信息披露原则。

6月30日,私募基金掀开面纱。

7月2日,深交所通过行情系统对外实时发布深证行业分类指数。

7月3日,基金行业首次出现大面积亏损。

7月11日,证券公司客户保证金计入广义货币供应量M2。

7月16日,深交所代办股份转让系统正式上线运行。

7月27日,深圳证券通信中心正式落成;人民银行查处违规资金流入股市。

8月3日,《财经》杂志揭露银广夏业绩大部分来自造假。

8月8日,银广夏承认子公司作假,引起市场震动。

8月15日,首支开放式基金获准设立。

8月22日,上市公司独立董事制度出台。

8月23日,基金公司发起门槛确定。

8月25日,财政部发出通知严查上市公司造假行为。

8月28日,中国证券业协会基金公会成立。

8月31日,深交所与上交所联合发布《上海、深交所交易规则》,B股交易将实行T+1。

9月初,深交所成立银广夏应急工作小组,积极部署银广夏复牌后的风险防范及监控工作。

9月4日,首支开放式基金——华安创新刊登发行公告。

9月6日,银广夏事件涉嫌犯罪人员被移送公安机关。

9月21日,深交所与中国证券登记结算公司深圳分公司正式签署《关于设立中国证券登记结算公司深圳分公司有关事宜备忘录》。

10月8日,银广夏15个跌停,创持续下跌新记录。

10月9日,证监会规范上市公司非流通股协议转让。

10月11日,证监会发出通知加大保证金管理力度。

10月11日,挂牌证券首次进行非交易过户。

10月12日,深交所召开第三届理事会第九次会议,会议选举陈东征同志为深交所新一任理事长,兼党委书记,张育军总经理为党委副书记。

10月15日,证监会规范证券投资咨询业务。

10月22日,PT中浩成为第三家退市公司。

10月23日,证监会停止执行国有股减持暂行办法。

11月12日,深交所新版交易结算系统正式启用,证券代码升至6位。新版系统的启用,对于促进市场的安全平稳运行,强化交易所的一线监管职能,适应深交所未来业务的发展以及推动创业板市场的筹备工作,具有十分重要的意义。

11月14日,外资企业上市获准入证。

11月16日,股票交易印花税下调至2‰。

11月27日,证监会调整证券公司增资扩股现行政策。

11月28日,鸿飞证券投资基金(简称"基金鸿飞",代码"184700"),在深交所正式挂牌上市,鸿阳证券投资基金通过深交所新版交易结算系统上网发行。

11月30日,深交所召开"深交所会员监管信息服务座谈会"。通过向会员系统提供监管信息,进一步强化会员及时发现和防范各类风险的能力,有效控制市场风险,这是深交所加强一线监管和提升服务水平的一项新举措。24家会员公司的负责人参加了会议。

12月1日,深市新交易规则开始正式实施。

12月5日,证监会出台新退市办法,"PT"制度将被取消。

12月11日,证监会公布我国证券业对WTO承诺内容。

12月13日,证监会再次规范上市公司资产重组行为。

12月18日,《社保基金管理暂行办法公布》实施。

12 月 18 日,证监会要求董事须对年报披露承担法律责任。

12 月 26 日,证监会发布上市公司财务信息披露新规则。

12 月 27 日,财政部出台规定规范关联交易。

2002 年

1 月 7 日,深交所在互联网站开通"会员之家"栏目,实现了向会员传递文件信息以及会员接收文件、反馈信息程序的电子化。

1 月 8 日,《证券公司管理办法》出台。

1 月 10 日,《上市公司治理准则》发布实施。

1 月 15 日,最高人民法院发布《关于受理证券市场因虚假陈述引发的民事侵权纠纷案件有关问题的通知》。

1 月 21 日,深交所第三次调整成份股指数样本。

1 月 27 日,证监会发布国有股减持方案阶段性成果。

1 月 29 日,证监会出台可转债发行细则。

2 月 25 日,深交所发布并实施《深交所大宗交易实施细则》。

2 月 25 日,为落实中国证监会《亏损上市公司暂停上市和终止上市实施办法(修订)》的有关规定,《深交所股票上市规则》第十章"暂停上市与终止上市"经修订发布实施。

3 月 12 日,深交所发布《深交所上市公司临时公告格式指引》。

3 月 15 日,深交所下属深圳证券信息公司开通"股民呼叫中心维权热线"。

3 月 18 日,深交所公开谴责成都华神集团股份有限公司及董事长彭旭东。

3 月 19 日,《大宗交易实施细则》实施以来首宗大宗交易产生。交易的卖方为中国银河证券有限责任公司,买方为上海金证信息投资咨询有限公司,交易的股票是罗牛山,成交 1980 万股。

3 月 25 日,深交所正式实施国债净价交易。

3 月 26 日,深交所发出《关于修改股票例行停牌时间的通知》。自 4 月 1 日起,上市公司披露定期报告、临时报告例行停牌时间由原来的交易日上午停牌半天改为交易日开市后停牌 1 小时,10:30 恢复交易。

3 月 28 日,深交所发布《关于启用会员报表网上报送系统的通知》,正式启用会员基本情况报表网上报送系统。

3月29日,深交所推出上市公司信息披露违规举报电子信箱。

4月5日,证券交易佣金将实行浮动制;深交所公开谴责中国科健股份有限公司及原董事会秘书董志刚。

4月12日,深交所作出关于福建九州集团股份有限公司股票暂停上市的决定,公司股票自4月16日起暂停上市。

4月15日,深交所向各会员单位发出《关于向二级市场投资者配售新股的测试通知》,4月20日组织了第一次全网、全程测试。

4月16日,深交所作出关于厦门海洋实业(集团)股份有限公司股票暂停上市的决定,公司股票自4月18日起暂停上市。

4月19日,三峡企业债券在深交所挂牌上市。

5月1日,《证券账户管理规则》实施。

5月10日,深交所公开谴责未按规定期限披露2001年年报和2002年第一季度季报的内蒙宏峰和PT金田两家公司及其董事。

5月21日,证监会恢复和完善向二级市场配售新股方式。

5月23日,深交所发布《新股发行市值配售实施细则》;证监会重大重组审核程序出炉。

5月27日,深交所公开谴责佳木斯造纸股份有限公司、国投原宜实业股份有限公司、通化金马药业集团股份有限公司、深圳市海王生物工程股份有限公司和南洋航运集团股份有限公司5公司。

5月28日,深交所作出关于南洋航运集团股份有限公司股票终止上市的决定,公司股票自5月29日终止上市。

6月4日,证监会发布外资参股证券、基金管理公司规则。

6月6日,深交所作出关于广夏(银川)实业股份有限公司股票暂停上市的决定,公司股票自6月5日起暂停上市。

6月6日,广东核电集团企业债券在深交所挂牌上市。

6月10日,深交所作出关于金田实业(集团)股份有限公司股票终止上市的决定,PT金田自2002年6月14日起终止上市。

6月13日,深交所作出关于同意杭州凯地丝绸股份有限公司股票恢复上市的决定,公司股票自6月25日起恢复上市。

6月19日,深交所发布《深交所境外机构B股席位管理规则》。

6月23日晚,国有股减持正式叫停。

6月24日,证监会提高增发门槛。

7月2日,深交所公开谴责通化金马药业集团股份有限公司、山东小鸭电器股份有限公司、深圳市赛格三星股份有限公司、深圳市海王生物工程股份有限公司、合肥美菱股份有限公司和黄山金马股份有限公司6家公司。

7月5日上午,因深圳证券通信公司租用的亚太卫星1号7A转发器受到不明强信号干扰,导致917家证券营业部通信全部中断,根据《深圳证券交易所交易规则》和《深交所异常情况处理规定》等办法,深交所作出紧急停市的决定。通信系统于当日中午11:15恢复正常,下午深圳证券市场正常交易。

7月11日,深交所公开谴责沈阳特种环保设备制造股份有限公司及全体董事。

7月17日,证监会制定新的《从业人员资格管理办法》。

7月18日,深交所举办"引进合格的境外机构投资者(QFII)座谈会"。

7月24日,深交所发布实施《深交所境外特别会员管理规定》。

7月25日,上市公司增发新规定正式实施。

7月27日,证监会出台《上市公司收购管理办法》。

7月30日,深交所作出关于PT吉轻工股票恢复上市的决定,8月8日起恢复上市。

8月15日,正式开始利用行情发布系统为开放式基金提供净值揭示服务,融通新蓝筹成为首只在深圳证券市场揭示净值的开放式基金。

8月16日,深交所作出关于四川银山化工(集团)股份有限公司股票终止上市的决定,ST银山自2002年8月20日起终止上市。

8月23日,深交所发布《关于进一步抓好证券市场通信系统备份工作的通知》,要求各会员单位高度重视通信系统备份工作,认真落实通知要求,全面提高证券通信系统安全保障。

8月24日,境外上市外汇管理新规定出台。

8月27日,久嘉证券投资基金在深交所挂牌上市。

9月2日,"上市公司董事责任问题研讨会"在深交所召开。

9月3日,深交所作出关于汕头宏业(集团)股份有限公司股票终止上市的决定,ST宏业股票自9月5日起终止上市。

9月10日,证监会严格重大关联交易披露要求。

9月12日,深交所作出关于福建九州集团股份有限公司股票终止上市的决定,ST九州股票自9月13日起终止上市。

9月12日,深交所作出关于厦门海洋实业(集团)股份有限公司股票终止上市的决定,公司股票自9月20日起终止上市。

9月16日,退市公司重组后股份可全流通。

9月21日,深交所第四次调整成份股指数样本。

9月24日,证监会给基金销售立规矩;主承销商执业质量实行记分制考核。

9月26日,深交所作出关于东北输变电机械制造股份有限公司股票恢复上市的决定。

10月8日,非流通股协议转让业务规则讨论会在深交所召开;上市公司收购管理办法出台。

10月9日,深交所加入国际交易所联合会。

10月11日,深交所作出关于海南大东海旅游中心股份有限公司股票恢复上市的决定,PT东海自10月18日起恢复上市。

10月14日,中国证券业协会会长庄心一一行来深交所就代办股份转让系统的建设、协会与深交所合作开展证券业培训工作等问题进行座谈。

10月16日,首家中外合资基金管理公司获准筹建。

10月21日,深交所发出《关于加强上市公司董事、监事和高级管理人员证券账户管理的通知》,进一步规范上市公司高管人员在任职期内持有本公司股票的行为。

10月21日,深交所向ST类上市公司发出通知,要求其在每月前5个工作日刊登可能暂停上市的风险提示公告。

10月28日,陈东征理事长主持召开第三届理事会第十三次会议。会议讨论并通过了《上市公司非流通股协议转让业务办理规则》、《非流通股协议转让收费标准》以及对《证券投资基金上市规则》和《可转换公司债券上市、交易、清算、转股和兑付实施规则》的修订办法,研究并原则同意深交所货币资金运用方案。

10月28日,深交所公开谴责重庆东源钢业股份有限公司。

11月4日,修订后的《深交所可转换公司债券上市规则》正式发布实施;上市公司国有股法人股可向外商转让;沪深交易所发布转债上市规则。

11月8日,QFII制度正式出台。

11月29日,QFII外汇管理暂行规定出台。

12月1日,QFII制度正式实施。

12月2日,深交所发布《深交所合格境外机构投资者证券交易实施细则》。

12月4日,深交所开展以"保护中小投资者权益"为主题的普法宣传教育活动。

12月6日,深交所作出关于同意广夏(银川)实业股份有限公司股票恢复上市的决定,公司股票自12月16日起恢复上市并实行特别处理。

12月10日,国家电力公司2002年电网建设企业债券在深交所上市。

12月17日,深交所下属公司深圳证券信息有限公司对外发布深证100指数编制方案及深证100指数成份股。深证100指数以2002年12月31日为基准日,基日指数定为1000点,从2003年1月2日起编制和发布。

12月23日,深交所发出《关于做好企业债券回购交易准备工作的通知》和《关于调整债券交易费率的通知》。2003年1月2日正式推出企业债券回购交易,同时大幅调低债券交易费率,平均降幅50%。

2003年

1月9日,证券民事赔偿司法解释发布。

1月23日,投资期货公司政策松绑。

2月17日,深圳证券信息公司发布企业债指数。

2月28日,首批QFII托管人资格获中国证监会批准。

4月2日,"中科创业"操纵证券交易价格案一审宣判。

4月4日,警示退市风险将启用＊ST标记。

4月9日,深市爆出首例要约收购。

6月9日,社保基金正式进入股市,开始购买股票及有关债券。

7月7日,深圳证管办加强券商国债业务监管。

8月30日,券商可发债融资。

9月30日,TCL换股合并首开先河,市场呼唤创新之举。

10月28日,《证券投资基金法》获得人大常委会的审议通过。

12月8日,银监会出台外资参股中资金融机构管理办法;深市调整买卖盘揭示范围。

12月10日,发审委制度实施重大改革。

12月16日,国资委规定国有股转让价格不低于每股净资产。

12月19日,券商集合资产管理业务办法出台。

12月25日,发审委制度重大改革后的新一届委员亮相。

2004年

1月3日,南方证券被行政接管。

2月2日,国务院提出《关于推进资本市场改革开放和稳定发展的若干意见》,俗称"国九条"。

2月6日,B股发生首宗大宗交易。

2月25日,证监会强制退市公司上"三板"。

4月8日,首例上市公司间吸收合并案问世。

4月16日,买断式回购交易推出。

4月24日,企业年金管理办法5月1日起施行。

5月17日,经国务院批准,中国证监会正式批复深交所设立中小企业板市场。这个在主板市场框架内相对独立运行,并逐步推进制度创新的新市场的诞生,标志着分步推进创业板市场建设迈出实质性步伐,它肩负着为创业板市场建设积累经验和打下坚实基础的使命。

5月18日,深交所获准设立中小企业板块。

5月27日,深交所中小企业板块正式启动。浙江新和成股份有限公司成为首家中小企业板块上市公司。

6月11日,《基金信息披露管理办法》7月正式施行。

6月25日,中小企业板块登场,首批八只股票上市,这是落实"国九条"的首项具体措施。

7月28日,证监会国资委联手以股抵债纠正控股股东占款。

8月18日,深交所获准推出LOF。

8月31日,证监会暂停发新股,将推行首发询价制度。

9月7日,证监会严禁挪用客户资金。

9月23日,首例上市公司"以股抵债"方案正式实施。

9月24日,华侨城大股东将斥资两亿增持流通股。

9月27日,证监会五项措施保护流通股东权益。

10月19日,券商获准发行短期融资券。

10月21日,券商集合资产管理产品试点工作正式启动。

10月25日,保险资金获准直接入市。

11月5日,四部委出台意见保护小额投资者利益;股票质押贷款管理办法新规定出台。

11月29日,沪深证券交易所发布新修订的股票上市规则。

12月8日,证监会出台分类表决制度。

12月11日,公开发行股票试行询价制度将施行。

12月13日,沪深交易所将降低会员席位年费。

12月16日,上市公司非流通股转让细则颁布。

2005年

1月17日,证监会宣布恢复暂停半年的新股发行。

1月24日,印花税下调至1‰;大鹏证券关闭。

2月16日,保险资金直接入市进入实质性操作阶段。

2月20日,商业银行设基金公司试点办法出台。

2月21日,证券投资者保护基金正式启动。

3 月 22 日,信贷资产证券化试点正式启动。

4 月 5 日,沪深 300 指数推出。

4 月 29 日,经国务院批准,中国证监会发布《关于上市公司股权分置改革试点有关问题的通知》,宣布启动股权分置改革试点。

5 月 8 日,《关于上市公司股权分置改革试点有关问题的通知》发布,股改试点工作启动。

5 月 10 日,南方证券关闭。

6 月 6 日,首家银行号基金管理公司获准设立。

6 月 7 日,证监会发布上市公司回购流通股操作细则。

6 月 13 日,股权分置试点公司控股股东将可以增持流通股;个人投资者股息红利税暂减 50%。

6 月 14 日,沪深交易所推出权证管理暂行办法。

6 月 17 日,国资委出台股权分置改革指导意见。

7 月 18 日,权证管理暂行办法发布。

8 月 18 日,权证交易规则正式发布。

9 月 4 日,证监会发布《上市公司股改管理办法》。

9 月 7 日,全面股改正式启动。

10 月 27 日,证券法修正案获通过。

2006 年

1 月 1 日,修订后的证券法、公司法正式施行;中关村高科技园区非上市股份制企业开始进入代办转让系统挂牌交易。

1 月 5 日,股权激励政策率先向 G 股公司"开闸";外资可投资 G 股和新上市公司。

1 月 12 日,中小企业板投资者权益保护指引发布。

1 月 24 日,大鹏证券被深圳中院判令破产还债,成为继大连证券、佳木斯证券之后的第三家进入破产程序的券商。

2 月 6 日,国务院就贯彻实施新公司法、证券法发通知;债券交易三大新规同时出台。

2月9日,IPO新规征求意见稿频出。

2月14日,深市推出首只ETF基金。

2月15日,新会计准则颁布;中国结算批准外资开立A股证券账户。

3月7日,G股迎来首家外国战略投资者。

3月21日,保险资金投资新规出炉。

3月21日,证监会发布新版《上市公司章程指引》。

4月12日,《证券登记结算管理办法》日前正式发布。

4月17日,"新老划断"将启动。

4月24日,尚福林指出:适当加快股改进程,审慎对待攻坚战。

4月26日,证券公司风险控制指标管理办法再征求意见。

4月29日,新IPO办法征求意见。

4月29日,武汉中级人民法院作出判决:德隆系总裁唐万新因非法吸收公众存款罪判处有期徒刑6年6个月,并处罚金40万元;因操纵证券交易价格罪判处有期徒刑3年;决定执行有期徒刑8年,并处罚金人民币40万元。

5月8日,《上市公司证券发行管理办法》公布。

5月9日,证监会发布再融资信息披露两准则。

5月10日,修订版《发行审核委员会办法》公布。

5月15日,沪深证交所发布新交易规则。

5月18日,IPO办法出台。

5月19日,与IPO重启相关的一系列配套规则集中出炉,IPO重启基本就绪。

5月20日,资金摇新股办法出台。

5月23日,《上市公司收购管理办法》公开征求意见。

5月25日,IPO正式重启,中工国际抢得首单。

6月9日,证监会发布《证券市场禁入规定》。

6月14日,"封转开"破题。

6月23日,《证券投资基金管理公司治理准则》今起施行。

7月24日,《证券公司风险控制指标管理办法》颁布。

8月1日,融资融券试点申请启动。

8月2日,《上市公司收购管理办法》发布。

8月15日,上市公司收购管理办法配套信息披露规则出台。

8月21日,《融资融券交易试点实施细则》颁布实施。

8月26日,QFII准入门槛降低。

8月30日,融资融券登记结算细则发布。

9月5日,融资融券规章出齐。

9月9日,中国金融期货交易所成立。

9月12日,《证券发行与承销管理办法》征求意见。

9月19日,沪深300指数期货合约浮出水面;交易所发布新股上网发行资金申购补充通知。

10月19日,QFII获准开立外汇账户。

10月23日,股指期货细则征求意见。

11月10日,中国证监会、公安部、中国人民银行、国务院国资委、海关总署、税务总局、工商总局、中国银监会八部门联合发令围剿大股东占款。

11月30日,证监会排定新旧会计准则过渡期监管。

11月30日,中小板股票暂停上市、终止上市特别规定出台。

2007 年

1月19日,全国金融工作会议1月19日至20日在北京举行,一系列重大的金融改革政策被基本"定调"。

中国证券业协会公布修订后的《关于从事相关创新活动证券公司评审暂行办法》和《申请从事相关创新活动证券公司申报材料的格式》。

2月1日,中国证监会发布《上市公司信息披露管理办法》,首次将衍生品纳入信息披露范围。

2月7日,国务院总理主持召开国务院常务会议,审议并原则通过《期货交易管理条例》(修订草案)。会议决定,该修订草案经进一步修改后由国务院公布施行。

3月5日,在第十届全国人大五次会议上作政府工作报告时,国务院总理指出,要大力发展资本市场;推进多层次资本市场体系建设,扩大直接融资规模和比重;稳步发展股票市场,加快发展债券市场,积极稳妥地发展期货市场。

3月20日,证券分析师蔡国澍涉嫌违法违规,被立案稽查。

4月12日,证监会公布《期货交易所管理办法》和《期货公司管理办法》,将于2007年4月15日开始实施,其他配套规章也将陆续发布实施。

4月13日,深证成指突破万点大关,盘中一度冲高至10136.28点,收报10019.92点。这也是继日本、美国、中国香港之后,中国内地证券市场首次出现突破万点的指数。

5月8日,中国金融期货交易所公布《沪深300股指期货合约》、《交易规则》两项规则及其8项实施细则,即日起至5月11日向社会公开征求意见。

6月1日,深交所出台《关于中小企业板上市公司实行公开致歉并试行弹性保荐制度的通知》。

6月9日,中国证监会在其网站上公布了《期货从业人员管理办法》(修订草案),公开征求意见。

6月12日,中国证监会就《公司债券发行试点办法》(征求意见稿)向社会公开征求意见。

6月15日,最高人民法院《关于审理涉及会计师事务所在审计业务活动中民事侵权赔偿案件的若干规定》开始施行。

6月18日,深交所发布《上市公司信息披露工作指引第6号——重大合同》。

6月25日,中国证监会《证券市场资信评级业务管理暂行办法》向社会公开征求意见。

6月27日,经中国证监会批准,中国金融期货交易所正式发布《中国金融期货交易所交易规则》及其配套实施细则。

6月28日,南海成长创业投资有限合伙企业在深圳成立,成为新修订的《中华人民共和国合伙企业法》生效后国内第一家以有限合伙方式组织的创业投资企业,也是国内首家真正意义的私募股权基金。

6月29日,全国人大常委会经表决决定,批准发行1.55万亿元特别国债购买外汇。还表决通过了关于修改个人所得税法的决定,授权国务院根据国民经济和社会发展的需要,可开征、停征或减征储蓄利息税。中国证监会修订后的《公开发行证券的公司信息披露内容与格式准则第 3 号〈半年度报告的内容与格式〉》发布实施。

7 月 1 日,由中证指数有限公司研制开发的沪深 300 行业系列指数正式发布。

7 月 4 日,《合资境内机构投资者境外证券投资管理试行办法》实施,有关部门开始接收审批国内基金管理公司、证券公司设计的 QDII(合资境内机构投资者)方案。

7 月 5 日,中国证监会公布实施《期货公司董事、监事和高级管理人员任职资格管理办法》和《期货从业人员管理办法》。

7 月 6 日,国务院国资委、中国证监会公布《国有股东转让所持上市公司股份管理暂行办法》、《国有单位受让上市公司股份管理暂行规定》,以及《上市公司国有股东标识管理暂行办法》。

7 月 24 日,深交所决定自 8 月 6 日起在中小企业板实行临时报告实时披露制度。

7 月 25 日,中国保监会会同中国人民银行、国家外汇管理局发布《保险资金境外投资管理暂行办法》,允许保险机构运用自有外汇或购汇进行境外投资,投资范围包括股票、股票型基金、股权、股权型产品等权益类产品。

8 月,国务院批复以创业板市场为重点的多层次资本市场体系建设方案,尘封近 7 年的创业板市场建设又浮出水面。

8 月 6 日,根据深交所《关于在中小企业板实行临时报告实时披露制度的通知》,中小板公司临时报告披露增加午间披露时段。

8 月 7 日,保监会下发《保险公司资本保证金管理暂行办法》。《关于首发新股采用 T+3 日解冻申购资金发行流程的通知》发布,自 8 月 8 日起,深市首发新股采用 T+3 日解冻申购资金发行流程。

8 月 8 日,保监会公布《保险公司股权管理办法》(送审稿),国内单个企业投资保险公司,其持有股权不得超过同一保险公司股权总额的 20%。

8月9日,沪深两市总市值达到了创纪录的21.15万亿元,首次超过GDP,我国的证券化率正式超过100%。

8月10日,深交所发布《关于进一步加强中小企业板股票上市首日交易监控和风险控制的通知》,增加临时停牌次数,延长停牌时间。

8月14日,中国证监会颁布《公司债券发行试点办法》,我国公司债发行正式启动。

8月15日,中国证监会公布《公开发行证券的公司信息披露内容与格式准则第23号——公开发行公司债券募集说明书》和《公开发行证券的公司信息披露内容与格式准则第24号——公开发行公司债券申请文件》。

8月20日,中国人民银行公布《中国人民银行关于在银行间外汇市场开办人民币外汇货币掉期业务有关问题的通知》,决定在银行间外汇市场推出人民币外汇货币掉期交易。

8月23日,南方、博时两家基金管理公司管理资产总规模突破2000亿元,率先成为国内基金行业资产规模突破2000亿元的超级航母。

8月27日,中国证监会出台《证券市场资信评级业务管理暂行办法》,标志着公司债试点的启动已进入倒计时。

9月7日,《上市公司监督管理条例》(征求意见稿)公开征求社会各界意见。

9月13日,中国证监会发布《关于发行境内上市外资股的公司审计有关问题的通知》。

9月15日,中国证监会发布《上市公司重大资产重组管理办法》(征求意见稿)和《关于规范上市公司信息披露和相关各方行为的通知》等五个文件。

10月10日,深交所发布《信息披露工作指引第7号——会计政策及会计估计变更》,规定上市公司不得利用会计政策变更和会计估计变更操纵利润、所有者权益等财务指标。

10月18日,《中国金融期货交易所金融期货业务系统技术指引》正式发布并开始实施;中国证监会颁布《证券投资基金销售机构内部控制指导意见》和《证券投资基金销售适用性指导意见》。

10月26日,深交所发布《关于进一步加强"中集 ZYP1"等深度价外权证交易监控的通知》,调整中集认沽权证的涨跌幅限制。

11月16日,证监会稽查总队成立。

12月1日,中国证监会颁布《基金管理公司特定客户资产管理业务试点办法》以及《关于实施〈基金管理公司特定客户资产管理业务试点办法〉有关问题的通知》。

12月7日,证监会、银监会联合下发《证券公司客户交易结算资金商业银行第三方存管技术指引》。国家外汇管理局宣布,将 QFII 投资总额度从100亿美元扩大至300亿美元。

12月10日,中国金融期货交易所批准了第四批共13家会员单位。

12月12日,第三次中美战略经济对话(SED)在北京举行。双方在金融服务业开放领域达成多项共识。

12月25日,《证券投资者保护条例》草案日前拟定,已进入相关审核阶段。

12月26日,博时基金管理公司48%的股权被第二大股东招商证券以63.2亿元拍得。

12月27日,长江证券借壳石炼化登陆 A 股市场。

2008 年

1月7日,最高人民法院、最高人民检察院、公安部、证监会四部委联合下发《关于整治非法证券活动有关问题的通知》。

1月23日,高人民法院、最高人民检察院、公安部、中国证监会四部门联合发布《关于查询、冻结、扣划证券和证券交易结算资金有关问题的通知》。

1月28日,中国证监会公布《证券公司定向资产管理业务实施细则(暂行)》,并向社会各界征求意见。

1月29日,券商定向资产管理业务实施细则"亮相"。

3月5日,国务院总理温家宝在政府工作报告中指出,优化资本市场结构,促进股票市场稳定健康发展,着力提高上市公司质量,维护公开公平公正的市场秩序,建立创业板市场,加快发展债券市场,稳步发展期货市场。

3月22日,证监会正式发布《首次公开发行股票并在创业板上市管理办法》，就创业板规则和创业板发行管理办法向社会公开征求意见。

3 月 24 日，证监会发布《基金公司公平交易制度指导意见》，严禁利益输送。

3 月 26 日，中国人民银行、银监会、证监会、保监会联合下发《关于金融支持服务业加快发展的若干意见》。

3 月 28 日，证监会宣布将扩大券商直投业务试点。

3 月 31 日，证监会基金部要求基金公司要自觉维护市场秩序与稳定。

4 月 1 日，证券监管系统全面部署打非工作。

4 月 8 日，证监会就《证券公司风险控制指标管理办法》征求意见；证监会就《证券公司分公司监管规定(试行)》征求意见；证监会发布《关于进一步规范证券营业网点若干问题的通知》(征求意见稿)。

4 月 10 日，证监会公布《行政处罚委员会组成办法》。

4 月 11 日，证监会公布行政处罚委员会组成办法。

4 月 21 日，《上市公司解除限售存量股份转让指导意见》出台。

4 月 20 日，《上市公司解除限售存量股份转让指导意见》出台，中国证监会规定大小非减持超过总股本 1% 的，须通过大宗交易系统转让。

4 月 24 日，经国务院批准，财政部、国家税务总局决定从 2008 年 4 月 24 日起，调整证券(股票)交易印花税税率，由 3‰调整为 1‰。

4 月 25 日，证监会表示将适时推出融资融券业务。

5 月 8 日，中国金融期货交易所公布《沪深 300 股指期货合约》、《中国金融期货交易所交易规则》两项规则及其 8 项实施细则，即日起至 5 月 11 日向社会公开征求意见。

6 月 4 日，《合资境内机构投资者境外证券投资管理试行办法》实施，有关部门开始接收审批国内基金管理公司、证券公司设计的 QDII(合资境内机构投资者)方案。

6 月 15 日，证监会将开展证券业和资本市场对外开放评估。

6 月 23 日，证监会主席尚福林强调全力维护市场稳定运行。

6 月 26 日，中国证监会发布公告，未完成整改公司不得进行股权激励和再融资。

7 月 2 日,证监会八方面推进并购重组审核。

8 月 3 日,深沪股市流通市值首次超过非流通市值,向全流通时代迈进。

8 月 18 日,证监会就修改《上市公司收购管理办法》向社会公开征求意见,拟增加控股股东增持股份灵活性。

8 月 22 日,国资委、证监会联手实时监控国有股。

8 月 24 日,证监会宣布不会限制解禁存量股份流通。

8 月 25 日,证监会公布《关于修改上市公司现金分红若干规定的决定》,并公开征求意见,鼓励上市公司建立长期分红政策,进一步完善推动上市公司回报股东的现金分红制度。

8 月 27 日,中国证监会正式发布了修改后的《上市公司收购管理办法》,其中规定,"在一个上市公司中拥有权益的股份达到或者超过该公司已发行股份的 30% 的,自上述事实发生之日起一年后,每 12 个月内增加其在该公司中拥有权益的股份不超过该公司已发行股份的 2% 规定提出豁免申请的,由事前申请调整为事后申请"。这为大股东增持打开方便之门。

8 月 29 日,沪深交易所发布《上市公司股东及其一致行动人增持股份行为指引》规范大股东及一致行动人增持股份行为。

9 月 5 日,深交所发布《深交所股票上市规则》(2008 年修订稿),并于 10 月 1 日起施行。

9 月 8 日,证监会就《上市公司股东发行可交换公司债券的规定》征求意见。

9 月 11 日,证监会、财政部将联手遏制利润操纵。

9 月 16 日,证监会公布实施《关于进一步规范证券投资基金估值业务的指导意见》;证监会发布《证券发行上市保荐业务管理办法》并向社会公开征求意见,强化保荐责任。

9 月 17 日,证监会公布《股权激励有关事项备忘录 3 号》,将上市公司股权激励计划的行权和解锁条件与公司净利润挂钩。

9 月 19 日,经国务院批准,财政部、国家税务总局决定调整证券(股票)交易印花税征收方式,对买卖、继承、赠予所书立的 A 股、B 股股权转让书据的出让方按 1‰ 的税率征收证券(股票)交易印花税,对受让方不再征税。

9月22日,证监会发布《关于上市公司以集中竞价交易方式回购股份的补充规定》。

9月25日,沪深证券交易所对《上市公司股东及其一致行动人增持股份行为指引》第七条作出修订,放宽相关股东增持上市公司股份敏感期限制。

10月5日,中国证监会宣布,将正式启动证券公司融资融券业务试点工作,按照"试点先行、逐步推开"原则进行。

12月7日,国家外汇管理局宣布,将QFII投资总额度从100亿美元扩大至300亿美元。

10月8日,证监会发布实施《关于上市公司以集中竞价交易方式回购股份的补充规定》。

10月10日,中国证监会发布《关于修改上市公司现金分红若干规定的决定》,提高再融资上市公司现金分红标准。

10月13日,中国证监会当晚发布《关于破产重整上市公司重大资产重组股份发行定价的补充规定》(征求意见稿)。

10月20日,证监会正式发布《上市公司股东发行可交换公司债券试行规定》。

10月27日,经国务院批准,财政部、国家税务总局决定自2008年10月9日起,对证券市场个人投资者取得的证券交易结算资金利息所得,比照储蓄存款利息所得,暂免征收个人所得税。

11月11日,中国证监会昨日发布《关于破产重整上市公司重大资产重组股份发行定价的补充规定》。

11月16日,证监会设立行政处罚委员会和稽查总队,从制度上确定"查、审分离"模式。

2009年

1月12日,深交所综合协议交易平台今日正式启用。这项以支持大宗交易业务为基础、重点为机构投资者服务、集多项业务于一身的平台正式启用,标志着深交所市场流动性服务方式和手段进一步向多层次、多样化、多元化方向迈进。

2月13日,深交所在深圳召开了第十届保荐机构联席工作会议。会议旨在针对中小企业上市培育与保荐工作的新情况、新机遇,交流培育与保荐工作经验,推动提高保荐工作质量,完善质量控制体系和持续督导机制。

3月31日,证监会发布《首次公开发行股票并在创业板上市管理暂行办法》,办法自5月1日起实施。

4月9日,深交所与港交所签订合作协议,内容涉及管理层定期会晤、信息互换与合作、产品开发合作研究、技术合作等。

5月11日,新华社与深交所签署全面合作协议。

6月9日,证监会发布《创业板市场投资者适当性管理暂行规定》(征求意见稿),就创业板投资者适当性管理暂行规定向社会征求意见。

7月2日,深交所发布《关于完善中小企业板首次公开发行股票上市首日交易监控和风险控制的通知》,2007年4月发布的《关于加强恢复上市和股改方案实施复牌首日股票交易风险控制的通知》和2007年8月发布的《关于进一步加强中小企业板股票上市首日交易监控和风险控制的通知》同时废止。

7月3日,证监会发布了创业板公司招股说明书格式准则,还有首次公开发行股票,并在创业板上市申请文件的征求意见稿,将在7月3日到7月17日期间面向社会征求意见。

7月26日,证监会宣布,作为创业板IPO正式受理申请材料第一天,截至下午五点之前,共接收了38家保荐机构推荐的108家企业创业板上市申请材料。

7月31日,证监会透露,已经向105家企业发出创业板上市材料的受理通知书,这意味着这些企业成为通过创业板上市初审的首批企业。

8月13日,创业板市场投资者适当性管理工作会议在深圳召开。

8月19日,证监会发布公告称,经中国证券监督管理委员会第261次主席办公会审议决定,聘任35人为中国证券监督管理委员会第一届创业板发行审核委员会委员。

9月17日,深交所和深圳证券信息有限公司指数专家委员会成立大会暨第一次会议在深交所举行。

9月24日,为配合创业板股票发行上市,警示和防范创业板股票上市首日过度炒作风险,深交所发布《关于创业板首次公开发行股票上市首日交易监控和风险控制的通知》(以下简称《通知》)。该《通知》规定,创业板在中小企业板现有新股上市首日开盘价±20%、±50%临时停牌阈值的基础上,新增±80%停牌阈值且直接停牌至14:57。同时,该《通知》还沿用了中小企业板现有上市首日交易监控和重大交易异常账户处理方式,并对证券公司在投资者教育和客户交易行为规范方面提出明确要求。

9月28日,深交所搭建投资者综合接入平台。

10月15日,深交所发布《创业板上市公司规范运作指引》。

10月26日,深交所批准创业板首批28家公司上市。

11月3日,深交所正式修订发布了《深交所公司债券上市规则》及债券上市协议、债券上市公告书等配套文件。

11月19日,深交所与泰国证券交易所签订合作谅解备忘录。亚太地区新市场论坛在深圳召开。

11月23日,深交所再次重拳出击,对严重违背收购承诺的深国商(000056)控股股东百利亚太投资有限公司(以下称"百利亚太")及其实际控制人张晶、一致行动人张化冰给予公开谴责的处分,对于上述当事人的违规行为和该所给予的处分,深交所将记入上市公司诚信档案,并向社会公布。

12月2日,第八届中国证券投资基金国际论坛在深圳召开。

12月4日,深交所对涉嫌操纵"吉峰农机"的账户限制交易。

12月23日,深交所再次对创业板存在重大异常交易情况的账户实施限制交易措施。

12月25日,创业板第二批八家公司上市交易。

责任编辑:方国根　段海宝

文字编辑:陈　登

图书在版编目(CIP)数据

深圳证券市场的发展、规范与创新研究/曹龙骐　郭茂佳　李辛白
　周伍阳 编著.
　-北京:人民出版社,2010.8
(深圳改革开放研究丛书)
ISBN 978－7－01－009092－4

Ⅰ.①深…　　Ⅱ.①曹…②郭…③李…④周…　　Ⅲ.①证券交易-资本市场-
研究-深圳市　　Ⅳ.①F832.51

中国版本图书馆 CIP 数据核字(2010)第 126836 号

深圳证券市场的发展、规范与创新研究
SHENZHEN ZHENGQUAN SHICHANG DE FAZHAN GUIFAN YU CHUANGXIN YANJIU

曹龙骐　郭茂佳　李辛白　周伍阳　编著

人 民 出 版 社 出版发行
(100706　北京朝阳门内大街 166 号)

北京中科印刷有限公司印刷　新华书店经销

2010 年 8 月第 1 版　2010 年 8 月北京第 1 次印刷
开本:710 毫米×1000 毫米 1/16　印张:29.75
字数:465 千字　印数:0,001-2,500 册

ISBN 978－7－01－009092－4　　定价:64.00 元

邮购地址 100706　北京朝阳门内大街 166 号
人民东方图书销售中心　电话 (010)65250042　65289539